Das Lotos-Sūtra

Das Lotos-Sūtra

Übersetzt von Max Deeg

Mit einer Einleitung von
Max Deeg und Helwig Schmidt-Glintzer

Mit freundlicher Unterstützung durch Soka Gakkai International e.V.

Die Herausgabe dieses Werkes wurde durch
die Vereinsmitglieder der WBG ermöglicht.
Gedruckt auf säurefreiem und alterungsbeständigem Papier
Printed in Germany

Besuchen Sie uns im Internet: www.wbg-darmstadt.de

ISBN 978-3-534-18753-9

Inhalt

Einleitung

Max Deeg
und
Helwig Schmidt-Glintzer

Das Lotos-Sūtra gehört zu den wichtigsten Texten des Mahāyāna-Buddhismus. Früh schon ist es nach Ausweis komplett erhaltener Versionen oder von Bruchstücken in die Sprachen aller Völker übersetzt worden, bei denen der Mahāyāna-Buddhismus Aufnahme gefunden hat, also ins Chinesische, Tibetische[1] und andere zentralasiatische Sprachen wie das Alttürkische (Uigurisch), aber auch in iranische Sprachen wie das Khotan-Sakische und das Sogdische. Man darf wohl behaupten, dass von diesem Sūtra, vollständig oder in Bruchstücken, die meisten historischen Handschriften in diesen unterschiedlichen Sprachen, aber auch in diversen Schriftsystemen vorliegen.[2]

Die Gleichnisse und Episoden, die im vorliegenden Text enthalten sind, wie etwa das des „Verlorenen Sohnes" oder des aus dem Boden hervorspringenden Stūpa des Buddha „Juwelenreich" (Prabhūtaratna), haben die Bildersprache des Mahāyāna-Buddhismus geprägt. Dies ist in den zentralasiatischen und chinesischen buddhistischen Höhlenmalereien wie jenen in Dunhuang allenthalben festzustellen.[3] Die mittelalterlichen Literaturen in den Ländern Ostasiens sind voll von Anspielungen auf einzelne Begebnisse und Schilderungen

---

[1] Der tibetische Kanjur enthält eine vollständige Übersetzung des Sūtra aus dem frühen neunten Jahrhundert von Surendrabodhi und Sna-nam Ye-śes-sde.

[2] Vgl. Soka-Gakkai International (Hg.), *Buddhistische Manuskripte der Großen Seidenstraße: Das Lotussutra und seine Welt; Manuskripte und Blockdrucke (1.–19. Jh. n. Chr.) aus der Sammlung der St. Petersburger Abteilung des Institute of Oriental Studies*, Wien 2000, Katalog zu der Ausstellung zum Lotossūtra in der Herzog August Bibliothek, Wolfenbüttel, und der Österreichischen Nationalbibliothek, Wien.

[3] Vgl. J. Leroy Davidson, *The Lotus Sūtra in Chinese art. A study in Buddhist art to the year 1000*, New Haven 1954 (Yale publications in the history of art, 8). Die bisher beste Studie zu dem Thema ist Eugene Y. Wang, *Shaping the Lotus Sutra. Buddhist Visual Culture in Medieval China*, Seattle and London 2005 (University of Washington Press).

aus dem Lotossūtra,[4] und die buddhistische Kunst Ostasiens lebt von Darstellungen aus diesem Sūtra.[5]

Wohl kein anderer buddhistischer Text hat ebenso nachhaltig gewirkt. Es waren dabei sicher die schon erwähnte bildhafte Sprache und der gleichnishafte und kosmologische Inhalt, die dem Lotos-Sūtra vor allem in Zentral- und Ostasien und vor der Etablierung des esoterischen oder tantrischen Buddhismus, des Vajrayāna, in Indien und den Himālaya-Regionen ab dem achten Jahrhundert seine herausragende Bedeutung gesichert haben. Das Lotos-Sūtra hat die buddhistische Welt geprägt, ist aus ihr heraus zu verstehen und erläutert diese seinerseits. Daher wird dieser Kontext in groben Zügen skizziert.

Geschichtlicher Abriss

Für die Forschung gilt heute als gesichert, dass es sich bei dem Buddha, dem „Erwachten", um eine historische Person handelt, deren Wirkungsgebiet im fünften und vierten Jahrhundert in Nordindien lag, im Bereich der heutigen indischen Bundesstaaten Uttar Pradesh und Bihar. Geboren in Lumbinī auf dem Hoheitsgebiet des heutigen Staates Nepal in unmittelbarer Nähe der indischen Grenze, schloss sich Gautama Siddhārtha Śākyamuni, der „Asket aus dem Geschlecht der Śākya", der wohl aus einer Adelsfamilie stammte, der Bewegung religiös Suchender in Nordindien seiner Zeit an, die man Śramaṇas nannte. Nach einigen Jahren der Lehre bei verschiedenen asketischen und philosophischen Lehrern und insbesondere infolge eigener Anstrengungen erlangte er schließlich in Bodhgayā in tiefer Meditation unter einem Baum die Erleuchtung. Er erkannte die Vier Edlen Wahrheiten, dass alles Leiden ist, dass es ein Entstehen des Leiden gibt, dass es drittens aber auch ein Ende des Leidens und konsequenterweise viertens auch einen Weg zum Ende des Leidens gibt. Er erlangte Einsicht in seine Vorgeburten und in das Gesetz der Gegenseitigen Abhängigkeit aller Phänomene (Skt. Pratītyasamutpāda).

---

[4] Vgl. Yoshiko Kurata Dykstra, *Miraculous tales of the Lotus Sūtra from ancient Japan*, Ōsaka 1983.

[5] Zum Lotos-Sūtra in der japanischen Kunst vgl. etwa Willa J. Tanabe, *Paintings of the Lotus Sutra*, Tokyo 1988, und Bunsaku Kurata, Yoshiro Tamura (Hrsg.), *Art of the Lotus Sūtra. Japanese masterpieces*, Tokyo 1987; in der japanischen Kultur allgemein s. George Joji Tanabe, Willa Jane Tanabe, *The Lotus Sutra in Japanese Culture*, Honolulu 1989.

Durch diese Erkenntnis war er zu einem Voll Erwachten (Skt. Samyaksaṃbuddha), zu einem So-Gegangenen (Tathāgata) geworden. Nach anfänglichem Zögern entschloß er sich schließlich, seine Lehre, das Gesetz (Skt. Dharma) zu lehren. Er begann mit seiner Lehrtätigkeit in der sogenannten „Predigt von Benares" in Sārnāth, wo er den Dharma seinen fünf ehemaligen asketischen Begleitern darlegte, die sich vorher von ihm abgewandt hatten, als er die strenge Askese aufgegeben hatte. Dort erlangte der auch im Lotos-Sūtra namentlich genannte Ajñāta Kauṇḍinya als Erster die Erleuchtung und wurde zu einem Arhat, einem buddhistischen Heiligen.

Nach dieser „Drehung des Rades des Gesetzes" in Benares begann die langjährige Wanderung des Buddha durch das östliche Gangesbecken, auf der er immer mehr Anhänger, sowohl zum Teil sehr einflussreiche und wohlhabende Laien als auch Mönche und Nonnen des von ihm gegründeten Ordens, des Saṅgha, gewann und offensichtlich den Grundstein für den Erfolg des Buddhismus auch über die Grenzen seines eigentlichen Wirkungsgebietes hinaus legte. Zu seinen hervorragenden mönchischen Schülern gehörten Śāriputra, Maudgalyāyana und Mahākāśyapa, zu seinen mächtigen Laienanhängern Prasenajit, der König von Kosala, und Ajātaśatru, der Herrscher des expandierenden Reiches Magadha mit der Hauptstadt Rājagṛha, in deren unmittelbarer Nähe sich der Geiergipfel, Gṛdhrakūṭa, befand, auf dem der Buddha der Tradition nach nicht nur das Lotos-Sūtra, sondern auch die meisten anderen Mahāyānasūtras gepredigt haben soll.

Nach mehr als vierzig Jahren Lehrtätigkeit geht der Buddha schließlich in der Nähe des Dorfes Kuśinagara in das Große Verlöschen, das Mahāparinirvāṇa, ein. Seine leiblichen Überreste werden nach Art von Großkönigen verbrannt und die Reliquien, in acht Teile aufgeteilt, an die verschiedenen Adelsclans und Könige verteilt, die über den Reliquien Grabtumuli, Stūpa, errichten.

Nach dem „Völligen Verlöschen" des Buddha wurden seine Worte (Skt. Buddhavacana) die Richtlinie für die junge Religionsgemeinschaft, und diese wurden, den buddhistischen Berichten nach, im ersten buddhistischen Konzil (Saṃgīti) von Rājagṛha festgelegt, dem weitere Konzile folgen sollten. Ohne eine zentrale kirchliche Gewalt gab es offenbar schon von früh an unterschiedliche Meinungen hinsichtlich der Auslegung des Gesetzes, des Dharma, und der Regeln für die Mönche. Die Warnungen vor einer Spaltung der Gemeinde, des Saṅgha, im sogenannten Schismenedikt des Maurya-Herrschers Aśoka, der als erster überregionaler indischer Herrscher den Buddhismus förderte, zeigt, dass diese Spaltungstendenzen der Gemeinde als eine Gefahr für die Erhaltung des Dharma gesehen wurden. Diese innerreligiösen Auseinandersetzungen belegen zugleich die Lebendigkeit und die Vielfalt des Buddhismus schon in früher Zeit, Merkmale dieser Lehre bis in die Gegenwart.

Während sich zu Beginn die Differenzen zwischen den einzelnen Gruppen, bei denen es sich zunächst wohl um lokale monastische Gemeinden handelte, auf relativ kleine Abweichungen hinsichtlich des Buddhawortes und der monastischen Regeln beschränkten, wurden diese Unterschiede hinsichtlich der Auslegung des Dharma, der Lebensführung und des Heilsweges sowie der Heilsziele im Laufe der Verbreitung des Buddhismus zwischen dem dritten vorchristlichen und dem ersten nachchristlichen Jahrhundert auch über die Grenzen des indischen Subkontinents hinaus – in die Himālaya-Regionen (Kaśmīr, Nepal, Tibet), nach Südostasien (Śrī Laṅkā, Burma), nach Zentralasien (Seidenstraßen) bis nach China – immer stärker.

Der Mahāyāna-Buddhismus

Unterschiede in den Auffassungen bestanden nicht zuletzt über die Stellung des Buddha. War er nach seinem Nirvāṇa tatsächlich und vollständig nicht mehr präsent und daher unerreichbar? Und wie waren die Reliquien in den Stūpas, die der Maurya-Herrscher Aśoka (3. Jh. v. Chr.) nach buddhistischer Tradition in der topischen Zahl von vierundachtzigtausend über ganz Indien – bzw. in Jambudvīpa, dem von den Menschen bewohnten Rosenapfelkontinent – verteilt erbauen ließ, in dieser Hinsicht einzuordnen und zu verehren? Solcher Art waren die Fragen und Problemstellungen, die schließlich zu der neuen Hauptströmung des Buddhismus führen sollten, dem Mahāyāna, dem „Großen Fahrzeug", das, historisch greifbar ab etwa der Zeitenwende, in Zentralasien und vor allem in Ostasien den Buddhismus in seinen verschiedenen Formen bestimmen sollte.

Schließlich gab es, nach der indischen zyklischen Weltsicht durchaus folgerichtig, die Annahme, dass vor dem Buddha Śākyamuni schon bereits unzählige Buddhas in anderen Zeitaltern und zum Teil an anderen Orten den Dharma gepredigt hätten und dass auch in einem zukünftigen Weltalter wieder ein Buddha, Maitreya, erscheinen würde. Wenn es nun verschiedene Buddhas zu verschiedenen Zeiten gegeben hat, war es nur konsequent, innerhalb einer expandierten buddhistischen Kosmologie – der Vorstellung, dass es durchaus noch andere Welten außer und neben der unseren gibt – davon auszugehen, dass auch dort Buddhas wirkten. Ebenfalls war es plausibel, dass das Gesetz, das der historische Buddha Śākyamuni verkündet hatte – ähnlich dem hinduistischen Sanātana Dharma –, ein ewig gleiches sei und dass somit die verschiedenen Buddhas sich in der Transzendenz dieses Gesetzes immanierten und somit an dieser Transzendenz teilhätten. Daraus leitete sich schließlich die Lehre von der Übermenschlichkeit (Skt. Lokottara) des Buddha, bzw. der Buddhas, und ihre Systematisierung in der Lehre von den „Drei Leibern" (Skt. Trikāya) ab, nach der es einen phänomenalen Leib (Skt. Nirmāṇakāya), einen feinstofflichen Genussleib (Skt. Saṃbhogakāya), den nur höhere Wesen wie die Götter wahrnehmen können, und einen transzendenten Leib (Skt. Dharmakāya) gibt.

Solche Vorstellungen haben wiederum Konsequenzen für die buddhistische Soteriologie: Während im sogenannten Alten Buddhismus (bis zur Etablierung des Mahāyāna-Buddhismus) der Schwerpunkt auf dem individuellen Streben nach Heil innerhalb der monastischen Gemeinschaft lag und im Erlangen der Stufe des Arhats, des vollkommenen Heiligen, und dem letztlichen Heilsziel des Mahāparinirvāṇa, des „Vollständigen Erlöschens", bestand, richtete der sich herausbildende Mahāyāna-Buddhismus sein Augenmerk mehr und mehr auf eine universellere Konzeption der Erlösung, der Errettung aller Lebewesen aus dem „Ozean des Leidens". Träger dieses Heilsprozesses war ein neues Ideal, der Bodhisattva, der altruistisch im Gegensatz zum Arhat eben das Heil der Myriaden anderer Lebewesen zum Ziel hat. Der Bodhisattva ist sich seiner Vollkommenen Erleuchtung (Anuttarasamyaksaṃbodhi) sicher, stellt aber sein Eingehen ins Nirvāṇa hinter die im Grunde schier unmögliche Aufgabe zurück, all diese anderen Lebewesen zur Erlösung zu führen. Bodhisattvas widmen sich dieser wegen der Verblendung der Welt unermesslich schweren Verpflichtung über ganze Myriaden von Zeitaltern. Ein Bodhisattva geht einen schwierigen und leidvollen Stufenweg zum Heil, der in den verschiedenen „Stufen" oder „Ebenen" (Skt. Bhūmi), die er durchlaufen muss, zum Ausdruck kommt.

Das Lotos-Sūtra

Mit dem praktischen und spirituellen Weg eines Bodhisattva wird die Wichtigkeit einer Heilsgewissheit verständlich, die sich im Lotos-Sūtra in den immer wieder vorgetragenen Prophezeiungen der Erlangung der Höchsten Erleuchtung und somit auch des letzten Heilszieles, ein voll erwachter Buddha, ein Tathāgata zu werden, findet, die der Buddha den verschiedenen Protagonisten des Sūtra gibt. Es deutet sich hier, obwohl der Begriff nicht genannt wird, die Vorstellung des „Keims“ der Buddhaschaft in jedem Lebewesens (Skt. Tathāgatagarbha, Chin. Rulai-zang, Jap. Nyorai-zō 如來藏), an: Jeder kann die vollständige Erleuchtung erlangen.

Gewissheit gibt das Sūtra jedoch auch in der Lehre des „Einen Fahrzeuges“ (Skt. Ekayāna), des einen Heilsweges, der allen richtig im Geiste des Mahāyāna praktizierten Versuchen, den Bodhisattvapfad zu gehen, zugrunde liegt. In dem Bewusstsein dieser Einheit erwuchs zugleich die Frage, worin denn nun die Praxis dieses „Einen Fahrzeuges“ liege, und eine häufige Antwort im Lotossūtra ist der Verweis auf den Text selbst: Es ist die Praxis dieses Textes, das Bewahren, Rezitieren, Weitergeben usw., in dem sich ein Bodhisattva üben soll, auch wenn ihm dabei viele Hindernisse wie Schmähung, Verfolgung bis hin zu körperlichen Übergriffen drohen.

Die Frage schließlich, warum es denn trotz des „Einen Fahrzeuges“ so viele Lehren selbst in den Predigten des Buddha gibt, beantwortet das Sūtra im Kapitel „Hilfreiche Mittel“. Der Buddha als ein vollkommen Erwachter weiß um die unterschiedlichen Anlagen seiner Zuhörer und stellt sich darauf ein, indem er mit sehr unterschiedlichen Methoden die Lehre, den Dharma, darlegt. Dieser buddhistische Zweckpragmatismus, dem es um das Erreichen des Zieles der Erlösung aller Lebewesen geht, vermag auf der einen Seite zu erklären, warum selbst der Weg des Hörers (Skt. Śrāvaka), also des alten Heilsideals des Arhat, oder des Einsamen Buddha (Pratyekabuddha), der aus eigener Anstrengung und ohne Unterweisung durch einen Buddha die Erleuchtung erlangt hat, sie aber nicht predigt und weitergibt, einen gewissen Wert haben.

Das Lotos-Sūtra, das zu der frühesten Schicht der Mahāyāna-Texte zu zählen ist, vermittelt mehrere elementare Botschaften, in deren Interpretation ein den ostasiatischen Buddhismus kennzeichnendes Phänomen angelegt ist, das Nebeneinander sowohl eines Inklusivismus als auch eines Exklusivismus, die soteriologisch-hierarchische Systematisierung der verschiedenen Heilslehren und buddhistischen Texte, die man als „Aufteilung der Lehre“ (Chin. *panjiao*, Jap. *hankyō* 判教) bezeichnet. Diese hat in dem mit dem Namen Zhiyi 智顗 (538–597) verbundenen sogenannten Tiantai-Buddhismus, Jap. Tendai 天台, ihren ersten Höhepunkt gefunden. In der Systematik des Tiantai nahm das Lotos-Sūtra neben dem Mahāparinirvāṇasūtra, dem „Sūtra vom Großen Völligen Verlöschen“, die vornehmste Stellung ein, da in ihm die Lehre des Buddha vollständig enthalten sei.

Der Tendai-Buddhismus wurde in Japan durch Saichō 最澄 (767–822) (postumer Name: Dengyō Daishi 傳教大師) etabliert, und er war es denn auch, der neben dem esoterischen Shingon-Buddhismus 真言 des Kūkai 空海 (774–835; postumer Name: Kōbō Daishi 弘法大師) den mittelalterlichen Buddhismus Japans beherrschte, bis in der Kamakura-Zeit aus ihm heraus neue Schulrichtungen entstanden, wie etwa die von Hōnen 法然 (1133–1212) begründete Jōdo-shū 浄土宗 und die von Shinran 親鸞 (1173–1262) begründeten Jōdo-shinshū 浄土真宗, die als oberstes Heilsziel die Geburt im Westlichen Paradies, im Reinen Land des Buddha Amitābha, Chin. Amituo, Jap. Amida 阿彌陀, sehen, und deren verbindliche Texte folgende drei Sūtren sind: das Chin. Amituo-jing, Jap. Amida-kyō 阿彌陀經 (T. 366), das Chin. Wuliangshou-jing, Jap. Muryōju-kyō 無量壽經 (T. 360) und das Chin. Guan-wuliangshou-fo-jing, Jap. Kan-muryōju-kyō 觀無量壽佛經 (T. 365).

Die besondere Wertschätzung, die das Lotos-Sūtra im Tendai-Buddhismus genoss, wurde ins Absolute gesteigert durch Nichiren 日蓮 (1222–1282), der so weit ging, dem Sūtra und seinem Titel (in der Übersetzungsfassung von Kumārajīva) – Jap. Myōhō-renge-kyō 妙法蓮華經 – eine alleinige Heilswirksamkeit zu geben. Aus der von Nichiren begründeten Nichiren-shū 日蓮宗 haben sich dann im Laufe des späten neunzehnten und des zwanzigsten Jahrhunderts Laienbewegungen wie die Reiyūkai 霊友会, Risshōkōsei-kai 立正佼成会 und die Sōkagakkai 創価学会 herausgebildet, die auch über die Grenzen Japans hinaus aktiv sind.

Die hohe Stellung des Lotos-Sūtra in der Hierarchie der „Heiligen Texte“ des Mahāyāna-Buddhismus ist im ostasiatischen Buddhismus, vor allem in Japan, unumstritten, auch wenn einzelne Schulen und Splittergruppen oder auch einzelne andere Texte als die für sie verbindlichsten betrachten. So hat etwa z.B. Daosheng 道生 (ca. 360–434), ein chinesischer Mönch, der im Übersetzungsteam von Kumārajīva mitgearbeitet hatte und auf den auch ein Kommentar zum Lotos-Sūtra zurückgeht,[6] für sich doch vor allem das Mahāparinirvāṇasūtra und die Prajñāpāramitā-Texte gelten lassen.

---

[6] Vgl. Young-ho Kim, *Tao-sheng's commentary on the Lotus-Sūtra. A study and translation*, Albany 1990.

Der Übersetzer Kumārajīva und die Textüberlieferung

Der vorliegenden Übersetzung liegt, wie übrigens den meisten anderen Übersetzungen in westliche Sprachen, derjenige chinesische Text zugrunde, den Kumārajīva/Jiumoluoshi 鳩摩羅什 (344/350–409) zu Beginn des fünften Jahrhunderts (406) nach einer indischen Version übersetzt hat. Dieser Text wurde, wie erwähnt, nachdem vorher und nachher schon komplette Übersetzungen (286) durch Dharmarakṣa/Zhu Fahu 竺法護 (wirkte 265–313) unter dem Titel Chin. Zhengfahua-jing, Jap. Shōhokke-kyō 正法華經 (T. 263) und Jñānagupta und Dharmagupta (601) unter dem Titel Chin. Tianpinmiaofa-lianhua-jing, Jap. Tenbon-myōhō-renge-kyō 添品妙法蓮華經 (T. 264) und auch Teilübersetzungen ins Chinesische angefertigt worden waren, zu einem der Leittexte des Mahāyāna-Buddhismus in Ostasien.

Kumārajīva, der nicht allein arbeitete, sondern, wie damals üblich, in einem Übersetzerteam, war einer der produktivsten Autoren und Übersetzer seiner Epoche; mit seinen Mitarbeitern übersetzte er vierundsiebzig Texte. Es ist nicht zuletzt seiner Übersetzungstätigkeit zu verdanken, dass der Mahāyāna-Buddhismus die führende Rolle im ostasiatischen Buddhismus gewinnen konnte. Kumārajīva schien für diese Aufgabe bestens vorbereitet zu sein. Nach seiner Biographie, enthalten in der chinesischen Sammlung „Biographien hervorragender Mönche" (Gaoseng-zhuan 高僧傳) aus dem 6. Jahrhundert,[7] stammte er väterlicherseits aus einem indischen königlichen Geschlecht und mütterlicherseits aus der Herrscherfamilie des Kleinstaates Kuča an der nördlichen Seidenstraße. Er studierte in verschiedenen Zentren Zentralasiens und in Nordindien (Kaśmīr) und war durch die so gewonnene Mehrsprachigkeit für seine Aufgabe als Übersetzer bestens geeignet. Wegen seines Ruhmes als buddhistischer Gelehrter wurde er von einem Kriegsherrn, der sich zum Herrscher über einen großen Teil Nordchinas ernannt hatte, von Zentralasien in die nordchinesische Hauptstadt Chang'an gebracht, wo er den Rest seines arbeitsreichen Lebens verbringen sollte und mit anderen großen buddhistischen Meistern seiner Zeit wie Shi Daoan im Austausch stand.

Kumārajīva war überaus vielseitig; er übertrug nicht nur Mahāyāna-Texte wie das „Sūtra der Transzendenten Weisheit in 25 000 Versen" (Pañcaviṃśatisāhasrikāprajñāpāramitāsūtra), das Amitābha-Sūtra und das Vimalakīrtinir-

---

[7] Eine komplette und kommentierte deutsche Übersetzung dieser Biographie hat Johannes Nobel angefertigt: „Kumārajīva", in: *Sitzungsbericht der Preußischen Akademie der Wissenschaften* No. 20 (1927), 206–233.

deśa, die „Unterweisungen des Vimalakīrti", ins Chinesische, sondern auch andere Texte wie etwa den Vinaya, die Regeln für den Mönchsorden, der Sarvāstivāda-Schule des Hīnayāna. Damit gab er dem chinesischen Orden den vollständigen indischen Vinaya, nach dem dann in China überhaupt erst regelgemäße Ordinierungen durchgeführt werden konnten.

Ein regelrechtes Kompendium mahāyānabuddhistischer Lehre ist das von Kumārajīva übersetzte umfangreiche Da-zhidu-lun 大智度論, ein Kommentar zum Prajñāpāramitāsūtra, dem „Sūtra der Transzendenten Weisheit", der dem berühmten indischen buddhistischen Philosophen Nāgārjuna zugeschrieben wird, nebst dem bekanntesten Text dieses Philosophen, die Mādhyamakakārikā, unter dem Titel Zhong-lun 中論, „Abhandlung zum Mittleren".

Kumārajīva setzte einen neuen Standard chinesisch-buddhistischer Übersetzungssprache und -terminologie, der erst mehr als zwei Jahrhunderte später durch den berühmten chinesischen Mönch und Indienpilger Xuanzang 玄奘 durch ein neues Übersetzungsidiom in Frage gestellt wurde. Die Sprache Kumārajīvas aber blieb bestimmend für den Buddhismus in Ostasien bis in die Gegenwart. Ein Grund dafür war sicher, dass Kumārajīva als einer der ersten Übersetzer in China Texte übertrug, die nicht mehr in mittelindischer Sprache, sondern im Sanskrit verfasst bzw. teilweise in diese Sprache übersetzt waren. Vor allem aber war es die kongeniale Verwendung in den chinesischen philosophischen und religiösen Traditionen bereits erprobter Begriffe und Begriffselemente bei der Übersetzung. Kumārajīvas Übersetzungen des Lotos-Sūtra und anderer Mahāyāna-Sūtren wurden so zu „Bestsellern" des ostasiatischen Buddhismus und sind dies bis heute geblieben.

Das Lotos-Sūtra im Westen

Trotz ihres länderüberschreitenden Erfolges und ihrer die Kulturen Ostasiens prägenden Wirkung erschlossen sich die Mahāyāna-Sūtren der westlichen Leserschaft nach der „Entdeckung" des Buddhismus im 19. Jahrhundert nur relativ langsam und verzögert. Daher liegen auch von den grundlegenden Mahāyāna-Sūtren nur wenige vollständige und einem allgemeinen Publikum zugängliche Übersetzungen ins Deutsche vor.[8] Zwar gab es immer wieder Ein-

[8] Eine Bibliographie der Übersetzungen in westliche Sprachen bis zum Erscheinungs-

zelpublikationen wie die Übersetzung des Laṅkāvatāra-Sūtra, des „Sūtra vom Herabstieg (des Buddha) nach Laṅkā".[9] Ältere Übersetzungen wichtiger Texte sind die des „Goldglanz-Sūtra" (Suvarṇaprabhāsottamasūtra)[10] und der „Darlegungen des Vimalakīrti" (Vimalakīrtinirdeśa)[11]. Aber erst mit der Etablierung von ostasiatischen buddhistischen Gruppen im Westen, die sich ausdrücklich auf das Lotos-Sūtra beziehen, hat dieser Text auch im Westen eine stärkere Beachtung in der allgemeinen Wahrnehmung gefunden. Die westlichen Reaktionen auf das Lotos-Sūtra ebenso wie auf andere Mahāyāna-Sūtren im Westen lassen sich in zwei Gruppen und Phasen aufteilen. Erstens die rationalistische „Lesart" des Buddhismus, die mit der Entdeckung der in der mittelindischen Sprache Pāli verfassten Texte des südlichen Theravāda-Buddhismus vor allem in Śrī Laṅkā (Ceylon), aber auch in Myanmar (Burma) und Siam (Thailand) aufkam. Diese Tradition konnte in den Texten des „Nördlichen Buddhismus", des Mahāyāna, nur eine Verfälschung und Korruption der ursprünglichen Lehre des Erhabenen erkennen. Dies lag zum einen daran, dass der Kanon des Theravāda-Buddhismus, der aus drei großen Teilen – dem „Korb der Lehrreden (des Buddha)" (Suttapiṭaka), dem „Korb der Ordensdisziplin (für Mönche und Nonnen)" (Vinayapiṭaka) und dem „Korb der Dogmatik" (Abhidhammapiṭaka) – bestand und deshalb „Dreikorb" (Pāli: Tripiṭaka) genannt wurde, in einer ähnlichen Vollständigkeit und Geschlossenheit vorlag wie die Heilige Schrift des Christentums und somit nicht nur nach dem Inhalt, sondern auch nach seiner Form und seinem Umfang den Eindruck eines älteren und authentischen Textkorpus machte, das auf den historischen Buddha zurückzugehen schien. Ein inhaltlicher Grund für eine höhere Einschätzung der Pāli-Texte bestand darin, dass etwa im Vergleich mit den wunderbaren Episoden und unglaublichen Zah-

---

datum bietet Peter Pfandt, *Mahāyāna texts translated into Western languages: A bibliographical guide*, Leiden 1986.

[9] Karl-Heinz Golzio, *Lankavatara Sutra. Die makellose Wahrheit erschauen – Die Lehre von der höchsten Bewußtheit und absoluten Erkenntnis* (erstmals aus dem Sanskrit übersetzt), München 1996.

[10] Johannes Nobel, *Suvarṇaprabhāsottamasūtra, das Goldglanz-Sūtra: ein Sanskrittext des Mahāyāna-Buddhismus: die tibetischen Übersetzungen mit einem Wörterbuch*, 2 Bände, Leiden 1944–1955.

[11] Jakob Fischer, Yokota Takezo, Kawase Kozyun, *Das Vimalakirti-Sutra*, Frankfurt 2005 (Nachdruck der Ausgabe Tokyo 1944). Nach der Entdeckung des ersten vollständigen Sanskrittextes vor einigen Jahren im Potala-Palast in Lhasa, Tibet, und dem Vorliegen einer synoptischen Textausgabe mit der chinesischen und der tibetischen Übersetzung wäre eine deutsche Neuübersetzung dieses wichtigen Mahāyāna-Textes wünschenswert.

lenreihen und kosmischen Bereichen in den Mahāyāna-Schriften diese geläutert erschienen und sich ihr Inhalt als die Grundlehre des Buddha, den man als indischen Aufklärer verstand, empfahl. Die Mahāyāna-Sūtren dagegen konnten wegen ihres offenbar verhältnismäßig jungen Alters sowie wegen ihres Inhaltes nicht als historisch authentische Quellen der Lehraussagen des Buddha akzeptiert werden.

Eine Sonderstellung nahm das sogenannte „evangelikale" Lager ein, wie wir es nennen möchten, das mit der ostasiatischen Form des Mahāyāna-Buddhismus in China, bald aber und vor allem dann in dem sich in der zweiten Hälfte des 19. Jahrhunderts nach Westen öffnenden Japan in Berührung gekommen war. Den Angehörigen dieses Lagers, die im wesentlichen einen protestantisch geprägten Hintergrund hatten, musste die Bilder- und Gleichnissprache, insbesondere aber die universelle Erlösungsbotschaft des Lotos-Sūtra vertraut erscheinen. Gleichnisse und Episoden wie die vom „Verlorenen Sohn" schienen geradezu geeignet, mit entsprechenden Inhalten des Neuen Testaments verglichen zu werden, und das mitleidsvolle Wirken des Buddha verwies unmittelbar auf das Heilswirken des christlichen Gottes.

Paradoxerweise hat die Tatsache dieser beiden Wahrnehmungstraditionen dazu geführt, dass das Lotos-Sūtra als erstes Mahāyāna-Sūtra aus der Sanskrit-Version von Eugène Burnouf schon im neunzehnten Jahrhundert übersetzt wurde. Die Entdeckung einer Vielzahl von Manuskripten hat zudem immer wieder zu buddhologisch-philologischen Untersuchungen geführt. Die allgemeine Wahrnehmung dieses Textes im Westen aber blieb eher schwach, weil mit dem Buddhismus andere buddhistische Traditionen in Verbindung gebracht wurden, die in verschiedenen Zeitschüben rezipiert wurden – der Theravāda-Buddhismus des Pāli-Kanons, der Zen und in jüngerer Vergangenheit verschiedene Formen des tibetischen Buddhismus. Die vorliegende Übersetzung versucht, dieser neuen verstärkten Wahrnehmung gerecht zu werden und den Text des Lotos-Sūtra als einen der grundlegenden Texte des Mahāyāna-Buddhismus wieder in den größeren Kontext der BuddhismusRezeption und -Wahrnehmung im deutschsprachigen Raum zurückzuführen.

Zum Entstehungszusammenhang der vorliegenden Übersetzung

Das Projekt dieser hier vorliegenden neuen Übersetzung des Lotos-Sūtra ins Deutsche nahm seinen Ausgang von einer Ausstellung „Buddhistische Manuskripte der Großen Seidenstraße", welche auf Anregung von Heinz Bechert nach der Präsentation in der Österreichischen Nationalbibliothek in Wien die Herzog August Bibliothek Wolfenbüttel gemeinsam mit der Soka Gakkai International Deutschland e.V. im Jahre 2000 ausrichtete. Dabei wurden auch die politische Dimension und die Bedeutung des Buddhismus für Zentralasien, aber auch für die an dem östlichen Ende des als Seidenstraße bekannten Verkehrsweges gelegenen Länder China, Japan und Korea unübersehbar. Inzwischen wissen wir viel mehr über die Bedeutung, welche der Buddhismus für die Kultur Japans gehabt hat; Japan war im 6. und 7. Jahrhundert eine Einwanderungsgesellschaft mit starker maritimer Ausrichtung. Wie eng die Verbindungen zwischen Handelsbeziehungen und der Ausbreitung des Buddhismus in Ostasien waren, wird erst allmählich deutlich. Dabei war der Buddhismus trotz des Engagements und Einsatzes einzelner Mönche weithin Laienbewegung. Im Mittelpunkt dieser Ausstellung stand das Lotos-Sūtra, dieses zentrale Werk des Mahāyāna-Buddhismus, mit der Botschaft, dass sämtliche Lebewesen die Buddhanatur in sich tragen, das zu Recht auch als „die Königin der Sutren" bezeichnet wird.

Dieses Sūtra hatte die Sōka Gakkai seit ihrer Gründung durch Tsunesaburō Makiguchi (1871–1944) in den Mittelpunkt ihrer Lehren gestellt, eine Tradition, die der zweite Präsident Jōsei Toda (1900–1958) fortgesetzt hat und die unter dem dritten Präsidenten Daisaku Ikeda (geb. 1928) vor allem durch die Förderung von Editions- und Forschungsvorhaben neue Impulse erfahren hat. Die vorliegende Übersetzung steht in diesem Zusammenhang.

Zur Übersetzung

Die vorliegende Übersetzung des Lotos-Sūtra, chinesisch: Miaofa-lianhua-jing 妙法蓮華經, wurde nach der chinesischen Fassung Kumārajīvas in der japanischen Druckausgabe Taishō-shinshū-daizōkyō 大昭新修大藏經 (T.), Bd. 9, Nr. 262, Spalte 1a – 62c angefertigt. Die primären Vergleichstexte waren einerseits Dharmarakṣas/Zhu Fahus 竺法護 ältere chinesische Übersetzung, das Zhengfa-hua-jing (T. Bd. 9, Nr. 263, Spalte 63a – 134b),[12] und der

[12] Die Übersetzung von Jñānagupta und Dharmagupta aus dem Jahre 601, das Tianpin-miaofa-lianhua-jing 添品妙法蓮華經 (T. 264), habe ich nicht durchgehend berücksichtigt, da es sich hierbei um eine Überarbeitung des Textes von Kumārajīva handelt.

Sanskrit-Paralleltext Saddharmapuṇḍarīkasūtra (ed. Kern). Erst in einem zweiten Schritt wurden die Übersetzungen des chinesischen Textes in moderne Sekundärsprachen herangezogen, v. a. die englischen von Leon Hurvitz, Burton Watson und Kubo/Yuyama, die japanische von Tsukamoto und Iwamoto, die französische von Jean-Noël Robert und die deutsche von Margareta von Borsig. Der Umstand, dass in manchen Fällen im Deutschen nur eine Übersetzungsformulierung als die passende gelten kann, begründet bei manchen Formulierungen Übersetzungsübereinstimmungen mit früheren Übersetzungen.

Bei der Zahl an Übersetzungen und angesichts der Tatsache, dass eine deutsche Übersetzung von Kumārajīvas Version des Sūtra bereits existiert, stellt sich zu Recht die Frage, warum eine weitere Übersetzung vorgelegt wird. Der wichtigste Grund liegt darin, dass eine angemessene Übersetzung nur durch einen Vergleich verschiedener Versionen möglich ist.

Obwohl diese Übersetzung völlig auf der Grundlage von Kumārajīvas chinesischem Text entstanden ist, erfuhr der Übersetzer Unterstützung in vielfältiger Weise. Besonders bedankt er sich bei Herrn Yoshiharu Matsuno und dem Lektor Armin Jäger, Hamburg, der keine Mühe scheute, immer wieder auf die Unzulänglichkeiten des Erstentwurfs hinzuweisen – und somit in der Runde das Ideal der Beharrlichkeit (vgl. 13. Kapitel) vertrat.

Ein unerlässliches Hilfsmittel waren bei der Arbeit an der Übersetzung die beiden Glossare zu Dharmarakṣas und Kumārajīvas chinesischen Übersetzungen des Freundes und Kollegen Prof. Dr. Seishi Karashima, Sōka-Universität, Tokyo, Karashima Seishi, *A Glossary of Dharmarakṣa's Translation of the Lotus Sutra* 正法華經詞典, Tokyo 1998 (Bibliotheca Philologica et Philosophica Buddhica I); *A Glossary of Kumārajīva's Translation of the Lotus Sutra* 妙法蓮華經詞典, Tokyo 2001 (Bibliotheca Philologica et Philosophica Buddhica IV), vgl. a. Karashima Seishi, *The Textual Study of the Chinese Versions of the Saddharmapuṇḍarīkasūtra in the light of the Sanskrit and Tibetan Versions*, Tokyo 1992 (Bibliotheca Indologica et Buddhologica 3), welche die vorliegende Übersetzung vor einigen „Ausrutschern“ bewahrt hat. Bedanken möchten wir uns bei der Sōka Gakkai, die dem Übersetzer zwei Arbeitswochen an der Sōka-Universität, in denen er mit Prof. Karashima gemeinsam einige Kapitel der Übersetzung durchgehen konnte, gewährt hat. Besonderer Dank gilt daher Prof. Karashima. Für etwaige verbleibende Fehler sind wir allerdings allein verantwortlich.

Hinsichtlich der Übersetzungs unterscheidet sich die vorliegende Fassung von derjenigen Margareta von Borsigs, aber auch von derjenigen Burton Watsons in zahlreichen Punkten, so u. a. darin, dass chinesische binomische Ausdrücke oft nicht mit zwei deutschen Begriffen wiedergegeben werden, sondern nur mit einem Wort. Damit sollte nicht nur Redundanz vermieden werden, sondern auch die Sanskrit-Fassung sprach für ein solches Vorgehen. Der Vergleich des chinesischen mit dem indischen Text zeigt hier deutlich, dass Kumārajīva keinen semantischen Schwellstil verfolgte, indem er redundant übersetzte, sondern der Struktur des chinesischen Wortschatzes entsprechen wollte, die in der Tendenz besteht, aus zwei Zeichen bzw. bedeutungstragenden Einheiten, sogenannten Binomen, Wörter zu bilden.

Der Sanskrit-Text wurde also ebenfalls – in ähnlicher Weise, wie dies Hurvitz und Kubo/Yuyama getan haben – herangezogen, um in einzelnen Fällen die allein über den chinesischen Text nicht immer eindeutig beurteilbaren Entscheidungen zu treffen, ob ein Substantiv als Singular oder Plural aufzufassen ist, z. B. Chin. fo 佛, Buddha oder Buddhas, Chin. fa 法, das Gesetz (dharmaḥ) oder die Gesetze, Daseinsfaktoren (dharmāḥ), aber auch, um zu beurteilen, ob das im Chinesischen oft nicht angegebene Subjekt eines Satzes in der dritten Person Singular oder Plural (er ..., sie ...) zu übersetzen ist oder als direktes Subjekt (ich, wir/Du, Ihr).

Namen wurden dann übersetzt, wenn Kumārajīva in seinem Text die indischen Namen ihrer Bedeutung gemäß (semantisch) überträgt, um der „Wirkung“ des chinesischen Urtextes möglichst nahezukommen, auch wenn dabei bisweilen etwas seltsam klingende Gebilde entstanden. Die Sanskrit-Namen sind im Glossar zu finden, ihre Bedeutungen stimmen aber nicht in allen Fällen völlig mit den chinesischen Übersetzungen überein. Ausnahmen sind Namen wie Skt. Avalokiteśvara, eigentlich „Herr, der (auf die Welt) herabblickt“, für Chin. Guan(shi)yin 觀(世)音, Jap. Kannon (Kanzeon), wo der Sanskrit-Name beibehalten wurde, oder Īśvara (oder Maheśvara), „Herr, Herrscher“ (Großer Herr, Herrscher), für Chin. (Da-)Zizai (大)自在, wörtlich „der (große) von selbst Bestehende, Selbständige“. Ebenso wurde mit dem Skt.-Terminus Tathāgata für Chin. Rulai 如來, Jap. Nyorai, wörtlich: der „So-Gekommene“, als Epitheton für einen voll erwachten Buddha,[13] verfahren.

In den meisten Fällen, in denen Kumārajīva einen indischen Namen oder einen Begriff im Chinesischen lautlich (phonetisch) wiedergibt, wurde der tat-

[13] Vom Skt.-Standpunkt aus ist es durchaus nicht eindeutig zu entscheiden, ob der Beiname als „So-Gekommener“ (Tathā-āgata) oder als „So-Gegangener“ (Tathā-gata) aufzufassen ist.

sächliche oder rekonstruierte Sanskrit-Name verwendet;[14] die Bedeutung kann in solchen Fällen im Glossar nachgeschlagen werden. Daran wurde auch im Falle von Chin. Ta 塔 festgehalten, das ursprünglich in der älteren mittelchinesischen Form *tap eine lautliche Wiedergabe von einem Skt. Stūpa entsprechenden mittelindischen Wort *thupa/thūpa ist und welches, im Gegensatz zu Watson, der „tower" übersetzt, konsequent mit Stūpa übertragen wurde.

Ausnahmen sind solche Fälle, bei denen man davon ausgehen kann, dass im Chinesischen bei den jeweiligen Begriffen das „Fremdempfinden" nicht mehr in dem Sinne vorhanden war, sondern man schon eine konkrete Vorstellung dessen hatte, was mit dem jeweiligen Begriff gemeint war: vgl. etwa Chin. Sheli 舍利, eigentlich eine lautliche Wiedergabe von Skt. Śarīra, „Körper, (Körper-)Reliquie", das aber in der vorliegenden Übersetzung bedeutungsentsprechend mit „Reliquie" übersetzt wird.

Für die Erklärung häufig wiederkehrender oder zentraler Begriffe sei auf das der Übersetzung nachgestellte Glossar, für die vorkommenden Eigennamen auf die Namenskonkordanz verwiesen. Dabei stehen in Einzelfällen Eigen- oder Gattungsnamen (Götter, Dämonen etc.), denen eine Erläuterung beigefügt wurde, im Glossar und wurden in diesem Fall nicht mehr in die Konkordanz aufgenommen.

[14] Dies geschah ohne Rücksicht auf die in Einzelfällen womöglich vom „klassischen" Skt.-Namen unterschiedlichen Lautformen, die bisweilen über die Rekonstruktion der chinesischen Lautform erkennbar ist, wie z. B. bei Asaṃkhyeya, „unzählbar, unberechenbar", dem nach der chinesischen Transkription a-seng-qi eher eine (so nicht existierende) indische Namensform *asaṃkhye zugrunde liegt. Ferner ist diese Wiedergabe auf Sanskrit in einigen Fällen historisch nicht korrekt, da die unterliegenden Formen der Begriffe und Namen auf mittelindische Lautgestalt zurückgehen, der Sprachform also, in der wohl die meisten der älteren Mahāyāna-Sūtra verfasst worden waren, auch wenn die heute erhaltenen Text später „sanskritisiert" wurden.

Übersetzungen des Lotus-Sūtra[15]

Eine Auswahl

Es wurden nur Übersetzungen berücksichtigt, die aus einer Originalsprache angefertigt wurden. Die Siglen geben die Version an, die übersetzt wurde (K: Kumārajīva, S: Sanskrit-Text), sowie die Sprache, in die übersetzt wurde (D: Deutsch, E: Englisch, F: Französisch, J: Japanisch).[16]

Borsig, Margareta von, *Sūtra von der Lotosblume des wunderbaren Gesetzes (nach dem chinesischen Text von Kumārajīva ins Deutsche übersetzt und eingeleitet)*, Darmstadt: Wissenschaftliche Buchgesellschaft 1993 (K/D)

Burnouf, Eugène, *Le Lotus de la Bonne Loi, traduit du Sanscrit, accompagné d'un commentaire et de vingt et un mémoires relatifs au Buddhisme*, Paris 1852 (Nachdruck 1989) (S/F)

Hurvitz, Leon, *Scripture of the Lotus Blossom of the Fine Dharma (The Lotus Sūtra), Translated from the Chinese of Kumārajīva*, New York: Columbia University Press 1976 (K/E; mit Kommentar und vergleichenden Anmerkungen zum Sanskrit-Text)

Katō, Bunnō; Tamura, Yoshirō; Miyasaka, Kōjirō (with revisions by W. E. Soothill, Wilhelm Schiffer, Pier P. Del Campana), *The Threefold Lotus Sutra (Innumerable Meanings, The Lotus Flower of the Wonderful Law, and Meditation on the Bodhisattva Universal Virtue)*, New York, Tokyo 1975 (K/E)

Kern, Henrik, *Saddharmapundarîka, Or the Lotus of the True Law*, Oxford 1884 (Sacred Books of the East, Vol. XXI) (S/E).

Kubo Tsugunari, Yuyama Akira, *The Lotus Sutra, Translated from the Chinese of Kumārajīva* (Taishō, Volume 9, Number 262), Berkeley 1993 (Buddhist Translation and Research English Tripiṭaka 13-I) (K/E)

---

[15] Für einen kompletten Überblick der bis 1970 greifbaren Texte und umfangreiches weiteres Sekundärmaterial zum Lotos-Sūtra vgl. Yuyama Akira, *A Bibliography of the Sanskrit Texts of the Saddharmapuṇḍarīkasūtra*, Canberra 1970 (Oriental Monograph Series No. 5). Nach Erscheinen von Yuyamas Bibliographie sind allein zum Lotos-Sūtra in indischen Sprachen zahlreiche Publikationen, z.T. Textausgaben erschienen. Faksimiles grundlegender Manuskripte von Handschriften sind von der Sōka Gakkai herausgegeben worden.

[16] Einen Überblick, v. a. über die Teilübersetzungen, bietet: Peter Pfandt, *Mahāyāna Texts Translated into Western Languages. A Bibliographical Guide*, Köln 1986 (Revised Edition with Supplement), 85–87 und 39.

Murano, Senchu, *The Sutra of the Lotus Flower of the Wonderful Law (Translated from Kumārajīva's version of The Saddharmapuṇḍarīka-Sūtra)*, Tokyo 1974 (K/E)

Robert, Jean-Noël, *Le Sûtra du Lotus*, Paris 1997 (K/F)

Sakamoto Yukio u. Iwamoto Yutaka, *Hokke-kyō*, 3 Bde., Tokyo: Iwanami-Bunko 1993 (K/J; chinesischer Originaltext, japanische Kanbun-Umsetzung, moderne Übersetzung und Anmerkungen) 坂本幸男、岩本裕、法華経、東京:岩波文庫

Tripitaka Master Hsüan Hua, *The Wonderful Dharma Lotus Flower Sutra*, 10 vols., San Francisco 1977–82 (K/E)

Watson, Burton, *The Lotus Sutra*, New York: Columbia University 1993 (K/E)

Weiterführende Literatur zum Buddhismus allgemein, zum Mahāyāna-Buddhismus und zum Lotos-Sūtra – Eine Auswahl:

Baruch, W., *Beiträge zum Saddharmapuṇḍarīkasūtra*, Leiden 1938.

Bechert, Heinz (Hg.), *Der Buddhismus I. Der indische Buddhismus und seine Verzweigungen*, Stuttgart 2000 (Religionen der Menschheit, Band 24,1).

Bechert, Heinz; Gombrich, Richard (Hg.), *Die Welt des Buddhismus*, München 1994.

Ch'en, Kenneth, *Buddhism in China: A Historical Survey*, Princeton 1964.

Fuß, Michael, *Buddhavacana and Dei Verbum. A Phenomenological and Theological Comparison of Scriptural Inspiration in the Saddharmapuṇḍarīka Sūtra and in the Christian Tradition*, Leiden, New York, København, Köln 1991 (Brill's Indological Library, Volume 3).

Hirakawa Akira, *A History of Indian Buddhism. From Śākyamuni to Early Mahāyāna* (Translated by Paul Groner), Honolulu 1990.

Ikeda Daisaku, *Der chinesische Buddhismus*, Berlin 1987.

Mizuno Kogen, *Buddhist Sūtras. Origin, development, transmission*, Tokyo 1982.

Pye, Michael, *Skillful Means. A concept in Mahāyāna Buddhism*, London 1978.

Reeves, Gene (Hg.), *A Buddhist Kaleidoscope: Essays on the Lotus Sutra*, Tokyo 2002.

Schmidt-Glintzer, Helwig, *Der Buddhismus*, München 2005.

Schumann, Hans Wolfgang, *Mahayana-Buddhismus. Die zweite Drehung des Dharma-Rades*, München 1990.

Skilton, Andrew, *A Concise History of Buddhism*, Birmingham 1994.

Stone, Jacqueline, Lotus Sūtra (Saddharmapuṇḍarīka-Sūtra), in: Buswell, Robert E., Jr. (Hg.), *Encyclopedia of Buddhism*, New York, Detroit 2003, 471–477.

Williams, Paul, *Mahāyāna-Buddhism. The Doctrinal Foundations*, London, New York 1989.

Sūtra vom Lotos des Wunderbaren Gesetzes – Miaofa-lianhua-jing – Saddharmapuṇḍarīka-sūtra

Vom Tripiṭaka-Meister Kumārajīva aus dem Land Kuča auf kaiserliche Anordnung übersetzt unter der Dynastie der Späten Qin

Erste Rolle

Erstes Kapitel: Einleitung

So habe ich gehört:

Einst weilte der Buddha in der Stadt Rājagṛha, auf dem Berg Gṛdhrakūṭa, zusammen mit einer großen Schar von zwölftausend Mönchen, die alle Arhats waren, deren Einströmungen schon aufgebraucht waren, die ohne neue Befleckungen waren, die schon ihr Ziel erreicht hatten, deren Verhaftungen zu einem Ende gekommen waren, deren Geist die Freiheit erlangt hatte.

Diese hießen: Ajñāta Kauṇḍinya, Mahākāśyapa, Uruvilvā-Kāśyapa, Gayā-Kāśyapa, Nadī-Kāśyapa, Śāriputra, Mahāmaudgalyāyana, Mahākātyāyana, Anuruddha, Kapphina, Gavāṃpati, Revata, Pilindavatsa, Bakkula, Mahākauṣṭhila, Nanda, Saundarananda, Pūrṇamaitrāyaṇīputra, Subhūti, Ānanda, Rāhula, sowie alle anderen Arhats, ebenso bekannt und groß.

Außerdem waren da zweitausend, die noch lernten und die nicht mehr zu lernen brauchten.

Da war die Nonne Mahāprajāpatī mit sechstausend zu ihr gehörenden Nonnen und auch mit der Mutter des Rāhula, der Nonne Yaśodharā mitsamt ihrem Gefolge.

Da waren achtzigtausend Bodhisattvas und Mahāsattvas, die alle die Anuttarasamyaksaṃbodhi erlangt hatten und nicht mehr in den Kreislauf der Geburten zurückkehrten, die alle die Dhāraṇīs beherrschten, freudig das Gesetz darlegten und mit Beredsamkeit begabt waren, das Gesetzesrad der Nimmerwiederkehr in Bewegung setzten, die den unzähligen hunderttausend Buddhas Verehrung darbrachten, in der Gegenwart dieser Buddhas die heilswirksamen Wurzeln pflanzten, beständig durch diese Buddhas gelobt wurden; kultiviert durch Güte, treten sie wohl in die Buddhaweisheit ein, dringen zur großen Weisheit und gelangen ans jenseitige Ufer; ihr Ruhm ist weit bekannt in unzähligen Welten; sie vermögen unzählige hunderttausende von Lebewesen zu erretten.

Diese hießen: Bodhisattva Mañjuśrī, Bodhisattva Avalokiteśvara, Bodhisattva *Gewinner von großer Macht*, Bodhisattva *Ständige Bemühung*, Bodhisattva *Unermüdlich*, Bodhisattva *Juwelenhand*, Bodhisattva *Medizinkönig*, Bodhisattva *Heldenhaft Gebend*, Bodhisattva *Juwelenmond*, Bodhisattva

Mondglanz, Bodhisattva *Vollmond*, Bodhisattva *Große Kraft*, Bodhisattva *Unendliche Kraft*, Bodhisattva *über die Drei Welten Hinausschreitend*, Bodhisattva Bhadrapāla, Bodhisattva Maitreya, Bodhisattva *Häufung von Juwelen*, Bodhisattva *Großer Lehrmeister*, solche und andere Bodhisattvas und Mahāsattvas waren anwesend, achtzigtausend an der Zahl.

Da war auch Śakra Devānām Indra mit zwanzigtausend Göttersöhnen; außerdem waren da die Göttersöhne *Mond*, *Universaler Duft*, *Juwelenglanz*, die vier Götterkönige mit zehntausend Göttersöhnen, der Göttersohn Īśvara, der Göttersohn Maheśvara mit dreißigtausend Göttersöhnen, der Herrscher der Sabhā-Welt, der Götterkönig Brahmā; der große Brahmā Śikhin, der große Brahmā *Glanzlicht* mit zwölftausend Göttersöhnen.

Da waren die acht Nāga-Könige, der Nāga Nanda, der Nāga Upananda, der Nāga Sāgara, der Nāga Vāsuki, der Nāga Takṣaka, der Nāga Anavatapta, der Nāga Manasvin, der Nāga Utpalaka, jeder mit einigen hunderttausend Begleitern.

Da waren die vier Kiṃnara-Könige, der Kiṃnara-König *Gesetz*, der Kiṃnara-König *Wunderbares Gesetz*, der Kiṃnara-König *Großes Gesetz*, der Kiṃnara-König *Gesetzesbewahrer*, jeder mit einigen tausend Begleitern.

Da waren die vier Gandharva-Könige, der Gandharva-König *Freude*, der Gandharva-König *Klang der Freude*, der Gandharva-König *Schön*, der Gandharva-König *Schöner Klang*, jeder mit einigen hunderttausend Begleitern.

Da waren die vier Asura-Könige, der Asura-König Balin, der Asura-König Kharaskandha, der Asura-König Vemacitri, der Asura-König Rāhu, jeder mit einigen hunderttausend Begleitern.

Da waren die vier Garuḍa-Könige, der Garuḍa-König *Großer Vorzug*, der Garuḍa-König *Großer Körper*, der Garuḍa-König *Wohlgefüllt*, der Garuḍa-König *Wunschdenken*, jeder mit einigen hunderttausend Begleitern; der Vaidehī-Sohn König Ajātaśatru mit einigen hunderttausend Begleitern.

Alle grüßten mit der Stirn die Füße des Buddha und setzten sich zur Seite.

Da predigte der Weltverehrte, umgeben von der vierfachen Versammlung, die ihm Spenden darbrachten, ihn verehrten, wertschätzten, lobpreisten, den Bodhisattvas das Mahāyānasūtra mit Namen *Unermesslicher Sinn* zur Unterweisung der Bodhisattvas in dem, was die Buddhas wertschätzen.

Nachdem der Buddha dieses Sūtra gepredigt hatte, setzte er sich mit voll verschränkten Beinen hin und trat in die *Samādhi des unermesslichen Sinns* ein, in der Körper und Geist ohne Bewegung sind. Da regnete es vom Himmel Māndārava-Blumen, Mahāmāndārava-Blumen, Mañjūṣa-Blumen, Mahāmañjūṣa-Blumen auf den Buddha und die große Menge der Anwesenden herab. Da gab es weithin in der Buddhawelt ein sechsfaches Beben.

Die Anwesenden in dieser großen Versammlung, die Mönche, die Nonnen, die Laienanhänger und Laienanhängerinnen, die Götter, die Nāgas, die Yakṣas, die Gandharvas, die Asuras, die Garuḍas, die Kiṃnaras, die Mahoragas, die Menschen und Nicht-Menschen, die Könige niedrigen Ranges und die heiligen Weltenherrscher – diese große Menge hatte so etwas bisher noch nicht erfahren. Sie waren erfreut, legten die Hände grüßend gegeneinander und blickten konzentriert auf den Buddha.

Da entließ der Buddha aus dem Merkmal des weißen Haarwirbels zwischen seinen Augenbrauen einen Lichtstrahl, der die achtzigtausend Welten im Osten durchleuchtete, der sich überallhin verbreitete, nach unten bis in die Avīci-Hölle, nach oben bis zum Akaniṣṭha-Himmel.

Von der diesseitigen Welt aus konnte man die Wesen der sechs Existenzformen in den jenseitigen Welten sehen. Ebenfalls konnte man die gegenwärtigen Buddhas der jenseitigen Welten sehen und wahrnehmen, wie diese Buddhas das Gesetz predigten. Dazu sah man die Mönche, die Nonnen, die Laienanhänger und Laienanhängerinnen der jenseitigen Welten; weiterhin sah man, wie die Bodhisattvas und Mahāsattvas den Bodhisattvaweg praktizieren – anhand verschiedener kausaler Bedingungen, verschiedener Arten des Vertrauens und Verstehens und verschiedener Erscheinungsformen. Außerdem sah man schon ins Nirvāṇa eingegangene Buddhas, sah man auch die Stūpas, die nach dem Nirvāṇa dieser Buddhas über deren Reliquien errichtet worden waren.

Da kam dem Bodhisattva Maitreya dieser Gedanke: „Jetzt zeigt der Buddha, der Weltverehrte als Zeichen ein Wunder: Aus welchem Grund gibt es diese verheißungsvollen Erscheinungen? Jetzt ist der Buddha, der Weltverehrte in die Samādhi eingetreten. So etwas Unvorstellbares ereignet sich sehr selten. Wen soll ich darüber befragen? Wer vermag zu antworten?"

Weiterhin kam ihm der Gedanke: „Mañjuśrī ist der Gesetzesprinz; er stand schon unzähligen Buddhas der Vergangenheit nahe und brachte ihnen Verehrung dar. Er hat gewiss schon einmal diese wunderbaren Zeichen gesehen. Ich werde ihn jetzt fragen."

Da kam den Mönchen und Nonnen, den Laienanhängern und Laienanhängerinnen, den Göttern und Nāgas, den Geistern und Geistwesen der Gedanke: „Dieser Lichtstrahl des Buddha, dieses Zeichen seiner übernatürlichen Kräfte: Wen sollen wir jetzt darüber befragen?"

Da wünschte der Bodhisattva Maitreya seine Zweifel zu zerstreuen; zudem sah er ins Herz der vierfachen Versammlung – der Mönche und Nonnen, der Laienanhänger und Laienanhängerinnen – sowie in das der Götter und Nāgas, der Geister und Geistwesen, und so fragte er Mañjuśrī: „Was ist der Grund für dieses verheißungsvolle Zeichen von übernatürlichen Kräften, für dieses Aussenden eines großen Lichtstrahls, der die achtzehntausend Länder im Osten erhellt, so dass man vollständig jene Pracht der Buddhaländer sieht?“

Da wollte der Bodhisattva Maitreya den Sinn des Gesagten noch einmal verkünden und fragte in folgenden Versen:

Oh Mañjuśrī!
Warum lässt der Lehrer
zwischen seinen Augenbrauen
dieses große Strahlen weithin leuchten?
Warum regnet es Māndārava-Blüten,
Mañjūṣa-Blüten,
erfreuen nach Sandelholz duftende Winde
die Herzen der Menge?
Aus diesem Grund,
ist die ganze Erde geschmückt und rein,
und diese Welt erzittert unter dem sechsfachen Beben.
Jetzt ist die vierfache Versammlung
erfreut,
sind fröhlich in Körper und Geist,
da sie erlangten, was noch nie da gewesen ist.
Die Helligkeit des Lichtstrahls zwischen den Augenbrauen
erleuchtet die östliche Himmelsrichtung,
achtzehntausend Welten
erscheinen wie golden.
Von der Avīci-Hölle
bis hinauf zum Gipfel des Seins
in diesen vielen Welten
wurden die sechs Arten von Lebewesen
die Bestimmung ihres Lebens und Todes,
die Wirkungen ihrer guten und schlechten Taten,
die gute oder üble Vergeltung, die sie erhalten
– sie wurden dort völlig sichtbar.
Ich sehe auch Buddhas,
diese heiligen Herrscher, diese Löwen

Sūtras predigen und erklären,
feinsinnige, wunderbare und vorzüglichste.
Mit klaren und reinen Stimmen,
sanfte Klänge hervorbringend,
unterweisen sie unzählige Myriaden von Bodhisattvas.
Ihr Brahmaklang ist tief und wunderbar
und beglückt die Menschen beim Hören.
Jeder in seiner Welt
erklärt und predigt das Wahre Gesetz,
unter vielfältigen kausalen Bedingungen
mittels unendlicher Gleichnisse,
jeder erhellt das Buddha-Gesetz
und erleuchtet die Lebewesen.
Trifft einer auf Leiden
– hegt Abneigung gegen Alter, Krankheit und Tod –,
so wird ihm das Nirvāṇa gepredigt,
in dem alles Leiden sein Ende findet.
Ist einer vom Glück gesegnet,
hat bereits dem Buddha Verehrung dargebracht
und trachtet nach dem unübertrefflichen Gesetz,
so wird ihm der Weg des Pratyekabuddha gepredigt.
Ist einer der Sohn eines Buddha,
übt sich in vielfältigen religiösen Übungen
und strebt nach der unübertrefflichen Weisheit,
so wird ihm der reine Weg gepredigt.
Oh Mañjuśrī!
Ich weile hier
und sehe und höre
tausende von Millionen solcher Dinge.
So zahlreich wie die Wesen sind,
werde ich darüber nun kurz berichten:
Ich sehe in jenen Ländern
Bodhisattvas so zahlreich wie die Sandkörner der Gaṇgā,
unter vielfältigen kausalen Bedingungen,
nach dem Weg des Buddha streben.
Einige praktizieren das Spenden von
Gold, Silber, Korallen,
Perlen, Edelsteinen,

Muscheln, Achat,
Diamanten und anderen Kostbarkeiten,
von Sklaven und Fahrzeugen,
mit Juwelen verzierten Sänften –
freudig geben sie diese,
wenden sich dem Weg des Buddha zu
und wünschen das Fahrzeug zu erlangen,
das vorzüglichste der drei Welten,
gepriesen von den Buddhas.
Andere Bodhisattvas
geben freudig
juwelengeschmückte Vierspänner,
behängt mit Bannern und Blumen,
mit verzierter hoher Wandung[1].
Dann sehe ich noch Bodhisattvas,
die ihr Fleisch, ihre Hände und Füße
und Frau und Kind dahingeben,
im Streben nach dem unübertrefflichen Weg.
Dann sehe ich Bodhisattvas,
die freudig dahingeben
ihren Kopf, ihre Augen und ihren Körper,
im Streben nach der Weisheit des Buddha.
Oh Mañjuśrī!
Ich sehe Könige
sich zum Buddha begeben
und ihn nach dem unübertrefflichen Weg fragen,
die daraufhin ihre glücklichen Länder aufgeben,
ihre Paläste, Minister und Kurtisanen,
sich Bart- und Haupthaare scheren
und die Gewänder des Gesetzes[2] anlegen.
Oder ich sehe Bodhisattvas
Mönche werden,
allein in der Waldeinsamkeit weilen
und Sūtras rezitieren.

---

[1] Wagen mit hoher Wandung waren in China hochstehenden Persönlichkeiten vorbehalten.

[2] D. i.: Mönchsgewänder.

Ich sehe auch Bodhisattvas,
beherzt und kraftvoll,
die sich tief in die Berge begeben
und über den Weg des Buddha nachsinnen.
Ich sehe sie die Leidenschaften aufgeben
und ständig in öder Einsamkeit weilen;
in tiefer Versenkung
erlangen sie die fünf übernatürlichen Kräfte.
Ich sehe auch Bodhisattvas,
in friedlicher Meditation und mit aneinandergelegten Handflächen,
die mit zehn Millionen Versen
den König des Dharma lobpreisen.
Weiterhin sehe ich Bodhisattvas,
deren Weisheit tief und deren Wille fest ist,
die die Buddhas zu befragen
und das Gehörte zu bewahren vermögen.
Ich sehe auch Söhne des Buddha
vollendet in Versenkung und Weisheit,
die mit unendlichen Gleichnissen
den Versammlungen das Gesetz erklären,
erfreut das Gesetz predigen
und Bodhisattvas bekehren,
die Heerscharen Māras zerstören
und die Trommel des Gesetzes rühren.
Ich sehe auch Bodhisattvas,
in Stille und ruhend in Schweigen,
von den Göttern und den Nāgas verehrt,
die sich dennoch nicht daran erfreuen.
Ich sehe auch Bodhisattvas,
die sich in Wäldern aufhalten und Lichtstrahlen aussenden,
die einen vor dem Leiden der Hölle erretten
und auf den Weg des Buddha führen.
Ich sehe auch Söhne des Buddha,
die noch nie geschlafen haben,
in Meditation in den Wäldern wandeln
und nach dem Weg des Buddha streben.
Ich sehe auch solche, die die Ordensregeln einhalten,
würdig und ohne Fehl,

rein wie Edelsteine und Perlen,
die so nach dem Gesetz des Buddha streben.
Ich sehe auch Söhne des Buddha,
die in der Kraft des Duldens verweilen,
die alle Beschimpfungen und Schläge
von äußerst arroganten Menschen
ertragen können
und so nach dem Weg des Buddha streben.
Ich sehe auch Bodhisattvas,
die alles Vergnügen, allen Spaß aufgegeben haben,
und törichte Begleiter,
die nun mit Weisen Umgang pflegen,
ihren Geist sammeln, die Verwirrung ausmerzen,
ihre Gedanken auf Berg und Wald richten,
Myriaden von Jahren lang,
und so nach dem Weg des Buddha streben.
Oder ich sehe Bodhisattvas,
die wohlschmeckendes Essen und Trinken,
hunderte Arten von Medizin
dem Buddha und der Gemeinde geben,
die Kleidung von wohlbekannter Herkunft[3], vortreffliche Bekleidung
im Wert von hunderttausend Geldstücken
oder gar unbezahlbare Kleider
dem Buddha und der Gemeinde geben,
die Myriaden verschiedene Arten von
Unterkünften, gefertigt aus Sandelholz und Edelsteinen,
und eine Menge von feinem Bettzeug
dem Buddha und der Gemeinde geben,
die ruhig gelegene Gärten und Haine,
überbordend mit Blumen und Früchten,
mit Quellen und Badeteichen
dem Buddha und der Gemeinde geben.
Dies alles geben sie,
auf verschiedene Arten, fein und wunderbar,
tun dies freudig und ohne Unwillen,

---

[3] Bekannt und entsprechend teuer war etwa die Qualität von Leinen aus Benares.

und streben so nach dem unübertrefflichen Weg.
Oder ich sehe Bodhisattvas,
die das Gesetz des Verlöschens
durch verschiedene Lehren
einer unzähligen Menge von Lebewesen predigen.
Oder ich sehe Bodhisattvas,
die die Natur der Daseinsfaktoren ansehen
als nicht durch Zweiheit gekennzeichnet,
ganz als wären sie leer[4].
Ich sehe auch Söhne des Buddha,
deren Geist keine Anhaftungen hat,
und die durch diese wunderbare Weisheit
nach dem unübertroffenen Weg streben.
Oh Mañjuśrī!
Es gibt auch Bodhisattvas,
die nach dem Verlöschen des Buddha
den Reliquien Verehrung darbringen.
Ich sehe auch Söhne des Buddha,
die Stūpas erbauen,
unzählig wie Sandkörner der Gaṅgā,
mit ihnen schmücken sie jedes Land;
Stūpas aus Juwelen, von wunderbarer Höhe:
fünftausend Yojana hoch,
an Breite und Tiefe je
zweitausend Yojana.
Jeder Stūpa ist versehen
mit tausend Bannern,
mit perlenübersäten Vorhängen
und edelsteingeschmückten Glöckchen, die gemeinsam erklingen.
Alle Götter, Nāgas, Geistwesen,
Menschen und Nicht-Menschen
erweisen ihnen Verehrung
durch Räucherwerk, Blumen und Musik.

---

[4] Die Übersetzung für Xukong 虛空 folgt hier der traditionellen ostasiatischen Auslegungstradition und der Übertragung Watsons. Allerdings steht im Skt.-Text als Vergleich nicht „Leere" (Skt. Śūṇya), sondern ein Vergleich mit „Vögeln" (Khaga).

Oh Mañjuśrī!
Alle Söhne des Buddha
schmücken diese Stūpas,
um die Reliquien zu verehren.
Die Länder sind von Natur aus so
außergewöhnlich wunderbar
wie der König der Götterbäume,
dessen Blüten sich öffnen.
Wenn der Buddha einen Lichtstrahl entsendet,
dann erblicken ich und die Versammlung
diese Länder
mit all ihren besondern Wundern.
Die übernatürliche Kraft der Buddhas
und ihre Weisheit sind selten zu erlangen.
Wenn sie einen reinen Lichtstrahl entsenden,
so erleuchten sie unzählige Länder,
und dadurch, dass wir diese sehen,
haben wir etwas noch nie da Gewesenes erlangt.
Oh Mañju, Sohn des Buddha!
Ich bitte Dich, die Zweifel der Versammlung zu zerstreuen.
Die vierfache Versammlung blickt mit Ehrfurcht
auf Dich und mich:
Warum hat der Weltverehrte
diesen Lichtstrahl entsendet?
Oh Sohn des Buddha! Antworte, wie es an der Zeit ist;
zerstreue ihre Zweifel und erfreue sie.
Zu welchem Nutzen
hat er diesen Lichtstrahl hervorgebracht?
Der Buddha möchte
das wunderbare Gesetz predigen,
das er auf dem Ort der Erleuchtung sitzend
erlangt hat.
Er wird wohl Prophezeiungen machen.
Er hat Buddhaländer gezeigt,
geschmückt und rein von Edelsteinen,
und hat uns Buddhas sehen lassen:
Dies ist kein geringer Anlass.
Oh Mañju! Du sollst wissen,

dass die vierfache Versammlung, die Nāgas und die Geistwesen
auf Dich blicken,
damit Du ihnen erklärst, was es damit auf sich hat.

Da sprach Mañjuśrī zu dem Bodhisattva, dem Mahāsattva Maitreya und zu den großen Herren[5]:

„Oh Söhne aus gutem Haus! Ich denke, dass der Buddha, der Weltverehrte, nun das große Gesetz predigen möchte, den großen Gesetzesregen regnen lassen will, die große Gesetzesmuschel blasen will, die große Gesetzestrommel rühren will, dass er das große Gesetz darlegen will. Oh Söhne aus gutem Haus! Ich habe schon die Buddhas der Vergangenheit dieses Wunder vollbringen sehen; habe gesehen, dass sie, nachdem sie diesen Lichtstrahl entsendet hatten, das große Gesetz predigten. Deshalb weiß ich natürlich, dass, wenn der Buddha jetzt den Lichtstrahl erscheinen lässt, er wieder dasselbe tun will: Er wird nun dafür sorgen, dass alle Lebewesen das Gesetz hören und verstehen, das für alle Welt so schwer zu glauben ist. Deshalb lässt er dieses Wunder erscheinen.

Oh Söhne aus gutem Haus! Einmal gab es, vor unermesslichen, unendlichen, unvorstellbaren Asaṃkhyeyas von Zeitaltern, einen Buddha mit Namen Tathāgata *Sonne-Mond-Leuchte*, einen Verehrungswürdigen, einen wahren und vollständig Wissenden, einen Vollendeten im Verstehen und Handeln, einen Wohlgegangenen, einen Weltenkundigen, einen unübertrefflichen Herrn, einen Zähmer der Menschen, einen Lehrer der Götter und der Menschen, einen Buddha, einen Weltverehrten. Er legte das wahre Gesetz dar, das zu Beginn heilvolle, das in der Mitte heilvolle, das am Ende heilvolle, dessen Sinn tiefgründig ist, dessen Worte wunderbar geschickt sind, das vollständig rein und ohne Fehl ist, das vollständig makellos ist und das Merkmal des reinen Wandels trägt.

Denen, die danach strebten, Hörer zu werden, predigte er entsprechend das Gesetz der vier edlen Wahrheiten, so dass sie Geburt, Alter, Krankheit und Tod überschreiten und das Nirvāṇa erlangen konnten. Denen, die danach strebten, Pratyekabuddhas zu werden, predigte er entsprechend das Gesetz des zwölfteiligen Entstehens in Abhängigkeit, den Bodhisattvas predigte er entsprechend die sechs Pāramitās und ließ sie die Anuttarasamyaksaṃbodhi erlangen, ließ sie das allumfassende Wissen verwirklichen.

Dann gab es wiederum einen Buddha, der ebenfalls *Sonne-Mond-Leuchte*

---

[5] D. h.: den anderen Bodhisattvas.

hieß, und dann noch einen Buddha, der auch *Sonne-Mond-Leuchte* hieß, und so noch weitere zwanzigtausend Buddhas, die alle den gleichen Namen, *Sonne-Mond-Leuchte,* trugen und aus dem gleichen Geschlecht stammten, aus dem Geschlecht des Bharadvāja. Oh Maitreya! Du sollst wissen, dass alle Buddhas, die ersten und die letzten, den gleichen Namen *Sonne-Mond-Leuchte* tragen und vollständig die zehn Beinamen. Das Gesetz, das sie predigen, ist zu Beginn, in der Mitte und am Ende heilvoll.

Als der letzte dieser Buddhas noch nicht in die Hauslosigkeit gezogen war, hatte er acht Königssöhne; der erste hieß *Sinn,* der zweite hieß *Guter Sinn,* der dritte hieß *Unendlicher Sinn,* der vierte hieß *Edelsteinsinn,* der fünfte hieß *Gesteigerter Sinn,* der sechste hieß *Zerstreute Zweifel,* der siebte hieß *Klangsinn,* der achte hieß *Gesetzessinn.* Diese acht Königssöhne waren würdevolle und tugendhafte Herrscher und jeder herrschte über vier Reiche.

Diese Königssöhne hörten, dass der Vater in die Hauslosigkeit gezogen sei und die Anuttarasamyaksaṃbodhi erlangt habe. Da gaben sie ihren Thron auf und folgten ihm in die Hauslosigkeit. Sie hatten Sehnsucht nach dem Großen Fahrzeug, sie übten sich beständig im reinen Wandel und wurden zu Lehrern des Gesetzes. Sie hatten bereits in Gegenwart von zehn Millionen Buddhas heilvolle Wurzeln gepflanzt.

Zu dieser Zeit predigte der Buddha *Sonne-Mond-Leuchte* das Mahāyāna-Sūtra mit Namen *Unermesslicher Sinn,* das das Bodhisattva-Gesetz lehrt, das von den Buddhas im Geist bewahrt wird. Nachdem er dieses Sūtra gepredigt hatte, setzte er sich inmitten der großen Versammlung mit gekreuzten Beinen hin und trat in die *Samādhi der Stufe des unermesslichen Sinns* ein, Körper und Geist ohne Regung. Da regnete es vom Himmel Māndārava-Blumen, Mahāmāndārava-Blumen, Mañjūṣa-Blumen, Mahāmañjūṣa-Blumen auf den Buddha und die große Menge der Anwesenden herab. Da gab es weithin in der Buddhawelt ein sechsfaches Beben.

Für die große Versammlung der Anwesenden, die Mönche, die Nonnen, die Laienanhänger und Laienanhängerinnen, für die Götter, die Nāgas, die Yakṣas, die Gandharvas, die Asuras, die Garuḍas, die Kiṃnaras, die Mahoragas, für die Menschen und Nicht-Menschen, für die Könige niedrigen Ranges und die heiligen Weltenherrscher: Diese große Menge hatte so etwas bisher noch nicht erfahren. Sie waren erfreut, legten die Hände grüßend aneinander und schauten konzentriert auf den Buddha.

Da entließ der Tathāgata aus dem Merkmal des weißen Haarwirbels zwischen seinen Augenbrauen einen Lichtstrahl, der die achtzigtausend Buddhaländer im Osten durchleuchtete. Da war kein Fleck, den dieses Licht nicht erreichte, so wie Ihr auch eben die Buddhaländer leuchten gesehen habt.

Oh Maitreya! Du sollst wissen, dass es zu jener Zeit in der Versammlung zwanzig Millionen Bodhisattvas gab, die voller Freude das Gesetz zu hören wünschten. Als diese Bodhisattvas diesen Lichtstrahl sahen, der die Buddhaländer durchleuchtete, erlangten sie etwas bisher noch nicht Erfahrenes und wünschten die kausalen Bedingungen für diesen Lichtstrahl zu erfahren.

Da gab es einen Bodhisattva mit Namen *Wunderbarer Lichtstrahl*, der achthundert Schüler hatte. Da trat der Buddha *Sonne-Mond-Leuchte* aus der Samādhi und predigte in Bezug auf den Bodhisattva *Wunderbarer Lichtstrahl* das Mahāyāna-Sūtra mit Namen *Lotos des Wunderbaren Gesetzes*, das das Bodhisattva-Gesetz lehrt, das von den Buddhas im Geist bewahrt wird. Er erhob sich sechzig kleine Zeitalter nicht von seinem Sitz, und die Versammlung der Zuhörer saß ebenfalls sechzig kleine Zeitalter auf ihrem Sitz, Körper und Geist ohne Regung, und dennoch schien das Hören der Predigt des Buddha nur wie der Zeitraum einer Mahlzeit. Keiner in der Versammlung war körperlich oder geistig erschöpft.

Nachdem der Buddha *Sonne-Mond-Leuchte* sechzig kleine Zeitalter lang dieses Sūtra gepredigt hatte, verkündete er unter der Versammlung von Brahma-Wesen, Māra-Wesen, den Śramaṇas, Brāhmaṇas, Göttern, Menschen und Asuras Folgendes: „Der Tathāgata wird heute in der Mitte der Nacht in das Restlose Nirvāṇa eingehen."

Da gab es einen Bodhisattva mit Namen *Edler Keim*. Der Buddha *Sonne-Mond-Leuchte* prophezeite den Mönchen über ihn: „Dieser Bodhisattva *Edler Keim* wird als Nächstes ein Buddha, ein Tathāgata, Arhat, Samyaksaṃbuddha werden und den Namen *Reiner Körper* tragen."

Nachdem der Buddha diese Prophezeiung verkündet hatte, ging er in der Mitte der Nacht in das Restlose Nirvāṇa ein.

Nachdem der Buddha verschieden war, bewahrte der Bodhisattva *Wunderbarer Lichtstrahl* das Sūtra vom Lotos des Wunderbaren Gesetzes achtzig kleine Zeitalter lang auf und predigte es den Menschen. Die acht Söhne des Buddha *Sonne-Mond-Leuchte* wurden bei *Wunderbarer Lichtstrahl* Schüler. *Wunderbarer Lichtstrahl* belehrte sie und ließ in ihnen den festen Entschluss aufkommen, nach Anuttarasamyaksaṃbodhi zu streben. Nachdem diese Königssöhne Myriaden von Buddhas verehrt hatten, erlangten sie alle die Buddhaschaft, und der Letzte von ihnen wurde zum Buddha namens *Entzünder der Leuchte*.

Unter dessen achthundert Schülern gab es einen mit Namen *Ruhm Erstre-*

bend. Er war gierig nach Gewinn. Obwohl er viele Sūtras rezitierte, konnte er sie nicht verstehen und vergaß das meiste; deshalb nannte man ihn *Ruhm Erstrebend.* Doch weil dieser Mensch auch vielfältige heilvolle Wurzeln gepflanzt hatte, konnte er mit Myriaden von Buddhas zusammentreffen, ihnen Spenden und Verehrung darbringen, sie hoch achten und lobpreisen.

Oh Maitreya! Du sollst wissen: Dieser Bodhisattva *Wunderbarer Lichtstrahl* zu jener Zeit, sollte er Dir etwa unbekannt sein? Ich selbst war dieser! Und der Bodhisattva *Ruhm Erstrebend*, der warst Du selbst!

Wenn ich jetzt dieses Wunder sehe, so unterscheidet es sich nicht von dem damaligen. Deshalb vermute ich, dass heute der Tathāgata das Mahāyāna-Sūtra namens *Lotos des Wunderbaren Gesetzes* predigen wird, welches das Bodhisattva-Gesetz lehrt, das von den Buddhas im Geist bewahrt wird.

Da wollte Mañjuśrī in dieser großen Versammlung den Sinn des Gesagten noch einmal verkünden und sprach die Verse:

Ich gedenke vergangener Zeiten,
unermesslicher, unzählbarer Zeitalter,
da gab es einen Buddha, unter den Menschen verehrt,
mit Namen *Sonne-Mond-Leuchte.*
Dieser Weltverehrte legte das Gesetz dar, predigte es,
rettete unermesslich viele Lebewesen.
Unzählige Millionen von Bodhisattvas
ließ er in die Buddha-Weisheit eintreten.
Als dieser Buddha noch nicht in die Hauslosigkeit gezogen war,
wurden ihm acht Königssöhne geboren.
Als diese den Großen Heiligen in die Hauslosigkeit ziehen sahen,
folgten sie ihm und übten sich im reinen Wandel.
Da predigte der Buddha das Große Fahrzeug,
das Sūtra namens *Unermesslicher Sinn*
in einer großen Versammlung
und erklärte es ihnen aufs Genaueste.
Nachdem der Buddha dieses Sūtra gepredigt hatte,
setzte er sich mit gekreuzten Beinen und ging in die Samādhi
mit Namen *Stufe des unermesslichen Sinns* ein.
Vom Himmel regneten Māndārava-Blumen herab,
die himmlischen Trommeln erklangen von selbst,
und die Götter, Nāgas, Geister und Geistwesen
brachten dem Verehrten unter den Menschen Ehrerbietung dar.

In allen Buddhaländern
gab es damals große Beben.
Der Buddha entsandte zwischen seinen Augenbrauen einen Lichtstrahl
und ließ selten zu Sehendes erscheinen.
Dieser Lichtstrahl durchleuchtete die östliche Himmelsrichtung,
durchleuchtete achtzehntausend Buddhaländer,
zeigte, wie dort allen Lebewesen
deren vergangene Taten vergolten wurden in Leben und Tod.
Die Buddhaländer, die zu sehen waren,
von Edelsteinen geschmückt,
mit Farben von Lapislazuli und Kristall,
sie wurden durch den Lichtstrahl des Buddha erleuchtet.
Und man sah Götter, Menschen,
Nāgas, Geistwesen, Yakṣas,
Gandharvas, Kiṃnaras,
die alle diesem Buddha Verehrung darbrachten.
Auch sah man Tathāgatas,
die von sich aus die Erleuchtung erlangt hatten,
deren Körpergestalt goldenen Bergen glich,
stattlich, äußerst wunderbar;
als kämen inmitten von reinem Lapislazuli
goldene Statuen hervor.
Diese Weltverehrten verbreiteten in der großen Versammlung
den Sinn des tiefgründigen Gesetzes.
In jedem einzelnen Buddhaland
wurden zahllose Hörer,
dadurch, dass sie durch den Lichtstrahl des Buddha aufleuchteten,
als jene große Versammlung sichtbar.
Da gab es auch Mönche inmitten von Bergen und Wäldern,
die sich unter Anstrengungen an die reinen Regeln hielten,
als bewahrten sie eine helle Perle.
Man sah auch Bodhisattvas,
die sich im Erdulden übten,
deren Zahl wie die Sandkörner der Gaṅgā waren:
Diese wurden durch den Lichtstrahl des Buddha erhellt.
Man sah auch Bodhisattvas,
die tief in die Versenkung eintraten,
deren Körper und Geist still, ohne Regung war,

und die so nach der unübertroffenen Erleuchtung[6] strebten.
Man sah auch Bodhisattvas,
die die Daseinsfaktoren erkannten als gekennzeichnet durch Ruhe und Vernichtung,
und jeder in seinem Land
predigte das Gesetz, strebte nach dem Weg des Buddha.
Zu jener Zeit sah die vierfache Versammlung,
wie der Buddha *Sonne-Mond-Leuchte*
die großen übernatürlichen Kräfte zeigte,
und ihr Geist war erfreut.
Ein jeder fragte den anderen:
„Welche Gründe gibt es für dieses Ereignis?"
Der von Göttern und Menschen Verehrte,
sobald er aus der Samādhi herausgekommen war,
pries den Bodhisattva *Wunderbarer Lichtstrahl*:
„Du bist das Auge der Welt,
zu dem alle im Vertrauen Zuflucht nehmen können,
der das Schatzhaus des Gesetzes aufrechtzuerhalten vermag.
Das Gesetz, so wie ich es gepredigt habe,
vermagst nur Du allein richtig zu bezeugen.
Der Weltverehrte, nachdem er *Wunderbaren Lichtstrahl* gepriesen
und ihn damit erfreut hatte,
predigte dieses Sūtra vom Lotos des Gesetzes
volle sechzig kleine Zeitalter lang
und erhob sich nicht von seinem Sitz.
Das höchste, wunderbare Gesetz, das er gepredigt hatte,
konnte dieser Gesetzeslehrer *Wunderbarer Lichtstrahl*
vollständig annehmen und bewahren.
Nachdem der Buddha diesen Lotos des Gesetzes gepredigt
und die Menge erfreut hatte,
verkündete er sofort, am selben Tag,
den Göttern und Menschen:
„Nachdem ich Euch gepredigt habe
die Bedeutung der wahren Natur aller Daseinsfaktoren,
werde ich nun in der Mitte der Nacht
ins Nirvāṇa eingehen.

[6] Wörtl.: „Weg".

Bemüht Euch mit Konzentration und aller Kraft,
dann werdet Ihr Euch von Nachlässigkeit und Trägheit lösen.
Buddhas sind wahrlich schwer anzutreffen,
in zehn Millionen Zeitaltern einmal.
Als die Söhne des Weltverehrten
hörten, dass der Buddha ins Nirvāṇa eingehe,
waren alle betrübt und voll Trauer darüber,
dass der Buddha auf einmal so schnell verlöschen sollte.
Der heilige Herrscher, der Herrscher des Gesetzes
tröstete die unzählbare Versammlung:
„Wenn ich in das Nirvāṇa hinübergehe,
dann sollt Ihr Euch nicht grämen.
Dieser Bodhisattva *Edler Keim*
hat im Geist schon durchdrungen
das wahre Wesen des Nicht-Einströmens;
er wird als Nächster die Buddhaschaft verwirklichen,
wird *Reiner Körper* genannt
und unzählige Lebewesen erretten."
Der Buddha ging in dieser Nacht ins Nirvāṇa hinüber
so wie eine Flamme erlischt, wenn das Brennholz verbraucht ist.
Man verteilte die Reliquien
und erbaute unzählige Stūpas.
Die Mönche und Nonnen,
unzählbar an Zahl wie die Sandkörner der Gaṅgā,
verdoppelten ihre Anstrengungen,
nach dem unübertrefflichen Weg zu streben.
Dieser Gesetzeslehrer *Wunderbarer Lichtstrahl*,
der das Schatzhaus des Gesetzes des Buddha bewahrt,
verkündete achtzig kleine Zeitalter lang
das Sūtra vom Lotos des Gesetzes.
Diese acht Königssöhne,
die *Wunderbarer Lichtstrahl* bekehrt hatte,
strebten fest nach der unübertrefflichen Erleuchtung
und konnten unzählige Buddhas antreffen.
Nachdem sie diesen Buddhas Spenden dargebracht hatten,
folgten sie ihnen und übten sich im großen Weg[7]

[7] Die zur Erleuchtung führende Praxis.

und erlangten einer nach dem anderen die Buddhaschaft,
die sie, jeweils der eine dem nächsten, prophezeiten.
Der letzte, Gott unter Göttern,
wurde *Entzünder der Leuchte* genannt,
einer, der die Seher anweist,
und unzählige Lebewesen errettet.
Dieser Gesetzeslehrer *Wunderbarer Lichtstrahl*
hatte zu jener Zeit einen Schüler,
dessen Geist stets in Nachlässigkeit befangen war,
der gierig war nach Ruhm und Gewinn.
Er strebte rastlos nach Ruhm und Gewinn,
vergnügte sich häufig mit Leuten aus vornehmen Häusern,
er warf weg, was er erlernt und sich gemerkt hatte,
vernachlässigte es, vergaß es und verstand es nicht.
Aus diesem Grund
nannte man ihn *Ruhm Erstrebend.*
Doch er hatte auch viele gute Taten geleistet,
und so konnte er auf unzählige Buddhas treffen,
diesen Buddhas Verehrung erweisen,
ihnen darin folgen, den großen Weg zu üben,
und die sechs Pāramitās erlangen.
Jetzt hat er den Löwen aus dem Geschlecht der Śākya getroffen.
Später wird er ein Buddha werden
mit Namen Maitreya
und weithin Lebewesen erretten,
deren Zahl unermesslich ist.
Dieser Nachlässige nach dem Verlöschen
jenes Buddha *Wunderbarer Lichtstrahl* – der bist Du.
Der Gesetzeslehrer *Wunderbarer Lichtstrahl* –
der bin ich jetzt selbst.
Ich habe den Buddha *Entzünder der Leuchte*
damals dieses Wunder mit dem Lichtstrahl genau so ausführen sehen.
Deshalb weiß ich jetzt, dass der Buddha
das Sūtra vom Lotos des Gesetzes zu predigen wünscht.
Die jetzigen Zeichen sind wie bei diesem Wunder von damals.
Dies sind die hilfreichen Mittel der Buddhas:
Der Buddha sendet jetzt diesen Lichtstrahl aus

und hilft so, die Bedeutung der wahren Natur der Daseinsfaktoren zu offenbaren.
Und die Menschen werden diese jetzt verstehen.
Wir legen die Handflächen aufeinander und harren konzentriert.
Der Buddha wird den Gesetzesregen regnen lassen
und die, die nach Erleuchtung streben, zufriedenstellen.
Ihr, die Ihr nach den Drei Fahrzeugen strebt,
solltet Ihr Zweifel und Reue hegen,
so wird der Buddha diese zerstreuen,
wird diese restlos ausmerzen.

Erste Rolle

Zweites Kapitel: Hilfreiche Mittel

Zu dieser Zeit trat der Weltverehrte mit Bedacht aus der Samādhi und sagte zu Śāriputra:

„Die Weisheit eines Buddhas ist wirklich tiefgründig, unermesslich. Ihr Tor der Weisheit ist schwer zu erschließen, schwer zu betreten. Sie kann von keinem Hörer und Pratyekabuddha verstanden werden.

Was ist der Grund dafür? Der Buddha stand bereits mit Myriaden von Buddhas auf vertrautem Fuß, mit unzähligen Buddhas; er hat die unzähligen Arten der Erleuchtung dieser Buddhas erschöpfend praktiziert, heldenhaft und kraftvoll, sein Ruhm war weit bekannt; er hat das wirklich tiefgründige, noch nie da gewesene Gesetz verwirklicht und predigt es in angemessener Weise, doch seine Absicht ist schwer zu ergründen.

Oh Śāriputra! Seit ich die Erleuchtung verwirklicht habe, habe ich die Lehre mittels aller Arten von Methoden, mit allen Arten von Gleichnissen weithin verkündet; mit unzähligen hilfreichen Mitteln habe ich die Lebewesen geleitet und sie sich von ihren Anhaftungen trennen lassen. Was ist der Grund dafür? Ein Tathāgata ist begabt mit allen hilfreichen Mitteln, mit der Pāramitā der Weisheit.

Oh Śāriputra! Ein Tathāgata besitzt Weisheit, weithin reichend und tiefgründig, unermesslich, unbeschränkt, besitzt Kraft, ist furchtlos, ist bewandert in Versenkung, hat die Befreiung erlangt, ist tief in die Grenzenlosigkeit eingetreten und hat das noch nie da gewesene Gesetz in sich verwirklicht.

Oh Śāriputra! Der Tathāgata vermag auf die verschiedensten Weisen die Gesetze darzulegen und sie geschickt zu predigen. Seine Worte sind sanft und erfreuen die Herzen der Menge.

Oh Śāriputra! Kurzum: Das unermessliche, unbegrenzte, noch nie da gewesene Gesetz – der Buddha hat es ganz verwirklicht.

Doch genug, oh Śāriputra! Ich muss nichts weiter erklären. Was ist der Grund dafür? Was der Buddha verwirklicht hat, ist das vorzüglichste, selten existierende, schwer zu erschließende Gesetz – nur wenn ein Buddha es weitergibt an einen anderen Buddha, vermag dieser das wahre Wesen der Daseinsfaktoren völlig zu erfassen: nämlich die Daseinsfaktoren, so wie sie ihren

Merkmalen nach sind, so wie sie ihrer Natur nach sind, so wie sie ihrer Substanz nach sind, wie sie ihrer Kraft nach sind, wie sie ihrem Geschehen nach sind, wie sie ihrer Ursache nach sind, wie sie ihrer Kausalverbindung nach sind, wie sie ihrem Ergebnis nach sind, wie sie ihrer Folgewirkung nach sind, so wie sie immer und überall vorzufinden sind."

Da wollte der Weltverehrte in dieser großen Versammlung den Sinn des Gesagten noch einmal verkünden und sprach die Verse:

Die Helden der Welt sind unermesslich
unter den Göttern und Menschen der Welt.
Keine Art von Lebewesen
kann die Buddhas erkennen:
Die Kraft eines Buddha, seine Furchtlosigkeit,
seine Erlösung, seine Samādhi
und seine anderen Wirkweisen
kann man nicht ermessen.
Von Anbeginn den unzähligen Buddhas folgend
hat er die verschiedenen Wege vollständig praktiziert,
das wahrlich tiefgründige, feine und wunderbare Gesetz,
das schwer zu sehen, schwer zu begreifen ist.
Nachdem er in unzähligen von Millionen von Zeitaltern
diese Wege praktiziert hat,
hat er am Ort der Erleuchtung die Frucht der Erleuchtung erlangt.
Ich habe all dies bereits vollständig erfasst,
den derart großartigen Lohn,
den Sinn der verschiedenen Wesen und Merkmale.
Ich und die Buddhas der zehn Himmelsrichtungen
vermögen dies zu verstehen,
dieses Gesetz, das nicht gezeigt werden kann,
vor dem Worte verstummen.
Keine Art von Lebewesen
vermag es zu verstehen,
außer all den Bodhisattvas,
deren Glaubenskraft gefestigt ist.
All die Schüler der Buddhas,
die bereits den Buddhas Verehrung dargebracht haben,
die, wenn all ihre Einströmungen versiegt sind,
in ihrer letzten Verkörperung weilen:

Selbst solchen Menschen
reicht die Kraft nicht aus.
Selbst wenn die Welt voll wäre
von solchen wie Śāriputra:
So könnten sie nicht die Weisheit des Buddha ermessen.
Auch wenn die zehn Himmelsrichtungen voll wären
von solchen wie Śāriputra
und den anderen Schülern des Buddha,
von denen ebenfalls die Länder der zehn Himmelsrichtungen voll wären,
wenn sie sich mit vereinten Kräften im Nachdenken erschöpften:
So könnten sie es dennoch nicht verstehen.
Auch wenn Pratyekabuddhas, mit scharfem Verstand begabt,
ohne Einströmungen, in ihrer letzten Verkörperung,
die Welten der zehn Himmelsrichtungen ausfüllten,
so zahlreich wie Bambus in einem Bambuswald,
wenn diese ihren ganzen Geist zusammennähmen,
und Millionen unermessliche Zeitalter hindurch
über die wahre Weisheit des Buddha nachsinnen wollten:
So wären sie nicht in der Lage, auch nur ein Quäntchen davon zu verstehen.
Auch wenn Bodhisattvas, die gerade den Entschluss gefasst haben, Buddhas zu werden,
den unzähligen Buddhas Verehrung darbringen,
wenn sie den tieferen Sinn völlig verstanden haben,
sie sogar das Gesetz wohl zu predigen vermögen,
sie wie junger Reis, Hanf, Bambus oder Schilf
die Länder der zehn Himmelsrichtungen ausfüllen,
wenn sie im Geiste vereint mit ihrer wunderbaren Weisheit,
so viele Zeitalter hindurch wie Sandkörner in der Gaṅgā,
alle zusammen nachsönnen:
So könnten sie doch nicht die Weisheit des Buddha verstehen.
Selbst Bodhisattvas, die unumkehrbar zur Erleuchtung streben,
so viel an Zahl wie die Sandkörner in der Gaṅgā,
wenn sie im Geiste vereint danach strebten:
So könnten auch diese sie nicht verstehen.
Weiterhin verkünde ich Dir, oh Śāriputra!,
das einströmungslose, unvorstellbare,
wahrlich tiefgründige, feine und wunderbare Gesetz:

Ich habe es jetzt vollständig erfasst.
Nur ich verstehe dessen Merkmale
und die Buddhas der zehn Himmelsrichtungen verstehen sie auch.
Oh Śāriputra! Du sollst wissen,
dass die Worte der Buddhas sich nie unterscheiden.
Zu dem Gesetz, das die Buddhas predigen,
sollt Ihr die große Kraft des Vertrauens entwickeln.
Das Gesetz des Weltverehrten, das lang bestehende,
er wird es predigen, die höchste Wahrheit,
er wird sie verkünden allen Hörern
und denen, die nach dem Fahrzeug der Pratyekabuddhas streben.
Ich befreie sie aus den Fesseln des Leidens
und lasse sie das Nirvāṇa erlangen.
Ein Buddha zeigt, durch die Kraft der hilfreichen Mittel,
durch die Lehre der drei Fahrzeuge,
allen Lebewesen ihre Anhaftung, egal wo sie sind,
und leitet sie an, sich von ihnen zu lösen.

Zu dieser Zeit waren da in der großen Versammlung eintausendzweihundert Hörer, die, gleich dem Ajñātakauṇḍinya, alle Einströmungen vernichtet hatten, Arhats und solche, die ihren Sinn darauf gerichtet hatten, Hörer oder Pratyekabuddhas zu werden, Mönche, Nonnen, Laienanhänger und Laienanhängerinnen – jeder dachte: „Aus welchem Grund preist der Weltverehrte jetzt über alle Maßen die hilfreichen Mittel und sagt, dass das Gesetz, das ein Buddha erlangt, wahrlich tiefsinnig und schwer zu begreifen ist, dass der tiefere Sinn dessen, was er predigt, so schwer zu verstehen ist, dass kein Hörer und Pratyekabuddha ihn erfassen kann? Der Buddha predigt doch nur eine Lehre der Erlösung. Wir sollten dieses Gesetz doch auch erlangen und ins Nirvāṇa gelangen können. Jetzt jedoch verstehen wir nicht den tieferen Sinn dessen, was er lehrt."

Da verstand Śāriputra die Zweifel der vierfachen Versammlung; er selbst hatte auch noch nicht völlig verstanden und sprach zum Buddha:

„Aus welchem Grund, unter welchen Bedingungen preist Du so über alle Maßen die vorzüglichen hilfreichen Mittel der Buddhas, das vorzügliche, wahrlich tiefsinnige, feine und wunderbare, schwer zu begreifende Gesetz? Seit weit vergangenen Zeiten habe ich einen Buddha so etwas noch nicht predigen hören. Nun hegt die ganze vierfache Versammlung Zweifel. Möge doch der Weltverehrte dies darlegen, warum der Weltverehrte jetzt so über alle Maßen das wahrlich tiefsinnige, feine und wunderbare, schwer zu begreifende Gesetz preist."

Da wollte Śāriputra den Sinn des Gesagten noch einmal verkünden und sprach die Verse:

Sonne der Weisheit, großer Weiser und Verehrter!
Seit langem predigst Du dieses Gesetz,
predigst selbst, dass Du dies alles erlangt hättest:
Kraft, Furchtlosigkeit, Samādhi,
Versenkung, Erlösung,
das unvorstellbare Gesetz,
das Gesetz, das Du am Ort der Erleuchtung erlangt hast.
Niemand kann Dich danach fragen.
„Meine Absicht ist schwer zu ermessen
und niemand kann mich danach fragen."
Niemand fragt und dennoch predigst Du selbst,
und preist den Weg zur Weisheit[1].
Deine Weisheit ist wahrhaft fein und wunderbar,
die von den Buddhas erlangte.
Die Arhats, die ohne Einströmungen sind,
die nach dem Nirvāṇa streben,
sie fallen jetzt in das Netz der Zweifel:
„Warum predigt der Buddha so etwas?"
Diejenigen, die danach streben, Pratyekabuddhas zu werden,
die Mönche und Nonnen,
Götter, Nāgas, Geister, Geistwesen
und die Gandharvas und andere Wesen,
sie schauen einander ratlos an,
schauen auf zu dem Verehrtesten der zweifüßigen Wesen:
„Was bedeutet dies wohl?
Möge der Buddha uns dies erklären."
Unter allen Hörern
bin ich der Erste, dem der Buddha gepredigt hat.
Jetzt habe ich selbst an meiner Weisheit
Zweifel und kann es nicht begreifen:
Ist dies das höchste Gesetz?

---

[1] Dao: hier nach dem Skt. Text in der Bedeutung von Jñāna, „Weisheit".

Ist dies der Weg, den man gehen muss?
Die Söhne, die aus des Buddhas Mund geboren,
legen die Handflächen zusammen, schauen zu ihm empor
und bitten ihn, den feinen, wunderbaren Laut zu äußern
und – so es an der Zeit ist – darzulegen, wie es wirklich ist.
Die Götter, Nāgas, Geister und andere,
deren Zahl gleich den Sandkörnern der Gaṅgā ist,
Bodhisattvas, die nach der Buddhaschaft streben,
an großer Zahl von achtzigtausend,
und auch die heiligen Weltenherrscher
der Myriaden von Ländern nahen sich,
legen mit Ehrfurcht die Handflächen zusammen
und wollen den vollendeten Weg hören.

Da sprach der Buddha zu Śāriputra: „Genug! Genug! Es ist nicht nötig, dies weiter zu erklären. Wenn ich dies erkläre, dann sind alle Welten – die der Götter und der Menschen – überrascht und zweifeln."

Noch einmal sprach Śāriputra zum Buddha: „Oh Weltverehrter! Mögest Du doch dies erklären! Mögest Du doch dies erklären! Warum dies? Diese Versammlungen von unzähligen Myriaden von Asaṃkhyeyas von Lebewesen haben bereits Buddhas gesehen, ihre Sinne geschärft und sind in Weisheit verständig. Wenn sie den Buddha es erklären hören, werden sie in Ehrfurcht darauf vertrauen können."

Da wollte Śāriputra den Sinn des Gesagten noch einmal verkünden und sprach die Verse:

Oh Gesetzeskönig! Oh unübertrefflich Verehrter!
Erkläre doch! Mögest Du nicht zögern!
In dieser Versammlung von unermesslich vielen Wesen
gibt es solche, die in Ehrfurcht Vertrauen fassen können!

Der Buddha sprach noch einmal: „Genug, oh Śāriputra! Wenn ich dies erkläre, dann sind alle Welten – die der Götter, der Menschen und der Asuras – überrascht und zweifeln, dann werden die überheblichen Mönche in einen großen Graben fallen."

Da sprach der Weltverehrte dies noch einmal in Versen:

Genug! Genug! Es bedarf keiner Erklärung!
Mein Gesetz ist wunderbar und schwer zu erfassen.
Diejenigen von überwältigender Arroganz
werden beim Hören niemals in Ehrfurcht Vertrauen zeigen.

Da sprach Śāriputra noch einmal zum Buddha: „„Oh Weltverehrter! Mögest Du doch dies erklären! Mögest Du doch dies erklären! Jetzt sind in der Versammlung solche wie ich, die schon in Myriaden von Zeitaltern durch Buddhas bekehrt wurden. Solche Menschen können bestimmt ein verehrendes Vertrauen fassen, in der langen Nacht[2] Frieden und viel Nutzen gewinnen."

Da wollte Śāriputra den Sinn des Gesagten noch einmal verkünden und sprach die Verse:

Oh unübertrefflicher, Verehrtester der zweifüßigen Wesen!
Das vornehmste Gesetz zu erklären
– das bitte ich als ältester Sohn des Buddha.
Mögest Du es genau erklären;
diese Versammlung von unermesslich vielen Wesen
vermag verehrendes Vertrauen zu diesem Gesetz zu fassen.
Die Buddhas haben bereits Zeitalter auf Zeitalter
solche Wesen bekehrt,
die alle einmütig die Handflächen zusammenlegen
und die Worte des Buddha zu hören wünschen.
Ich mit eintausendzweihundert Gefährten
und mit solchen, die nach der Buddhaschaft streben,
bitten Dich um dieser Wesen willen:
Mögest Du es genau predigen.
Wenn diese Wesen dieses Gesetz hören,
dann werden sie voller Freude sein."

Da sagte der Weltverehrte zu Śāriputra: „Nachdem Du dreimal ernsthaft diese Bitte vorgebracht hast, wie könnte ich da nicht predigen?! Höre jetzt wahrhaftig zu und bedenke das Gehörte wohl. Ich werde Dir das Gesetz genau darlegen."

Als er diese Worte gesprochen hatte, gab es in der Versammlung fünftausend Mönche, Nonnen, Laienanhänger und Laienanhängerinnen, die sich von

---

[2] So die traditionelle, wörtliche Auffassung; eigentlich in der Bedeutung: „lange Zeit".

ihrem Sitz erhoben, den Buddha grüßten und sich zurückzogen. Warum dies? Deren Wurzeln der Schuld waren tief und schwer; und sie waren arrogant, sie hatten noch nicht erlangt, was sie behaupteten erlangt zu haben, hatten noch nicht verwirklicht, was sie behaupteten verwirklicht zu haben. Weil sie solche Fehler hatten, blieben sie nicht.

Der Weltverehrte schwieg und hielt sie nicht zurück.

Da sagte der Buddha zu Śāriputra: „Jetzt ist diese meine Versammlung ohne Zweige und Blätter, und lediglich die Besten bleiben. Oh Śāriputra! Es ist gut so, dass diese derart Arroganten sich zurückgezogen haben. Höre jetzt wohl zu – ich werde für Dich predigen."

Śāriputra sprach: „So sei es, oh Weltverehrter! Ich wünsche zuzuhören."

Der Buddha sagte zu Śāriputra: „Ein solches wunderbares Gesetz predigen Buddhas, Tathāgatas, wenn es an der Zeit ist – so wie die Udumbarablüte sich nur zeigt, wenn es an der Zeit ist. Oh Śāriputra! Ihr sollt Vertrauen in das haben, was der Buddha predigt. Seine Rede ist weder eitel noch leer.

Oh Śāriputra! Die Buddhas predigen das Gesetz angemessen, dessen tiefer Sinn aber ist schwer zu erklären. Warum dies? Ich predige die Dharmas mit unzähligen hilfreichen Mitteln, verschiedenen Methoden, Gleichnissen und Äußerungen. Dieses Gesetz lässt sich nicht mit Nachdenken oder Analyse erklären. Lediglich die Buddhas können es verstehen. Warum dies? Aus nur einem großen Anlass, aus nur einem Grund erscheinen die Buddhas, die Weltverehrten in der Welt. Oh Śāriputra! Was bedeutet es, dass die Buddhas, die Weltverehrten aus nur einem großen Anlass, aus nur einem großen Grund in der Welt erscheinen?

Die Buddhas, die Weltverehrten wollen den Lebewesen das Wissen und die Einsicht der Buddhas öffnen und sie die Reinheit erlangen lassen, deshalb erscheinen sie in der Welt. Sie wollen den Lebewesen das Wissen und die Einsicht der Buddhas zeigen, deshalb erscheinen sie in der Welt. Sie wollen die Lebewesen zum Wissen und zur Einsicht der Buddhas erwecken, deshalb erscheinen sie in der Welt. Sie wollen die Lebewesen veranlassen, den Weg zum Wissen und zur Einsicht der Buddhas zu betreten, deshalb erscheinen sie in der Welt. Oh Śāriputra! Deshalb, aus nur einem großen Anlass, aus diesem einen Grund erscheinen die Buddhas, die Weltverehrten in der Welt!"

Der Buddha sagte zu Śāriputra: „Die Buddhas, die Tathāgatas bekehren nur die Bodhisattvas. Was sie tun, ist lediglich für einen Zweck: Nur durch das Wissen und die Einsicht der Buddhas erleuchten sie die Lebewesen.

Oh Śāriputra! Die Tathāgatas predigen den Lebewesen das Gesetz nur durch das eine Buddha-Fahrzeug. Es gibt keine anderen Fahrzeuge, weder zwei noch drei. Oh Śāriputra! Das Gesetz der Buddhas der zehn Himmelsrichtungen ist genauso beschaffen.

Oh Śāriputra! Die Buddhas der Vergangenheit haben mit unermesslichen, unzählbaren hilfreichen Mitteln, mit verschiedenen Methoden, Gleichnissen und Äußerungen den Lebewesen dieses Gesetz[3] gepredigt. Da dieses Gesetz ganz das eine Buddha-Fahrzeug ausmacht, erlangen die Lebewesen, wenn sie von den Buddhas das Gesetz hören, schließlich alle Weisheit.

Oh Śāriputra! Die Buddhas der Zukunft werden in der Welt erscheinen und mit unermesslichen, unzählbaren hilfreichen Mitteln, mit verschiedenen Methoden, Gleichnissen und Äußerungen den Lebewesen das Gesetz predigen. Da dieses Gesetz ganz das eine Buddha-Fahrzeug ausmacht, erlangen die Lebewesen, wenn sie von den Buddhas das Gesetz hören, schließlich alle Weisheit.

Oh Śāriputra! Es erscheinen in den unermesslichen Myriaden von Buddhaländern der zehn Himmelsrichtungen Buddhas, Weltverehrte, die den Wesen viel Nutzen und Frieden bringen. Diese Buddhas predigen auch mit unermesslichen, unzählbaren hilfreichen Mitteln, mit verschiedenen Methoden, Gleichnissen und Äußerungen den Lebewesen das Gesetz. Da dieses Gesetz ganz das eine Buddha-Fahrzeug ausmacht, erlangen die Lebewesen, wenn sie von den Buddhas das Gesetz hören, schließlich alle Weisheit.

Oh Śāriputra! Die Buddhas bekehren nur die Bodhisattvas – da sie den Lebewesen das Wissen und die Einsicht der Buddhas zeigen wollen, da sie die Lebewesen mit dem Wissen und der Einsicht der Buddhas erleuchten wollen, da sie die Lebewesen in das Wissen und die Einsicht der Buddhas eintreten lassen wollen.

Oh Śāriputra! Ich handle jetzt wiederum genauso. Ich weiß, dass die Wesen verschiedene Wünsche haben, an denen sie tief im Herzen hängen, und predige ihnen entsprechend ihrem eigenen Wesen mit verschiedenen Methoden, Gleichnissen, Äußerungen und der Kraft der hilfreichen Mittel das Gesetz. Oh Śāriputra! Auf diese Weise werden daher sie alle das eine Buddha-Fahrzeug und eine alles umfassende Weisheit erlangen.

Oh Śāriputra! In den Welten der zehn Himmelsrichtungen gibt es nicht einmal zwei Fahrzeuge, wie sollte es da denn drei geben? Oh Śāriputra! Die Buddhas sind in der üblen Welt der fünf Verunreinigungen erschienen, die da heißen: Verunreinigung des Zeitalters, Verunreinigung der Befleckungen,

[3] Hier eigentlich Dharma im Plural im Sinne von „Daseinsfaktoren“ (Skt. Dharmatā).

Verunreinigung der Lebewesen, Verunreinigung der Ansichten, Verunreinigung der Lebensspanne.

Deshalb, oh Śāriputra, erklären die Buddhas in den wirren Zeiten der Verunreinigung des Zeitalters, wo die Lebewesen schwer an Schmutz sind, gierig, hass- und neidvoll, und sich dadurch unheilvolle karmische Wurzeln schaffen, deshalb erklären die Buddhas durch die Kraft der hilfreichen Mittel das eine Buddhafahrzeug als drei.

Oh Śāriputra! Wenn meine Schüler, die sich Arhat oder Pratyekabuddha nennen, nicht hören und nicht verstehen, dass die Buddhas, die Tathāgatas nur die Bodhisattvas bekehren, so sind diese keine Schüler des Buddha, keine Arhats und keine Pratyekabuddhas.

Weiterhin, oh Śāriputra, die Mönche und Nonnen, die sagen, sie hätten die Arhatschaft erreicht, dass dies ihre letzte Verkörperung sei, dass sie schließlich das Nirvāṇa erreichen würden, diese jedoch nicht nach der Anuttarasamyaksaṃbodhi streben, so sollst Du wissen, dass dies allesamt arrogante Menschen sind. Warum dies? Dass ein Mönch angeblich die Arhatschaft erreicht habe, er aber nicht diesem Gesetz vertraute, das ist nicht möglich – ausgenommen, der Buddha wäre schon verlöscht und kein Buddha zugegen. Warum dies? Nach dem Verlöschen des Buddha sind Menschen, die die Sūtras bewahren, rezitieren und auslegen, nur schwer zu finden. Wenn man dann jedoch mit anderen Buddhas zusammentrifft, so wird man das Gesetz verstehen.

Oh Śāriputra! Ihr sollt einmütig den Worten des Buddha Vertrauen schenken. Die Rede der Buddhas, der Tathāgatas ist weder eitel noch leer, und es gibt kein anderes Fahrzeug als das eine Buddhafahrzeug."

Da wünschte der Weltverehrte den Sinn des Gesagten noch einmal zu verkünden und sprach die Verse:

Mönche und Nonnen
hegen Überheblichkeit,
Laienanhänger hegen Arroganz
und Laienanhängerinnen sind ungläubig:
Solche gibt es in der vierfachen Versammlung,
fünftausend an der Zahl.
Sie sehen ihre Übertretungen nicht,
hinsichtlich der Regeln sind sie voller Verfehlungen,
sie bewahren sich ihre Makel.
Diese Törichten sind bereits hinausgegangen,
die Spreu in der Versammlung

hat diese angesichts der Würde des Buddha verlassen.
Diese Menschen sind von geringem Heil,
sie haben nicht die Kraft, dieses Gesetz zu empfangen.
Die Versammlung ist nun ohne Zweige und Blätter,
nur die Besten sind da.
Oh Śāriputra, höre wohl
das von den Buddhas erlangte Gesetz,
das predigen sie mit der Kraft unermesslicher hilfreicher Mittel
den Lebewesen zuliebe.
Die Gedanken in den Herzen der Wesen,
alle ihre möglichen Handlungen,
ihre verschiedenen Anlagen,
ihre guten und schlechten Taten in vergangenen Existenzen:
Der Buddha kennt sie bereits alle,
und durch seine Methoden, Gleichnisse,
Äußerungen und die Macht seiner hilfreichen Mittel
erfreut er sie alle.
Manchmal predigt er in Sūtras,
in Gāthās und früheren Geschehnissen[4],
in Geburtsgeschichten, in noch nicht da Gewesenem[5] –
manchmal predigt er durch kausale Verbindungen[6],
durch Gleichnisse und auch Preislieder[7],
durch Erläuterungen der Sūtras[8].
Für solche, die eine schwerfällige Geistesveranlagung haben und sich am geringen Gesetz erfreuen,
die an Leben und Tod hängen,
die in der Gegenwart von Buddhas
nicht den tiefgründigen, wunderbaren Weg praktizieren,
die verwirrt sind durch vielfältiges Leiden –
für diese predige ich das Nirvāṇa.
Indem ich mit diesem hilfreichen Mittel predige,
lasse ich sie in die Weisheit des Buddha eintreten.
Ich habe Euch noch nicht gepredigt,

---

[4] Skt. Itivṛttaka, „So Geschehenes", hier wohl für Legenden.

[5] Skt. Adbhuta, „Wunder"; hier sind wohl wunderbare Geschichten gemeint.

[6] Skt. Nidāna.

[7] Skt. Geya: metrisch gebundene Passagen in Sūtras – wie im vorliegenden Text.

[8] Skt. Upadeśa: Erläuterungen, Kommentare zu den kanonischen Texten.

dass Ihr die Buddhaschaft verwirklichen werdet.
Ich habe dies bislang noch nicht gepredigt,
weil die rechte Zeit noch nicht gekommen war.
Jetzt ist es an der rechten Zeit dafür,
das Große Fahrzeug entschlossen zu predigen.
Ich predige das neungliedrige Gesetz[9]
und passe es dabei an die Lebewesen an
mit dem Ziel, sie das Große Fahrzeug betreten zu lassen.
Deshalb predige ich dieses Sūtra.
Es gibt Söhne des Buddha mit reinem Geist,
die sanft sind und dennoch mit scharfsinnigen Anlagen,
die in Gegenwart von unermesslich vielen Buddhas
den tiefgründigen, wunderbaren Weg praktizieren.
Für diese Söhne des Buddha
predige ich dieses Sūtra des Großen Fahrzeuges.
Ich sage voraus, dass solche Menschen
in zukünftigen Zeitaltern die Buddhaschaft verwirklichen werden.
Da sie aus tiefem Herzen des Buddha gedenken,
die reinen Regeln üben und bewahren,
wird ihnen versichert, dass sie die Buddhaschaft erlangen werden,
und ihre Körper sind mit großer Freude erfüllt.
Da der Buddha ihre Einstellung und Handlungen kennt,
predigt er ihnen das Große Fahrzeug.
Hörer ebenso wie Bodhisattvas vernehmen
das Gesetz, das ich predige,
und sobald sie auch nur einen Vers vernehmen,
verwirklichen sie alle ohne Zweifel die Buddhaschaft.
In den Buddhaländern der zehn Himmelsrichtungen
gibt es nur das Gesetz des einen Fahrzeugs,
nicht zwei und auch nicht drei,
außer wenn die Buddhas mit hilfreichen Mitteln predigen,
lediglich durch relative Begriffe
die Lebewesen anleiten
und ihnen die Weisheit des Buddha predigen.
Die Buddhas erscheinen in der Welt
nur wegen dieser einen Wahrheit –

---

[9] Die vorher erwähnten neun Arten: Sūtras, Gāthās usw.

die anderen beiden sind nicht wahr.
Letztlich nicht durch das Kleine Fahrzeug
führt er die Lebewesen hinüber zur Befreiung –
der Buddha selbst sitzt im Großen Fahrzeug.
So wie es dem von ihm erlangten Gesetz entspricht,
durch seinen Schmuck an Versenkung, Weisheit und Kraft,
führt er die Lebewesen zur Befreiung.
Er selbst bezeugt den unübertroffenen Weg,
das für alle gleiche Gesetz des Großen Fahrzeugs.
Bekehrte ich durch das Kleine Fahrzeug, so würde ich nur Einzelne bekehren
und damit der Habsucht anheim fallen:
Das kann doch nicht sein!
Wenn einer vertrauensvoll seine Zuflucht zum Buddha nimmt,
so hintergeht ihn der Tathāgata nicht,
und er ist auch ohne Geiz und Missgunst,
denn er hat das Üble in den Daseinsfaktoren ausgemerzt.
Deshalb ist der Buddha in den zehn Himmelsrichtungen
allein ohne Furcht.
Ich schmücke meinen Körper mit den Merkmalen eines Buddha,
mein Lichtstrahl erhellt die Welten;
ich, der von unermesslich vielen Wesen Verehrte,
predige ihnen das Siegel der wahren Realität.
Oh Śāriputra! Wisse,
dass ich einst ein Gelübde abgelegt habe,
wünschend, alle Wesen
ohne Unterschied wie mich selbst werden zu lassen.
Und was ich einst gelobt habe,
das ist jetzt erfüllt:
Ich habe alle Wesen
den Buddhaweg betreten lassen.
Wenn ich mit Lebewesen zusammentreffe,
und sie in allen Fällen den Buddhaweg lehren würde,
dann würden diejenigen ohne Weisheit in Verwirrung stürzen
und in ihren Zweifeln nehmen sie die Lehre nicht an.
Ich weiß, dass diese Lebewesen
die Wurzeln des Heils noch niemals gepflegt haben
und töricht an den fünf Begierden haften.

Durch ihre krankhaften Leidenschaften entstehen Befleckungen,
und durch die karmischen Verstrickungen aller Begierden
fallen sie den drei üblen Existenzformen anheim,
drehen sich in den Existenzformen,
ziehen auf sich das Gift des Leidens,
erlangen eine winzige Gestalt in einem Mutterschoß
und wachsen ständig von einer Existenz zur nächsten.
Menschen von schwacher Tugend und geringem Heil
sind verfolgt von Leiden.
Sie betreten das Dickicht der falschen Ansichten,
wie etwa die der Annahme von Existenz oder der Annahme von Nichtexistenz;
sie hängen an solchen Ansichten,
insgesamt zweiundsechzig an der Zahl,
sie hängen zutiefst an diesen eitlen Gesetzen,
klammern sich daran fest und vermögen nicht sie aufzugeben.
Egoistisch und selbstsüchtig in hohem Maß,
krummen Geistes und ohne Wahrheit,
über Myriaden von Zeitaltern
vernehmen sie nicht den Namen eines Buddha
und vernehmen auch nicht das Wahre Gesetz –
solche Menschen sind schwer zu befreien.
Daher, oh Śāriputra,
habe ich für diese die hilfreichen Mittel ersonnen,
um den Weg zur Beendung des Leidens zu predigen
und ihnen diesen durch das Nirvāṇa zu zeigen.
Obwohl ich das Nirvāṇa predige,
so ist dies doch nicht das wahre Verlöschen.
Alle Daseinsfaktoren tragen von Anbeginn an
immer von sich aus die Merkmale des Stillen Verlöschens.
Wenn die Söhne des Buddha den Weg praktiziert haben,
dann werden sie in zukünftigen Existenzen die Buddhaschaft erlangen.
Ich besitze die Kraft der hilfreichen Mittel,
um das Gesetz der drei Fahrzeuge aufzuzeigen.
Alle Weltverehrten
predigen aber den Weg des einen Fahrzeugs.
In dieser großen Versammlung müssen nun alle
Irrtümer und Zweifel ausgeräumt werden.

Die Worte der Buddhas unterscheiden sich nie,
es gibt nur eines, es gibt keine zwei Fahrzeuge.
In vergangenen unzähligen Zeitaltern haben
unermesslich viele verloschene Buddhas,
Myriaden von Buddhas,
deren Zahl nicht gemessen werden kann –
haben solche Weltverehrten
mit verschiedensten Methoden, Gleichnissen,
mit der Kraft unermesslich vieler hilfreicher Mittel
die Merkmale der Daseinsfaktoren[10] dargelegt.
Solche Weltverehrten
predigen alle das Gesetz des einen Fahrzeuges,
bekehren unermesslich viele Lebewesen
und lassen sie den Weg des Buddha betreten.
Auch wissen die großen weisen Herrscher,
dass in allen Welten
Götter, Menschen und die verschiedensten Arten von Lebewesen
zutiefst den Leidenschaften verfallen sind,
und haben umso mehr durch die verschiedenen hilfreichen Mittel
geholfen,
die höchste Wahrheit zu enthüllen.
Wenn es Arten von Lebewesen gibt,
die mit den Buddhas der Vergangenheit zusammentreffen,
und wenn diese das Gesetz hören, spenden,
die Regeln einhalten, sich in Geduld üben,
in Energie, Versenkung und Weisheit,
und alle Arten von heilvollen Verdiensten kultivieren –
dann werden solche Menschen schließlich
die Buddhaschaft verwirklichen.
Wenn die Menschen gut und sanft im Herzen sind,
nach dem Verlöschen der Buddhas,
dann werden sie schließlich die Buddhaschaft verwirklichen.
Wenn sie, nachdem die Buddhas verlöscht sind,
die Reliquien verehren,
Myriaden von Stūpas errichten,

[10] Im Chin. ist dies doppeldeutig: „Merkmale des Gesetzes" oder „Merkmale der Dharmas" – Skt. Dharmalakṣaṇa.

mit Gold, Silber und Kristall,
mit Muscheln und Achat,
mit Korallen, Lapislazuli und Perlen –
mit reinem und prächtigem Schmuck
die Stūpas schmücken;
wenn sie steinerne Heiligtümer errichten,
solche aus Sandelholz und aus Aloeholz,
aus Agallochholz oder aus anderem Holz,
aus Ziegeln oder Erde;
wenn sie inmitten einer Wildnis
Erde aufhäufen und ein Buddhaheiligtum bauen,
ja, selbst wenn Kinder im Spiel
Sand anhäufen und daraus einen Buddhastūpa machen –
dann werden all diese Menschen
schließlich die Buddhaschaft verwirklichen.
Wenn Menschen für den Buddha
Figuren errichten,
Abbilder aus Holz oder Stein schneiden,
werden sie schließlich die Buddhaschaft verwirklichen.
Oder wenn sie mit den sieben Kostbarkeiten,
mit Messing, rotem und weißem Kupfer,
mit Zinn und Blei,
mit Eisen, Holz und mit Lehm
oder mit Harz, Lack und Tuch
Buddhaabbilder verzieren und herstellen –
dann werden all diese Menschen
schließlich die Buddhaschaft verwirklichen.
Wenn sie mit Farben Buddhabilder malen,
mit den hundert heilvollen schmückenden Merkmalen,
sie selbst anfertigen oder andere anfertigen lassen –
dann werden sie schließlich alle die Buddhaschaft erlangen.
Ja, selbst wenn Kinder im Spiel
sei es mit Gras, Holz oder Pinsel
oder mit den Fingernägeln
ein Buddhabild malen –
dann werden all diese Menschen
nach und nach Verdienste anhäufen,
mit einem mitfühlenden Herzen ausgestattet sein

und schließlich die Buddhaschaft erlangen.
Wenn sie nur Bodhisattvas bekehren,
befreien sie unermesslich viele Wesen.
Wenn die Menschen bei einem Stūpa oder in einem Heiligtum
bei einer kostbaren Statue oder bei einem gemalten Abbild des Buddha
mit Blumen, Duftwerk und Fahnen
und mit Ehrerbietung ihre Spenden darbringen,
oder wenn sie durch andere Menschen Musik aufführen lassen,
sie Trommeln schlagen, Muscheln blasen lassen,
sie Pfeifen, Flöten, Zithern, Harfen,
Lauten spielen und metallene Becken und Zimbeln schlagen lassen –
wenn sie solche feinen Töne
verehrend darbringen,
oder wenn sie mit freudigem Geist
die Tugenden des Buddha mit Liedern und Versen besingen –
sei es selbst mit einem geringen Ton –,
dann werden sie schließlich die Buddhaschaft erlangen.
Wenn Menschen mit zerstreutem Geist
einem gemalten Abbild Verehrung darbringen,
wenn sie nacheinander die unzähligen Buddhas betrachten,
wenn Menschen sich davor verbeugen
oder auch nur die Handflächen verehrend aneinanderlegen,
ja, selbst wenn sie nur eine Hand erheben
oder ein wenig das Haupt neigen
und dadurch die Bildnisse verehren,
nacheinander die unermesslich vielen Buddhas betrachten,
dann werden sie von sich aus den unübertrefflichen Weg verwirklichen,
weithin unzählige Wesen erretten
und in das Nirvāṇa ohne Rest eingehen
wie das Feuer, wenn das Brennholz verbrannt ist.
Wenn Menschen mit zerstreutem Geist
zu einem Stūpa oder in ein Heiligtum gehen
und einmal aussprechen: „Verehrung sei dem Buddha!“,
dann werden sie schließlich die Buddhaschaft erlangen.
Wenn sie in Gegenwart von Buddhas der Vergangenheit,
seien diese noch in der Welt oder schon verlöscht,
dieses Gesetz hören,
dann werden sie schließlich die Buddhaschaft erlangen.

Die Buddhas der Zukunft,
deren Zahl unermesslich ist,
all diese Tathāgatas
werden ebenfalls mit den hilfreichen Mitteln das Gesetz predigen.
Und all diese Tathāgatas,
durch unermesslich viele hilfreiche Mittel,
erretten die Lebewesen
und lassen sie in die Weisheit des Buddha eintreten, die ohne Einströmungen ist.
Unter denen, die das Gesetz vernehmen,
wird es keinen geben, der die Buddhaschaft nicht verwirklicht.
Die Buddhas haben das Gelübde abgelegt,
den von ihnen selbst praktizierten Buddhaweg
unter den Lebewesen verbreiten zu wollen,
damit diese gleichermaßen diesen Weg erlangen.
Die Buddhas der Zukunft,
sie predigen zwar durch Myriaden von
unzähligen Gesetzestoren[11],
doch deren Realität besteht in dem Einen Fahrzeug.
Die Buddhas, die Verehrten unter den zweibeinigen Wesen,
wissen, dass die Dharmas ewig und ohne Eigennatur sind.
Die Buddhasaat entspringt aus karmischen Verbindungen,
deshalb predigen sie das Eine Fahrzeug.
Diese Beharrlichkeit des Gesetzes ist der Zustand der Dharmas,
die Merkmale der Welt sind ewig und beharrlich:
Nachdem sie das am Ort der Erleuchtung erkannt haben,
predigen die Lehrer mit den hilfreichen Mitteln.
Die von Göttern und Menschen verehrten
gegenwärtigen Buddhas der zehn Himmelsrichtungen,
so zahlreich wie die Sandkörner in der Gaṅgā,
erscheinen in der Welt,
und da sie den Lebewesen Glück und Frieden bringen wollen,
predigen sie dieses Gesetz.
Sie wissen um das höchste Erlöschen,
und deshalb, obwohl sie durch die Kraft der hilfreichen Mittel
die verschiedenen Wege predigen,

[11] Chin. Famen 法門, d. h.: Lehren oder Lehrweisen.

ist deren Wahrheit das Buddha-Fahrzeug.
Sie wissen um die Taten der Lebewesen,
um deren Gedanken, in ihrem Innersten gehegt,
um ihre Taten, in der Vergangenheit verrichtet,
um ihre Wünsche und Eigenheiten und die Kraft ihrer Energie,
um ihre Fähigkeiten, stumpfe oder scharfe.
Mittels verschiedenster Methoden,
Gleichnisse und Äußerungen
predigen sie ihnen durch ein jeweils geeignetes hilfreiches Mittel das Gesetz.
Auch ich bin jetzt so wie diese,
und weil ich den Lebewesen Glück und Frieden bringen will,
lege ich mittels der verschiedensten Gesetzestore
den Buddhaweg dar.
Durch die Kraft der Weisheit
weiß ich um die Eigenheiten und Wünsche der Lebewesen;
mit den hilfreichen Mitteln predige ich das Gesetz
und lasse alle Freude erlangen.
Oh Śāriputra! Du sollst wissen,
dass ich durch das Buddhaauge
die Lebewesen in ihren sechs Existenzformen betrachte,
wie sie arm und ohne Verdienst und Weisheit sind,
wie sie den steinigen Pfad von Geburt und Sterben betreten,
wie sie ununterbrochen und fortgesetzt Leiden erfahren,
wie sie zutiefst den fünf Begierden verhaftet sind,
so wie ein Büffel seinen Schwanz liebt,
wie sie, durch Begierde sich selbst verbergend,
blind sind und nichts zu sehen vermögen,
wie sie nicht nach dem machtvollen Buddha streben,
wie sie tief in falschen Ansichten verstrickt sind,
sich durch Leiden des Leidens zu entledigen suchen.
Sobald für diese Lebewesen
in meinem Geist das große Mitgefühl erweckt war,
setzte ich mich zuerst an den Ort der Erleuchtung,
betrachtete den Bodhi-Baum und wandelte in Versunkenheit.
Dreimal sieben Tage lang
bedachte ich dies alles,
und die Weisheit, die ich dabei erlangte,

war subtil, war die allerhöchste.
Die Anlagen der Lebewesen sind stumpf,
sie haften am Vergnügen und sind vor Torheit blind.
Wenn diese nun so beschaffen sind,
wie könnte man sie da erretten?
Da kamen der königliche Brahmā und sein Gefolge,
Śakra, der Herrscher der Götter, und sein Gefolge,
die vier himmlischen Könige, die Weltenhüter
und der göttliche Maheśvara
begleitet von der gesamten Götterschar
von hunderttausenden
voll Verehrung zu mir, legten grüßend die Handflächen aneinander
und baten mich, das Rad des Gesetzes zu drehen.
Darauf dachte ich bei mir:
Wenn ich lediglich das Buddhafahrzeug preise,
dann werden die Lebewesen im Leiden versinken
und nicht in dieses Gesetz Vertrauen fassen können;
da sie das Gesetz verderben werden, nicht Vertrauen darin fassen werden
und den drei üblen Existenzformen verfallen werden –
sollte ich es da nicht eher unterlassen, das Gesetz zu predigen,
und schnell ins Nirvāṇa eingehen?!
Darauf gedachte ich der Buddhas der Vergangenheit,
gedachte der Kraft der von ihnen angewandten hilfreichen Mittel,
und dass ich die Erleuchtung, die ich nun erlangt habe,
ebenfalls als drei Fahrzeuge predigen solle.
Als ich dies bei mir dachte,
da erschienen alle Buddhas der zehn Himmelsrichtungen
und ermunterten mich mit brahmagleichen Lauten:
„Vortrefflich, oh Śākyamuni!
Als Höchster der Lehrer
hast Du dieses unübertroffene Gesetz erlangt,
folgst allen Buddhas
und wendest die Kraft der hilfreichen Mittel an.
Auch wir haben dieses äußert wunderbare höchste Gesetz erlangt,
und verschiedenen Lebewesen
predigen wir es, unterschieden in drei Fahrzeuge.
Diejenigen mit geringer Weisheit erfreuen sich am geringen Gesetz,

haben kein Selbstvertrauen darin, selbst Buddha zu werden.
Deshalb predigen wir durch die hilfreichen Mittel
in unterschiedlicher Weise die Früchte der Erleuchtung.
Obgleich wir die drei Fahrzeuge predigen,
geschieht dies nur, um Bodhisattvas zu unterweisen."
Oh Śāriputra! Du sollst wissen:
Als ich die tiefen, reinen und geheimnisvollen Laute
dieser heiligen Löwen vernahm,
rief ich erfreut: „Verehrung sei den Buddhas!" aus.
Dann dachte ich bei mir:
So trete ich denn in die befleckte und üble Welt hinaus.
Was die Buddhas gepredigt haben,
dementsprechend werde auch ich handeln.
Nachdem ich dies so überdacht hatte,
brach ich nach Vārāṇasī auf.
Weil man die Merkmale des Verlöschens bei den Daseinsfaktoren
nicht durch Worte erläutern kann,
habe ich durch die Kraft der hilfreichen Mittel
den fünf Mönchen[12] das Gesetz gepredigt:
Dies nennt man das „Drehen des Rads des Gesetzes" –
auch was das Wort „Nirvāṇa"
und die Wörter „Arhat", „Gesetz", „Gemeinde" anbelangt,
so habe ich sie verwendet, um Unterscheidungen zu machen.
Seit ewigen Zeitaltern
habe ich das Gesetz des Nirvāṇa gepriesen,
das auf ewig Geburt und Tod beendet –
schon immer habe ich dies gepredigt.
Oh Śāriputra! Du sollst wissen,
dass ich Buddhasöhne gesehen habe,
deren Sinn auf die Buddhaschaft ausgerichtet war,
unzählige hunderte von Tausenden.
Sie alle sind in Verehrung
zum Buddha gekommen,
haben bereits von anderen Buddhas das Gesetz

[12] Die fünf Asketen, mit denen der Buddha während seiner Suche nach Erleuchtung zunächst zusammengelebt hat und die nach der Erleuchtung seine ersten Schüler und in der Folge seiner Predigt zu Arhats wurden.

vernommen, das durch die hilfreichen Mittel gepredigte.
Darauf habe ich den Gedanken gehegt,
dass der Tathāgata deshalb in der Welt erschienen ist,
um die Buddhaweisheit zu predigen.
Genau dafür ist es jetzt an der Zeit.
Oh Śāriputra! Du sollst wissen,
dass Menschen mit stumpfen Veranlagungen und geringer Weisheit,
die an den Erscheinungen haften und hochmütig sind,
kein Vertrauen in dieses Gesetz fassen können.
Nun bin ich freudig und ohne Furcht
inmitten von Bodhisattvas
und werde direkt und ohne hilfreiche Mittel
die unübertroffene Erleuchtung predigen.
Wenn die Bodhisattvas dieses Gesetz vernehmen,
wird sich sogleich das ganze Netz der Zweifel auflösen,
eintausendzweihundert Arhats
werden ebenfalls allesamt die Buddhaschaft erlangen.
Genau in der Weise, wie die Buddhas der drei Zeiten
das Gesetz predigen,
so werde auch ich jetzt
das Gesetz predigen ohne Unterschiede.
Ein Zusammentreffen mit Buddhas, die in der Welt erscheinen,
ist selten und schwierig,
und wenn sie einmal in der Welt erscheinen,
so ist noch schwieriger, sie beim Predigen dieses Gesetzes zu erleben.
Im Verlauf von unermesslichen, unzähligen Zeitaltern
dieses Gesetz zu vernehmen ist ebenfalls schwierig,
und jemand, der dieses Gesetz zu hören vermag,
ein solcher Mensch ist ebenfalls schwer zu finden.
Wie zum Beispiel die Udumbara-Blüte,
die von allen geliebt wird und an der sich alle erfreuen,
die unter Göttern und Menschen nur selten zu finden ist
und nur von Zeit zu Zeit einmal hervorkommt.
Wenn man das Gesetz vernimmt und es freudig preist,
und sei es nur mit einem Wort,
so hat man schon Verehrung dargebracht
allen Buddhas der Drei Zeiten.
Solch ein Mensch ist seltener zu finden

als eine Udumbara-Blüte.
Ihr sollt keinen Zweifel daran hegen,
dass ich der König der Gesetzespredigt bin
und sie der großen Schar von Wesen weithin verkünde,
aber durch den Weg des einen Fahrzeugs
unterweise ich die Bodhisattvas
und nicht die Schüler, die nur Hörer sind.
Ihr, oh Śāriputra,
die Hörer und die Bodhisattvas,
sollt wissen, dass dieses Wunderbare Gesetz
die verborgene Essenz der Lehre aller Buddhas ist.
Diejenigen, die in der üblen Welt der fünf Befleckungen
sich nur erfreuen und an die Begierden heften –
solche Lebewesen
werden letztlich nicht nach dem Buddhaweg streben.
Schlechte Menschen in zukünftigen Welten werden,
wenn sie vernehmen, wie der Buddha das Eine Fahrzeug predigt,
verwirrt sein und es nicht vertrauend annehmen,
sie werden das Gesetz verderben und den üblen Existenzformen verfallen.
Wenn da welche Scham empfinden und rein sind
und eifrig das Gesetz erstreben,
dann werde ich solchen
den Weg des Einen Fahrzeugs in allen Einzelheiten preisen.
Oh Śāriputra! Du sollst wissen,
dass das Gesetz der Buddhas so beschaffen ist,
dass sie mit Hunderttausenden von hilfreichen Mitteln
den jeweiligen Umständen entsprechend das Gesetz predigen.
Solche, die dies nicht lernen,
vermögen dies auch nicht zu verstehen.
Ihr aber wisst bereits,
wie die Lehrer der Buddhawelten
entsprechend der jeweiligen Umstände die hilfreichen Mittel anwenden.
Auch seid Ihr ohne Zweifel,
vielmehr wisst Ihr, voller Freude in Eurem Geist,
dass Ihr die Buddhaschaft erlangen werdet.

(Erste Rolle des Sūtra des Lotos des Wunderbaren Gesetzes)

Zweite Rolle

Drittes Kapitel: Ein Gleichnis

Da erbebte Śāriputra vor Freude, er erhob sich, legte verehrend die Hände zusammen, schaute ehrfürchtig in das verehrte Antlitz empor und sprach zum Buddha: „Gerade habe ich vom Weltverehrten diesen Klang des Gesetzes vernommen. Mein Herz erbebt vor Freude darüber, dass ich erlangt habe, was ich vorher noch nicht besaß. Warum ist das so? Früher habe ich vom Buddha dieses Gesetz vernommen, habe gesehen, wie Bodhisattvas die Prophezeiung ihrer Buddhaschaft empfingen, aber ich und andere hatten daran nicht teil, und wir litten zutiefst darunter, dass wir das unermessliche Wissen und die unermessliche Einsicht des Tathāgata verfehlt hatten.

Oh Weltverehrter! Als ich ständig an einsamen Orten, in Bergen und Wäldern, unter Bäumen gesessen und gewandelt bin, ist mir dieser Gedanke gekommen: ‚Wir sind doch genauso in die Natur des Gesetzes[1] eingedrungen – warum werden wir vom Tathāgata nur durch das Kleine Fahrzeug errettet?'

Dies ist unser Fehler, nicht der des Weltverehrten. Warum dies? Wenn wir nur gewartet hätten, bis er uns predigt, wodurch man die Anuttara-samyaksaṃbodhi erlangt, dann wären wir sicherlich durch das Große Fahrzeug errettet worden. So aber verstanden wir nicht, dass er hilfreiche Mittel verwendete und so predigte, wie es die Umstände erforderten. Und als wir dann das Buddhagesetz vernahmen, fassten wir sofort Vertrauen darin und dachten, wir hätten es verwirklicht.

Oh Weltverehrter! Ich habe mir dies seit langem ganze Tage und Nächte hindurch ständig vorgeworfen, aber da ich nun vom Buddha das noch nie gehörte, noch nie da gewesene Gesetz vernommen habe, sind all meine Zweifel und meine Reue vergangen. Mein Körper und mein Geist sind erleichtert, und ich werde glücklich den Frieden erlangen. Heute nun weiß ich, dass ich ein Sohn des Buddha bin; aus dem Munde des Buddha entstanden, aus der Bekehrung zum Gesetz entstanden, erlange ich Anteil am Buddhagesetz."

---

[1] Oder: der Daseinsfaktoren (Dharma).

Da wünschte Śāriputra den Sinn des Gesagten noch einmal zu verkünden und sprach die Verse:

Ich vernehme den Klang dieses Gesetzes
und erlange, was ich bisher noch nicht hatte.
Im Herzen empfinde ich große Freude,
das Netz der Zweifel ist völlig aufgelöst.
Seit langem habe ich die Lehre des Buddha empfangen,
habe das Große Fahrzeug nicht verfehlt.
Der Klang eines Buddha ist wahrlich selten zu hören,
doch er kann den Kummer der Lebewesen vertreiben.
Ich habe bereits das Versiegen der Einströmungen erreicht[2],
und dies hörend, bin ich auch von Sorgen und Kummer befreit.
Ich habe in Bergen und Tälern geweilt,
oder in Wäldern und unter Bäumen,
sitzend, wandelnd,
oft darüber nachdenkend,
tiefe Selbstvorwürfe ausrufend:
‚Warum habe ich mich selbst betrogen?
Wir sind doch auch Söhne des Buddha,
sind doch ebenso in das Gesetz ohne Einströmungen eingetreten,
und doch können wir in Zukunft niemals
den unübertrefflichen Weg predigen.
Die goldene Farbe, die zweiunddreißig Merkmale,
die zehn Kräfte und die vielfältigen Befreiungen
sind alle gleichermaßen in diesem einen Gesetz –
diese jedoch werde ich nicht erlangen!
Die achtzig feinen Nebenmerkmale,
die achtzehn ungeteilten Dharmas:
Verdienste aber, die solchen gleichen,
die habe ich bereits verfehlt.‘
Als ich einsam wandelte
und den Buddha in der Menge sah,
dessen Ruhm in den zehn Himmelsrichtungen vernommen wurde,
wie er weithin den Lebewesen half,
da dachte ich, dass ich dieses Ziel verfehlt

2 D. h., Śāriputra ist ein Arhat.

und mich selbst darum betrogen hätte.
So oft, bei Tag und bei Nacht,
überdachte ich dies
und wollte den Weltverehrten fragen,
ob dies nun verfehlt sei oder nicht.
Ich sah den Weltverehrten
die Bodhisattvas preisen;
daraufhin, bei Tag und bei Nacht,
sann ich ständig darüber nach.
Doch nun habe ich die Stimme des Buddha vernommen,
wie er den Umständen entsprechend das Gesetz predigt,
das ohne Einströmungen ist, das unvorstellbar ist,
und wie er die Lebewesen zum Ort der Erleuchtung führt.
Ich habe ursprünglich falschen Ansichten angehangen,
war der Lehrer von Brahmanen[3];
der Weltverehrte aber kennt mein Herz,
reißt die falschen Ansichten aus und predigt das Nirvāṇa.
Ich bin der falschen Ansichten völlig entledigt
und habe das Gesetz der Leere verwirklicht.
Damals sagte mein Geist,
dass ich das Erlöschen erlangen könne,
aber nun habe ich erkannt,
dass dies nicht das wirkliche Erlöschen ist.
Wenn die Zeit der Buddhaschaft gekommen ist,
dann werden die zweiunddreißig Merkmale entstehen,
werden alle Götter, Menschen und Yakṣas,
Nāgas und Geister mich verehren –
dann kann man mich nennen
einen restlos für immer Verlöschten.
Der Buddha predigt nun in der großen Menge,
dass ich die Buddhaschaft erreichen werde,
und wenn ich diesen Klang des Gesetzes vernehme,
so sind alle meine Zweifel und meine Reue getilgt.
Als ich zunächst die Predigt des Buddha vernommen hatte,
da waren in meinem Geist große Verwunderung und große Zweifel,

[3] Eigentlich: Fanzhi-shi 梵志師, Lehrer von Brahmacārin, die „reinen Wandel pflegen“; hier sind sicher nichtbuddhistische Religiöse gemeint.

ob das denn nicht Māra in Gestalt des Buddha sei,
der meinen Geist verwirrt.
Der Buddha aber predigte auf verschiedene Weise,
mit Gleichnissen und geschickten Worten;
sein Geist war ruhig wie der Ozean,
und nachdem ich dies vernommen hatte, war das Netz der Zweifel zerrissen.
Der Buddha predigte, dass in vergangenen Zeitaltern
unzählige, bereits verlöschte Buddhas,
gefestigt in den hilfreichen Mitteln,
ebenfalls schon dieses Gesetz gepredigt haben
und dass gegenwärtige und zukünftige Buddhas,
deren Zahl unermesslich ist,
gleichermaßen durch die hilfreichen Mittel
dieses Gesetz verkünden.
So wie nun der Weltverehrte,
nachdem er geboren wurde, das Haus verlassen hat,
die Erleuchtung erlangt hat, das Rad des Gesetzes gedreht hat,
ebenfalls durch die hilfreichen Mittel predigt.
Der Weltverehrte predigt die wirkliche Erleuchtung,
die der Üble (Māra) nicht vermochte.
Deshalb weiß ich bestimmt,
dass dies nicht Māra in Gestalt des Buddha ist.
Weil ich aber in ein Netz von Zweifeln verstrickt war,
nannte ich dies das Handeln Māras.
Als ich aber die sanfte Stimme des Buddha vernahm,
tief, weit reichend, höchst fein und wunderbar,
wie er das reine Gesetz darlegte,
da war in meinem Herzen große Freude,
Zweifel und Reue waren ein für allemal getilgt
und ich bin in wirklicher Weisheit gefestigt.
Nun weiß ich sicher, dass ich die Buddhaschaft erlangen werde,
dass ich von Göttern und Menschen geehrt werde,
dass ich das Rad des unübertrefflichen Gesetzes drehen
und Bodhisattvas bekehren werde.

Da sprach der Buddha zu Śāriputra: „Ich erkläre nun inmitten der großen Schar von Göttern, Menschen, Śramaṇas, Brahmanen und anderen, dass ich

Dich einst in Gegenwart von zweihunderttausend Millionen von Buddhas um der unübertrefflichen Erleuchtung willen schon allzeit unterwiesen habe. Und Du bist mir ebenfalls lange Nächte hindurch gefolgt und hast meine Unterweisung erhalten. Da ich Dich anhand der hilfreichen Mittel geführt habe, bist Du in meinem Gesetz geboren worden.

Oh Śāriputra! Ich habe Dich in der Vergangenheit gelehrt, nach dem Weg des Buddha zu streben. Nun hast Du all dies vergessen, meinst aber, dass Du das Verlöschen schon erlangt hast. Weil ich Dich an den Weg erinnern möchte, den Du gelobt hast zu gehen, predige ich nun den Śrāvakas dieses Sūtra des Großen Fahrzeugs, das da heißt der Lotos des Wunderbaren Gesetzes, jenes Gesetz, das für die Belehrung der Bodhisattvas ist und das die Buddhas im Geist bewahren.

Oh Śāriputra! In zukünftigen Welten, nachdem unzählige, grenzenlose Zeitalter vergangen sind und Du einigen Hunderttausend Millionen Buddhas deine Verehrung dargebracht hast, Du das Wahre Gesetz bewahrt hast und den Weg verwirklicht hast, den die Bodhisattvas alle gehen, wirst Du die Buddhaschaft erlangen und unter dem Namen *Lotosglanz* ein Tathāgata, ein Verehrungswürdiger werden, ein vollständig Wissender, ein Vollendeter im Verstehen und Handeln, ein Wohlgegangener, ein Weltenkundiger, ein Zähmer der Menschen, ein Lehrer der Götter und Menschen, ein Buddha, ein Weltverehrter.

Dein Reich wird *Schmutzlos* genannt werden und dessen Gebiet wird eben, rein und prächtig geschmückt sein, friedlich, reich an Freuden, reich bevölkert von Göttern und Menschen; der Boden wird aus Lapislazuli bestehen und von acht Straßen durchzogen sein, goldene Seile grenzen ihre Ränder ab; an deren Seite verlaufen Reihen von Bäumen, die mit den sieben Kostbarkeiten versehen sind und allzeit Blüten und Früchte tragen. Der Tathāgata *Lotosglanz* wird mittels der drei Fahrzeuge die Lebewesen bekehren.

Oh Śāriputra! Wenn jener Buddha in der Welt erscheinen wird, so wird er, obwohl dies kein schlechtes Zeitalter sein wird, gemäß seinem Gelübde das Gesetz der drei Fahrzeuge predigen. Sein Zeitalter wird *Geschmückt mit großen Kostbarkeiten* genannt werden. Warum wird es *Geschmückt mit großen Kostbarkeiten* genannt werden? Weil in diesem Reich die Bodhisattvas als große Kostbarkeiten betrachtet werden. Jene Bodhisattvas werden unzählbar, unermesslich, unvorstellbar sein, ihre Anzahl wird so sein, dass man dafür keine Gleichnisse finden kann und sie nicht erkennen kann, wenn man nicht die Kraft der Weisheit eines Buddha besitzt. Wann immer diese wünschen umherzuwandeln, so werden ihre Füße von Edelsteinblumen gestützt.

Diese Bodhisattvas werden nicht erst soeben den Entschluss nach Erleuchtung gefasst haben, sondern sie werden schon lange die Wurzel des Verdienstes gepflanzt und in Gegenwart von unzähligen hunderttausend Millionen Buddhas die reinen Wandel geübt haben, sie werden schon immer von den Buddhas gepriesen worden sein, werden allzeit die Buddhaweisheit praktiziert und die großen wunderbaren Kräfte erlangt haben; sie werden wohl um alle Tore des Gesetzes wissen, werden in ihren Eigenschaften geradlinig sein, ohne Hintersinn und in ihrer Erinnerung gefestigt. Mit solchen Bodhisattvas wird dessen Reich übervoll sein.

Oh Śāriputra! Das Lebensalter des Buddha *Lotosglanz* wird zwanzig kleine Zeitalter betragen. Ausgenommen die Zeit, als er noch ein Prinz war und kein Buddha. Das Lebensalter der Menschen in diesem Reich wird acht kleine Zeitalter betragen. Nachdem der Tathāgata *Lotosglanz* zwölf kleine Zeitalter durchlebt haben wird, wird er die Anuttarasamaksaṃbodhi des Bodhisattva *Gefestigt und Voll* voraussagen und den Mönchen verkündigen, dass dieser Bodhisattva *Gefestigt und Voll* der nächste Buddha sein wird, dass er *Sicher auf Blumenfüßen Gehend* genannt werden wird, ein Tathāgata, Arhat, Samyaksaṃbuddha genannt werden wird. Das Reich dieses Buddha wird ebenso sein wie das eben beschriebene.

Oh Śāriputra! Nachdem dieser Tathāgata *Lotosglanz* verlöscht sein wird, wird das Wahre Gesetz noch zweiunddreißig kleine Zeitalter Bestand haben und das Abbild des Gesetzes wird ebenfalls zweiunddreißig kleine Zeitalter Bestand haben."

Darauf wünschte der Weltverehrte den Sinn des Gesagten noch einmal zu verkünden und sprach die Verse:

Oh Śāriputra! In einer zukünftigen Welt
wirst Du die Buddhaschaft erlangen, von ausgedehnter Weisheit, verehrt,
mit Namen *Lotosglanz*,
und Du wirst unendlich viele Lebewesen erretten.
Du wirst unzählige Buddhas verehren,
den Bodhisattva-Wandel verwirklichen,
die zehn Kräfte und ähnliche Verdienste,
Du wirst die unübertroffene Erleuchtung verwirklichen.
Nachdem Du unzählige Zeitalter durchlaufen hast,
wirst Du in ein Zeitalter namens *Mit großen Kostbarkeiten Geschmückt* kommen,

in einer Welt namens *Schmutzlos*,
rein und makellos,
mit einem Boden aus Lapislazuli,
mit goldenen Seilen, die die Wege begrenzen,
mit farbigen Edelsteinbäumen,
die allzeit Blumen und Früchte tragen.
Die Bodhisattvas jenes Reiches
werden einen Willen besitzen, der beständig und fest ist,
und mit den übernatürlichen Kräften und den Pāramitā
vollständig ausgestattet sein;
sie werden in Gegenwart von unzähligen Buddhas
den Bodhisattva-Weg richtig erlernt haben.
Solche großen Wesen werden
bekehrt durch den Buddha *Lotosglanz*,
wenn dieser Buddha ein Prinz sein wird,
sein Reich aufgegeben, den weltlichen Ruhm weggeworfen haben und
sich in seiner letzten Existenz befinden wird,
das Haus verlassen und die Erleuchtung eines Buddha verwirklicht haben wird.
Wenn der Buddha *Lotosglanz* in der Welt weilen wird,
wird seine Lebensdauer zwölf kleine Zeitalter betragen,
das Lebensalter der Menschen in seinem Reich
wird acht kleine Zeitalter betragen.
Nachdem dieser Buddha verloschen sein wird,
wird das Wahre Gesetz in der Welt
zweiunddreißig kleine Zeitalter andauern,
in denen die Lebeweisen weithin errettet werden.
Nachdem das Wahre Gesetz verloschen sein wird,
wird das Abbild des Gesetzes zweiunddreißig kleine Zeitalter andauern,
die Reliquien des Buddha werden weit und breit verteilt werden,
und Götter und Menschen werden diese weithin verehren.
Die Taten des Buddha *Lotosglanz*
werden genauso sein wie eben erklärt.
Dieser von den zweifüßigen Wesen als heilig Verehrte,
der Vortrefflichste, dem keiner gleichkommt –
dieser wirst Du selbst sein;
Du solltest Dich beglückwünschen!“

Als da die vierfache Versammlung, die Mönche, Nonnen, Laienanhänger und Laienanhängerinnen, die Menge der Götter, Nāgas, Yakṣas, Gandharvas, Asuras, Garuḍas, Kiṃnaras, Mahoragas sahen, wie Śāriputra vor dem Buddha die Prophezeiung seiner vollständigen und unübertroffenen Erleuchtung empfing, da hegten sie in ihrem Herzen große Freude und waren über alle Maßen bewegt. Jeder Einzelne zog das Obergewand aus, das seinen Körper bedeckte, und brachte es dem Buddha dar. Śakra, der Herrscher der Götter, Brahma, der König der Götter, und die anderen Söhne der Götter brachten dem Buddha göttliche, wunderbare Gewänder, Māndāravablüten und Mahāmāndāravablüten dar. Die göttlichen Gewänder waren im Luftraum verteilt und drehten sich herum. Hunderttausende himmlischer Musiker musizierten zugleich im Luftraum, ließen himmlische Blumen herabregnen und sprachen diese Worte: „Der Buddha setzte einst in Vārāṇasī das Rad des Gesetzes in Drehung; jetzt wiederum setzt er das unübertroffene, höchste Rad des Gesetzes in Bewegung."

Darauf wünschten die Söhne der Götter den Sinn des Gesagten noch einmal zu verkünden und sprachen die Verse:

Einst hast Du in Vārāṇasī
das Rad des Gesetzes der Vier Wahrheiten in Drehung gesetzt,
hast in Einzelheiten das Entstehen und Vergehen
der Dharmas und der fünf Daseinsgruppen gepredigt.
Jetzt setzt Du noch einmal das wunderbare,
unübertreffliche große Rad des Gesetzes in Bewegung.
Dieses Gesetz ist äußerst tiefgründig
und es gibt nur wenige, die Vertrauen in es fassen können.
Von einst bis jetzt haben wir
unzählige Male das Predigen des Buddha vernommen,
aber so etwas haben wir noch nicht gehört,
ein überragendes Gesetz, das so tief und wunderbar ist.
Nachdem der Weltverehrte dieses Gesetz gepredigt hat,
waren wir darüber voll Freude.
Der überaus weise Śāriputra
hat heute die Prophezeiung des Verehrten empfangen,
und wir werden genauso
sicherlich die Buddhaschaft erlangen,
in all den Welten,
diese verehrungswürdigste und unübertroffene Buddhaschaft.

Der Weg des Buddha ist unvorstellbar –
er wird je nach Umständen durch die hilfreichen Mittel gepredigt.
Das Heil, das wir erworben haben,
jetzt und in der Vergangenheit,
und das Verdienst, den Buddha erblickt zu haben –
möge dies alles zum Buddhaweg hinführen!

Darauf sprach Śāriputra zum Buddha: „Oh Weltverehrter! Ich empfinde jetzt keine Zweifel und keine Reue mehr. Direkt in der Gegenwart des Buddha habe ich die Weissagung der vollständigen und unübertroffenen Erleuchtung empfangen. Diese eintausendzweihundert Arhats, deren Geist befreit ist, haben einst in den Regionen des Lernens verweilt, und der Buddha hat sie mit folgenden Worten unterwiesen: ‚Mein Gesetz vermag von Geburt, Altern, Krankheit und Tod zu erlösen und schließlich zum Nirvāṇa zu führen.' Diese Menschen, ob Lernende oder nicht mehr Lernende, hielten sich jeder für befreit von der Ansicht, sie hätten ein Ich, befreit von der Ansicht, es gebe Existenz und Nichtexistenz und dies nannten sie die Erlangung des Nirvāṇa. Aber nun haben sie in Gegenwart des Weltverehrten das noch nicht vernommene Gesetz vernommen und sind alle in Zweifel gestürzt.

Wohlan, oh Weltverehrter! Mögest Du der vierfachen Versammlung den Zusammenhang darlegen, so dass sie von Zweifeln und Bedauern befreit werden."

Da sprach der Weltverehrte zu Śāriputra: „Habe ich zuvor nicht gesagt, dass die Buddhas, die Weltverehrten mit all den verschiedensten Mitteln, Gleichnissen, Redeweisen, hilfreichen Mitteln das Gesetz zur Erlangung der vollständigen und unübertroffenen Erleuchtung predigen? All das, was ich predige, dient der Bekehrung von Bodhisattvas.

Somit, oh Śāriputra, werde ich nochmals durch Gleichnisse den Sinn des von mir Gepredigten erklären. Alle, die Weisheit besitzen, werden dies durch die Gleichnisse verstehen.

Oh Śāriputra! Stelle Dir vor, es gäbe in einem Reich, in einer Ortschaft einen großen Handelsherrn, der schon in fortgeschrittenen Jahren stünde und dessen Reichtum unermesslich wäre, der zahlreiche Felder, Häuser und Diener besäße. Sein Haus wäre weitläufig und hätte nur ein Tor, aber eine Menge Leute – einhundert, zweihundert bis fünfhundert – wohnten darin. Die Hallen wären alt und verwittert, die Wände heruntergebrochen, die Säulen und die Stützen verfault, der First und das Gebälk bedrohlich gekrümmt.

Da bräche überall zur gleichen Zeit ein Feuer aus und setzte das Haus in

Flammen. Die Kinder des Handelsherrn – zwanzig oder dreißig an der Zahl – befänden sich in diesem Haus. Wenn der Handelsherr sähe, dass ein gewaltiges Feuer an allen vier Seiten ausbräche, da ergriffe ihn eine große Angst und er dächte bei sich: ‚Auch wenn ich sicher durch dieses Tor, das in Flammen steht, hinauskomme, so vergnügen sich, spielen doch meine Kinder in diesem brennenden Haus, merken nichts, wissen nichts, sind nicht beunruhigt und haben keine Angst. Das Feuer bedrängt bereits ihre Körper und wird ihnen Qualen und Schmerzen bereiten – ihr Geist aber empfindet kein Leid und sie denken nicht daran, sich nach draußen zu begeben.'

Oh Śāriputra! Da überlegte dieser Handelsherr: ‚Mein Körper und meine Hände sind kraftvoll. Ich sollte sie in ein Obergewand einhüllen oder sie auf einen Sitz setzen und aus dem Haus herausholen.' Dann überlegte er weiter: ‚Dieses Haus hat nur ein Tor, und das ist eng und klein. Meine Kinder sind klein und haben noch keine Vernunft. Sie hängen an ihren Spielen und sind dem Verbrennen ausgeliefert. Ich muss ihnen den Grund für meine Angst darlegen. Da das Haus schon brennt, ist es an der Zeit, sie schnell herauszuholen, damit sie nicht durch den Brand zu Schaden kommen.'

Nachdem er dies gedacht hätte, sagte er zu seinen Kindern: ‚Kommt schnell heraus!' Obwohl der Vater sie voller Mitleid und wohlüberlegt anspräche, sie lockte, hingen die Kinder an ihren Spielen und wollten ihm keinen Glauben schenken, wären sie nicht beunruhigt, hätten keine Angst und daher auch nicht die Absicht, herauszukommen. Sie wüssten gar nicht, was ein Feuer ist, was ein Haus ist, was Zerfall ist. Sie rannten lediglich im Spiel umher und schauten ihren Vater nur an.

Da dächte der Handelsherr: ‚Dieses Haus steht schon völlig in Flammen. Wenn ich und meine Kinder nicht sofort hinausgehen, werden wir ohne Zweifel verbrennen. Ich muss nun hilfreiche Mittel anwenden, um meine Kinder vor diesem Schaden zu bewahren.'

Als Vater kennte er die Vorlieben der Kinder und was jeder Einzelne besonders mochte, die verschiedenen seltenen Spielzeuge, die außergewöhnlichen Sachen, an die sie sicher ihr Herz hängen würden, und er sagte: ‚Die Dinge, mit denen Ihr gerne spielt, sind selten und schwer zu bekommen. Wenn Ihr sie jetzt nicht nehmt, dann werdet Ihr dies danach bereuen. Solche Spielzeuge wie Ziegenwagen, Hirschwagen, Ochsenwagen sind jetzt draußen vor dem Tor und Ihr könnt mit ihnen spielen. Kommt schnell aus diesem brennenden Haus heraus und ich werde Euch alles geben, was Ihr wollt!'

Und weil nun die Kinder ihren Vater von all den wertvollen Spielsachen reden hörten, und diese genau das wären, was sie sich wünschten, da fasste jedes in seinem Herzen Mut und sie schöben und stießen sich gegenseitig und wetteiferten zusammen darum, aus dem brennenden Haus zu laufen.

Als nun der Handelsherr sähe, dass seine Kinder sicher herausgekommen wären, alle auf dem Boden an der Straßenkreuzung säßen und auch keinen Schaden davongetragen hätten, da wäre sein Herz beruhigt und spränge vor Freude. Da sagten alle Kinder zu ihrem Vater: ‚Oh Vater! All die Spielsachen, die Du uns zuvor versprochen hast – wenn es nun an der Zeit ist, so gib sie uns!'

Oh Śāriputra! Darauf gäbe der Handelsherr jedem seiner Kinder einen großen Wagen. Diese Wagen wären groß und breit, mit vielen Juwelen geschmückt, umgeben von einem Geländer, an dessen vier Seiten Glöckchen herunterbaumelten. Außerdem wäre darüber ein Zeltdach ausgespannt, das auch mit seltenen und wundersamen Juwelen prächtig verziert wäre; juwelenbesetzte Seile wären verflochten und es hingen Bänder mit Blumen herunter; Webteppiche wären übereinander ausgebreitet und zinnoberrote Kissen ausgelegt. Die Wagen wären mit weißen Ochsen bespannt, rein wäre ihr Fell, prächtig ihr Körperwuchs und groß ihre Kraft; sie könnten die Wägen gleichmäßig ziehen und dabei so schnell sein wie der Wind. Auch begleiteten sie zahlreiche Diener und Bedienstete beschützten sie.

Warum dies? Der Reichtum dieses Handelsherrn wäre unermesslich, seine verschiedenen Vorratskammern überquellend voll, und er würde denken: ‚Meine Güter sind grenzenlos. Es wäre nicht angemessen, meinen Kindern minderwertige kleine Wagen zu geben. Nun sind diese Kleinen alle meine Kinder, und ich liebe sie ohne Unterschied. Ich habe nun solche großen Wagen, geschmückt mit sieben Juwelen und unermesslich an der Zahl. Ich sollte sie mit gleichem Gefühl einem jeden von ihnen geben, es geziemt sich nicht, einen Unterschied zu machen. Warum dies? Selbst wenn ich diese Sachen jedem Menschen im ganzen Reich geben würde, so würden sie dennoch nicht knapp werden – wie könnte ich sie dann nicht meinen Kindern geben?'

Da würde jedes der Kinder den großen Wagen besteigen und erlangen, was es vorher noch nicht besessen hatte, was es eigentlich nicht erwartet hatte. Oh Śāriputra, sag, wie Dir der Sinn steht! Dass der Handelsherr den Kindern diese kostbaren großen Wagen geben würde – wäre dies vielleicht falsch?"

Śāriputra antwortete: „Das wäre es nicht, oh Weltverehrter! Dieser Handelsherr ließe lediglich die Kinder der Feuerkatastrophe entgehen, bewahrte deren Körper und Leben. Er handelte nicht falsch. Warum? Würde er nur Körper und Leben retten, dann hätten sie bereits ein gutes Spielzeug bekommen. Wie viel mehr wert sind jedoch die hilfreichen Mittel, um sie aus diesem brennenden Haus zu erretten! Oh Weltverehrter! Selbst wenn dieser Handelsherr ihnen nicht einmal den kleinsten Wagen geben würde, so wäre dies nicht falsch. Warum? Dieser Handelsherr hatte vorher schon folgenden Gedanken gefasst: ‚Ich werde mit hilfreichen Mitteln diese Kinder entkommen lassen.‘ Deshalb ist dies nicht falsch. Vor allem dann nicht, wenn der Handelsherr, wohl wissend, dass sein Reichtum unermesslich sei, seinen Kindern eine Wohltat erweisen wollte und ihnen große Wagen schenkte.“

Der Buddha sagte zu Śāriputra: „Sehr gut, sehr gut! Es ist so, wie Du gesagt hast. Oh Śāriputra! Ebenso verhält es sich mit dem Tathāgata: Er ist der Vater für die ganze Welt. Er ist schon lange und restlos ohne jegliche Furcht, Bedrängnis, Unglück, Unwissenheit und Verblendung; er hat die unermessliche Einsicht vollständig erreicht, hat Kraft und Furchtlosigkeit verwirklicht; ganz besitzt er die übernatürlichen Kräfte und die Kraft der Weisheit; vollständig verfügt er über die hilfreichen Mittel und die Pāramitā der Weisheit; sein großes Mitgefühl und sein großes Erbarmen ist von Dauer und ohne Beeinträchtigung; beständig sucht er das Gute und den Nutzen für alle.

Er wird in dem zerfallenen, alten, brennenden Haus der drei Welten geboren, um die Lebewesen zu erretten von den Feuern der Fährnisse von Geburt, Alter, Krankheit, Tod und Leiden, Torheit, Verblendung und den drei Giften, um sie zur Anuttarasamyaksaṃbodhi zu bekehren und zu bringen.

Er sieht die Lebewesen, wie sie durch die Leiden und Drangsale von Geburt, Altern, Krankheit und Tod verzehrt werden und auch wegen der fünf Begierden und wegen des Strebens nach eigenem Vorteil alle Arten von Schmerzen erfahren; und auch durch Gier, Anhaftung und Streben vielerlei Schmerzen erfahren; in einer späteren Existenz die Schmerzen der Hölle, der tierischen Existenz, der Hungergeister erfahren: Wenn sie im Himmel und in der Menschenwelt geboren werden, befinden sie sich in Armut, erleiden Bedrängnis, Getrenntsein von Liebem, Zusammentreffen mit Unliebem – so vielfältige Leiden erfahren sie.

Wenn die Lebewesen in diese hineingeraten, so freuen sie sich und vergnügen sich, sind nicht erwacht, erkennen nichts, sind nicht erschreckt, fürchten sich nicht, empfinden keine Abneigung, streben nicht nach Erlösung. In diesem zerfallenen, alten, brennenden Haus der drei Welten rennen sie von Osten nach Westen, und selbst wenn sie in großes Leid geraten, so fühlen sie sich dadurch nicht beeinträchtigt.

Oh Śāriputra! Wenn der Buddha diese sieht, so fasst er darauf den folgenden Gedanken: ‚Ich bin der Vater für die Lebewesen, ich muss sie aus diesem Unheil des Leidens herausholen und ihnen die Freuden der unermesslichen und grenzenlosen Buddhaweisheit geben und sie sich damit vergnügen lassen.‘

Oh Śāriputra! Der Tathāgata fasste auch den folgenden Gedanken: ‚Wenn ich lediglich meine übernatürlichen Kräfte und die Kraft meiner Weisheit anwenden würde ohne die heilvollen Mittel; wenn ich den Lebewesen lediglich die Macht, den Einblick und die Furchtlosigkeit des Tathāgata preisen würde, so würden die Lebewesen dadurch nicht die Errettung erlangen können.‘ Warum? Diese Lebewesen sind noch nicht von den Leiden von Geburt, Alter, Krankheit und Tod befreit, sondern werden vom Feuer des brennenden Hauses der drei Welten verzehrt. Wodurch sollten sie dann die Weisheit des Buddha verstehen können?

Oh Śāriputra! Wie wiederum jener Handelsherr die Kraft des Körpers und seiner Hände besaß, sie aber nicht gebrauchte, sondern durch behutsame hilfreiche Mittel die Kinder aus der Katastrophe des brennenden Hauses errettete und danach einem jeden wertvolle große Wagen schenkte – ebenso handelt der Tathāgata: Obwohl er die Kraft und die Furchtlosigkeit besitzt, wendet er sie nicht an, sondern nur durch seine Weisheit und die hilfreichen Mittel erlöst er die Lebewesen aus dem brennenden Haus der drei Welten und legt ihnen die drei Fahrzeuge dar: das Fahrzeug der Hörer, das Fahrzeug der einsamen Buddhas und das Fahrzeug der Buddhas.

Und er spricht zu ihnen: ‚Ihr sollt Euch nicht daran erfreuen, in dem brennenden Haus der drei Welten zu weilen. Giert nicht nach Wertlosem wie Form, Laut, Duft, Geschmack und Berührung. Wenn Ihr nach Anhaftungen giert, wenn Begehren in Euch entsteht, dann werdet Ihr verbrannt. Kommt schnell aus den drei Welten heraus! Ihr sollt die drei Fahrzeuge erlangen: das Fahrzeug der Hörer, das Fahrzeug der einsamen Buddhas und das Fahrzeug der Buddhas. Ich sichere Euch dies zu und dies wird kein eitles Gerede sein. Ihr müsst Euch nur sorgfältig bemühen.‘

Durch diese hilfreichen Mittel lockt der Tathāgata die Lebewesen. Weiterhin spricht er: ‚Ihr sollt wissen, dass das Gesetz dieser drei Fahrzeuge von den Weisen gepriesen ist, das selbständig ist, ohne Beeinträchtigung ist und auf nichts anderem beruht und nach nichts anderem sucht. Besteigt diese drei Fahrzeuge und erfreut Euch durch die Kraft der Sinne, die ohne Einströmungen sind, durch die Erleuchtung, durch die Meditation, durch die Erlösung, durch Versenkung. Ihr werdet damit unermessliche Ruhe und Freude erlangen.‘

Oh Śāriputra! Wenn es da Lebewesen gibt, die in sich die Anlage zur Weisheit tragen, und vom Buddha, vom Weltverehrten die Lehre vernehmen und

Vertrauen darin fassen, die sich bemühen, die schnell aus den drei Welten entkommen wollen und von sich selbst aus das Nirvāṇa zu erlangen suchen – diejenigen nennt man das Fahrzeug der Hörer besteigend. Diese sind wie jene Kinder, die, um die Ziegenwagen zu bekommen, aus dem brennenden Haus herauskommen.

Wenn es da Lebewesen gibt, die vom Buddha, vom Weltverehrten die Lehre vernehmen und Vertrauen darin fassen, die sich bemühen, die Weisheit, die von sich aus entsteht, zu erlangen, die sich einsam an der vollkommenen Ruhe erfreuen und die gegenseitige Bedingtheit aller Daseinsfaktoren in ihrer ganzen Tiefe verstehen – diejenigen nennt man das Fahrzeug der einsamen Buddhas besteigend. Diese sind wie jene Kinder, die, um die Hirschwagen zu bekommen, aus dem brennenden Haus herauskommen.

Wenn es da Lebewesen gibt, die vom Buddha, vom Weltverehrten die Lehre vernehmen und Vertrauen darin fassen, die sich bemühen, die vollständige Weisheit, die Buddhaweisheit, die Weisheit, die von sich aus entsteht, die Weisheit, die ohne Lehrer ist, das Wissen, die Einsicht, die Kraft und die Furchtlosigkeit des Tathāgata zu erlangen, um aus Mitgefühl die unzähligen Lebewesen zu erfreuen, den Göttern und den Menschen von Nutzen zu sein und alle zur Erlösung zu führen – diejenigen nennt man das das Große Fahrzeug besteigend. Weil die Bodhisattvas nach diesem Fahrzeug streben, nennt man sie Mahāsattvas. Diese sind wie jene Kinder, die, um die Ochsenwagen zu bekommen, aus dem brennenden Haus herauskommen.

Oh Śāriputra! So wie jener Handelsherr, nachdem er gesehen hat, wie seine Kinder sicher aus dem brennenden Haus an einen Ort ohne Furcht gelangt sind und ihnen in Anbetracht seines unermesslichen Reichtums große Wagen schenkte – so handelt auch der Tathāgata. Er ist der Vater für alle Lebewesen. Wenn er sieht, wie die unermesslichen Myriaden von Lebewesen durch das Tor der Buddhalehre aus den Leiden, Gefahren und Fährnissen der drei Welten entkommen und das Nirvāṇa erlangen, dann fasst der Tathāgata den folgenden Gedanken: ‚Ich besitze die Kraft der unermesslichen, grenzenlosen Weisheit, die Furchtlosigkeit und den ganzen Schatz des Gesetzes des Buddha; diese Lebewesen sind alle meine Kinder: Ich gebe ihnen gleichermaßen das große Fahrzeug und lasse keinen allein das Verlöschen erlangen, sondern lasse sie alle so verlöschen, wie ein Tathāgata verlöscht.

All diesen Lebewesen, die von den drei Welten erlöst sind, gebe ich alle Freuden der Meditation, der Versenkung, Erlösung eines Buddha; sie alle sind gleich in ihren Merkmalen und in ihrer Art, sie werden gepriesen von den

Weisen, und sie können zur reinen, wunderbaren und vorzüglichsten Freude führen.'

Oh Śāriputra! So wie jener Handelsherr zu Beginn die Kinder mit den drei Arten von Wagen herauslockt und ihnen danach nur je einen großen Wagen schenkt, der mit Juwelen geschmückt und äußerst bequem ist – so wie jener Handelsherr sich nicht einer Lüge schuldig machte, so macht sich auch der Tathāgata keiner Lüge schuldig, wenn er zunächst die drei Fahrzeuge lehrt, um die Lebewesen zu leiten, und sie danach nur mit dem des Großen Fahrzeug errettet. Warum ist dies so? Der Tathāgata besitzt die Kraft der unermesslichen Weisheit, die Furchtlosigkeit und den Schatz der Buddhalehre. Er vermag allen Lebewesen die Lehre des Großen Fahrzeugs zu geben, aber nicht alle vermögen sie anzunehmen.

Oh Śāriputra! Aus diesem Grund sollst Du wissen, dass der Buddha durch die Kraft der hilfreichen Mittel das eine Buddhafahrzeug in drei Fahrzeuge aufgeteilt lehrt."

Da wünschte der Buddha den Sinn des Gesagten noch einmal zu verkünden und sprach die Verse:

Angenommen, ein Handelsherr
hätte ein großes Haus;
dessen Haus wäre alt
und bereits zerfallen,
die Hallen hoch und gefährlich,
die Fundamente der Säulen verrottet;
die Dachbalken hingen schräg,
das Fundament und die Treppen wären brüchig,
die Mauern zeigten Risse,
der Verputz wäre abgebröckelt,
die Dachbedeckung in Unordnung oder herabgefallen,
die Dachsparren locker,
die Umzäunung schief;
alle Arten von Schmutz lägen um das Haus herum.
Da wären fünfhundert Menschen,
die darin wohnten;
Eulen, Adler,
Krähen, Tauben,
Vipern, Skorpione,
Tausendfüßler, Riesentausendfüßler,

Eidechsen, Hundertfüßler,
Wiesel, Marder und Mäuse –
eine Menge von üblem Getier
liefe und krabbelte hin und her.
Dort stänke es nach Urin,
Schmutz quölle dort über,
Mistkäfer und anderes Getier ballten sich darüber zusammen.
Füchse, Wölfe, Schakale
zerbissen dort Leichen,
zertrampelten, zerrissen,
würfen Knochen und Fleisch herum.
Ganze Rudel von Hunden
liefen herbei und balgten sich darum,
hungrig, erschöpft, voll Furcht,
überall suchten sie nach Fressen,
kämpfend, sich gegenseitig anfallend,
Zähne bleckend, heulend.
Dieses Haus wäre Furcht erregend,
so beschaffen wäre es.
überall gäbe es
Unholde, Waldelfen,
Yakṣas, Dämonen,
die Menschenfleisch verschlängen,
oder giftiges Getier.
Diese üblen Bestien
nährten und gebärten ihre Brut,
ein jeder seine Jungen bergend und schützend.
Die Yakṣas eilten herbei,
um über diese Beute zu streiten und sie aufzufressen,
und sobald sie sich daran satt gefressen hätten,
loderte ihre Bösartigkeit wieder auf,
der Klang ihrer Kämpfe wäre
äußerst Furcht einflößend.
Kumbhāṇḍa-Geister
kauerten auf Erdhaufen,
sprängen von Zeit zu Zeit vom Boden hoch,
ein Fuß, zwei Fuß,
liefen hierhin und dorthin,

folgten ihren Launen und vergnügten sich;
ergriffen Hunde an beiden Beinen,
schlügen sie, bis ihre Stimmen erstürben,
setzten ihnen die Füße in den Nacken;
erschreckten die Hunde und hätten ihre Freude daran.
Dann gäbe es da auch Geister
mit großen Körpern,
nackte Gestalten, schwarz und ausgemergelt –
die wohnten ständig darinnen
und gäben laute und bösartige Töne von sich,
heulten und suchten nach Fressen.
Dann gäbe es auch Geister,
deren Hälse wie Nadeln wären;
dann auch Geister,
deren Köpfe wie die von Ochsen wären,
die Menschenfleisch fräßen
oder Hunde verschlängen,
deren Kopfhaare wirr herabhingen,
grausam, gewalttätig und gefährlich,
von Hunger und Durst getrieben,
heulend, rennend.
Yakṣas und Hungergeister,
bösartige Vögel und andere Tiere
eilten hungrig in alle vier Himmelsrichtungen,
schauten durch die Fenster hinein.
So wären die Bedrängnisse in diesem Haus,
so unvorstellbar bedrohlich und schrecklich.
Dieses alte, verfallene Haus
gehörte einem Mann.
Dieser Mann wäre nicht weit fortgegangen,
und nach nicht allzu langer Zeit
bräche in diesem Haus
plötzlich ein Feuer aus;
an allen vier Seiten gleichzeitig
loderten die Flammen,
Firstbalken, Stützen und Säulen
barsten, krachten, bebten, brachen,
zerbrachen und fielen herab;

Mauern und Wände stürzten ein,
und alle Geister erhöben ein großes Geschrei.
Die Adler und anderen Vögel,
die Kumbhāṇḍas und andere
wären vor Furcht erstarrt
und könnten nicht von sich aus herauskommen.
Die Bestien und das giftige Getier
versteckten sich in ihren Löchern.
Da die Piśāca-Geister,
die sich auch darin aufhielten,
so geringen Verdienst erworben hatten,
würden sie vom Feuer bedrängt
und fielen sich gegenseitig an,
söffen Blut und fräßen Fleisch.
Schakale und andere Raubtiere
wären alle bereits tot
und die anderen großen Bestien
rannten herbei, um sie zu verschlingen.
Stinkender Rauch quölle heraus
und erfüllte alle vier Seiten.
Tausendfüßler, Riesentausendfüßler
und alle anderen Arten von giftigem Getier,
da sie durch das Feuer verbrannt würden,
kämpften sich eiligst aus ihren Löchern hervor.
Kumbhāṇḍa-Geister
folgten ihnen, ergriffen sie und fräßen sie auf.
Und die Hungergeister,
da über ihren Köpfen das Feuer loderte,
wären hungrig, durstig, hitzegeplagt,
würden, eingeschlossen, ängstlich herumrennen.
So wäre dieses Haus
äußerst Furcht erregend,
schädigend durch das Gift, verheerend durch den Brand,
mit nicht nur einem, sondern vielen Drangsalen.
Da stünde der Hausherr
vor dem Tor
und hörte die Leute sagen:
„Deine Kinder sind vorhin,

um zu spielen,
in dieses Haus hineingegangen,
kindlich und unwissend,
in ihre Vergnügungen vertieft.‘
Sobald der Handelsherr dies hörte,
ginge er erschrocken in das brennende Haus,
um sie zu retten,
um sie keinen Schaden durch den Brand erleiden zu lassen.
Er schilderte den Kindern
all die Drangsale,
die bösen Geister und das giftige Getier,
den sich ausbreitenden Brand,
all die Leiden,
die unaufhörlich aufeinanderfolgten,
die Vipern, Skorpione
und die Yakṣas,
die Kumbhāṇḍa-Geister,
die Schakale, Füchse und Hunde,
Adler, Eulen,
alle Arten von Hundertfüßlern,
gequält und getrieben von Hunger und Durst
– äußerst erschreckend all dies.
Dieser Ort wäre sowieso schon so leidvoll,
und wie viel mehr noch bei einem Großbrand!
Die Kinder, nicht wissend um all das
und völlig verhaftet in ihren Vergnügungen,
hörten die Erklärungen des Vaters,
doch ließen nicht ab von ihren Spielen.
Da fasste der Handelsherr
folgenden Gedanken:
„So vermehren meine Kinder
meinen Kummer:
In diesem Haus gibt es
nichts, woran man sich erfreuen kann;
aber da die Kinder
in ihr Spiel versunken sind,
nehmen sie meine Ermahnungen nicht auf
und werden durch das Feuer Schaden erleiden.“

Da kam ihm wiederum der Gedanke
die hilfreichen Mittel einzusetzen,
und er sagte zu seinen Kindern:
„Ich habe alle möglichen
raren Spielsachen,
mit feinen Edelsteinen verzierte, ausgezeichnete Wagen,
Ziegenwagen, Hirschwagen,
große Ochsenwagen.
Diese sind vor dem Tor –
kommt heraus!
Ich habe diese Wagen hergestellt,
extra für Euch!
Welche Ihr auch wählt, sie werden Euch gefallen,
mit denen könnt Ihr nach Belieben spielen!'
Als die Kinder hörten,
wie er ihnen diese Wagen erklärte,
da liefen sie um die Wette,
rannten heraus,
gelangten ins Freie
weg von allen Gefahren.
Wenn der Handelsherr sähe,
dass seine Kinder aus dem brennenden Haus entkommen waren
und an der Straßenkreuzung standen,
da setzte er sich auf den Löwensitz,
spräche sich selbst Glückwünsche aus:
„Ich bin nun glücklich.
Die Erziehung meiner Kinder
war äußerst schwierig;
sie waren töricht, noch klein und unwissend
und sind in dieses gefährliche Haus hineingegangen,
in dem es so viel giftiges Getier gibt
und Furcht erregende Unholde,
in dem sich ein Großbrand mit heftigen Flammen
an allen vier Seiten entfachte.
Aber meine Kinder
gierten nach Vergnügungen.
Ich habe sie gerettet,
ich sorgte dafür, dass sie diesem Unglück entkommen konnten.

Deshalb, oh Leute,
bin ich jetzt glücklich."
Da, als die Kinder bemerkten,
dass der Vater ruhig dasaß,
begaben sie sich zu ihm
und sagten zu ihm:
„Mögest Du uns bitte
die drei Arten von kostbaren Wagen geben,
so wie Du es uns vorhin versprochen hast:
‚Wenn Ihr Kinder alle herauskommt,
so werden Euch gemäß Euren Wünschen
die drei Arten von Wagen zuteil.'
Nun ist es wohl an der Zeit
uns diese zu geben!"
Der Handelsherr war sehr reich,
in seinen Schatzkammern gab es reichlich
Gold, Silber, Lapislazuli,
Perlmutt, Agate,
und mit diesen und anderen Kostbarkeiten
fertigte er große Wagen,
aufs Prächtigste geschmückt;
mit Geländern umgeben,
an deren vier Seiten Glöckchen herabhingen,
mit golden geflochtenen Seilen,
mit Netzen von Perlen,
die darüber ausgespannt wären;
mit Bändern aus goldenen Blumen, die
überall herabhingen,
rundherum mit
vielfarbigen Verzierungen;
weicher Seidenstoff
diente als Kissen,
darüber feiner Filz,
im Wert von Millionen,
weiß und rein,
um alles zu bedecken.
Da gäbe es weiße Ochsen,
feist und strotzend vor Kraft,

von edlem Körperbau,
die die kostbaren Wagen zögen.
Da gäbe es eine große Dienerschaft
zur Aufwartung und zum Schutz.
Diese wunderbaren Wagen
schenkte er seinen Kindern.
Da hüpften und sprängen
die Kinder vor Freude,
bestiegen diese kostbaren Wagen
und führen in die vier Himmelsrichtungen davon,
um sich fröhlich zu vergnügen,
frei und ohne Hemmnisse.
Ich sage Dir, oh Śāriputra!,
genauso bin ich,
ein Verehrter unter den Weisen,
der Vater der Welt –
alle Wesen
sind meine Kinder;
zutiefst jedoch sind sie den weltlichen Vergnügen verhaftet,
ihr Geist verfügt nicht über Weisheit.
Die drei Welten bieten keine Sicherheit
genau wie das brennende Haus,
voller Leiden sind sie
und äußerst beängstigend;
ständig gibt es darin die Drangsale von Geburt,
Altern, Krankheit und Tod,
so wie dieses Feuer
unaufhörlich brennt.
Der Tathāgata hat bereits
das brennende Haus der drei Welten verlassen,
verweilt in Ruhe,
an sicheren Orten in Wald und Feld.
Jetzt sind diese drei Welten
mein Reich
und die Lebewesen darin
sind alle meine Kinder,
aber nun gibt es an diesem Ort
vielerlei Drangsale,

aus denen nur ich allein sie erretten kann.
Obwohl ich sie unterweise,
schenken sie mir kein Vertrauen,
weil sie, befleckt von Begierden,
zutiefst in Gier und Anhaftung versunken sind.
Also wende ich ein hilfreiches Mittel an
und erkläre ihnen die drei Fahrzeuge
und lasse dadurch alle Lebewesen
die Leiden der drei Welten erkennen,
beginne ihnen darzulegen
den Weg aus dieser Welt.
Wenn diese Kinder dann
entschlossen sind,
dann werden ihnen die drei Arten von Wissen zuteil
und die sechs übernatürlichen Kräfte,
sie werden zu einsamen Buddhas werden[4]
und nicht mehr vom Pfad der Bodhisattvas umkehren.
Oh Du, Śāriputra!
Ich lege den Lebewesen
mit diesem Gleichnis
das eine Buddhafahrzeug dar –
wenn Ihr Vertrauen fassen könnt
in diese Worte,
dann werdet Ihr alle
den Buddhaweg verwirklichen.
Dieses Fahrzeug ist subtil und wunderbar,
ist rein, ist das höchste
in den Welten,
unübertroffen.
Es vermag die Buddhas zu erfreuen,
und alle Lebewesen
sollen es preisen,
dem sie Spenden und Verehrung darbringen.
Unermesslich sind und in die Millionen gehen
die Kräfte, die Befreiungen,

[4] You de yuanjue 有得緣覺 könnte auch heißen: „sie werden die Kausalitäten durchschauen können".

die Versenkungen, die Weisheit
und die anderen Mittel (Dharma) eines Buddha.
Wenn sie dieses Fahrzeug erlangen,
so können sich diese Kinder
bei Tag und Nacht, über eine große Zahl von Weltzeitaltern
allzeit vergnügen
und mit den Bodhisattvas
und den Hörern
dieses kostbare Fahrzeug besteigen
und direkt zum Ort der Erleuchtung gelangen.
Aus diesem Grunde:
Wenn man in den zehn Himmelsrichtungen wahrhaft suchte,
so wären da keine anderen Fahrzeuge
außerhalb der hilfreichen Mittel des Buddha.
Ich sage Dir, oh Śāriputra!,
wie Ihr Menschen
alle meine Söhne seid,
so bin ich Euer Vater.
Ihr seid viele Weltzeitalter
durch die Leiden verbrannt worden –
ich aber errette Euch
und lasse Euch aus den drei Welten entkommen.
Auch wenn ich zuvor erklärt habe,
dass Ihr erlöscht seid,
so betrifft dies nur das Aufhören von Geburt und Sterben;
aber in Wahrheit ist dies kein Erlöschen.
Was Ihr nun ausführen müsst,
das ist die Buddha-Weisheit.
Wenn es Bodhisattvas gibt
in dieser Gemeinschaft,
dann können sie konzentriert
das wirkliche Gesetz der Buddhas hören.
Auch wenn die Buddhas, die Weltverehrten
durch die hilfreichen Mittel
die Lebewesen bekehren,
so sind diese doch alle Bodhisattvas.
Wenn Menschen von geringer Weisheit sind
und zutiefst den Begierden anhaften –

deshalb, weil sie so sind,
lege ich ihnen die Wahrheit vom Leiden dar,
so dass die Lebewesen im Geist erfreut sind
und sie erlangen, was sie vorher noch nicht hatten.
Die Wahrheit vom Leiden, die der Buddha darlegt,
ist wahrhaftig und niemals unterschiedlich.
Wenn es da Lebewesen gibt,
die den Ursprung des Leidens nicht kennen
und zutiefst an den Ursachen des Leidens haften
und sie nicht einmal ein wenig davon abrücken können –
deshalb, weil sie so sind,
lege ich ihnen mit den hilfreichen Mitteln den Weg dar.
Der Grund allen Leidens
ist Gier;
wenn die Gier vernichtet ist,
so hat sie nichts, worauf sie sich stützen könnte,
und alle Leiden werden vernichtet –
dies nennt man die dritte Wahrheit von der Vernichtung des Leidens.
Wegen der Wahrheit von der Vernichtung des Leidens
übt man sich auf dem Weg,
entledigt man sich der Fesseln des Leidens:
Dies nennt man das Erlangen der Befreiung.
Wie können diese Menschen
die Befreiung erlangen?
Wenn man sich nur der Falschheit entledigt
und dies Befreiung nennt,
so hat man doch in Wirklichkeit noch nicht
die vollständige Befreiung erlangt;
der Buddha erklärt, dass diese Menschen
noch nicht wirklich erlöscht sind,
weil diese Menschen noch nicht
die unübertroffene Erleuchtung erlangt haben.
Mein Sinn trachtet nicht danach,
sie das Erlöschen erreichen zu lassen.
Ich bin der König des Gesetzes
und hinsichtlich des Gesetzes frei,
um damit die Lebewesen zu befrieden –
deshalb erscheine ich auf der Welt.

Oh Du, Śāriputra!
Ich möchte mit diesem Siegel des Gesetzes
der Welt zum Nutzen gereichen – deshalb lege ich es dar!
Wohin auch immer Du gehst –
Du darfst es nicht falsch weitergeben!
Wenn jemand, der es hört,
es mit Freude und geneigtem Haupt annimmt,
so wisse, dass dieser Mensch
ein Avaivartika ist.
Wenn jemand mit Vertrauen
das Gesetz dieses Sūtras annimmt,
so hat dieser Mensch bereits
die Buddhas der Vergangenheit gesehen,
ihnen Spenden und Verehrung dargebracht
und dieses Gesetz vernommen.
Wenn jemand in das,
was Du darlegst, Vertrauen fassen kann,
dann erblickt er mich,
erblickt auch Dich,
die Mönchsgemeinde
und auch die Bodhisattvas.
Dieses Sūtra vom Lotos des Gesetzes
ist jenen dargelegt, die tiefe Weisheit besitzen.
Wenn jene mit seichtem Wissen es hören,
so sind sie verwirrt und verstehen nichts.
Für alle Hörer und Pratyekabuddhas
sind in diesem Sūtra Dinge enthalten,
die über ihre Vorstellungskraft gehen.
Oh Du, Śāriputra!
Wenn gar Du durch Vertrauen
Zugang zu diesem Sūtra finden kannst,
um wie viel mehr können dies die anderen Hörer!
Weil diese anderen Hörer
Vertrauen in die Worte des Buddha haben,
sind sie in Übereinstimmung mit diesem Sūtra
und nicht durch ihren eigenen Anteil an Weisheit.
Weiterhin, oh Śāriputra!
Den Hochmütigen, Trägen,

solchen, die der Ansicht eines ‚Ich' anhängen,
soll man dieses Sūtra nicht darlegen.
Gewöhnliche Menschen von seichtem Wissen
sind zutiefst den fünf Begierden verhaftet
und verstehen es nicht, selbst wenn sie es hören.
Auch diesen soll man es nicht darlegen.
Wenn Menschen kein Vertrauen darin haben
und dieses Sūtra verhöhnen,
dann ist die ganze
Buddhasaat von der Welt abgeschnitten.
Oder aber sie werden die Brauen verziehen
und Zweifel hegen.
Höre, und ich erkläre Dir,
wie die Vergehen dieser Menschen vergolten werden.
Ob der Buddha in dieser Welt weilt,
oder ob dies nach seinem Erlöschen geschieht:
Wenn Menschen sich über
ein solches Sūtra abfällig äußern,
wenn sie diejenigen, die man Sūtras rezitieren,
schreiben oder hochhalten sieht,
gering schätzen, hassen
und Groll dagegen hegen –
die Vergehen dieser Menschen,
erfahre sie jetzt:
Diese Menschen werden am Ende ihres Lebens
zur Avīci-Hölle fahren,
ein ganzes Zeitalter lang;
wenn das Zeitalter vergangen ist,
werden sie wiedergeboren
in diesem Geburtenkreislauf,
unzählige Zeitalter lang;
aus der Hölle heraus
werden sie in der Existenzform von Tieren
wie Hunden oder Schakalen herniederfallen,
als haarlose und ausgezehrte Gestalten,
pechschwarz, räudig,
mit denen sich die Menschen ihren Spaß machen,
oder die den Menschen

verhasst sind,
die ständig geplagt werden von Hunger und Durst,
denen Fleisch und Knochen austrocknen,
die im Leben große Qualen erleben
und im Tode unter der Last von Ziegeln und Steinen leiden.
Weil sie die Buddhasaat abgeschnitten haben,
wird ihnen dieses vergolten damit,
dass sie etwa zu Kamelen werden
oder als Esel geboren werden;
ihren Körpern werden ständig schwere Lasten aufgebürdet,
und sie werden den Stock oder die Peitsche spüren;
nur an Wasser und Gras werden sie denken
und sonst von nichts wissen.
Weil sie dieses Sūtra verhöhnen,
häufen sie solches Übel und dessen Folgen an;
sie werden zu Schakalen,
die in die Dörfer kommen
und deren Körper voll Räude sind;
oder sie haben nur noch ein Auge
und werden von den Kindern
geprügelt,
und dadurch, dass sie geschlagen werden,
erleiden sie Schmerzen;
manchmal sterben sie sogar daran.
Nachdem sie gestorben sind,
nehmen sie die Körper von Riesenschlangen,
deren Gestalt lang,
fünfhundert Yojana lang ist,
taub und blöde, ohne Füße,
die sich windend dahinbewegen,
von kleinem Getier
angefressen werden
und dadurch Tag und Nacht Schmerzen erleiden,
ohne Unterlass.
Weil sie dieses Sūtra verhöhnen,
häufen sie solches Übel und dessen Folgen an.
Wenn sie zu Menschen werden,
so sind ihre Sinne dumpf,

sie sind verkrüppelt,
blind, mit krummen Rücken;
wenn sie etwas sagen,
so traut ihnen kein Mensch;
der Atem aus ihrem Mund stinkt ständig;
sie sind von üblen Geistern besessen,
arm und gering,
von anderen Menschen herumkommandiert,
schwerkrank, ausgezehrt,
ohne jemanden, auf den sie sich stützen könnten;
und selbst wenn sie einem Menschen näherkämen,
so würde dieser Mensch doch nicht auf sie achten;
wenn sie etwas erlangten,
so würden sie es sofort wieder verlieren;
wenn sie die Heilkunst zu praktizieren erlernt hätten,
um Krankheiten heilen zu können,
so würden sie anderer Leute Leiden nur verschlimmern
oder sie gar zu Tode bringen;
wenn sie selbst eine Krankheit hätten,
so würde niemand sie heilen;
selbst wenn sie vorzügliche Medizin einnähmen,
so würde dies alles nur noch verschlimmern;
wenn andere sich gegen sie wendeten,
sie ausplünderten, beraubten;
solches und dessen Folgen
würde ihnen zu ihrem eigenen Unheil gereichen.
Solche Übeltäter
werden niemals einen Buddha sehen,
den König der Heiligen,
wie er das Gesetz darlegt, wie er lehrt und bekehrt.
Solche Übeltäter werden
ständig in katastrophale Zustände geboren werden;
als Verrückte, Blinde, mit verwirrtem Geist,
und sie werden niemals das Gesetz vernehmen.
Durch unzählige Zeitalter hindurch
so viele, wie es Sandkörner in der Gaṅgā gibt
würden sie verblendet sein,
gar nicht Herr ihrer Sinne;

ständig würden sie in der Hölle verweilen,
als ob sie in einem Lustgarten herumwandelten;
sie würden in anderen üblen Existenzformen existieren,
als ob es ihr Heim wäre.
Kamel, Schwein, Hund
wären ihre Verkörperungen.
Weil sie dieses Sūtra verhöhnen,
häufen sie solches Übel und dessen Folgen an.
Wenn sie zu Menschen werden,
so sind sie doch blind und verblendet;
mit Armut und Hinfälligkeit
werden sie sich schmücken;
Wassersucht, Diabetes,
Räude, Geschwüre –
Krankheiten von solcher Art
werden ihre Gewänder sein;
die Körper mit ständig stinkenden Stellen übersät,
voll Staub und unrein,
zutiefst der Ansicht verhaftet, dass es ein ‚Ich' gebe,
voll von steigendem Zorn und Hass,
entbrannt in fleischlicher Lust,
ohne sich darin von Tieren zu unterscheiden.
Weil sie dieses Sūtra verhöhnen,
häufen sie solches Übel und dessen Folgen an.
Ich sage Dir, oh Śāriputra!:
Wenn man die Übel und deren Folgen denjenigen,
die dieses Sūtra schmähen, darlegen würde,
würde man in ganzen Zeitaltern nicht zum Ende gelangen.
Aus diesem Grunde
sage ich Dir ausdrücklich,
dass Du unter Unwissenden
dieses Sūtra nicht darlegen sollst.
Wenn sie aber geschärfte Sinne haben,
Weisheit, Verständnis,
große Gelehrsamkeit und ein gutes Gedächtnis,
wenn sie nach dem Weg des Buddha streben –
solchen Menschen
soll man es darlegen.

Wenn die Menschen bereits
Myriaden von Buddhas gesehen
und die heilswirksamen Wurzeln gepflanzt haben,
wenn deren entschlossener Geist gefestigt ist;
wenn die Menschen voller Energie
und allzeit ihren Geist des Mitgefühls kultivieren,
keine Rücksicht auf Leib und Leben nehmen,
dann soll man es ihnen darlegen.
Wenn die Menschen Achtung haben,
keine abweichenden Gedanken haben,
sich von allen Einfältigen fernhalten,
alleine in Bergen und Sümpfen weilen –
solchen Menschen
soll man es darlegen.
Weiterhin, oh Śāriputra!:
Wenn man Menschen sieht,
die üble Vertraute aufgeben,
vertrauten Umgang mit guten Freunden pflegen –
solchen Menschen
soll man es darlegen.
Wenn man Söhne des Buddha sieht,
die die Gelübde einhalten, rein sind,
so eine klare Perle,
die nach den Sūtras des Großen Fahrzeugs streben –
solchen Menschen
soll man es darlegen.
Wenn die Menschen ohne Zorn sind,
von aufrichtigem Charakter, sanft,
allzeit Mitleid mit allen empfinden
und die Buddhas verehren –
solchen Menschen
soll man es darlegen.
Wenn da weiterhin Söhne des Buddha sind,
die in großen Versammlungen
reinen Herzens
mittels verschiedener Methoden,
Gleichnissen und anderen Äußerungen
das Gesetz ohne Einschränkungen darlegen –

solchen Menschen
soll man es darlegen.
Wenn da Mönche
um der vollständigen Weisheit willen
in allen vier Himmelsrichtungen nach dem Gesetz streben,
ihre Handflächen zusammenlegen, ehrerbietig ihren Kopf senken,
ausschließlich daran Freude finden,
das Sūtra des Großen Fahrzeugs hochhalten,
nicht aber hochhalten
nur einen Vers anderer Sūtras –
solchen Menschen
soll man es darlegen.
Wenn die Menschen höchsten Sinnes
nach den Reliquien des Buddha streben,
wenn sie nach den Sūtras streben,
sie mit gesenktem Haupt ehrfürchtig entgegennehmen;
und diese Menschen außerdem nicht
danach aus sind, andere Sūtras zu erlangen,
und deren Sinn auch nicht mehr trachtet
nach häretischen Texten –
solchen Menschen
soll man es darlegen.
Ich sage Dir, oh Śāriputra!:
Legte ich dar die Merkmale
derjenigen, die nach dem Weg des Buddha streben,
so würde ich, ganze Zeitalter durchlaufend, nicht zum Ende gelangen.
Solchen Menschen,
wenn sie fähig sind zu vertrauen und zu verstehen,
sollst Du darlegen
das Sūtra vom Lotos des Wunderbaren Gesetzes.

Zweite Rolle

Viertes Kapitel: Vertrauen und Verstehen

Als die Ehrenwerten Subhūti, Mahākātyāyana, Mahākāśyapa und Mahāmaudgalyāyana dieses bisher vom Buddha noch nicht gehörte Gesetz vernahmen und der Weltverehrte dem Śāriputra die Erlangung der Anuttarasamyaksaṃbodhi prophezeite, da empfanden sie eine so selten empfundene Freude, dass ihre Herzen vor Vergnügen tanzten. Darauf erhoben sie sich von ihren Sitzen, ordneten ihre Gewänder, entblößten ihre rechte Schulter, knieten sich mit ihrem rechten Knie auf die Erde, legten einmütig die Handflächen zusammen, verneigten sich voll Verehrung, blickten zum Antlitz des Erhabenen empor und sprachen zum Buddha:

„Wir sind die Häupter der Mönchsgemeinde und schon sehr alt an Jahren. Wir dachten, dass wir bereits Nirvāṇa erlangt hätten und zu nichts anderem mehr fähig seien, so dass wir gar nicht erst zur Anuttarasamyaksaṃbodhi fortzuschreiten suchten.

Oh Weltverehrter! Schon lange legst Du das Gesetz dar; nun sitzen wir da, mit müden Körpern, einzig denkend an die Leere, an die Merkmallosigkeit und an das Nichtgeschehen. Doch was das Gesetz des Bodhisattva anbelangt, dessen Spielarten und wunderbaren Kräfte, oder die reinen Buddhaländer, oder die Befreiung der Lebewesen – daran hat sich unser Geist nicht erfreut. Warum war das so? Weil der Weltverehrte uns aus den drei Welten entkommen und die Wahrheit des Nirvāṇa erlangen ließ.

Weiterhin sind wir nun schon sehr alt an Jahren. Als wir von dieser Anuttarasamyaksaṃbodhi hörten, mit der der Buddha die Bodhisattvas zu bekehren pflegt, da hegten wir in unserem Herzen weder Freude noch Hingabe. Nun aber erleben wir im Angesicht des Buddha die Prophezeiung der Anuttarasamyaksaṃbodhi für einen Hörer, und wir sind sehr glücklich darüber, dass erlangt wird, was nie zuvor erlangt worden war. Wir hätten nicht gedacht, dass wir nun noch plötzlich das so seltene Gesetz vernehmen könnten. Wir sind zutiefst glücklich darüber, dass uns dieser große Nutzen zuteil wird, dieses unermesslich kostbare Juwel, dass wir, ohne danach zu streben, es einfach so erhalten.

Oh Weltverehrter! Wir wollen nun unsere Freude mit einem Gleichnis klar zum Ausdruck bringen: Nehmen wir an, es gäbe da einen Mann, der jung an Jahren wäre, der seinen Vater im Stich lassen, der weglaufen würde und lange Zeit in einem anderen Land wohnen würde, zehn, zwanzig oder gar fünfzig Jahre lang. Je älter er würde, desto ärmer würde er, eilte in alle vier Himmelsrichtungen, um sich Kleidung und Nahrung zu suchen. Dabei würde er sich allmählich seinem Heimatland nähern.

Sein Vater hätte zuvor seinen Sohn gesucht, ihn aber nicht gefunden. Inzwischen hätte er sich in einer bestimmten Stadt niedergelassen. Sein Haushalt wäre sehr reich und unermesslich an Schätzen wie Gold, Silber, Lapislazuli, Korallen, Achat und Perlen; seine Warenlager wären zum Bersten gefüllt; er hätte zahlreiche Knechte, Helfer, Diener, Elefanten, Pferde, Fahrzeuge, Ochsen, Ziegen in Übermaß. Seine Handelsaktivitäten und Einkünfte erstreckten sich über andere Länder hinweg, seine Handelspartner wären von großer Zahl.

Da reiste der verarmte Sohn durch Dörfer, durchquerte Länder und Städte, bis er schließlich in die Stadt käme, in der sich sein Vater aufhielte. Der Vater dächte ständig an seinen Sohn und dass sie nun schon etwa fünfzig Jahre voneinander getrennt seien, aber darüber hätte er noch nie etwas zu irgendjemandem gesagt. Nur ganz alleine dächte er nach, und sein Herz wäre voll trauriger Sehnsucht. Er überlegte, dass er nun alt und gebrechlich sei und so viele Reichtümer besäße, dass seine Warenlager von Gold, Silber und kostbaren Juwelen überflössen, er aber keinen Sohn habe, so dass, wenn er eines Tages dahinginge, sein Reichtum verloren gehe, da er ihn niemandem anvertrauen könne.

Deshalb hielt er unter allen Umständen und allezeit die Erinnerung an seinen Sohn wach. Weiterhin dachte er: ‚Wenn ich meinen Sohn finden könnte und ihm meinen Reichtum anvertrauen könnte, dann wäre ich zufrieden und glücklich und würde mich nicht weiter grämen.'

Oh Weltverehrter! Da gelangte der arme Sohn, von einer Arbeit zur anderen wechselnd, zum Haus seines Vaters und stellte sich neben das Tor. Von Ferne sähe er seinen Vater, auf einem Löwenlager hockend, seine Füße auf einen juwelenbesetzten Schemel gestellt, umringt von Brahmanen, Kṣatriyas und Hausvätern, die ihm Ehrerbietung erwiesen; sein Leib wäre geschmückt mit Perlenketten im Wert von Millionen; Diener hielten weiße Yakwedel in den Händen und warteten ihm auf beiden Seiten auf; über ihm wäre ein juwelenbesetztes Zelt aufgespannt, von dem blumengeschmückte Banner herabhingen; der Boden wäre mit Duftwasser besprengt und mit einer Vielzahl von wertvollen Blumen bedeckt; draußen und drinnen wären wertvolle Gegenstände aufgereiht, die empfangen und gegeben würden. So beschaffen wären die verschiedenen Ausschmückungen, die Embleme von Macht und Würde.

Wenn der arme Sohn sähe, wie groß die Macht und das Ansehen seines Vaters waren, hegte er Furcht und Reue, hierhergekommen zu sein. Insgeheim käme ihm der Gedanke: ‚Das ist ein König oder er ist einem König gleichrangig. Dies ist kein Ort, an dem ich mit meiner Arbeitskraft etwas erlangen kann. Besser wäre es, ich ginge in ein armes Dorf, wo ich meine Kraft besser einsetzen kann und wo Kleidung und Nahrung leichter zu erwerben sind. Wenn ich länger hier verweile, werde ich noch festgenommen und man zwingt mich zur Arbeit.' Nachdem er dies gedacht hätte, liefe er schnell weg.

Da erblickte der reiche Handelsherr von seinem Löwensitz aus seinen Sohn und erkannte ihn sogleich. Er wäre sehr glücklich und dächte: ‚Nun habe ich den Sohn, dem ich meine Warenlager voller Schätze anvertrauen kann. Ich habe mich allzeit nach diesem Sohn gesehnt, fand aber kein Mittel, ihn zu finden; aber auf einmal ist er von sich aus gekommen. Dies entspricht genau meinem Wunsch. Obwohl ich alt an Jahren bin, so hege ich doch noch Hoffnungen.'

Sofort schickte er einen der neben ihm Stehenden los, um dem Sohn nachzueilen und ihn zurückzubringen. Der Beauftragte eilte ihm schnell hinterher und ergriffe ihn. Der arme Sohn wäre überrascht und beklagte sich laut schreiend: ‚Ich habe niemandem etwas getan! Warum werde ich ergriffen?' Der Beauftragte packte ihn noch fester und zerrte ihn zurück.

Darauf dächte der arme Sohn bei sich: ‚Wenn ich ohne Schuld festgenommen werde, so ist dies sicherlich mein Tod.' Er fürchtete sich noch mehr, verlöre das Bewusstsein und fiele zu Boden.

Der Vater sähe ihn von ferne und sagte zu dem Beauftragten: ‚Ich benötige diesen Menschen nicht! Du sollst ihn nicht mit Gewalt herbringen! Besprenge mit kaltem Wasser sein Gesicht, damit er das Bewusstsein wiedererlangt! Und dann sprich nicht mehr mit ihm!'

Warum dies? Der Vater wüsste, dass sein Sohn sich für von niedrigem Stand hielt, dass er selbst jedoch von hohem Rang war – und dass dies seinen Sohn in Schwierigkeiten bringen würde. Zwar wäre er sich sicher, dass dies sein Sohn wäre, doch als ein hilfreiches Mittel würde er zu anderen dennoch nicht sagen: ‚Dies ist mein Sohn.'

Der Beauftragte sagte zum Sohn: ‚Ich lasse Dich jetzt frei. Geh, wohin es Dir beliebt!' Der arme Sohn freute sich, da er etwas erlangt hätte, was er bisher noch nicht hatte. Er erhöbe sich vom Boden und ginge in ein armes Dorf, um dort nach Kleidung und Nahrung zu suchen.

Da wollte der Handelsherr seinen Sohn zurücklocken und wandte ein hilfreiches Mittel an. Heimlich entsendete er zwei Männer, von magerem und schäbigem Äußeren, keine stattlichen Erscheinungen. Er sagte zu ihnen: ‚Ihr sollt zu jenem gehen und ihn behutsam ansprechen: ›Oh Du armer Sohn! Hier gibt es einen Ort, wo man Dir das Doppelte von Deinem jetzigen Lohn zahlt!‹ Wenn der arme Sohn zustimmt, dann bringt ihn hierher und gebt ihm Arbeit. Wenn er fragt, was für eine Arbeit er verrichten solle, so sollt Ihr ihm sagen: ›Du wirst dafür angestellt, den Kot wegzuschaffen und wir beide werden mit Dir zusammenarbeiten.‹‘

Da suchten die beiden Beauftragten den armen Sohn auf. Wenn sie zu ihm gelangt wären, richteten sie ihm aus, was ihnen aufgetragen worden war. Da fragte der arme Sohn zuerst nach einem Vorschuss und folgte ihnen dann, um den Kot wegzuschaffen.

Wenn der Vater seinen Sohn sähe, hätte er Mitleid mit ihm und wäre über ihn verwundert. Wenn er anderntags seinen Sohn von ferne sähe, schwächlich, mager und schäbig, unrein vor Kot, Dreck, Schweiß und Staub, da nähme er seine Perlenketten, sein feines Obergewand und all seinen Schmuck ab, zöge sich darüber hinaus noch raue, wertlose und verdreckte Kleider an, schmierte sich Schmutz auf seinen Körper und nähme in die rechte Hand ein Gerät zum Wegschaffen des Kots. In einer furchteinflößenden Art sagte er zu den Arbeitern: ‚Strengt Euch bei der Arbeit an und rastet nicht!‘ Durch dieses hilfreiche Mittel wäre er in der Lage, seinem Sohn näherzukommen.

Etwas später wiederum sagte er zu ihm: ‚He, Knabe! Arbeite allzeit und gehe nicht fort, dann wirst Du zu Deinem Lohn noch alles dazubekommen, was Du benötigst: Töpfe, Gefäße, Reis, Mehl, Salz, Essig und vieles andere. Du brauchst Dir keine Sorgen mehr zu machen. Ich habe auch einen alten Diener, den ich Dir gebe, wenn Du ihn brauchst.[1] Du kannst nun ganz beruhigt sein. Ich werde wie ein Vater zu Dir sein; Du brauchst Dir keine Sorgen mehr zu machen. Warum all dies? Ich bin alt an Jahren, aber Du bist jung und kräftig. Wenn Du arbeitest, bist Du niemals betrügerisch, hassvoll, führst keine zornigen Reden; niemals sieht man an Dir diese Schlechtigkeiten wie bei den anderen Arbeitern. Ab heute bist Du für mich wie ein leiblicher Sohn.‘ Darauf gäbe

[1] So die traditionelle Auffassung der Phrasen, die versucht, den Kontext zu wahren. Der wörtliche Sinn ist eher: „Es gibt auch sehr alte Diener, die sich gegenseitig geben, was sie brauchen und gerne ruhigen Sinnes sind.“ In den Kontext würde sich dieser Satz auf eine Begründung des Vaters beziehen, warum er als alter Diener bzw. Arbeiter über die entsprechenden Ressourcen verfügt.

ihm der Handelsherr einen Namen und bezeichnete ihn damit als sein eigenes Kind.

Da wäre der arme Sohn zwar froh über diese Gelegenheit, aber hielte sich selbst trotzdem noch für einen Fremdling von niederem Stand. Aus diesem Grund ließe man ihn zwanzig Jahre hindurch den Kot wegschaffen. Nachdem diese vorüber wären, wäre er an Herz und Leib frei, käme und ginge unbehindert ein und aus, bliebe aber so, wie er vorher gewesen wäre.

Oh Weltverehrter! Da würde der Handelsherr krank und wüsste, dass er bald sterben würde. Zu dem armen Sohn sagte er: ‚Ich besitze nun viel Gold, Silber und wertvolle Juwelen, von denen meine Warenlager überquellen. Du sollst nun vollständig darüber Bescheid wissen, was darin eingeht und was ausgegeben wird. Dies habe ich nun vor, und Du sollst es genauso ausführen. Warum dies? Du und ich, wir handeln von nun an ohne Unterschied. Du musst also gut darauf aufpassen, dass keine Fehler oder Verluste auftreten!‘

Da nähme der arme Sohn die Anweisungen entgegen und verwaltete die Güter – das Gold, das Silber, die wertvollen Juwelen und die Warenlager – und hegte niemals den Gedanken, sich auch nur eine Mahlzeit davon wegzunehmen. Weil er so bliebe, wie er vorher gewesen wäre, könnte er auch noch nicht den Gedanken aufgeben, dass er minderen Standes sei.

Nachdem eine kleine Weile vergangen wäre, erkannte der Vater, dass sein Sohn allmählich Selbstsicherheit gefunden, Entschlusskraft gefasst hätte und seine frühere Gesinnung verabscheute. Wenn er merkte, dass sein Tod sich näherte, veranlasste er seinen Sohn, alle Verwandten, den König, die Minister, Kṣatriyas und Hausväter zu versammeln, und er verkündete ihnen: ‚Ihr Herren! Ihr müsst wissen: Dies hier ist mein leiblicher Sohn. Er hat mich in der-und-der Stadt verlassen, ist davongelaufen und ist fünfzig Jahre lang in Not und Elend herumgestreift. Sein eigentlicher Name ist So-und-so. Mein Name ist So-und-so. In unserer Heimatstadt machte ich mir damals Sorgen um ihn und begab mich auf die Suche nach ihm. Nun bin ich plötzlich hier wieder mit ihm zusammengetroffen. Er ist wirklich mein Sohn. Ich bin wirklich sein Vater. Der große Reichtum, den ich hier besitze, gehört ihm nun ganz. Mein Sohn weiß Bescheid über alle früheren Ausgaben und Einnahmen.‘ Wenn der arme Sohn diese Rede hörte, wäre er sehr glücklich darüber, dass er bekommen hätte, was er vorher noch nicht hatte, und ihm käme der Gedanke: ‚Ich dachte eigentlich niemals daran, nach etwas zu streben, was so selten zu bekommen ist. Nun aber sind diese Schatzkammern mir einfach so zugefallen.‘

Oh Weltverehrter! Der reiche Handelsherr, das ist der Tathāgata. Wir gleichen den Söhnen des Buddha. Der Tathāgata hat uns immer Söhne genannt.

Oh Weltverehrter! Aber wegen der drei Leiden erleiden wir inmitten von Geburt und Tod brennende Qualen, Verblendung und Nichtwissen und sind freudig geringeren Lehren verhaftet. Heute, oh Weltverehrter, hast Du uns veranlasst, vom Unrat der leichtfertigen Behauptungen über die Daseinsfaktoren abzulassen.

Wir haben uns dabei immer mehr darum bemüht, das Nirvāṇa zu erlangen, was wie ein Tageslohn ist; und nachdem wir es erlangt hatten, waren wir überglücklich und gaben uns damit zufrieden. Und wir sagten noch zu uns: ‚Weil wir uns hinsichtlich des Gesetzes des Buddha angestrengt haben, erlangten wir dieses umfassende Verstehen.‘

Da aber der Weltverehrte vorher schon erkannt hatte, dass unser Geist an niederen Begierden hinge und wir uns an dem geringen Gesetz erfreuen würden, ließ er uns gewähren und erklärte uns nicht: ‚Ihr werdet einst die Einsicht des Tathāgata besitzen, euren Anteil haben an der Schatzkammer.‘ Der Weltverehrte hat durch die Kraft der hilfreichen Mittel die Weisheit des Tathāgata dargelegt; wir haben so vom Buddha das Nirvāṇa erlangt, was einem Tageslohn entspricht. Wir haben es für eine große Errungenschaft gehalten und nicht mehr nach diesem Großen Fahrzeug gestrebt.

Und weiterhin haben wir den Bodhisattvas die Weisheit des Buddha eröffnet und dargelegt, selbst aber danach keinen Wunsch verspürt. Warum dies? Der Buddha wusste, dass unser Geist sich an dem geringen Gesetz erfreute, und hat uns durch die hilfreichen Mittel das dargelegt, was uns angemessen war, aber wir haben nicht erkannt, dass wir wahrhaft seine Söhne waren. Nun aber wissen wir es.

Bei der Weisheit des Buddha ist der Weltverehrte nicht kleinlich. Warum ist das so? Wir sind schon von früher her wahrhaft die Söhne des Buddha gewesen, haben uns aber nur an einem geringen Gesetz erfreut. Wäre unser Sinn danach gewesen, uns an Großem zu erfreuen, dann hätte uns der Buddha das Gesetz des Großen Fahrzeugs dargelegt.

In diesem Sūtra hat er das Eine Fahrzeug dargelegt, und wenn er früher in Gegenwart der Bodhisattvas die Hörer als die bezichtigt hat, die sich an einem geringen Gesetz erfreuen, so hat der Buddha diese Hörer in Wirklichkeit mittels des Großen Fahrzeugs bekehrt. Deshalb erklären wir, dass uns ursprünglich nicht der Sinn danach stand, nach dem zu streben, was so selten zu bekommen ist. Nun aber ist uns das große Juwel des Gesetzeskönigs einfach so zugefallen. Das, was den Söhnen des Buddha angemessen ist, das haben wir bekommen."

Da wünschte Mahākāśyapa den Sinn des Gesagten noch einmal zu verkünden und sprach die Verse:

Heute nun haben wir
die Stimme des Buddha lehren gehört,
und unser Herz tanzt vor Freude,
dass wir erlangt haben, was wir vorher nicht hatten:
Der Buddha legte den Hörern dar,
dass sie die Buddhaschaft erlangen würden.
Wie eine unübertreffliche Menge an Edelsteinen
wurde uns dies, unerstrebt, zuteil.
Das ist, als würde ein Knabe,
jung und unwissend,
seinen Vater verlassen und weglaufen,
weit weg in ein anderes Land,
und viele Länder durchstreifen,
fünfzig Jahre lang.
Sein Vater grämte sich nach ihm
und suchte ihn in allen vier Himmelsrichtungen;
suchte ihn, bis er erschöpft wäre,
bis er sich schließlich in einer Stadt niederließe,
dort ein Haus erbaute
und sich dort an den fünf Begierden erfreute.
Sein Haus wäre riesig und prächtig,
reich an Gold und Silber,
Muscheln, Achat,
Perlen und Lapislazuli,
an Elefanten, Pferden, Ochsen und Ziegen,
an Sänften und Fahrzeugen,
an Arbeitern für die Feldarbeit
und mit zahlreichen Dienern.
Seine Gewinne aus Einnahmen und Ausgaben
erstreckten sich weit in andere Länder;
es gäbe keinen Ort, an dem
seine Kaufleute und Händler nicht anzutreffen wären;
Tausende, Hunderttausende, Millionen

umgäben ihn und erwiesen ihm Ehrerbietung;
allzeit dächte der König
in Zuneigung an ihn;
Minister und Edle
verehrten ihn gemeinsam;
zahlreiche Menschen kämen herbei
aus verschiedenen Anlässen.
So großartig wäre sein Reichtum
und er besäße große Macht.
Doch je älter er an Jahren würde,
desto mehr grämte er sich um seinen Sohn,
dächte Tag und Nacht:
‚Meine Todesstunde rückt näher;
der dumme Junge hat mich
fünfzig Jahre lang verlassen.
All das Hab und Gut in den Warenlagern –
was soll damit geschehen?'
Inzwischen wanderte der arme Sohn,
auf der Suche nach Kleidung und Nahrung,
von Dorf zu Dorf,
von Land zu Land;
mal bekäme er etwas,
mal bekäme er nichts;
hungrig und ausgezehrt wäre er;
sein Körper bedeckt mit Schwären und Flechten.
So wanderte er langsam umher,
bis er zur Stadt käme, in der sein Vater wohnte;
er wechselte die Lohnarbeit,
bis er schließlich zu dem Haus seines Vaters gelangte.
Da hätte der ehrenwerte Alte
innerhalb seiner Tore
ein großes juwelengeschmücktes Zelt aufspannen lassen
und weilte auf einem Löwensitz,
umgeben von seinem Gefolge,
Dienern und Wächtern.
Einige zählten
Gold, Silber und Juwelen,
einige vermerkten in den Büchern

Einnahmen und Ausgaben und seinen Besitz.
Der arme Sohn sähe den Vater,
vornehm und verehrungswürdig,
und dächte, dies müsse ein König sein
oder einer, der einem König ebenbürtig sei.
Er wäre verängstigt und fragte sich,
warum er hierhergekommen sei.
Heimlich sagte er zu sich selbst:
‚Wenn ich hier lange verweile,
werde ich womöglich festgenommen
und zur Arbeit gezwungen.'
So denkend
liefe er fort,
erkundigte sich nach einem armen Dorf,
um dorthin arbeiten zu gehen.
Da erblickte der Ehrenwerte
von seinem Löwenthron aus
von ferne seinen Sohn
und erkennte ihn, ohne etwas darüber zu sagen.
Sogleich beauftragte er jemanden,
ihm zu folgen, ihn zu ergreifen und ihn herzubringen.
Der arme Sohn schrie erschrocken auf,
fiele in Verwirrung zu Boden und dächte:
‚Dass mich dieser Mann ergreift,
bedeutet sicherlich, dass ich getötet werde.
Wie konnte nur die Suche nach Nahrung und Kleidung
mich in solch eine Lage bringen.'
Der Ehrenwerte wüsste, dass sein Sohn
töricht und selbsterniedrigend wäre:
‚Er wird nicht glauben, was ich sage.
Er wird nicht glauben, dass ich sein Vater bin.'
Sogleich wendete er ein hilfreiches Mittel an und schickte
andere Männer los,
der eine einäugig, der andere klein und hässlich,
beides unbeeindruckende Gestalten, und sagte zu ihnen:
‚Redet mit ihm,
sagt ihm, ich würde ihn einstellen,
um Kot und Schmutz wegzuschaffen,

und er bekäme den doppelten Lohn.‘
Wenn der arme Sohn dies hörte,
wäre er erfreut und folgte ihnen,
um Kot und Schmutz wegzuschaffen
und das Haus sauberzumachen.
Durch das Fenster sähe
der Handelsherr immer seinen Sohn
und dächte daran, wie töricht und heruntergekommen sein Sohn sei,
dass er sich darüber freute, solch niedere Arbeit zu verrichten.
Da zöge sich der Ehrenwerte
wertlose und verdreckte Kleider an,
ergriffe ein Werkzeug, mit dem man den Kot wegschaffte,
ginge zu seinem Sohn,
durch dieses hilfreiche Mittel näherte er sich ihm
und spornte ihn zur Arbeit an mit den Worten:
‚Ich werde Deinen Lohn erhöhen,
und obendrein gebe ich Dir Öl, um Deine Füße zu salben,
dazu noch jede Menge zu essen und zu trinken,
und Matten und Sitze, dick und warm.‘
Oder er würde so harte Worte sprechen wie:
‚Du musst Dich bei der Arbeit mehr anstrengen!‘
Oder sanfte Worte:
‚Du bist wie ein Sohn für mich.‘
Der Ehrenwerte ginge weise vor,
überließe ihm allmählich die Geschäfte,
und im Laufe von zwanzig Jahren
übertrüge er ihm den ganzen Haushalt,
zeigte ihm Gold, Silber,
Perlen und Kristalle,
alle Warenein- und ausgänge,
all dies ließe er ihn verstehen.
Der Sohn lebte noch außerhalb des Tores,
bewohnte dort eine Grashütte
und hielte sich selbst für armselig:
‚Ich besitze diese Güter nicht.‘
Als der Vater erkannte, dass die Haltung des Sohnes
allmählich offener und großzügiger wurde,
wollte er ihm sein Hab und Gut geben.

Sogleich versammelte er seine Verwandten,
den König, die Minister,
die Kṣatriyas und Hausväter,
und legte dieser großen Versammlung dar:
‚Dies ist mein Sohn,
der mich verlassen hat und weggegangen ist,
vor fünfzig Jahren.
Seit mein Sohn zu mir zurückgekommen ist,
sind nun bereits zwanzig Jahre vergangen.
Vor langer Zeit, in der-und-der Stadt,
habe ich diesen Sohn verloren,
bin herumgezogen, um ihn zu suchen,
und schließlich hierhergekommen.
Alles, was ich besitze,
Haus, Gesinde,
vertraue ich ihm an.
Er tue damit, was ihm beliebt.‘
Der Sohn dächte daran, wie arm er früher war,
wie er sich für von niederem Stand hielt.
Nun wäre er der große Empfänger
von seines Vaters Schätzen
und seines Hauses,
seines ganzen Vermögens,
und er wäre sehr glücklich darüber,
dass er erlangt hätte, was er zuvor noch nicht hatte.
Genauso ist es mit dem Buddha,
der erkennt, dass wir uns am Geringen erfreuen,
und so hat er uns bisher noch nicht gesagt:
‚Ihr werdet die Buddhaschaft erlangen.‘
Aber er legte uns dar,
wie man keine Einströmungen mehr erfährt
und das kleine Fahrzeug verwirklicht
als Hörer-Schüler.
Der Buddha trug uns auf,
den unübertroffenen Weg darzulegen.
Diejenigen, die ihn praktizieren,
werden zur Buddhaschaft gelangen.
Wir erhielten die Lehre des Buddha,

um den großen Bodhisattvas
durch viele Methoden,
verschiedene Gleichnisse,
unterschiedlichste Äußerungen
den unübertroffenen Weg darzulegen.
Die Söhne des Buddha
vernahmen das Gesetz von uns,
dachten Tag und Nacht darüber nach,
strengten sich an und praktizierten.
Darauf prophezeiten ihnen
die Buddhas:
‚Ihr werdet in einer zukünftigen Ära
die Buddhaschaft erlangen.'
Diese geheime Schatzkammer des Gesetzes
aller Buddhas –
deren Wahrheit haben wir
nur den Bodhisattvas gepredigt,
nicht aber für uns selbst
haben wir die Essenz der Wahrheit dargelegt.
So wie dieser arme Sohn
zu seinem Vater gelangte
und, obwohl er von all diesen Gütern wusste,
nicht danach trachtete sie zu nehmen –
so stand uns, obwohl wir
die Schatzkammer von Buddhas Gesetz darlegten,
selbst nicht der Sinn danach.
Weiterhin waren wir so,
weil wir dachten,
dass das individuelle Verlöschen
ausreichen würde –
nur dieses verstanden wir,
nicht aber die übrigen Angelegenheiten.
Wenn wir hörten
von den reinen Buddhaländern,
von der Bekehrung der Lebewesen,
so erfreuten wir uns nicht daran.
Warum dies?
Alle Daseinsfaktoren

sind leer und still,
ohne Entstehung und ohne Vergehen,
nicht groß und nicht gering,
ohne Einströmungen und ohne Geschehen –
so denkend
entstand in uns keine Freude.
Lange Nächte hindurch waren wir,
was die Weisheit des Buddha betrifft,
ohne Gier, ohne Anhaftung
und auch ohne Wunsch danach,
und wir dachten, dass dies
das Höchste sei in Bezug auf das Gesetz.
Lange Nächte hindurch
praktizierten wir das Gesetz der Leere,
schafften es, uns der drei Welten zu entledigen
und der Last des Leidens.
Wir weilten in unserer letzten Existenz,
im Nirvāṇa mit Beilegungen.
Dadurch, dass der Buddha uns bekehrte,
erlangten wir einen Weg, der nicht umsonst war.
Da wir ihn nun erlangt hatten,
vergalten wir die Güte des Buddha,
indem wir
für die Söhne des Buddha
das Gesetz der Bodhisattvas darlegten,
damit sie nach dem Weg des Buddha strebten;
wir selbst jedoch
sehnten uns nie nach diesem Gesetz.
Der Lehrer tat so, als gäbe er uns auf,
da er unsere Gesinnung sah.
Zum Ersten trieb er uns nicht an,
indem er uns den wahren Nutzen darlegte.
So wie der reiche Ehrenwerte
erkannte, dass das Streben seines Sohnes gering war,
und durch die Kraft der hilfreichen Mittel
seine Einstellung aufbrach
und ihm danach
das gesamte Vermögen übertrug –

genau so handelt auch der Buddha:
wenn er auf eine seltene Maßnahme zurückgreift;
wenn er erkennt, dass die Menschen sich an Geringem erfreuen,
und durch die Kraft der hilfreichen Mittel
ihre Einstellung neu formt
und sie die große Weisheit lehrt.
Wir haben heute
erlangt, was wir bisher noch nicht hatten,
genau wie jener arme Sohn
unermessliche Juwelen erlangt hat.
Oh Weltverehrter! Wir haben
nun den Weg erlangt, die Frucht erlangt.
Durch das Gesetz, das ohne Einströmungen ist,
haben wir das reine Auge erlangt.
Lange Nächte hindurch haben wir
die reinen Gebote des Buddha befolgt;
ab heute aber
haben wir die Früchte dieses Handelns erlangt.
Im Gesetz des Gesetzeskönigs weilend
haben wir lange Askese praktiziert –
jetzt haben wir den Zustand erlangt, der ohne Einströmungen ist,
die unübertreffliche, große Frucht.
Wir sind jetzt
wahrhaft Hörer geworden,
denn wir hören nun die Stimme des Buddha-Wegs
und sorgen dafür, dass sie von allen gehört wird.
Wir sind jetzt
wahrhaft Arhats geworden,
denn in der Welt,
weithin und überall,
unter Göttern, Menschen,
vor Brahma und vor Māra,
geziemt es uns, Spenden zu empfangen[2].
Der Weltverehrte in seiner großen Güte
setzt etwas Seltenes ein,

---

[2] Der Skt.-Text hat hier ein Wortspiel zwischen Arhat und √arh-, „wert sein, vermögen", das im chinesischen Text notgedrungenermaßen verloren geht.

er bekehrt uns durch sein Mitgefühl
und bringt uns Nutzen.
Wer könnte in unermesslichen Millionen von Zeitaltern
dies vergelten?
Auch wenn man ihm mit Händen und Füßen Verehrung darbringt,
mit der Stirn ihn ehrerbietig grüßt,
ihm alles Mögliche als Spenden darbringt,
so kann man dies doch nicht vergelten.
Wenn man ihn auf sein Haupt nimmt,
ihn auf beiden Schultern trägt,
durch Zeitalter hindurch, so zahlreich wie die Sandkörner in der Gaṅgā,
ihn aus vollem Herzen verehrt;
wenn man ihm außerdem noch wohlschmeckende Speisen,
unermesslich viele juwelenbesetzte Gewänder
und verschiedene Utensilien zum Ruhen,
alle Arten von Arznei,
Ochsenkopf-Sandelholz
und wertvolle Juwelen darbringt,
Stūpas errichtet
und edelsteinbesetzte Gewänder auf der Erde ausbreitet –
wenn man ihm all diese Dinge
als Spenden darbringt,
durch Zeitalter hindurch, so zahlreich wie die Sandkörner in der Gaṅgā,
so kann man dies doch nicht vergelten.
Die Buddhas haben, was schwer zu bekommen ist,
haben unermessliche, unendliche,
unvorstellbare
große wunderbare Kräfte,
sie sind ohne Einströmungen, ohne Geschehen.
Die Gesetzeskönige
können zum Wohle der Niedrigen
sich in Geduld üben
und den gewöhnlichen Menschen, die sich an die äußeren Merkmale klammern,
ihren Fähigkeiten entsprechend das Gesetz darlegen.
Die Buddhas haben
in Bezug auf das Gesetz Freiheit erlangt;
sie erkennen die verschiedenen

Begierden und Freuden der Lebewesen
und deren Willenskraft
und entsprechend dem, wozu sie fähig sind,
legen sie ihnen mit unermesslich vielen Gleichnissen
das Gesetz dar.
Anhand der Wurzeln der guten Taten
aus den früheren Existenzen der Lebewesen
erkennen sie jene, die reif sind,
und jene, die noch nicht reif sind,
führen damit verschiedene Berechnungen
und Unterscheidungen durch
und nehmen dann den Weg des Einen Fahrzeugs
und legen ihn der Situation entsprechend als drei Fahrzeuge dar.

(Zweite Rolle des Sūtra des Lotos des Wunderbaren Gesetzes)

Dritte Rolle

Fünftes Kapitel:
Das Gleichnis von den Heilkräutern

Da sagte der Weltverehrte zu Mahākāśyapa und seinen anderen großen Schülern:

„Sehr gut, sehr gut, oh Kāśyapa! Wohl dargelegt hast Du die wahren Verdienste des Tathāgata. Es ist wahrlich so, wie Du gesagt hast. Der Tathāgata hat noch unermessliche, unendliche Asaṃkhyeya an Verdiensten. Auch wenn Du diese unermesslich vielen Millionen Zeitalter lang darlegen würdest, so könntest Du doch nicht zu einem Ende gelangen.

Oh Kāśyapa! Du sollst wissen: Der Tathāgata ist der König der Gesetze[1]. Was auch immer er darlegt, ist kein leeres Gerede. Alle Gesetze legt er durch Weisheit und die hilfreichen Mittel dar. Die Gesetze, die er darlegt, dringen alle in den Bereich der Weisheit. Der Tathāgata erschaut und erkennt, worauf alle Gesetze ausgerichtet sind, und er erkennt auch das Wirken der tiefsten Gedanken aller Lebewesen und dringt zu ihnen ohne Hindernis. Außerdem besitzt er ein durchdringendes Verständnis der Lehren und zeigt allen Lebewesen die ganze Weisheit.

Oh Kāśyapa! Es ist so wie bei den Dickichten von Gras und den Wäldern von Bäumen, die auf den Bergen, an den Flüssen, in den Tälern und anderen Flecken der dreitausend und abertausenden von Welten wachsen, und bei den Arten von Heilkräutern mit ihren verschiedenen Namen und Unterschieden. Dichte Wolken breiten sich darüber aus, bedecken die dreitausend und abertausend Welten, und zur selben Zeit besprengen und durchdringen sie mit ihrer Feuchtigkeit die Dickichte von Gras, die Wälder von Bäumen und die Heilkräuter: Die kleinen Wurzeln, die kleinen Sprossen, die kleinen Zweige und die kleinen Blätter, die mittleren Wurzeln, die mittleren Sprossen, die mittleren Zweige und die mittleren Blätter, die großen Wurzeln, die großen Sprossen, die großen Zweige und die großen Blätter, alle Pflanzen, ob groß oder klein, sie bekommen je nachdem, ob sie hoch, mittel oder niedrig ge-

---

1 Dharma: Auch hier, wie im Folgenden, kann die Bedeutung von Dharma (im Plural) „Daseinsfaktoren" sein.

wachsen sind, was ihnen angemessen ist. Der Regen aus einer Wolke passt zu jeder einzelnen Pflanzenart, lässt sie gedeihen und Blüten und Früchte hervorbringen. Obwohl sie auf ein und demselben Boden entstanden sind und von ein und demselben Regen benetzt werden, so haben doch alle Pflanzen Unterschiede und Besonderheiten.

Oh Kāśyapa! Du sollst wissen, dass es sich mit dem Tathāgata ebenso verhält. Wenn er in der Welt erscheint, so ist das, als ob eine große Wolke entsteht. Seine große Stimme breitet sich über die Welten aus, bis zu den Göttern, Menschen und Asuras, so wie jene Wolken sich über die dreitausend und abertausend Länder ausbreiten, und er verkündet inmitten einer großen Versammlung: ‚Ich bin der Tathāgata, der Verehrungswürdige, der vollständig Wissende, der Vollendete im Verstehen und Handeln, der Wohlgegangene, der Weltenkundige, der unübertreffliche Herr, der Zähmer der Menschen, der Lehrer der Götter und Menschen, der Buddha, der Weltverehrte. Ich lasse die, die noch nicht errettet sind, errettet werden, lasse die, die noch kein Verständnis haben, Verständnis erlangen, lasse die, die noch nicht zum Frieden gekommen sind, zum Frieden kommen, lasse die, die das Nirvāṇa noch nicht erreicht haben, das Nirvāṇa erreichen. Ich weiß, wie die gegenwärtigen Existenzen und die vergangenen Existenzen wirklich beschaffen sind. Ich bin allwissend, allsehend, allverstehend, den Weg wissend, den Weg eröffnend, den Weg darlegend. Ihr Götter, Menschen und Asuras sollt alle herkommen, damit ich Euch das Gesetz hören lasse.‘

Da gehen unzählige Myriaden von verschiedenen Lebewesen dorthin, wo sich der Buddha aufhält, und vernehmen das Gesetz. Da sieht der Tathāgata, ob die Lebewesen mit scharfen oder mit abgestumpften Sinnen versehen, ob sie kraftvoll oder träge sind. Und entsprechend ihren Fähigkeiten legt er ihnen das Gesetz auf unermesslich viele unterschiedliche Weisen dar, so dass allen Freude zuteil wird und sie leicht daraus Nutzen ziehen können.

Wenn die Lebewesen dieses Gesetz gehört haben, ist ihre gegenwärtige Existenz friedvoll und sie werden zukünftig in guten Existenzformen geboren. Durch den Weg werden sie glücklich und werden abermals das Gesetz vernehmen; und wenn sie das Gesetz vernommen haben, so werden sie allen Hindernissen entkommen; inmitten der Gesetze beschreiten sie, entsprechend ihren Kräften, allmählich den Weg. Das ist so wie der Regen von jener großen Wolke, der auf all die Dickichte von Gras, die Wälder von Bäumen und die Heilkräuter herabregnet und allen, ihrer Beschaffenheit entsprechend, üppig Feuchtigkeit spendet, damit sie gedeihen können.

Das Gesetz, das der Tathāgata darlegt, hat ein Merkmal, hat einen Geschmack, nämlich das Merkmal der Befreiung, das Merkmal der Trennung, das Merkmal des Verlöschens, das vollständig zu aller Form von Weisheit führt. Wenn es nun Wesen gibt, die das Gesetz des Tathāgata hören, ob sie es nun bewahren, lesen oder rezitieren, oder es so praktizieren, wie es dargelegt worden ist, so erlangen sie dabei Verdienste, auch wenn sie dies selbst nicht erkennen. Warum ist das so? Nur der Tathāgata kennt die verschiedenen Merkmale und Beschaffenheiten der Wesen, weiß, an was sie sich erinnern, worüber sie nachdenken, was sie praktizieren; wie sie sich erinnern, wie sie nachdenken, wie sie praktizieren; durch welches Gesetz sie sich erinnern, durch welches Gesetz sie nachdenken, durch welches Gesetz sie praktizieren, durch welches Gesetz sie welches Gesetz erlangen[2].

Die Lebewesen existieren in verschiedenen Regionen und nur der Tathāgata sieht die Umstände, wie sie in Wahrheit sind, versteht sie ohne Hindernisse. Es ist so, wie jene Dickichte von Gras, die Wälder von Bäumen und die Heilkräuter nicht von sich wissen, ob sie von hoher, mittlerer oder niederer Art sind. Der Tathāgata weiß, dass dieses Gesetz ein Merkmal, einen Geschmack hat, nämlich das Merkmal der Befreiung, das Merkmal der Trennung, das Merkmal des Verlöschens, das Merkmal des vollständigen Nirvāṇa und der ständigen Ruhe, wodurch man schließlich zur Leere zurückgelangt. Da der Buddha dies weiß, sieht er die Begierden im Geist der Lebewesen und beschützt sie. Deshalb legt er ihnen nicht sogleich alle Formen der Weisheit dar.

Ihr, oh Kāśyapa, habt etwas geschafft, was selten geschafft wird, wenn Ihr verstehen könnt, dass der Tathāgata den Umständen entsprechend das Gesetz darlegt, wenn Ihr diesem Gesetz vertrauen und es annehmen könnt. Warum ist das so? Weil die Tatsache, dass die Buddhas, die Weltverehrten das Gesetz den Umständen entsprechend darlegen, schwer zu verstehen und schwer zu erkennen ist."

Da wünschte der Weltverehrte den Sinn des Gesagten noch einmal zu verkünden und sprach die Verse:

> Der Zerstörer des Seins, der Gesetzeskönig
> erscheint in der Welt
> und legt den Begierden der Lebewesen entsprechend
> auf verschiedene Weise das Gesetz dar.

---

[2] yi he fa 以何法, „durch welches Gesetz", heißt hier eigentlich nur „wodurch, auf welche Weise", wie Skt. yena deutlich zeigt; die traditionelle Auffassung ist jedoch die übersetzte.

Der Weltverehrte ist zu verehren,
seine Weisheit tief und weitreichend.
Lange hat er über das Wesentliche geschwiegen,
hatte keine Eile, es sofort darzulegen.
Wer Weisheit besitzt und davon hört,
wird Vertrauen darin fassen und es verstehen;
wer keine Weisheit hat, wird daran zweifeln
und es für immer missen.
Deshalb, oh Kāśyapa,
legte er ihnen das Gesetz entsprechend ihren Fähigkeiten dar.
Auf verschiedene Weisen
lässt er sie die rechte Sicht erlangen.
Oh Kāśyapa! Du sollst wissen,
dass dies einer großen Wolke gleicht,
die in der Welt entsteht
und sich über allen ausbreitet:
Diese Wolke der Weisheit enthält Feuchtigkeit,
der Blitzstrahl leuchtet auf,
der Klang des Donners erschüttert selbst die Ferne
und die Lebewesen freuen sich;
die Strahlen der Sonne sind verschleiert,
die Erdoberfläche ist kühl,
eine Wolkendecke legt sich darüber,
als könnte man sie greifen,
und aus dieser verteilt sich überall Regen,
fällt in allen vier Himmelsrichtungen,
rinnt in unermesslichen Strömen herab
und durchweicht darauf den Boden.
Auf den Bergen, an den Flüssen und in den steilen Tälern,
in entlegensten Winkeln kommen
Gras, Bäume und Heilkräuter hervor,
große und kleine Bäume,
die Keimlinge von hundert Getreidearten,
Zuckerrohr, Weinreben –
was immer der Regen befeuchtet,
kann nicht anders als üppig gedeihen;
der trockene Boden wird durchweicht,
Heilkräuter und Bäume schlagen aus.

Das Wasser aus dieser Wolke
hat nur einen Geschmack,
und die Dickichte von Gras, die Wälder von Bäumen
nehmen die Feuchtigkeit auf, die ihrem Anteil entspricht.
Alle Bäume,
ob hoch, mittel oder niedrig,
nehmen, was ihrer Größe und Art entspricht,
und so wachsen und gedeihen sie;
ob Wurzeln, Stamm, Zweige, Blätter,
die Farbenpracht der Blüten und Früchte –
sie alle werden von dem einen Regen erreicht
und werden frisch und saftig
entsprechend ihrer Beschaffenheit,
Natur oder Größe.
Die Feuchtigkeit aber, die sie haben, ist ein und dieselbe,
doch eine jede gedeiht und sprießt auf ihre Art.
Ebenso ist es mit dem Buddha –
er erscheint in der Welt
gleich einer großen Wolke,
die alles bedeckt.
Wenn er in der Welt erscheint,
dann predigt er den Lebewesen
auf unterschiedliche Weise
die Wahrheit der Gesetze.
Der große Weise, der Weltverehrte
verkündet vor Göttern und Menschen,
mitten in der gesamten Versammlung
diese Worte:
‚Ich bin der Tathāgata,
der von den zweifüßigen Wesen Verehrte.
Ich komme in diese Welt
ganz wie eine große Wolke,
durchtränke alle
ausgetrockneten Lebewesen,
entferne ihre Leiden
und lasse sie die Freuden des Friedens erlangen,
die Freuden der Welt,
die Freuden des Nirvāṇa.

All Ihr versammelten Götter und Menschen,
hört konzentriert und aufmerksam zu!
Ihr sollt alle hierherkommen
und den unübertrefflich Verehrten erblicken!
Ich bin der Weltverehrte!
Keiner kommt mir darin gleich!
Um den Lebewesen Frieden zu bringen,
erscheine ich in der Welt
und lege der großen Versammlung
das reine Gesetz der Unsterblichkeit dar.
Dieses Gesetz hat nur einen Geschmack:
Den der Befreiung, den des Nirvāṇa.
Mit einem einzigen wunderbaren Ton
predige ich allzeit dessen Sinn;
um des Großen Fahrzeugs willen
schaffe ich die Grundlagen.
Ich sehe alle
weit und breit als gleich an,
bei mir gibt es kein ‚Dieses' oder ‚Jenes',
keine Gefühle von Liebe und Hass;
ich habe keine Begierden oder Anhaftungen,
habe auch keine Beschränkungen.
Ewig und allen
gleichermaßen lege ich das Gesetz dar.
Noch nie gab es für mich etwas anderes,
ob ich ging, kam, saß oder stand;
bis ans Ende und ohne Ermüdung
bringe ich der Welt Erfüllung.
Wie der Regen durchtränke ich
Edle und Gemeine, Hochstehende und Tiefstehende,
solche, die sich an die Regeln halten, und solche, die die Regeln brechen,
solche, deren Verhalten vollendet ist,
und solche, die nicht vollendet sind,
solche, die rechte Anschauungen haben, und solche, die falsche Anschauungen haben,
solche, die scharfe Sinne haben, und solche, die abgestumpfte Sinne haben;
gleichermaßen regnet der Regen des Gesetzes auf all jene,

ohne jemals nachzulassen.
Alle Lebewesen
hören mein Gesetz
und nehmen es entsprechend ihren Fähigkeiten an,
auch wenn sie in verschiedenen Regionen weilen:
Manche leben als Menschen oder als Götter,
als Raddreher-Könige,
als die Könige Śakra oder Brahma –
dies sind die geringen Heilkräuter.
Manche kennen das Gesetz ohne Einströmungen
und können das Nirvāṇa erlangen,
die sechs übernatürlichen Kräfte entwickeln
und die drei Arten von Wissen erlangen,
sie leben einsam in Berg und Wald,
üben sich allzeit in Versenkung
und erlangen die Verwirklichung der Pratyekabuddhaschaft –
dies sind die mittleren Heilkräuter.
Manche streben nach der Gegenwart des Weltverehrten,
sie sagen: ‚Ich werde ein Buddha werden',
üben sich in Kraftfülle und Meditation –
dies sind die höchsten Heilkräuter.
Dann gibt es Söhne des Buddha,
deren Sinn auf den Buddhaweg ausgerichtet ist,
die allzeit Barmherzigkeit und Mitgefühl üben,
die erkennen, dass sie selbst Buddhas werden,
mit Bestimmtheit und ohne Zweifel –
diese nennt man kleine Bäume.
Andere weilen ruhig in ihren übernatürlichen Kräften,
drehen das Rad ohne Wiederkehr,
retten unendliche Myriaden
von Lebewesen –
solche Bodhisattvas
nennt man große Bäume.
Der Buddha predigt das Gesetz immer gleich,
wie der Regen, der nur einen Geschmack hat;
entsprechend ihren Veranlagungen
nehmen die Lebewesen es nicht auf dieselbe Art an,
so wie jene Gräser und Bäume

den Regen jeweils unterschiedlich aufnehmen.
Der Buddha hat dies durch dieses Gleichnis
als hilfreiches Mittel eröffnet,
hat durch alle Arten von Äußerungen
das eine Gesetz gepredigt.
Hinsichtlich der Weisheit des Buddha
ist dies aber wie ein Tropfen im Meer.
Ich regne den Gesetzesregen herunter
und erfülle die Welt;
das Gesetz aber, das nur einen Geschmack hat,
wird je nach den Fähigkeiten des Einzelnen praktiziert.
Es ist so, wie jene Dickichte und Wälder,
Heilkräuter und Bäume,
die je nach ihrer Größe
allmählich wachsen und gut sprießen.
Das Gesetz der Buddhas
lässt immer durch diesen einen Geschmack
die Welt
weit und breit zur Vollkommenheit gelangen.
Langsam und allmählich praktizierend
erlangen alle die Frucht des Weges,
als Hörer oder einsame Buddhas
leben sie in Berg und Wald,
weilen in ihrer letzten Existenzform,
hören das Gesetz und erlangen die Frucht –
diese nennt man Heilkräuter,
die je auf ihre eigene Weise wachsen.
Wenn da aber Bodhisattvas sind,
deren Weisheit stark und beharrlich ist,
die verstehend die drei Welten durchdringen,
nach dem allerhöchsten Fahrzeug streben –
diese nennt man kleine Bäume,
die wachsen und gedeihen.
Weiter gibt es welche, die in Meditation verweilen,
die übernatürlichen Kräfte erlangen,
vernehmen, dass die Daseinsfaktoren leer sind,
deren Geist äußerst erfreut ist,
die unendlich viele Strahlen aussenden

und die Lebewesen erretten –
diese nennt man große Bäume,
die wachsen und gedeihen.
Ebenso, oh Kāśyapa,
ist das Gesetz, das der Buddha darlegt,
wie eine große Wolke,
die durch den Regen, der nur einen Geschmack hat,
die Menschenblumen befeuchtet,
so dass jede ihre Frucht tragen kann.
Oh Kāśyapa, Du sollst wissen,
dass ich durch viele Methoden,
verschiedene Gleichnisse
den Weg des Buddha eröffne –
dies sind meine hilfreichen Mittel
und bei den anderen Buddhas ist dies ebenso.
Heute lege ich Euch
die höchste Wahrheit dar:
In der gesamten Schar der Hörer
ist kein Einziger in das Verlöschen eingegangen.
Was Ihr praktiziert,
das ist der Weg der Bodhisattvas.
Übt ihn langsam und allmählich ein,
und Ihr werdet alle Buddhas werden.“[3]

[3] Kumārajīvas Text des fünften Kapitels ist hier zu Ende, während der Skt.-Text um etwa noch einmal denselben Umfang länger ist.

Dritte Rolle

Sechstes Kapitel: Prophezeiungen

Nachdem der Weltverehrte diese Verse gesprochen hatte, verkündete er der großen Versammlung folgende Worte: „Dieser mein Schüler Mahākāśyapa wird in zukünftigen Existenzen drei Myriaden von Buddhas, Weltverehrten dienen, ihnen Spenden darbringen, sie verehren, ihnen Ehrerbietung darbringen, sie lobpreisen und das unermesslich große Gesetz der Buddhas verkünden. In seiner letzten Existenz wird er ein Buddha werden mit Namen *Strahlendes Licht*, ein Tathāgata, ein Verehrungswürdiger, ein vollständig Wissender, ein Vollendeter im Verstehen und Handeln, ein Wohlgegangener, ein Weltenkundiger, ein unübertrefflicher Herr, ein Zähmer der Menschen, ein Lehrer der Götter und der Menschen, ein Buddha, ein Weltverehrter. Sein Land heißt *Strahlende Tugend*, sein Zeitalter heißt *Großer Schmuck*. Die Lebensspanne dieses Buddha beträgt zwölf kleine Zeitalter. In dieser Welt hat das Wahre Gesetz zwanzig kleine Zeitalter Bestand und das Abbild des Gesetzes hat ebenfalls zwanzig kleine Zeitalter Bestand.

Sein Reich ist prachtvoll, es gibt weder Befleckung noch Böses, weder Schutt noch Scherben, weder Dornen noch Stacheln, weder Exkremente noch anderen Schmutz. Der Boden ist eben, es gibt weder Hohes noch Tiefes, weder Gräben noch Berggipfel. Der Boden besteht aus Lapislazuli, die Wege sind von Edelsteinbäumen gesäumt, und die Seile, welche die Straßenränder begrenzen, sind aus purem Gold. Juwelenblumen sind verstreut und es ist weithin sauber und rein. In diesem Land gibt es unermesslich viele Tausende Bodhisattvas und auch die Anzahl der Hörer ist unzählbar. Es gibt dort nichts zu tun für Māra, und auch wenn es einen Māra und seine Schar gibt, so schützen diese das Gesetz des Buddha."

Da wünschte der Weltverehrte den Sinn des Gesagten noch einmal zu verkünden und sprach die Verse:

Ich sage den Mönchen,
dass ich mit meinem Buddha-Auge
sehe, dass dieser Kāśyapa

in einer zukünftigen Existenz,
nachdem unzählige Zeitalter vergangen sind,
zum Buddha werden wird
und in seinen zukünftigen Existenzen
drei Myriaden
Buddhas, Weltverehrten
Spenden darbringen und dienen wird.
Um der Weisheit des Buddha willen
wird er die reine Praxis der Askese durchführen,
und nachdem er den höchsten,
von den zweibeinigen Wesen Verehrten Spenden dargebracht hat,
wird er sich völlig
in der unübertrefflichen Weisheit üben.
In seiner letzten Existenz
wird er dann Buddha werden.
Sein Land wird rein sein,
aus Lapislazuli wird der Boden sein,
zahlreich werden die Juwelenbäume
am Rand von Wegen und Straßen sein,
goldene Seile begrenzen die Straßen,
und alle, die dies erblicken, werden erfreut sein.
Allzeit werden angenehme Düfte in der Luft liegen,
Unmengen von kostbaren Blumen werden ausgestreut sein,
und es wird mit den vielfältigsten wunderbaren Gegenständen
geschmückt sein.
Sein Boden wird eben sein,
keine Hügel oder Gräben wird es geben.
Die Menge der Bodhisattvas
wird unermesslich sein,
ihr Geist wird kontrolliert und sanft sein,
sie werden die übernatürlichen Kräfte entwickelt haben,
sie werden die Buddhas und
die Sūtras des Großen Fahrzeugs annehmen und bewahren.
Auch die Menge der Hörer,
ohne Einströmungen und in ihrer letzten Existenz,
Kinder des Gesetzeskönigs,
werden unzählbar sein,
und nicht einmal mit dem himmlischen Auge

vermag man ihre Zahl zu erkennen.
Dieser Buddha wird eine Lebensspanne
von zwölf kleinen Zeitaltern haben,
das Wahre Gesetz wird zwanzig kleine Zeitalter
in der Welt bestehen,
und auch das Abbild des Gesetzes wird zwanzig kleine Zeitalter
in der Welt bestehen.
So wird das Wirken des Weltverehrten
Strahlendes Licht sein.

Darauf erzitterten Mahāmaudgalyāyana, Subhūti und Mahākātyāyana vor Erregung, sie legten einmütig ihre Handflächen zusammen, blickten dabei in das Antlitz des Verehrten, ohne auch nur einen Augenblick lang davon abzulassen, und ließen dann gemeinsam die Verse ertönen:

Oh großer Held, oh Weltverehrter,
oh Gesetzeskönig des Śākya!
Aus Mitleid mit uns
lässt Du uns Deine Buddhastimme vernehmen.
Wenn Du das Innerste unseres Geistes kennst
und etwas erblickst, das es vorauszusagen gibt,
dann ist dies, als würden wir vom Elixier der Unsterblichkeit besprengt,
das die Hitze vertreibt und Kühle spendet.
Nehmen wir an, da käme einer aus einem Land in Hungersnot
und geriete plötzlich in ein königliches Festmahl,
sein Herz wäre voll Zweifel und Furcht,
da würde er es nicht wagen, einfach so zu essen.
Und selbst wenn er vom König die Aufforderung empfinge,
so würde er doch nicht wagen zu essen.
Genau so ist es mit uns:
Immer wenn wir die Unzulänglichkeiten des Kleinen Fahrzeugs überdenken,
wissen wir nicht, was wir tun sollen,
um die unübertroffene Weisheit des Buddha zu erlangen.
Obwohl wir die Stimme des Buddha vernehmen,
die sagt, dass wir Buddhas werden,
so ist unser Geist immer noch ängstlich,
so wie der, der es nicht wagte zu essen.

Wenn uns der Buddha etwas prophezeit,
dann macht uns dies glücklich.
Oh großer Held, oh Weltverehrter,
der Du allzeit die Welt befrieden willst!
Mögest Du uns voraussagen,
so wie Du einen Hungernden auffordern würdest zu essen!

Da erkannte der Weltverehrte, was seine großen Schüler dachten, und er sagte zu den Mönchen: „Dieser Subhūti wird in zukünftigen Existenzen drei Myriaden von Nayutas von Buddhas, Weltverehrten dienen, ihnen Spenden darbringen, sie verehren, ihnen Ehrerbietung darbringen, sie lobpreisen und das unermesslich große Gesetz der Buddhas verkünden. In seiner letzten Existenz wird er ein Buddha werden mit Namen *Ruhmvolles Banner*, ein Tathāgata, ein Verehrungswürdiger, ein vollständig Wissender, ein Vollendeter im Verstehen und Handeln, ein Wohlgegangener, ein Weltenkundiger, ein unübertrefflicher Herr, ein Zähmer der Menschen, ein Lehrer der Götter und der Menschen, ein Buddha, ein Weltverehrter. Sein Zeitalter heißt *Juwelengeschmückt*. Sein Land heißt *Juwelengeboren*. Sein Boden ist eben, und der Boden besteht aus Kristall und es ist geschmückt mit Juwelenbäumen. Es gibt keine Hügel und keine Gräben, keinen Sand und kein Geröll, keine Dornenhecken und keinen Schmutz von Exkrementen. Juwelenblumen bedecken den Boden, und es ist weithin sauber und rein. Die Menschen dieses Landes leben alle auf Juwelenpodesten und in kostbaren Pavillons. Es gibt unermesslich, unendlich viele Hörer als Schüler – selbst, wenn man sie zählen würde, käme ihre Zahl etwas Unbegreifbarem gleich. Die Versammlung der Bodhisattvas beträgt unermesslich viele Myriaden von Nayutas. Die Lebensspanne des Buddha beträgt zwölf kleine Zeitalter, das Wahre Gesetz wird zwanzig kleine Zeitalter dauern, und auch das Abbild des Gesetzes wird zwanzig kleine Zeitalter dauern. Dieser Buddha wird, allzeit in der Luft weilend, der Versammlung das Gesetz darlegen."

Da wünschte der Weltverehrte den Sinn des Gesagten noch einmal zu verkünden und sprach die Verse:

Oh Ihr Mönche!
Ich verkündige Euch nun –
hört nun konzentriert zu,
was ich darlege:
Mein großer Schüler

Subhūti
wird ein Buddha werden;
sein Name wird *Ruhmvolles Banner* lauten;
er wird unzählig vielen
Millionen von Buddhas Spenden darbringen,
in seinen Taten den Buddhas nachfolgen
und nach und nach den Großen Weg verwirklichen.
In seiner letzten Existenz
wird er die zweiunddreißig Merkmale erlangen,
er wird prächtig und außergewöhnlich sein
wie ein Juwelenberg.
Das Reich dieses Buddha
wird an Schmuck und Reinheit das vortrefflichste sein,
und unter den Lebewesen, die es erblicken,
wird es keines geben, das sich nicht freudig danach sehnt.
Darin wird der Buddha
unermesslich viele Wesen erretten.
Unter diesem Gesetz des Buddha
werden viele Bodhisattvas sein,
alle mit scharfen Sinnen,
die das Rad der Nichtmehrwiederkehr drehen.
Jenes Land wird allzeit
mit Bodhisattvas geschmückt sein.
Die Versammlung der Hörer
ist unzählbar;
alle werden die drei Arten von Wissen erlangt
und die sechs übernatürlichen Kräfte verwirklicht haben;
sie ruhen in den acht Befreiungen
und besitzen große Würde.
Dieser Buddha, wenn er das Gesetz darlegt,
zeigt sich in unermesslich vielen
übernatürlichen Kräften und Verwandlungen,
allesamt unvorstellbar.
Die Götter und Menschen,
zahlreich wie die Sandkörner der Gaṅgā,
legen ihre Handflächen zusammen
und vernehmen die Worte des Buddha.
Die Lebensspanne des Buddha

wird zwölf kleine Zeitalter betragen,
das Wahre Gesetz zwanzig kleine Zeitalter dauern
und das Abbild des Gesetzes wird zwanzig kleine Zeitalter dauern.

Dann verkündete der Weltverehrte der Mönchsschar noch: „Ich sage Euch nun, dass dieser Mahākātyāyana in zukünftigen Existenzen acht Myriaden von Buddhas Spenden darbringen, sie verehren, ihnen dienen wird, ihnen Ehrerbietung darbringen und sie als Lehrer achten wird. Nach dem Verlöschen dieser Buddhas wird er für jeden Stūpas errichten, deren Höhe tausend Yojana beträgt und deren Durchmesser fünfhundert Yojana gleichkommt. Sie werden bestehen aus den sieben Kostbarkeiten Gold, Silber, Lapislazuli, Perlmutt, Achat, Perlen und Karneol, und ihnen werden Spenden dargebracht mit Blumenkränzen, duftender Salbe, duftendem Puder, Räucherwerk, seidenen Schirmen und Bannern. Nachdem dies alles geschehen ist, wird er noch einmal zwanzig Milliarden Buddhas Spenden darbringen und dann das Ganze noch einmal tun.

Und nachdem er den Buddhas Spenden dargebracht haben wird, wird er den Weg der Bodhisattvas verwirklichen und ein Buddha werden, mit dem Namen *Jāmbūnada-Goldglanz*, ein Tathāgata, ein Verehrungswürdiger, ein vollständig Wissender, ein Vollendeter im Verstehen und Handeln, ein Wohlgegangener, ein Weltenkundiger, ein unübertrefflicher Herr, ein Zähmer der Menschen, ein Lehrer der Götter und der Menschen, ein Buddha, ein Weltverehrter.

Sein Land ist eben, der Boden besteht aus Kristall und es ist geschmückt mit Juwelenbäumen. Seile aus purem Gold grenzen die Straßenränder ab. Wunderbare Blumen bedecken den Boden, und es ist weithin sauber und rein. Wer es sieht, ist erfreut. Die vier üblen Existenzformen der Höllenwesen, der Hungergeister, der Tiere und der Asuras gibt es dort nicht. Zahlreich sind die Götter und Menschen, die Versammlung der Hörer und die Bodhisattvas, unermesslich viele Millionen, die dieses Land schmücken. Die Lebensspanne des Buddha wird zwölf kleine Zeitalter betragen, das Wahre Gesetz wird in der Welt zwanzig kleine Zeitalter Bestand haben und das Abbild des Gesetzes wird zwanzig kleine Zeitalter Bestand haben."

Da wünschte der Weltverehrte den Sinn des Gesagten noch einmal zu verkünden und sprach die Verse:

Ihr Mönche!
Hört konzentriert zu:
Was ich darlege
ist unterschiedlos wahr.
Dieser Kātyāyana
wird den Buddhas
alle möglichen
wunderbaren Spenden darbringen.
Nachdem die Buddhas verloschen sein werden,
wird er Stūpas aus den sieben Kostbarkeiten errichten
und den Reliquien mit Blumen und Räucherwerk
Spenden darbringen.
In seiner letzten Existenz
wird er die Weisheit eines Buddha erlangen,
wird ein vollständig Erwachter werden.
Sein Land wird sauber und rein sein.
Er wird unermesslich viele Millionen
von Lebewesen erlösen.
Ihm werden von allen
zehn Himmelsrichtungen Spenden dargebracht werden.
Der Glanz dieses Buddha
ist unübertrefflich.
Der Name dieses Buddha
lautet *Jāmbū-Goldglanz*.
Bodhisattvas und Hörer,
die alles Sein abgeschnitten haben,
schmücken, unermesslich,
unzählig viele,
dieses Land.

Da sagte der Weltverehrte noch zu der großen Versammlung: „Ich sage Euch nun, dass dieser Mahāmaudgalyāyana in zukünftigen Existenzen achttausend Buddhas Spenden darbringen, sie verehren und sie als Lehrer achten wird. Nach dem Verlöschen dieser Buddhas wird er für jeden Stūpas errichten, deren Höhe tausend Yojana beträgt und deren Durchmesser fünfhundert Yojana gleichkommt. Sie werden bestehen aus den sieben Kostbarkeiten Gold, Silber, Lapislazuli, Perlmutt, Achat, Perlen und Karneol, und ihnen werden Spenden dargebracht mit Blumenkränzen, duftender Salbe, duftendem Puder, Räucherwerk, seidenen Schirmen und Bannern. Nachdem dies alles geschehen ist, wird er noch einmal zwei Myriaden von Buddhas Spenden darbringen.

Dann wird er ein Buddha werden, mit dem Namen *Tamālapattracandana-Duft*, ein Tathāgata, ein Verehrungswürdiger, ein vollständig Wissender, ein Vollendeter im Verstehen und Handeln, ein Wohlgegangener, ein Weltenkundiger, ein unübertrefflicher Herr, ein Zähmer der Menschen, ein Lehrer der Götter und der Menschen, ein Buddha, ein Weltverehrter. Sein Zeitalter heißt *Glückvoll.* Sein Land heißt *Geist der Freude.* Sein Boden ist eben und besteht aus Kristall. Es ist geschmückt mit Juwelenbäumen. Es sind Perlenblumen ausgestreut, und es ist weithin sauber und rein. Wer es sieht, ist erfreut. Es gibt viele Götter, Menschen, Bodhisattvas und Hörer, und ihre Zahl ist unermesslich. Die Lebensspanne des Buddha beträgt vierundzwanzig kleine Zeitalter, das Wahre Gesetz wird in der Welt vierzig kleine Zeitalter Bestand haben, und auch das Abbild des Gesetzes wird in der Welt vierzig kleine Zeitalter Bestand haben."

Da wünschte der Weltverehrte den Sinn des Gesagten noch einmal zu verkünden und sprach die Verse:

Nachdem dieser mein Schüler
Mahāmaudgalyāyana
diesen Körper aufgegeben hat,
kann er achttausend
zweihundert Milliarden
Buddhas, Weltverehrte sehen,
denen er um des Buddha-Weges willen
Spenden darbringen und die er verehren wird.
In der Gegenwart der Buddhas
wird er sich allzeit in Askese üben.
Unermesslich viele Zeitalter hindurch
wird er das Gesetz des Buddha hochhalten.
Nachdem die Buddhas verlöscht sein werden,
wird er Stūpas aus den sieben Kostbarkeiten errichten
und wird mit langen Fahnen, goldenen Schirmen[1],
Blumen, Räucherwerk und Musikvorführungen

---

[1] Jin-cha 金刹: Cha ist sicher eine Transliteration eines indischen Wortes, die von Hurvitz und Karashima (2001), 138, sicher nicht zu Unrecht mit Skt. Chattra, „Schirm", in der übersetzten Bedeutung in Verbindung gebracht wird.

den Stūpas der Buddhas
Spenden darbringen.
Nachdem er nach und nach
den Weg der Bodhisattvas verwirklicht haben wird,
wird er im Lande *Geist der Freude*
zum Buddha werden,
der genannt wird *Tamālapattracandana-Duft*.
Die Lebensspanne dieses Buddha
wird vierundzwanzig Zeitalter betragen,
und allzeit wird er den Göttern und Menschen
den Weg des Buddha predigen.
Da sind Hörer, so unermesslich viele
wie Sandkörner des Flusses Gaṅgā,
mit den drei Arten von Wissen und den sechs übernatürlichen Kräften
und große Würde besitzend.
Das sind Bodhisattvas, unzählig viele,
mit fester Entschlusskraft und voller Energie
und was die Weisheit des Buddha betrifft,
so sind alle Nichtwiederkehrer.
Nachdem der Buddha ins Verlöschen eingegangen sein wird,
wird das Wahre Gesetz
vierzig kleine Zeitalter Bestand haben,
und ebenso das Abbild des Gesetzes.
Meine Schüler,
an Würde vollkommen,
deren Zahl fünfhundert beträgt,
werden alle eine Prophezeiung erhalten,
dass sie in einer zukünftigen Existenz
alle Buddhas werden.
Die kausalen Zusammenhänge der vergangenen Existenzen
von mir und von Euch
werde ich nun darlegen.
Hört gut zu!

Dritte Rolle

Siebtes Kapitel: Das Gleichnis von der Zauberstadt

Der Buddha sagte zu den Mönchen: „Vor langer Zeit, vor unermesslich, unendlich vielen Asaṃkhyeyas von Zeitaltern, da gab es einen Buddha mit dem Namen *Siegreich mit großer durchdringender Weisheit*, er war ein Tathāgata, ein Verehrungswürdiger, ein vollständig Wissender, ein Vollendeter im Verstehen und Handeln, ein Wohlgegangener, ein Weltenkundiger, ein unübertrefflicher Herr, ein Zähmer der Menschen, ein Lehrer der Götter und der Menschen, ein Buddha, ein Weltverehrter. Sein Land hieß *Wohl-Entstanden*. Sein Zeitalter hieß *Große Form*.

Oh Ihr Mönche! Nach dem Verlöschen jenes Buddha war eine äußerst lange Zeit vergangen, so lange, als zerriebe ein Mensch die Erdsubstanz von dreitausend Großtausenden von Welten zu Tuschepulver, durchzöge damit die tausend Länder des Ostens und ließe dabei immer ein Quäntchen fallen, so groß wie ein Staubkorn; und dann durchzöge er noch einmal tausend Länder und ließe wieder jeweils ein Quäntchen fallen. Und so würde er durch alle weiteren Länder ziehen, bis das Tuschepulver aus Erdsubstanz aufgebraucht wäre. Was meint Ihr, was nun diese Länder betrifft? Könnten Rechenmeister oder die Schüler von Rechenmeistern deren Grenzen erreichen und deren Zahl ermitteln?"

„Unmöglich wäre das, oh Weltverehrter!"

„Oh Ihr Mönche! Wären die Länder, die dieser Mensch durchzogen hätte – egal ob er dort ein Quäntchen hätte fallen lassen oder nicht –, vollständig zu Staub geworden, und wäre ein Staubkorn ein Zeitalter, so würde die Zeit, die nach dem Verlöschen jenes Buddha verstrichen war, sogar diese Zahl übersteigen, so unermesslich, unendlich viele Asaṃkhyeyas von Zeitaltern wären es. Ich aber, ausgestattet mit der Wissens- und Sehenskraft des Tathāgata, erblicke jenen in der weit entfernten Vergangenheit, als ob es heute sei."

Da wünschte der Weltverehrte den Sinn des Gesagten noch einmal zu verkünden und sprach die Verse:

Ich erinnere mich an vergangene Zeiten,
an unermesslich, unendlich viele Zeitalter,
da gab es einen Buddha, einen von den zweibeinigen Lebewesen Verehrten,
der hieß *Siegreich mit großer durchdringender Weisheit.*
Würde ein Mensch mit seiner Kraft zertrümmern
den Boden von dreitausend Großtausenden von Ländern
und all diese Erdsubstanz
völlig zu Tuschepulver zerreiben,
dann durch tausend Reiche ziehen
und jeweils ein Quäntchen Staub fallen lassen,
und auf diese Weise mit allen Quäntchen weitermachen,
bis dieses Tuschepulver aus Staub aufgebraucht wäre;
und wenn nun diese Länder,
ob nun mit oder ohne Quäntchen,
wiederum vollständig zu Staub würden,
und wäre dann ein Staubkorn ein Zeitalter,
so wäre die Zahl dieser feinen Staubkörner immer noch geringer
als die Anzahl der Zeitalter, seit dieser Buddha gelebt hat.
So unermesslich viele sind die Zeitalter
seit dem Verlöschen jenes Buddha.
Der Tathāgata mit seiner hindernislosen Weisheit
weiß von dem Verlöschen jenes Buddha,
sieht dessen Hörer und Bodhisattvas,
sieht es, als ob jener heute verlöschen würde.
Ihr Mönche sollt wissen,
dass die Weisheit des Buddha rein und subtil ist,
ohne Einströmungen und ohne Hindernisse
und zu unermesslich weit entfernten Zeitaltern vordringend.

Der Buddha sagte zu den Mönchen: „Der Buddha *Siegreich mit großer durchdringender Weisheit* hatte eine Lebensspanne von fünfhundertvierzig Myriaden von Nayutas von Zeitaltern. Nachdem dieser Buddha sich zunächst auf den Ort der Erleuchtung gesetzt und dann die Armeen Māras vernichtet hatte und gerade im Begriff war, die Anuttarasamyaksaṃbodhi zu erlangen, da erschien das Gesetz der Buddhas nicht vor ihm. Das blieb so ein kleines Zeitalter hindurch bis zu zehn kleinen Zeitaltern. Er saß mit verschränkten Beinen, den Körper und den Geist unbewegt, und dennoch erschien das Gesetz der Buddhas nicht vor ihm.

Da breiteten die Götter des Trayastriṃśa-Himmels für jenen Buddha unter dem Bodhibaum den einen Yojana hohen Löwensitz aus und dachten: ‚Der Buddha wird auf diesem Sitz die Anuttarasamyaksaṃbodhi erlangen.' Sobald sich der Buddha auf diesen Sitz gesetzt hatte, ließ der Götterkönig Brahma in einem Umkreis von hundert Yojana eine Unmenge von Götterblumen herabregnen. Ab und zu kam ein wohlriechender Wind und blies die verwelkten Blumen fort, worauf es frische Blumen herabregnete. So geschah es ohne Unterlass ganze zehn kleine Zeitalter lang, um dem Buddha Spenden darzubringen. Bis er verlöschte, regnete es allzeit solche Blumen. Die vier Götterkönige schlugen dem Buddha als Spende allzeit göttliche Trommeln, und ihre Götter spielten ganze zehn kleine Zeitalter lang auf himmlischen Musikinstrumenten. Auch dies hielt bis zu seinem Verlöschen an.

Oh Ihr Mönche! Nachdem der Buddha *Siegreich mit großer durchdringender Weisheit* zehn kleine Zeitalter durchlaufen hatte, da erschien das Gesetz der Buddhas vor ihm und er verwirklichte die Anuttarasamyaksaṃbodhi. Als dieser Buddha noch nicht in die Hauslosigkeit gezogen war, da hatte er sechzehn Söhne. Der Älteste hieß *Anhäufer von Weisheit*. Jeder von ihnen hatte die verschiedensten wertvollen und außergewöhnlichen Sachen, um sich zu vergnügen. Als sie hörten, dass ihr Vater die Anuttarasamyaksaṃbodhi erlangt habe, gaben sie alles von Wert auf und begaben sich zum Buddha. Ihre Mütter vergossen Tränen und folgten ihnen.

Ihre Großväter, heilige Raddreher-Könige, umgeben von einhundert Großministern und weiteren Milliarden von Untertanen, folgten ihnen zum Ort der Erleuchtung. Sie alle wollten dem Tathāgata *Siegreich mit großer durchdringender Weisheit* nahe sein, ihm Spenden darbringen, ihn verehren, ihm Ehrerbietung erweisen, ihn preisen. Als sie dorthingekommen waren und mit der Stirn die Füße des Buddha gegrüßt und den Buddha umrundet hatten, da legten sie einmütig die Handflächen zusammen, blickten zum Weltverehrten auf und sprachen die Verse:

Oh Großmächtiger, oh Weltverehrter!
Um die Lebewesen zu erretten
hast Du unermesslich viele Millionen von Zeitaltern verbracht
und schließlich die Buddhaschaft erlangt.
Alle Gelübde sind erfüllt:
Sehr gut! Kein Glück könnte größer sein!

Der Weltverehrte, dem man äußerst selten begegnet,
saß einsam zehn kleine Zeitalter hindurch,
den Körper, die Hände und Füße
ruhig, friedlich und unbewegt.
Sein Geist war allzeit in Ruhe
und niemals zerstreut.
Er vollendete das ewige Verlöschen,
ruht friedlich in dem Gesetz, das ohne Einströmungen ist.
Wenn wir jetzt den Weltverehrten erblicken,
wie er – in Ruhe weilend – die Buddhaschaft verwirklicht hat,
so ziehen wir großen Nutzen daraus,
und wir preisen ihn voller Freude.
Die Lebewesen erfahren ständig Leid und Angst,
sind blind und haben keinen Lehrer;
sie erkennen nicht den Weg, der das Leid beendet,
wissen nicht, wie sie nach Befreiung streben sollen.
Immer längere Nächte verbringen sie in üblen Existenzformen,
vermindern die Schar der Götter,
geraten von der Dunkelheit in weitere Dunkelheit
und vernehmen bis in alle Ewigkeit nicht den Namen des Buddha.
Jetzt hat der Buddha den höchsten
friedvollen Weg, der ohne Einströmungen ist, erlangt.
Deshalb beugen wir alle unser Haupt
und nehmen Zuflucht zum unübertroffen Verehrten.

Da, nachdem die sechzehn Prinzen den Buddha mit ihren Versen gepriesen hatten, drängten sie den Weltverehrten, das Rad des Gesetzes zu drehen. Gemeinsam sagten sie: ‚Oh Weltverehrter! Lege das Gesetz dar, zum Frieden von möglichst vielen, aus Mitleid mit den Göttern und Menschen und zu ihrem Nutzen.' Sie sagten dies noch einmal in Versen:

Oh unvergleichlicher Held der Welt,
der Du mit hundert Segnungen ausgezeichnet bist
und die unübertreffliche Weisheit erlangt hast!
Wir bitten Dich, der Welt das Gesetz darzulegen.
Befreie uns
und alle anderen Lebewesen.
Erkläre es, zeige es

und lass uns diese Weisheit erlangen.
Wenn wir die Buddhaschaft erlangen können,
dann vermögen das auch die anderen Lebewesen.
Der Weltverehrte weiß, worüber die Lebewesen
tief in ihrem Herzen nachsinnen,
und er kennt auch die Wege, die sie gehen,
und kennt die Stärke ihrer Weisheit,
ihre Wünsche, ihre erworbenen Verdienste
und die Taten aus vergangenen Existenzen.
Da der Weltverehrte dies alles weiß,
soll er nun das unübertreffliche Rad des Gesetzes drehen.

Der Buddha sagte zu den Mönchen: „Als der Buddha *Siegreich mit großer durchdringender Weisheit* die Anuttarasamyaksaṃbodhi erlangt hatte, da gab es in jeder der fünfhundert Milliarden von Buddhawelten der zehn Himmelsrichtungen sechsfache Beben, und selbst die dunkelsten Orte in diesen Ländern, die die Strahlen von Sonne und Mond nicht erleuchten zu vermochten, waren von einer großen Helligkeit durchdrungen, so dass die Lebewesen dort sich gegenseitig sehen konnten, und alle sagten: ‚Wie sind hier plötzlich Lebewesen entstanden?' Auch in den Götterpalästen dieser Länder und im Palast von Brahma gab es sechsfache Beben und ein großes Strahlen erleuchtete weithin die Welten, das sogar das Strahlen der Götter übertraf.

Da wurden die Paläste der Brahma-Götter in fünfhundert Myriaden von Welten im Osten von einem Leuchten durchstrahlt, das zweimal so stark wie das übliche Licht war. Jeder König der Brahmagötter dachte bei sich: ‚Der Palast ist heute so hell, wie er früher noch nie war. Aus welchem Grunde erscheint dieses Zeichen?' Da suchten sich die Könige der Brahmagötter gegenseitig auf und besprachen gemeinsam diese Angelegenheit. Nun gab es in jener Versammlung einen großen König der Brahmagötter mit Namen *Retter von Allen*, der zu der Versammlung der Brahmagötter die Verse sprach:

Unsere Paläste
erstrahlen wie nie zuvor.
Warum ist dies so?
Wir wollen gemeinsam, jeder wie es ihm ansteht, nach dem Grund suchen:
Ist es wegen der Geburt eines Gottes von großer Tugend?
Ist es wegen des Erscheinens eines Buddha in der Welt,

dass dieses große Strahlen
die zehn Himmelsrichtungen durchleuchtet?

Da begaben sich die Könige der Brahmagötter der fünfhundert Myriaden von Ländern, nachdem sie ihre Übergewänder mit himmlischen Blumen gefüllt hatten, mitsamt ihren Palästen in die vier Himmelsrichtungen, um dieses Zeichen zu untersuchen. Sie sahen den Tathāgata *Siegreich mit großer durchdringender Weisheit* auf dem Ort der Erleuchtung unter dem Bodhibaum auf dem Löwensitz sitzen, umgeben von Götter- und Nāgakönigen, von Gandharvas, Kiṃnaras, Mahoragas, Menschen und Nicht-Menschen, die ihn verehrten. Und sie sahen die sechzehn Prinzen, wie sie den Buddha darum baten, das Rad des Gesetzes zu drehen.

Darauf grüßten die Könige der Brahmagötter den Buddha, indem sie mit der Stirn den Boden berührten, umrundeten ihn einhunderttausend Mal und streuten die himmlischen Blumen über den Buddha aus. Die Blumen, die sie über ihn streuten, waren so hoch wie der Berg Sumeru. Sie brachten diese als Spenden für den Bodhibaum des Buddha dar. Dieser Bodhibaum hatte eine Höhe von zehn Yojana. Nachdem sie die Blumen dargebracht hatten, brachte jeder von ihnen jenem Buddha seinen Palast dar und sprach: ‚Mögest Du uns aus Mitleid und zu unserem Heil geruhen, die Paläste, die wir Dir schenken, entgegenzunehmen.'

Da sprachen die Könige der Brahmagötter in Gegenwart des Buddha konzentriert und einstimmig die Verse:

Der Weltverehrte, dem man selten begegnet,
der schwer zu anzutreffen ist,
der unermesslich viele Verdienste hat
und alle retten und beschützen kann,
dieser große Lehrer von Göttern und Menschen
hat Mitgefühl mit der Welt.
Die Lebewesen der zehn Himmelsrichtungen
erfahren dadurch überall Nutzen.
In den fünfhundert Myriaden von Ländern,
aus denen wir gekommen sind,
haben wir die Freuden der Versenkung aufgegeben,
um dem Buddha Spenden darzubringen.
Durch die Verdienste aus unseren früheren Existenzen
sind unsere Paläste prächtig geschmückt;

wir wollen sie nun dem Weltverehrten darbringen –
möge er sie mitleidsvoll entgegennehmen.

Da, nachdem die Könige der Brahmagötter mit diesen Versen den Buddha gepriesen hatten, sagte jeder Einzelne von ihnen: ‚Möge der Weltverehrte das Rad des Gesetzes drehen, die Lebewesen erretten und den Weg zum Nirvāṇa eröffnen.'

Da sprachen die Könige der Brahmagötter in Gegenwart des Buddha konzentriert und einstimmig die Verse:

Oh Held der Welt, der von den zweibeinigen Wesen Verehrte!
Mögest Du doch das Gesetz predigen
und durch die Kraft Deiner großen Weisheit
die Lebewesen aus ihrem Leiden retten!

Da stimmte der Tathāgata *Siegreich mit großer durchdringender Weisheit* schweigend zu. Und weiter, oh Ihr Mönche, sah jeder von den großen Brahma-Königen von fünfhundert Myriaden von Ländern des Südostens in ihren Palästen ein Strahlen aufleuchten so hell wie nie zuvor. Sie sprangen vor Freude umher, ihr Geist in einem Zustand wie nie zuvor. Sogleich begaben sie sich zueinander und besprachen gemeinsam diese Angelegenheit.

Da gab es in jener Versammlung einen großen König der Brahmagötter, dessen Name war *Großes Mitgefühl.* Er sprach zu der Versammlung der Brahmagötter die Verse:

Aus welchem Grund geschieht dies,
dass ein solches Zeichen erscheint,
dass unsere Paläste
erstrahlen wie nie zuvor?
Ist es wegen der Geburt eines Gottes von großer Tugend?
Ist es, weil ein Buddha in der Welt erschienen ist?
Wir haben bisher noch niemals dieses Zeichen gesehen.
Wir werden gemeinsam und konzentriert den Grund dafür suchen,
werden durch Milliarden von Ländern
dem Strahlen folgen und ihm auf den Grund gehen.
Meist zeigt es an, dass ein Buddha in der Welt erschienen ist,
um die Lebewesen aus ihrem Leiden zu retten.

Da begaben sich die Könige der Brahmagötter der fünfhundert Myriaden von Ländern, nachdem sie ihre Übergewänder mit himmlischen Blumen gefüllt hatten, mitsamt ihren Palästen in Richtung Nordwesten, um dieses Zeichen zu untersuchen. Sie sahen den Tathāgata *Siegreich mit großer durchdringender Weisheit* auf dem Ort der Erleuchtung unter dem Bodhibaum auf dem Löwensitz sitzen, umgeben von Götter- und Nāgakönigen, von Gandharvas, Kiṃnaras, Mahoragas, Menschen und Nicht-Menschen, die ihn verehrten. Und sie sahen die sechzehn Prinzen, wie sie den Buddha darum baten, das Rad des Gesetzes zu drehen.

Darauf grüßten die Könige der Brahmagötter den Buddha, indem sie mit der Stirn den Boden berührten, umrundeten ihn einhunderttausend Mal und streuten die himmlischen Blumen über den Buddha aus. Die Blumen, die sie über ihn streuten, waren so hoch wie der Berg Sumeru. Sie brachten diese als Spenden für den Bodhibaum des Buddha dar. Dieser Bodhibaum hatte eine Höhe von zehn Yojana. Nachdem sie die Blumen dargebracht hatten, brachte jeder von ihnen jenem Buddha seinen Palast dar und sprach: ‚Mögest Du uns aus Mitleid und zu unserem Heil geruhen, die Paläste, die wir Dir schenken, entgegenzunehmen.‘

Da sprachen die Könige der Brahmagötter in Gegenwart des Buddha konzentriert und einstimmig die Verse:

Oh Herrscher der Weisen, König unter den Göttern,
dessen Stimme wie die des Kalaviṅka-Vogels ist,
der Du Mitleid mit den Lebewesen hast!
Wir grüßen Dich nun.
Der Weltverehrte, dem man selten begegnet,
erscheint in langer Zeit nur einmal.
Einhundertachtzig Zeitalter
verstreichen öde, ohne dass es einen Buddha gibt.
Die drei üblen Existenzformen füllen die Welt
und die Schar der Götter nimmt ab.
Nun aber erscheint der Buddha in der Welt,
um das Auge für die Lebewesen zu sein,
zu dem alle Welt Zuflucht sucht
und der alle errettet und schützt,
der den Lebewesen ein Vater ist,
der sie durch Mitgefühl zum Nutzen führt.

Durch die Verdienste früherer Existenzen
können wir nun mit dem Weltverehrten zusammentreffen.

Da, nachdem die Könige der Brahmagötter mit diesen Versen den Buddha gepriesen hatten, sagte jeder Einzelne von ihnen: ‚Möge der Weltverehrte das Rad des Gesetzes drehen und die Lebewesen erretten.'

Da sprachen die Könige der Brahmagötter in Gegenwart des Buddha konzentriert und einstimmig die Verse:

Oh großer Weiser! Drehe das Rad des Gesetzes!
Zeige uns die Merkmale des Gesetzes!
Rette die Lebewesen aus ihrem Leiden
und lasse sie große Freude empfangen!
Wenn die Lebewesen dieses Gesetz vernehmen,
werden sie den Weg erlangen oder aber im Himmel geboren werden.
Diejenigen in üblen Existenzformen werden geringer,
und die, die geduldig und gut sind, werden mehr werden.

Da stimmte der Tathāgata *Siegreich mit großer durchdringender Weisheit* schweigend zu. Und weiter, oh Ihr Mönche, sah jeder von den großen Brahma-Königen von fünfhundert Myriaden von Ländern des Südostens in ihren Palästen ein Strahlen aufleuchten so hell wie nie zuvor. Sie sprangen vor Freude umher, ihr Geist in einem Zustand wie nie zuvor. Sogleich begaben sie sich zueinander und besprachen gemeinsam diese Angelegenheit: ‚Aus welchem Grund erstrahlen unsere Paläste so?'

Da gab es in jener Versammlung einen großen König der Brahmagötter, dessen Name war *Wunderbares Gesetz*. Er sprach zu der Versammlung der Brahmagötter die Verse:

Wie prachtvoll leuchten
unsere Paläste.
Das kann nicht ohne Grund sein!
Wir sollten diesem Zeichen wohl auf den Grund gehen.
Hunderttausend Zeitalter hindurch
hat man nicht so ein Zeichen gesehen.
Ist es wegen der Geburt eines Gottes von großer Tugend?
Ist es, weil ein Buddha in der Welt erschienen ist?

Da begaben sich fünfhundert Myriaden von Königen der Brahmagötter, nachdem sie ihre Übergewänder mit himmlischen Blumen gefüllt hatten, mitsamt ihren Palästen in Richtung Norden, um dieses Zeichen zu untersuchen. Sie sahen den Tathāgata *Siegreich mit großer durchdringender Weisheit* auf dem Ort der Erleuchtung unter dem Bodhibaum auf dem Löwensitz sitzen, umgeben von Götter- und Nāgakönigen, von Gandharvas, Kiṃnaras, Mahoragas, Menschen und Nicht-Menschen, die ihn verehrten. Und sie sahen die sechzehn Prinzen, wie sie den Buddha darum baten, das Rad des Gesetzes zu drehen.

Darauf grüßten die Könige der Brahmagötter den Buddha, indem sie mit der Stirn den Boden berührten, umrundeten ihn einhunderttausend Mal und streuten die himmlischen Blumen über den Buddha aus. Die Blumen, die sie über ihn streuten, waren so hoch wie der Berg Sumeru. Sie brachten diese als Spenden für den Bodhibaum des Buddha dar. Dieser Bodhibaum hatte eine Höhe von zehn Yojana. Nachdem sie die Blumen dargebracht hatten, brachte jeder von ihnen jenem Buddha seinen Palast dar und sprach: ‚Mögest Du uns aus Mitleid und zu unserem Heil geruhen, die Paläste, die wir Dir schenken, entgegenzunehmen.'

Da sprachen die Könige der Brahmagötter in Gegenwart des Buddha konzentriert und einstimmig die Verse:

Oh Weltverehrter, der Du so schwierig anzutreffen bist,
der Du alle weltlichen Begierden zerstörst!
Nach einhundertdreißig Zeitaltern
können wir Dich nun erblicken.
Alle hungrigen und durstigen Lebewesen
werden durch den Gesetzesregen erfüllt.
Oh Du, der früher noch niemals gesehen wurde!
Du von unermesslicher Weisheit!
So selten wie eine Udumbara-Blüte –
heute nun endlich treffen wir Dich.
Durch dein wunderbares Strahlen
sind unsere Paläste prächtig geschmückt.
Oh Weltverehrter, oh Du von großem Mitgefühl!
Wir bitten Dich: Mögest Du geruhen, sie entgegenzunehmen.

Da, nachdem die Könige der Brahmagötter mit diesen Versen den Buddha gepriesen hatten, sagte jeder Einzelne von ihnen: ‚Oh Weltverehrter! Lass alle,

Götter, Māras, Brahmas, Śramaṇas und Brahmanen Frieden finden und die Befreiung erlangen!'

Da sprachen die Könige der Brahmagötter in Gegenwart des Buddha einmütig und einstimmig die Verse:

> Wir bitten den von Göttern und Menschen Verehrten,
> das unübertreffliche Rad des Gesetzes zu drehen,
> die große Trommel des Gesetzes zu schlagen
> und das Muschelhorn des Gesetzes zu blasen,
> weithin den großen Regen des Gesetzes regnen zu lassen.
> Wir nehmen Zuflucht zu Dir und bitten Dich,
> lass deine tiefgründige und weit reichende Stimme ertönen.

Da stimmte der Tathāgata *Siegreich mit großer durchdringender Weisheit* schweigend zu. In der südwestlichen Region bis hinunter zu den unteren Regionen geschah es ebenso: Alle Könige der Brahmagötter sahen in den Palästen, in denen sie wohnten, ein prächtiges Strahlen aufleuchten, so hell wie nie zuvor. Sie sprangen vor Freude umher, ihr Geist in einem Zustand wie nie zuvor. Sogleich begaben sie sich zueinander und besprachen gemeinsam diese Angelegenheit: ‚Aus welchem Grund erstrahlen unsere Paläste so?'

Da gab es in jener Versammlung einen großen König der Brahmagötter, dessen Name Śikhin war und der zu der Versammlung der Brahmagötter die Verse sprach:

> Aus welchem Grunde
> erstrahlen unsere Paläste
> jetzt mit vortrefflichem Glanz
> und sind geschmückt wie nie zuvor?
> So ein wunderbares Zeichen,
> das wir nie zuvor gehört oder gesehen hatten:
> Ist es wegen der Geburt eines Gottes von großer Tugend?
> Ist es, weil ein Buddha in der Welt erschienen ist?

Da begaben sich fünfhundert Myriaden von Königen der Brahmagötter, nachdem sie ihre Übergewänder mit himmlischen Blumen gefüllt hatten, mitsamt ihren Palästen zu den unteren Regionen, um dieses Zeichen zu untersuchen. Sie sahen den Tathāgata *Siegreich mit großer durchdringender Weisheit* auf dem Ort der Erleuchtung unter dem Bodhibaum auf dem Löwensitz sitzen, umgeben von Götter- und Nāgakönigen, von Gandharvas, Kiṃnaras, Mahoragas, Menschen und Nicht-Menschen, die ihn verehrten. Und sie sahen die sechzehn Prinzen, wie sie den Buddha darum baten, das Rad des Gesetzes zu drehen.

Darauf grüßten die Könige der Brahmagötter den Buddha, indem sie mit der Stirn den Boden berührten, umrundeten ihn einhunderttausend Mal und streuten die himmlischen Blumen über den Buddha aus. Die Blumen, die sie über ihn streuten, waren so hoch wie der Berg Sumeru. Sie brachten diese als Spenden für den Bodhibaum des Buddha dar. Dieser Bodhibaum hatte eine Höhe von zehn Yojana. Nachdem sie die Blumen dargebracht hatten, brachte jeder von ihnen jenem Buddha seinen Palast dar und sprach: ‚Mögest Du uns aus Mitleid und zu unserem Heil geruhen, die Paläste, die wir Dir schenken, entgegenzunehmen.'

Da sprachen die Könige der Brahmagötter in Gegenwart des Buddha einmütig und einstimmig die Verse:

Wie gut ist es, die Buddhas zu sehen,
die Weisen und Verehrten, die die Welt erretten,
die aus der Hölle der drei Welten
die Lebewesen befreien und entkommen lassen!
Verehrt von Göttern und Menschen, umfassend in Eurer Weisheit,
habt Ihr Mitgefühl mit allem, was sprießt,
Ihr könnt das Tor zur Unsterblichkeit öffnen
und weithin alle erretten.
Früher, als unermessliche Zeitalter
öde verstrichen und es keinen Buddha gab,
als der Weltverehrte noch nicht in der Welt erschienen war,
da waren die zehn Himmelsrichtungen ständig finster,
die drei üblen Existenzformen wurden mehr und mehr,
und auch die Asuras gediehen,
die Schar der Götter aber wurde geringer,
und viele starben und fielen in üble Existenzformen hinab.
Sie vernahmen nicht das Gesetz vom Buddha
und übten ständig unhilfreiche Taten aus,
ihr Aussehen und ihre Kraft und ihre Weisheit
wurden immer geringer.
Wegen ihrer schlimmen Taten
kamen ihnen die Freude und der Gedanke an die Freude abhanden.

Sie weilten in den Gesetzen der Irrlehren
und kannten keine guten Verhaltensregeln.
Sie wurden nicht durch den Buddha bekehrt
und fielen ständig in üble Existenzformen hinab.
Doch nun bist Du, der Buddha, der das Auge der Welt ist,
nach langer, langer Zeit hervorgetreten
und bist aus Mitgefühl für die Lebewesen
in der Welt erschienen.
Du bist über die Welt hinausgegangen und hast die wahre Erleuchtung erlangt:
Wir sind erfüllt von Ehrfurcht,
und alle anderen Lebewesen
freuen sich wie nie zuvor.
Unsere Paläste
erstrahlen und sind prächtig geschmückt.
Nun bieten wir sie dem Weltverehrten dar –
möge er geruhen, sie aus Mitgefühl anzunehmen.
Wir wünschen, dass die dadurch erlangten Verdienste
sich auf alle übertragen
und wir und die Lebewesen
alle zusammen die Buddhaschaft verwirklichen werden.

Da, nachdem die fünfhundert Myriaden von Königen der Brahmagötter mit diesen Versen den Buddha gepriesen hatten, sagte jeder Einzelne von ihnen: ‚Wir bitten den Weltverehrten, das Rad des Gesetzes zu drehen, das vielen Frieden bringt, vielen die Befreiung bringt.‘ Da sprachen die Könige der Brahma-Götter die Verse:

Oh Weltverehrter! Drehe das Rad des Gesetzes!
Schlage die Gesetzestrommel der Unsterblichkeit!
Errette die Lebewesen von ihrer Bedrängnis
und öffne und zeige ihnen den Weg zum Nirvāṇa!
Wir bitten Dich, das anzunehmen, um was wir Dich bitten:
Verbreite aus Mitgefühl
mit lautem und doch feinem Klang
das Gesetz, das Du unermesslich viele Zeitalter hindurch ausgeübt hast.

Da nahm der Tathāgata *Siegreich mit großer durchdringender Weisheit* die Bitten der Könige der Brahmagötter der zehn Himmelsrichtungen und der sechzehn Prinzen an und drehte sofort dreimal das zwölfspeichige Rad des Gesetzes, das weder Śramaṇas noch Brahmanen, noch Götter, Māras, Brahmas und die übrige Welt zu drehen vermochten, nämlich: ‚Hier ist Leiden, hier ist das Entstehen von Leiden[1], hier ist die Vernichtung von Leiden, hier ist der Weg zur Vernichtung von Leiden.‘

Dann legte er ausführlich das Gesetz der zwölffachen kausalen Zusammenhänge dar: Nichtwissen bedingt Handeln; Handeln bedingt Bewusstsein; Bewusstsein bedingt Name und Form; Name und Form bedingen die sechs Sinnesbereiche, die sechs Sinnesbereiche bedingen Berührung; Berührung bedingt Wahrnehmung; Wahrnehmung bedingt Verlangen; Verlangen bedingt Ergreifen; Ergreifen bedingt Dasein; Dasein bedingt Geburt; Geburt bedingt den Kummer und das Leiden von Altern und Tod. Wenn Nichtwissen vernichtet ist, ist Handeln vernichtet; wenn Handeln vernichtet ist, ist Bewusstsein vernichtet; wenn Bewusstsein vernichtet ist, sind Name und Form vernichtet; wenn Name und Form vernichtet sind, sind die sechs Sinnesbereiche vernichtet; wenn die sechs Sinnesbereiche vernichtet sind, ist Berührung vernichtet; wenn Berührung vernichtet ist, ist Wahrnehmung vernichtet; wenn Wahrnehmung vernichtet ist, ist Verlangen vernichtet; wenn Verlangen vernichtet ist, ist Ergreifen vernichtet; wenn Ergreifen vernichtet ist, ist Dasein vernichtet; wenn Dasein vernichtet ist, ist Geburt vernichtet; wenn Geburt vernichtet ist, dann sind Kummer und Leiden von Altern und Tod vernichtet.

Als der Buddha inmitten dieser großen Versammlung von Göttern und Menschen dieses Gesetz darlegte, erlangte der Geist von sechshundert Myriaden von Nayutas von Menschen dadurch, dass sie keine Daseinsfaktoren mehr annahmen, die Befreiung von Einströmungen. Sie erlangten alle die tiefe, wunderbare Versenkung, das dreifache Wissen, die sechs übernatürlichen Fähigkeiten und die acht Befreiungen.

Als er das Gesetz ein zweites, ein drittes und ein viertes Mal darlegte, erlangte der Geist von tausend Myriaden von Nayutas von Lebewesen, so viele wie es Sandkörner im Flusse Gaṅgā gibt, ebenfalls dadurch, dass sie keine Daseinsfaktoren mehr annahmen, die Befreiung von Einströmungen. Von da an war die Menge der Hörer unermesslich, so grenzenlos, dass man ihre Zahl nicht ausrechnen konnte.

Da zogen die sechzehn Prinzen, die alle noch Kinder waren, in die Haus-

---

[1] Eigentlich: „Ansammeln von Leiden“, Chin. Kuji 苦集.

losigkeit und wurden Novizen. Ihre Sinne waren scharf und ihre Weisheit klarsichtig. Sie hatten bereits hundert Myriaden von Buddhas Spenden dargebracht, in Reinheit Askese geübt, nach der Anuttarasamyaksaṃbodhi gestrebt und sagten zu dem Buddha: ‚Oh Weltverehrter! Diese unermesslich vielen Myriaden von Hörern, allesamt von großer Tugend haben bereits ihr Ziel erreicht. Oh Weltverehrter! Du sollst auch uns das Gesetz der Anuttarasamyaksaṃbodhi darlegen, damit wir, nachdem wir es vernommen haben, es zusammen praktizieren. Oh Weltverehrter! Wir streben nach dem Wissen und der Einsicht des Tathāgata. Dies hegen wir im tiefsten Herzen und der Buddha weiß dies selbst.‘

Da waren achttausend Millionen Menschen, angeführt von dem weisen Raddreherkönig, die sahen, wie die sechzehn Prinzen in die Hauslosigkeit zogen. Auf ihre Bitte, ebenfalls in die Hauslosigkeit ziehen zu dürfen, erhielten sie vom König die Erlaubnis.

Darauf nahm jener Buddha die Bitten der Novizen an, ließ zwanzigtausend Zeitalter verstreichen und predigte dann endlich inmitten der vierfachen Versammlung dieses Mahāyāna-Sūtra, das da heißt Lotos des Wunderbaren Gesetzes, das den Bodhisattvas gelehrt wird und das die Buddhas in ihrem Gedächtnis bewahren. Nachdem er dieses Sūtra dargelegt hatte, empfingen, rezitierten und durchdrangen die sechzehn Novizen es um der Anuttarasamyaksaṃbodhi willen.

Als er dieses Sūtra darlegte, fassten die sechzehn Bodhisattva-Novizen darin vollständig Vertrauen. Und auch inmitten einer Versammlung von Hörern gab es welche, die Vertrauen darin fassten und es verstanden; die übrigen tausend Myriaden Arten von Lebewesen aber verfielen in Zweifel.

Der Buddha legte dieses Sūtra achttausend Zeitalter hindurch dar, ohne eine einzige Pause. Nachdem er dieses Sūtra dargelegt hatte, zog er sich in eine ruhige Kammer zurück und verweilte vierundachtzigtausend Zeitalter in Versenkung.

Da die sechzehn Bodhisattva-Novizen wussten, dass der Buddha in die Kammer gegangen war und ruhig in Versenkung weilte, bestieg jeder von ihnen einen Gesetzessitz und legte der vierfachen Versammlung ebenfalls vierundachtzigtausend Zeitalter ausführlich das Sūtra vom Lotos des Wunderbaren Gesetzes dar. Jeder Einzelne von ihnen errettete sechshundert Myriaden von Nayutas von Lebewesen, so viele wie Sandkörner im Flusse Gaṅgā, unterwies sie, gab ihnen Freude und Nutzen und ließ sie den Geist der Anuttarasamyaksaṃbodhi entfalten.

Nachdem sich der Buddha *Siegreich mit großer durchdringender Weisheit* nach den vierundachtzigtausend Zeitaltern aus der Samādhi erhoben hatte, begab er sich zum Gesetzessitz, setzte sich mit Bedacht darauf nieder und verkündete weithin der großen Menge: ‚Solche wie diese sechzehn Bodhisattva-Novizen sind wahrlich selten. Ihre Sinne sind scharf und ihre Weisheit ist klarsichtig. Sie haben bereits unermesslich vielen zahlreichen hundert Myriaden von Buddhas Spenden dargebracht. Zusammen mit jenen Buddhas haben sie ständig Askese geübt, die Weisheit der Buddhas angenommen und bewahrt – und sie haben den Lebewesen gezeigt, wie sie in diese eintreten können. Ihr sollt bisweilen deren Nähe suchen und ihnen Spenden darbringen. Warum dies? Wenn Hörer, Pratyekabuddhas, Buddhas und Bodhisattvas Vertrauen fassen können in das Gesetz von jenem Sūtra, das diese sechzehn Bodhisattvas dargelegt haben, wenn sie es annehmen, bewahren und nicht verachten, dann werden alle diese Menschen die Anuttarasamyaksaṃbodhi, werden die Weisheit des Tathāgata erlangen.'"

Der Buddha sagte zu den Mönchen: „Diese sechzehn Bodhisattvas haben allzeit und freudig dieses Sūtra vom Lotos des Wunderbaren Gesetzes dargelegt. Die Zahl der Lebewesen, die jeder der Bodhisattvas bekehrt hat, beträgt sechshundert Myriaden von Nayutas, so zahlreich wie die Sandkörner des Flusses Gaṅgā. Sie werden von Existenz zu Existenz zusammen mit diesen Bodhisattvas geboren, vernehmen von ihnen das Gesetz und werden alle Vertrauen darin fassen und es verstehen. Aus diesem Grunde konnten sie mit vierhundert Myriaden von Buddhas, von Weltverehrten, zusammentreffen, und dies ohne Unterlass bis zum jetzigen Moment.

Oh Mönche! Ich sage Euch nun: Die Schüler jenes Buddha, diese sechzehn Novizen, haben jetzt alle die Anuttarasamyaksaṃbodhi erlangt und legen gegenwärtig in den Ländern der zehn Himmelsrichtungen das Gesetz dar, mit einem Gefolge von unermesslich vielen hundert Myriaden von Bodhisattvas und Hörern. Zwei von diesen Novizen sind Buddhas des Ostens; einer heißt Akṣobhya und lebt im Land *Vergnügen*; der andere heißt *Haupt des Sumeru*. Zwei sind Buddhas des Südostens; einer heißt *Löwenstimme*, und der zweite heißt *Löwenzeichen*. Zwei sind Buddhas des Südens; einer heißt *Im Luftraum weilend*, und der zweite heißt *Auf immer Verlöscht*. Zwei sind Buddhas des Südwestens; der eine heißt *Herrscherzeichen*, und der zweite heißt *Brahmazeichen*. Zwei sind Buddhas des Westens; der eine heißt Amitābha, und der zweite heißt *Alle Welt aus dem Leiden errettend*. Zwei sind Buddhas des Nordwestens; der eine heißt *Tamālapattracandana-Duft-Magie*, und der zweite heißt *Sumeru-Zeichen*. Zwei sind Buddhas des Nordens; der eine heißt *Wolken-Selbstherrschend*, und der zweite heißt *Wolken-Selbstherrschend-Kö-*

nig. Der Buddha des Nordostens heißt *Die Furcht der ganzen Welt zerstörend.* Der sechzehnte bin ich selbst, der Buddha Śākyamuni, der in dieser Sabhā-Welt die Anuttarasamyaksaṃbodhi verwirklicht hat.

Oh Mönche! Als ich und diese anderen Novizen waren, da hat jeder von uns unermesslich viele hundert Myriaden von Lebewesen bekehrt, so viele wie Sandkörner im Flusse Gaṅgā; diese haben von uns das Gesetz vernommen und die Anuttarasamyaksaṃbodhi erreicht. Von diesen Lebewesen weilen jetzt welche im Stadium von Hörern. Ich unterweise sie allzeit in der Anuttarasamyaksaṃbodhi, und diese Menschen sollten durch dieses Gesetz den Weg des Buddha betreten, wenn auch nach und nach. Warum dies? Es ist schwierig, in die Weisheit des Tathāgata Vertrauen zu fassen, schwierig ist sie zu verstehen. Die Lebewesen, die zu jener Zeit bekehrt wurden, so unermesslich viele wie die Sandkörner im Flusse Gaṅgā, seid Ihr, die Mönche, und die, die nach meinem Verlöschen in zukünftigen Existenzen Hörer-Schüler sein werden.

Nach meinem Verlöschen wird es weiterhin Schüler geben, die dieses Sūtra nicht hören werden, die Praxis der Bodhisattvas nicht kennen und sich ihrer nicht bewusst sind. Doch durch die Verdienste, die sie sich erworben haben, stellt sich bei ihnen die Vorstellung ein, dass sie von der Vernichtung befreit werden, und sie werden in das eintreten, was sie für das Nirvāṇa halten. Ich werde in jenem Land unter einem anderen Namen die Buddhaschaft erlangen. Diese Schüler, obgleich sich bei ihnen die Vorstellung eingestellt hat, dass sie von Vernichtung befreit werden und dass sie ins Nirvāṇa eingehen werden, werden in jenem Land nach der Weisheit des Buddha streben und dieses Sūtra vernehmen können. Allein durch das Fahrzeug des Buddha vermag man die Befreiung erlangen. Es gibt keine anderen Fahrzeuge, wenn man jene Lehren beiseite lässt, die die Tathāgatas als hilfreiches Mittel darlegen.

Oh Mönche! Wenn der Tathāgata erkennt, dass die Zeit des Nirvāṇa gekommen und die Versammlung auch in reinem Vertrauen und Verstehen gefestigt ist, dass sie alle zum Verständnis der Leerheit der Daseinsfaktoren vorgedrungen und in tiefe Versenkung eingegangen sind, dann ruft er die Versammlungen der Bodhisattvas und Hörer zusammen, um ihnen dieses Sūtra darzulegen. In der Welt gibt es keine zwei Fahrzeuge, durch die man die Befreiung erlangen kann – es gibt nur das eine Fahrzeug des Buddha, durch das man die Befreiung erlangt!

Ihr Mönche sollt wissen, dass der Tathāgata mit seinen hilfreichen Mitteln tief in die Natur der Lebewesen eindringt; er kennt ihr Gelüste nach Minderem, ihr tiefes Verhaftetsein an den fünf Begierden. Weil das so ist, legt er ihnen das Nirvāṇa dar, und wenn diese Menschen davon hören, dann fassen sie sogleich Vertrauen und nehmen es an.

Nehmen wir einmal an, es gäbe eine Gegend, die sich über fünfhundert Yojanas erstreckt, gefährlich, mit üblen Wegen, öde, unbewohnt und Schrecken erregend. Da gäbe es eine Gruppe Menschen, die den Weg durch dieses Gebiet nehmen wollte, um zu einem Ort mit kostbaren Juwelen zu gelangen. Es gäbe einen Führer, weise und klug, der den gefährlichen Weg gut kennte, die Zeichen, wo man durchkäme und wo er versperrt wäre, und der diese Gruppe von Menschen führte und sie durch diese Gefahren bringen wollte.

Die Leute, die er führte, wären unterwegs ermüdet und niedergeschlagen und sagten zu ihrem Führer: ‚Wir sind zu sehr erschöpft und haben außerdem Angst. Wir können nicht weitergehen. Der Weg vor uns ist noch so weit. Wir wollen jetzt umkehren und zurückgehen.'

Der Führer kennte viele hilfreiche Mittel und dächte: ‚Wie bedauernswert sind sie doch! Warum geben sie die großen und kostbaren Juwelen auf und wollen umkehren und zurückgehen?' Nachdem er dies gedacht hätte, ließe er nach dreihundert Yojana Wegstrecke eine Stadt entstehen und sagte zu den Leuten: ‚Fürchtet Euch nicht! Kehrt nicht um, geht nicht zurück! Denn hier ist jetzt diese große Stadt, in der Ihr nach Belieben rasten könnt. Wenn Ihr in diese Stadt geht, werdet Ihr schnell Ruhe finden. Später dann, wenn Ihr weitergehen könnt zu dem Ort, an dem die Juwelen sind, könnt Ihr auch wieder fortgehen.'

Darauf empfände die Gruppe, die sehr erschöpft wäre, große Freude in ihrem Herzen und seufzte erleichtert angesichts dieses unerwarteten Ereignisses: ‚Wir können nunmehr diesen üblen Weg vermeiden und schnell Ruhe finden.' Da gingen die Leute voran, um in die Zauberstadt hineinzukommen. Nachdem sich bei ihnen die Vorstellung von Rettung eingestellt hätte, stellte sich auch die Vorstellung von Ruhe bei ihnen ein.

Als da der Führer erkennte, dass diese Gruppe sich bereits erholt hätte und nicht mehr müde und furchtsam wäre, da ließe er diese Zauberstadt verschwinden und sagte zu den Leuten: ‚Kommt nun! Der Ort, an dem die Juwelen sind, ist nahe! Die große Stadt vorher habe ich nur entstehen lassen, damit Ihr Euch ausruhen könnt.'

Oh Mönche! Auch bei dem Tathāgata ist es so. Ich bin jetzt für Euch der große Führer, der das Leiden von Geburt und Tod, der die Gefahren der üblen Existenzformen kennt, die lange währen, die Ihr aber verlassen müsst, aus denen Ihr errettet werden müsst. Wenn die Lebewesen nur von dem einen Weg des Buddha hören würden, so würden sie den Buddha nicht sehen wollen, würden sich ihm nicht nähern wollen, sondern würden denken: ‚Der Weg des Buddha ist weit und man muss lange Leiden erdulden, bis man dann die Buddhaschaft erlangen kann.'

Weil der Buddha weiß, dass sie im Herzen ängstlich, schwach und gering sind, bereitet er ihnen durch die Kraft der hilfreichen Mittel auf dem Mittleren Weg einen Platz zum Ausruhen – deshalb legt er also zwei Arten von Nirvāṇa dar[2]. Wenn die Lebewesen in diesen beiden Stadien verharren, dann sagt der Buddha zu ihnen: ‚Ihr begreift noch nicht, was zu tun ist! Das Stadium, in dem Ihr verharrt, ist der Weisheit des Buddha nahe. Ihr müsst Euch umschauen und nachdenken: Das Nirvāṇa, das Ihr erlangt habt, ist nicht das wahre. Es ist lediglich so, dass der Buddha durch die Kraft seiner hilfreichen Mittel das eine Fahrzeug des Buddha als drei unterschiedliche dargelegt hat.

Dies ist so, wie jener Führer zum Ausruhen die große Stadt hat entstehen lassen und, sobald er erkannte, dass sie sich ausgeruht hatten, zu ihnen sagte: ‚Der Ort, an dem die Juwelen sind, ist nahe. Diese Stadt ist nicht wirklich da. Ich habe sie nur entstehen lassen.'"

Da wünschte der Weltverehrte den Sinn des Gesagten noch einmal zu verkünden und sprach die Verse:

Der Buddha *Siegreich mit großer durchdringender Weisheit*
saß zehn Zeitalter auf dem Ort der Erleuchtung,
aber das Gesetz des Buddha erschien nicht vor ihm
und er erlangte nicht die Buddhaschaft.
Götter, Geister und Nāgakönige,
Scharen von Asuras und andere Wesen
ließen allzeit göttliche Blumen vom Himmel regnen,
um sie jenem Buddha darzubringen.
Die Götter schlugen die Göttertrommel
und musizierten mit vielen Instrumenten;
duftender Wind blies die verwelkten Blumen fort,
und darauf regnete es frische.
Nach zehn kleinen Zeitaltern
erlangte er schließlich die Buddhaschaft.
Allen Göttern und Menschen in der Welt
war vor Freude zum Herumspringen zumute.

---

[2] Der Skt.-Text macht klar, dass damit der Weg des Hörers (Śrāvakabhūmi) und des Pratyekabuddha (Pratyekabuddhabhūmi) gemeint ist.

Die sechzehn Söhne jenes Buddha
mit ihrem gesamten Gefolge
– Myriaden sammelten sich da –
begaben sich zu dem Buddha,
grüßten mit ihrer Stirn die Füße des Buddha
und baten ihn, das Rad des Gesetzes zu drehen:
‚Oh Löwe der Weisen! Lass den Regen des Gesetzes
in aller Fülle auf uns und alle anderen regnen!'
Dem Weltverehrten ist wahrlich schwer zu begegnen;
in einer langen Zeitspanne zeigt er sich nur einmal.
Um die Schar der Wesen zu erleuchten,
bringt er alles zum Erbeben.
Die Brahma-Paläste
in den fünfhundert Myriaden von Ländern
der östlichen Welt
erstrahlten
wie nie zuvor.
Die Brahma-Könige sahen dieses Zeichen
und kamen, ihm folgend, dorthin, wo der Buddha sich aufhielt,
streuten Blumen als Spenden,
brachten ihm ihre Paläste dar,
baten den Buddha, das Rad des Gesetzes zu drehen,
und priesen ihn mit Versen.
Der Buddha wusste, dass es noch nicht an der Zeit war,
nahm ihre Bitten schweigend dasitzend entgegen.
Mit den Brahma-Königen der anderen drei Himmelsrichtungen und der vier Zwischenrichtungen
war es ebenso:
Sie streuten Blumen, brachten ihre Paläste dar
und baten den Buddha, das Rad des Gesetzes zu drehen. Sie sagten:
‚Dem Weltverehrten ist schwer zu begegnen.
Wir bitten Dich, durch Dein großes Mitgefühl
das Tor der Unsterblichkeit weit zu öffnen
und das unübertroffene Rad des Gesetzes zu drehen!'
Der Weltverehrte, in seiner unermesslichen Weisheit,
nahm die Bitten der Menge an
und predigte ihnen die verschiedenen Gesetze:
die vier Wahrheiten, die zwölffachen kausalen Zusammenhänge,

vom Nichtwissen bis hin zu Altern und Tod,
die alle existieren durch die Bedingtheit des Entstehens:
‚Aufgrund all dieser Fehler und Bedrängnisse
sollt Ihr dies darüber wissen!‘
Als er dieses Gesetz predigte,
brachten sechshundert Billionen von Myriaden
ihr Leiden an ein Ende
und verwirklichten die Arhatschaft.
Als er das Gesetz ein zweites Mal darlegte,
nahmen Millionen, so viel wie Sandkörner in der Gaṅgā,
keine Daseinsfaktoren mehr auf
und erlangten ebenfalls die Arhatschaft.
Die Zahl derer, die danach den Weg erlangten,
war unermesslich –
auch wenn man Myriaden von Zeitaltern zählen würde,
so könnte man ihr Ende nicht erreichen.
Da zogen die sechzehn Prinzen in die Hauslosigkeit
und wurden Novizen.
Sie baten gemeinsam jenen Buddha,
das Gesetz des Großen Fahrzeugs zu predigen:
‚Wir und unsere Dienerschaft
werden die Buddhaschaft verwirklichen.
Wir wünschen das Weisheitsauge zu erlangen,
wie das des Weltverehrten, das allerreinste.‘
Der Buddha kannte den Geist der Kinder
und die Taten in ihren vergangenen Existenzen
und auf unermesslich viele Weisen,
mit verschiedensten Gleichnissen
legte er die sechs Pāramitās dar
und das, was die übernatürlichen Fähigkeiten betrifft.
Er setzte ihnen das Gesetz der Wahrheit auseinander
und den Weg, den die Bodhisattvas praktizierten.
Er legte ihnen das Sūtra vom Lotos des Gesetzes dar,
in Versen so zahlreich wie die Sandkörner in der Gaṅgā.
Nachdem der Buddha das Sūtra dargelegt hatte,
begab er sich in eine stille Kammer und trat in die Versenkung ein.
Er saß auf einem Platz, völlig konzentriert,
vierundachtzigtausend Zeitalter lang.

Diese Novizen wussten,
dass der Buddha noch nicht aus der Versenkung getreten war,
und legten unermesslich vielen Millionen Wesen
die unübertreffliche Weisheit des Buddha dar.
Jeder saß auf dem Sitz des Gesetzes
und legte dieses Sūtra des Großen Fahrzeugs dar.
Nachdem der Buddha in die Ruhe eingegangen war,
haben sie es weiterhin verkündet und andere damit zum Gesetz bekehrt.
Die Lebewesen, die ein jeder dieser Novizen
errettet hat,
sind sechs Myriaden,
so zahlreich wie Sandkörner im Flusse Gaṅgā.
Nachdem der Buddha ins Nirvāṇa eingegangen ist
wurden diejenigen, die das Gesetz vernommen hatten,
mit ihren Lehrern allzeit zusammen
in den jeweiligen Buddhaländern geboren.
Diese sechzehn Novizen
haben den Weg des Buddha vollständig verwirklicht,
zeigen sich nun in allen zehn Himmelsrichtungen,
und ein jeder erlangt die wahrhaftige Erleuchtung.
Diejenigen, die zu jener Zeit das Gesetz vernommen haben,
verweilen alle an Orten, wo diese Buddhas sind,
und die, die auf der Stufe der Hörer stehen,
bekommen nach und nach den Weg des Buddha gelehrt.
Ich gehörte zu diesen sechzehn
und habe Euch damals bereits das Gesetz dargelegt.
Deshalb bringe ich Euch mit den hilfreichen Mitteln dahin,
der Weisheit des Buddha nachzufolgen.
Aufgrund dieser kausalen Zusammenhänge
lege ich Euch jetzt das Sūtra vom Lotos des Gesetzes dar
und lasse Euch den Weg des Buddha betreten –
seid wachsam und habt keine Furcht!
Nehmen wir an, da wäre ein gefährlicher, übler Weg,
öde und mit zahlreichem giftigem Getier,
wo es weder Wasser noch Gras gäbe –
ein Ort also, an dem sich Menschen fürchten.
Eine Gruppe von unzähligen Tausenden, Zehntausenden
wollte auf diesem gefährlichen Weg reisen.

Diese Straße erstreckte sich äußerst weit,
über dreihundert Yojana.
Da gäbe es einen Führer,
stark, wissend und weise,
von verständigem Geist, entschlossen
und fähig, Menschen aus vielfältigen Gefahren zu retten.
Die Leute wären alle ermüdet und ängstlich
und sagten zu diesem Führer:
‚Wir sind jetzt erschöpft
und wollen nun zurückkehren.'
Der Führer dächte:
‚Diese Leute sind wirklich bedauernswert!
Warum wollen sie zurückkehren
und sich diese großen und wertvollen Juwelen entgehen lassen?'
Sogleich ersänne er ein hilfreiches Mittel
beschlösse er, seine übernatürlichen Kräfte einzusetzen,
und ließe die Mauern einer großen Stadt entstehen,
prächtig an Häusern,
von Gärten und Hainen umgeben,
von Kanälen und Teichen durchzogen,
mit dicht aneinanderstehenden Toren und hohen Pavillons,
voller Männer und Frauen.
Und nachdem er diese hätte entstehen lassen,
tröstete er die Menge und sagte: ‚Fürchtet Euch nicht!
Wenn Ihr in diese Stadt geht,
kann ein jeder sich nach Gutdünken vergnügen.'
Nachdem die Menschen in die Stadt hineingegangen wären,
wären sie überglücklich,
hegten ein Gefühl von Sicherheit
und sagten sich, dass sie gerettet seien.
Nachdem der Führer erkannte, dass sie ausgeruht seien,
riefe er die Menge zusammen und sagte zu ihnen:
‚Ihr müsst nun weitergehen!
Dies ist nur eine Phantomstadt.
Ich habe gesehen, dass Ihr äußerst müde wart
und auf halbem Wege umkehren wolltet.
Deshalb habe ich durch die Kraft der hilfreichen Mittel
diese Stadt hervorgebracht.

Ihr sollt Euch nun nach Kräften anstrengen,
um gemeinsam den Ort, an dem die Juwelen sind, zu erreichen.‘
Ebenso ist es bei mir,
der ich der Führer für alle Lebewesen bin:
Ich sehe diejenigen, die nach dem Weg suchen,
wie sie auf halbem Wege ermattet aufgeben
und nicht in der Lage sind, die unwegsame Strecke
von Geburt und Tod und irdischen Begierden zu bewältigen.
Deshalb lege ich ihnen als Rast
mittels der hilfreichen Mittel das Nirvāṇa dar
und sage: ‚Eure Leiden sind zu Ende –
was zu tun war, ist getan.‘
Wenn ich dann erkenne, dass sie das Nirvāṇa erreicht haben
und alle zu Arhats geworden sind,
dann rufe ich erst die große Versammlung zusammen
und lege ihnen das Wahre Gesetz dar;
durch die Kraft der hilfreichen Mittel der Buddhas
lege ich es ihnen unterschieden in drei Fahrzeugen dar,
obgleich es nur ein Buddhafahrzeug gibt,
die anderen zwei Fahrzeuge lege ich nur dar, um sie ausruhen zu lassen.
Jetzt lege ich Euch die Wahrheit dar:
Das, was Ihr erlangt habt, ist nicht das Verlöschen.
Um der ganzen Weisheit des Buddha willen
sollt Ihr Euch bis zum Äußersten anstrengen.
Wenn Ihr die ganze Weisheit verwirklicht habt,
die zehn Kräfte und das Gesetz des Buddha,
und alle zweiunddreißig Merkmale eines Buddha habt,
dann erst ist dies das Wahre Verlöschen.
Die Buddhas als Führer
legen das Nirvāṇa um einer Rast willen dar;
wenn sie aber erkannt haben, dass Ihr bereits ausgeruht habt,
dann führen sie Euch in die Weisheit des Buddha.“

(Dritte Rolle des Sūtra des Lotos des Wunderbaren Gesetzes)

Vierte Rolle

Achtes Kapitel: Prophezeiung für die fünfhundert Schüler

Als Pūrṇa Maitrāyaṇīputra das Gesetz vom Buddha gehört hatte, so wie es durch hilfreiche Mittel und den Umständen entsprechend dargelegt wurde, und als er zudem die Prophezeiungen über die Anuttarasamyaksaṃbodhi der großen Schüler und noch dazu etwas über die kausale Verknüpfung der vorhergegangenen Existenzen vernommen hatte, und außerdem, dass die Buddhas große Freiheit und übernatürliche Fähigkeiten besaßen – da erlangte er, was er noch nie hatte, sein Herz war gereinigt und er wollte am liebsten tanzen.

Sofort erhob er sich von seinem Sitz, trat vor den Buddha, begrüßte mit seiner Stirn die Füße des Buddha, dann zog er sich auf eine Seite zurück, blickte unverwandt zum Antlitz des Erhabenen auf und dachte: „Der Weltverehrte ist wahrlich außergewöhnlich und selten anzutreffen. Indem er sich auf die verschiedenen Eigenheiten der Menschen dieser Welt einstellt und hilfreiche Mittel, Weisheit und Einsicht anwendet, legt er ihnen das Gesetz dar und reißt ihre Gier nach diesem und jenem aus. Den Verdiensten des Buddha können wir mit Worten nicht gerecht werden. Nur der Buddha, der Weltverehrte, vermag die innersten Wünsche tief in unserem Herzen zu erkennen."

Da sagte der Buddha zu den Mönchen: „Seht Ihr diesen Pūrṇa Maitrāyaṇīputra? Ich habe ihn immer als den Vortrefflichsten unter denjenigen, die das Gesetz darlegen, hervorgehoben und auch immer dessen verschiedene Verdienste gerühmt: Wie er sich dafür einsetzt, mein Gesetz zu schützen, zu bewahren und zu unterstützen und es darzulegen. Wie er die vierfache Versammlung belehrt, ihnen Nutzen bringt und sie erfreut, wie er ihnen vollständig das Wahre Gesetz des Buddha erklärt und denjenigen, die sich gleichermaßen dem asketischen Wandel widmen, zu großem Nutzen verhilft. Abgesehen von dem Tathāgata selbst kommt niemand seiner Geschicklichkeit im Argumentieren gleich.

Ihr sollt nicht denken, Pūrṇa könne lediglich mein Gesetz schützen, bewahren, unterstützen und es darlegen. Er hat auch im Beisein von neunzig Millionen Buddhas in der Vergangenheit das Wahre Gesetz des Buddha geschützt, bewahrt, unterstützt und es dargelegt. Auch unter jenen damals, die das Gesetz darlegten, war er der Vortrefflichste.

Er hat zudem das Gesetz der Leere, das die Buddhas dargelegt haben, verstanden und durchdrungen, und er hat die vier hindernislosen Weisheiten erlangt. Er vermag immer aufs Getreueste und in aller Reinheit das Gesetz darzulegen. Er hegt keine Zweifel und hat die übernatürlichen Fähigkeiten eines Bodhisattva vollständig verwirklicht. Seiner jeweiligen Lebensspanne entsprechend übt er allzeit Askese. Die Leute zur Zeit jener Buddhas nennen ihn alle einen wahren Hörer!

Außerdem hat Pūrṇa durch diese hilfreichen Mittel unermesslich vielen Hunderttausenden von Lebewesen Nutzen gebracht. Auch bekehrt er unermesslich viele Asaṃkhyeyas an Menschen, er verursacht, dass sie sich der Anuttarasamyaksaṃbodhi zuwenden. Weil er die Buddhaländer reinigen will, handelt er allzeit so wie ein Buddha und bekehrt die Lebewesen.

Oh Ihr Mönche! Pūrṇa war auch unter den Menschen, die unter den sieben Buddhas der unmittelbaren Vergangenheit das Gesetz predigten, der Vortrefflichste. Er ist auch der Vortrefflichste unter jenen, die heute in meiner Gegenwart das Gesetz predigen. Und er wird auch unter jenen, die mit den zukünftigen Buddhas im Weisen Zeitalter das Gesetz predigen, der Vortrefflichste sein und das Gesetz des Buddha schützen, unterstützen und es darlegen. Er wird unermesslich viele Lebewesen bekehren, ihnen Nutzen bringen und verursachen, dass sie sich der Anuttarasamyaksaṃbodhi zuwenden. Um die Buddhaländer zu reinigen, wird er allzeit alle Energie daransetzen, die Lebewesen zu bekehren.

Nach und nach wird er den Weg der Bodhisattvas vervollkommnen, und er wird nach Ablauf von unermesslich vielen Asaṃkhyeya-Zeitaltern in diesem Land die Anuttarasamyaksaṃbodhi erlangen. Sein Name wird sein *Gesetzeslicht*, er wird sein ein Tathāgata, ein Verehrungswürdiger, ein vollständig Wissender, ein Vollendeter im Verstehen und Handeln, ein Wohlgegangener, ein Weltenkundiger, ein unübertrefflicher Herr, ein Zähmer der Menschen, ein Lehrer der Götter und der Menschen, ein Buddha, ein Weltverehrter.

Der Boden seines Landes wird aus den sieben Kostbarkeiten bestehen; der Grund wird so eben sein wie eine Handfläche, und weder Bergspitzen noch Klüfte noch Abwassergräben wird es geben. Es wird gefüllt sein mit Pavillons aus den sieben Kostbarkeiten, und die Paläste der Götter werden nahe am Himmel schweben, so dass Götter und Menschen miteinander verkehren und sich gegenseitig sehen können. Es wird keine üblen Existenzformen geben und auch keine Frauen. Alle Lebewesen werden spontan geboren[1]; sie werden keine Begierden haben und die großen übernatürlichen Fähigkeiten erlangen. Ihr Körper wird Licht aussenden und sie werden frei umherfliegen. Sie werden willens- und erinnerungsstark sein, voller Entschlossenheit und Weisheit. Alle dort werden mit den zweiunddreißig Merkmalen und einem goldenen Schimmer geschmückt sein. Die Lebewesen dieses Landes nehmen zwei Arten von Speisen auf: einmal die Speise der Freude des Gesetzes und dann die Speise des Entzückens der Versenkung. Dort gibt es unermesslich viele Asaṃkhyeyas von Myriaden von Nayutas von Bodhisattvas, die die großen übernatürlichen Fähigkeiten und die vier hindernislosen Weisheiten erlangt haben und die sich gut darauf verstehen, die verschiedenen Arten von Lebewesen zu bekehren. Die Versammlung der Hörer ist so groß, dass man sie selbst durch Zählen und Berechnen nicht erfassen kann; sie alle haben die sechs übernatürlichen Fähigkeiten, das dreifache Wissen und die acht Befreiungen vervollkommnet.

Dieses Buddhaland ist aufs Prächtigste mit solchen unermesslichen Verdiensten ausgestattet. Das Zeitalter wird *Juwelenlicht* genannt, das Land heißt *Wohlrein*. Die Lebensspanne dieses Buddha beträgt unermesslich viele Asaṃkhyeyas an Zeitaltern. Das Gesetz hat sehr lange Bestand. Nach dem Verlöschen des Buddha werden überall im Land Stūpas aus den sieben Kostbarkeiten errichtet.“

Da wünschte der Weltverehrte den Sinn des Gesagten noch einmal zu verkünden und sprach die Verse:

Oh Mönche, hört aufmerksam zu!
Die Wege, die die Söhne des Buddha beschreiten, sind,
da sie wohlbewandert sind in hilfreichen Mitteln,
wunderbar jenseits aller Vorstellung;
sie wissen, dass die meisten Wesen sich am Kleinen Gesetz erfreuen,
aber sich vor der Großen Weisheit fürchten.
Deshalb treten die Bodhisattvas
als Hörer oder einsame Buddhas auf
und bekehren durch unermesslich viele hilfreiche Mittel
die verschiedenen Lebewesen.
Sie sagen von sich selbst, dass sie Hörer
und sehr weit vom Weg des Buddha entfernt seien.

---

[1] Skt. Aupapāduka, Chin. Huasheng, Jap. Kejō 化生: bedeutet eine Geburt ohne eigentlichen embryonalen Prozess und ohne Geburtsvorgang.

Sie erretten unzählig viele Wesen
und lassen sie alle die Vollkommenheit erlangen.
Auch wenn sie von geringem Streben, faul und nachlässig sind,
so werden die Bodhisattvas sie doch allmählich die Buddhaschaft erreichen lassen.
Im Inneren und Verborgenen handeln sie als Bodhisattvas,
doch äußerlich zeigen sie sich als Hörer.
Es scheint so, als würden sie aus Hass gegen Leben und Tod die Begierden mindern,
doch in Wahrheit reinigen sie die Buddhaländer.
Vor der Menge scheinen sie die drei Gifte zu besitzen
oder Anzeichen von falschen Ansichten zu geben:
Doch meine Schüler erretten mit
solchen hilfreichen Mitteln die Lebewesen.
Sollte ich all die verschiedenen Wege,
all die Erscheinungsformen, mit denen sie andere bekehren,
vollständig darlegen,
und die Lebewesen würden mich hören,
dann würden sie in ihrem Herzen Zweifel hegen.
Nun hat dieser Pūrṇa
in der Gegenwart von Milliarden von Buddhas
sich abgemüht, den Weg zu gehen
und das Gesetz der Buddhas zu verkünden und zu schützen.
Um nach der unübertrefflichen Weisheit zu streben,
weilte er in der Gegenwart der Buddhas,
wurde zum Obersten ihrer Schüler,
weithin berühmt und mit Weisheit begabt.
In Bezug auf das, was er darlegte, kannte er keine Furcht
und vermochte die Lebewesen zu erfreuen.
Niemals zeigte er Müdigkeit darin,
den Buddhas bei ihren Aufgaben zu helfen.
Er war bereits hinübergetreten zu den großen übernatürlichen Fähigkeiten
und mit den vier hindernislosen Weisheiten begabt,
er wusste, ob jemandes Fähigkeiten geschärft oder stumpf waren,
und legte ständig das reine Gesetz dar.
Er predigte derartige Dinge
und belehrte eine Versammlung von Tausenden von Millionen,

was zur Folge hatte, dass sie in dem Gesetz des Großen Fahrzeugs verweilten
und er selbst die Buddhaländer reinigte.
Auch in der Zukunft bringt er
den unermesslich vielen, unzähligen Buddhas Spenden dar,
beschützt, unterstützt und predigt das Wahre Gesetz
und reinigt selbst die Buddhaländer;
ständig legt er, ohne Furcht,
mit hilfreichen Mitteln das Gesetz dar,
rettet so viele Wesen, dass man es nicht berechnen kann,
und lässt sie die umfassende Weisheit erlangen.
Er bringt den Tathāgatas Spenden dar
und beschützt und bewahrt das Schatzhaus des Gesetzes.
Danach wird er zum Buddha
mit Namen *Gesetzeslicht*;
sein Land heißt *Wohlrein*
und besteht aus den sieben Kostbarkeiten;
sein Zeitalter heißt *Juwelenlicht*
und die Versammlung der Bodhisattvas ist äußerst zahlreich –
ihre Zahl beträgt unermesslich viele Millionen,
die allesamt zu großen übernatürlichen Fähigkeiten hinübergelangt sind,
mit Würde und Stärke begabt,
erfüllen sie dessen Land.
Auch Hörer gibt es unzählige,
ausgestattet mit dem dreifachen Wissen und den acht Erlösungen,
die vier hindernislosen Weisheiten erlangt habend,
– aus solchen Menschen wird die Mönchsgemeinde bestehen.
Alle Lebewesen in seinem Land
haben bereits alle Gelüste von sich geworfen,
werden allein durch Verwandlung geboren,
ihre Körper geschmückt mit allen Merkmalen,
ernährt durch die Freude am Gesetz und dem Genuss der Meditation
und ohne Gedanken an andere Nahrung.
Es wird keine Frauen geben
und auch keine üblen Existenzformen.
Der Mönch Pūrṇa
hat diese Verdienste voll erworben,
und er wird so ein reines Land erlangen,

in dem es eine sehr große Versammlung von Weisen geben wird.
Unermesslich viel ist all dies,
und ich habe es jetzt nur kurz dargelegt.

Da fassten eintausendzweihundert Arhats, deren Geist befreit war, diesen Gedanken:

„Wir sind erfreut, dass wir erlangt haben, was wir bisher noch nicht hatten. Wenn uns allen vom Weltverehrten eine Prophezeiung zuteil wird wie den anderen großen Schülern, wie sollten wir da nicht froh sein?“

Der Buddha wusste, welchen Gedanken sie gerade hegten, und sagte zu Mahākāśyapa: „Diesen eintausendzweihundert Arhats – ich werde ihnen in ihrer Gegenwart nacheinander die Anuttarasamyaksaṃbodhi prophezeien. Unter diesen wird mein großer Schüler, der Mönch Kauṇḍinya sechzigtausend Myriaden von Buddhas Spenden darbringen und danach zu einem Buddha werden mit Namen *Universales Licht*, ein Tathāgata, ein Verehrungswürdiger, ein vollständig Wissender, ein Vollendeter im Verstehen und Handeln, ein Wohlgegangener, ein Weltenkundiger, ein unübertrefflicher Herr, ein Zähmer der Menschen, ein Lehrer der Götter und der Menschen, ein Buddha, ein Weltverehrter. Diese fünfhundert Arhats, Uruvilvakāśyapa, Gayākāśyapa, Nadīkāśyapa, Kālodāyin, Udāyin, Aniruddha, Revata, Kapphiṇa, Bakkula, Cunda, Svāgata und andere, werden die Anuttarasamyaksaṃbodhi erlangen und alle denselben Namen tragen, nämlich *Universales Licht*.“

Da wünschte der Weltverehrte den Sinn des Gesagten noch einmal zu verkünden und sprach die Verse:

Der Mönch Kauṇḍinya
wird unermesslich viele Buddhas erblicken,
Asaṃkhyeyas von Zeitaltern hindurch,
und dann die unveränderliche und wahre Erleuchtung verwirklichen.
Er wird ständig ein großes und strahlendes Licht aussenden
und alle übernatürlichen Fähigkeiten besitzen;
sein Ruhm wird sich in die zehn Himmelsrichtungen verbreiten,
und er wird von allen verehrt werden.
Ständig wird er den unübertrefflichen Weg darlegen
und daher *Universales Licht* genannt werden.
Sein Land wird rein sein,
die Bodhisattvas, mutig und mächtig,
werden alle die wunderbaren Türme hinaufsteigen

und die Länder der zehn Himmelsrichtungen durchreisen,
um mit unübertrefflichen Gaben
den Buddhas Tribut zu zollen.
Nachdem sie diese Spenden dargebracht haben,
werden sie große Freude empfinden
und schnell in ihr ursprüngliches Land zurückkehren –
solcherart werden ihre übernatürlichen Fähigkeiten sein.
Die Lebensspanne des Buddha wird sechzigtausend Zeitalter sein,
das Wahre Gesetz doppelt so lange Bestand haben,
das Abbild des Gesetzes noch einmal doppelt so lange,
und nach dem Untergang des Gesetzes werden Götter wie Menschen
trauern.
Diese fünfhundert Mönche
werden einer nach dem anderen die Buddhaschaft erlangen,
alle mit demselben Namen *Universales Licht*,
und einer wird dem anderen weissagen:
‚Nach meinem Verlöschen
wird der und der die Buddhaschaft erlangen,
und die Welt, die er bekehrt,
wird so sein wie meine heute.'
Die Pracht und Reinheit der Länder
und die übernatürlichen Fähigkeiten,
die Versammlung der Bodhisattvas und Hörer,
das Wahre Gesetz und das Abbild des Gesetzes,
die Zahl der Zeitalter ihrer Lebensspanne
sind genauso wie oben dargelegt.
Oh Kāśyapa! Du weißt nun bereits
über die fünfhundert Befreiten Bescheid –
mit der Versammlung der übrigen Hörer
wird es ebenso sein.
Denen, die nicht hier vereint sind,
denen musst Du es lehren!

Nachdem die fünfhundert Arhats in Gegenwart des Buddha die Weissagung empfangen hatten, tanzten sie vor Freude. Sofort erhoben sie sich von ihren Sitzen, traten vor den Buddha, grüßten mit ihrer Stirn seine Füße, bereuten ihre Fehler und machten sich Vorwürfe: „Oh Weltverehrter! Wir haben uns ständig für bereits vollständig erlöscht gehalten. Nun wissen wir, dass wir wie solche waren, die keine Weisheit besitzen. Warum dies? Weil wir eigentlich die Weisheit des Tathāgata hätten erlangen müssen, uns aber mit einer geringen Weisheit zufriedengegeben haben.

Oh Weltverehrter! Das war so, als ob einer zum Hause seines Freundes ginge, sich betrinke und sich zum Schlafe legte. Da müsste sein Freund in einer offiziellen Angelegenheit verreisen. Er nähte einen unbezahlbaren Edelstein in dessen Gewand ein, überließe ihm diesen und ginge fort. Dieser aber, betrunken und im Schlaf, bemerkte dies nicht. Nachdem er aufgestanden wäre, machte er sich in ein anderes Land auf. Er müsste sich sehr für Kleidung und Nahrung abmühen, geriete in große Not und müsste sich mit dem Wenigen zufriedengeben, das er besaß.

Später träfe der Freund zufällig wieder mit ihm zusammen und er sagte: ‚Mann, was soll das?! Warum tust Du Dir all dies wegen Kleidung und Nahrung an? Ich habe damals gewünscht, dass Du in Frieden leben und Dir die fünf Wünsche befriedigen könntest, und habe in dem und dem Jahr, in dem und dem Monat, an dem und dem Tag einen unbezahlbaren Edelstein in Dein Gewand eingenäht. Er wird jetzt immer noch da sein, aber Du hast es nicht gewusst und Dich unter Qualen abgemüht, Dein Leben zu fristen. Was für eine große Dummheit! Jetzt kannst Du den Edelstein gegen das eintauschen, was Du brauchst, und tun, wonach Dir der Sinn steht, ohne jemals wieder Armut erleiden zu müssen.‘

Ebenso ist es mit dem Buddha. Als er noch ein Bodhisattva war, hat er uns bekehrt und in uns den Wunsch nach der umfassenden Weisheit entstehen lassen. Aber wir haben dies im Laufe der Zeit vergessen, wussten nicht mehr darum, waren uns dessen nicht mehr bewusst. Darauf haben wir den Weg des Arhat erlangt und uns für verloschen gehalten; es war hart, unser Leben zu fristen, und wir mussten uns mit dem wenigen begnügen, was wir bekamen. Der Wunsch nach der umfassenden Weisheit aber war noch da und nicht verloren, und jetzt hat uns der Weltverehrte erweckt, indem er die Worte spricht: ‚Oh Mönche! Was Ihr erlangt habt, ist nicht das vollständige Verlöschen! Ich habe Euch lange Zeit hindurch die heilswirksamen Wurzeln der Buddhaschaft pflanzen lassen und Euch durch hilfreiche Mittel die Merkmale des Nirvāṇa gezeigt, aber Ihr habt Euch für wahrlich verloschen gehalten!‘

Oh Weltverehrter! Nun verstehen wir, dass wir wirklich Bodhisattvas sind, und haben die Anuttarasamyaksaṃbodhi prophezeit bekommen. Aus diesem Grunde sind wir sehr glücklich erlangt zu haben, was wir bisher noch nicht hatten.“

Da wünschte Ajñāta Kauṇḍinya den Sinn des Gesagten noch einmal zu verkünden und sprach die Verse:

Wir haben den unübertrefflichen,
Frieden gebenden Klang der Prophezeiung vernommen,
freuen uns über das, was wir noch nicht hatten,
und grüßen den Buddha, der unermessliche Weisheit besitzt.
Heute, in der Gegenwart des Weltverehrten,
bereuen wir unsere Verfehlungen.
Aus den unermesslichen Schätzen des Buddha
haben wir nur einen geringen Anteil des Nirvāṇa erlangt
und haben uns, wie ein Narr ohne Weisheit,
damit zufriedengegeben.
Wir sind wie ein armer Mann,
der in das Haus eines Freundes ginge;
dessen Haus wäre sehr wohlhabend,
er richtete ihm viele Leckereien her
und nähte einen unbezahlbaren Edelstein
in sein Gewand ein,
gäbe ihm diesen schweigend und ginge fort.
Da dieser Mann schlief, wüsste er davon nichts,
und nachdem er aufgestanden wäre,
reiste er in ein anderes Land,
um sich Kleidung und Nahrung für seinen Lebensunterhalt zu verschaffen,
und fristete ein Leben in großer Not.
Er gäbe sich mit dem wenigen, was er bekäme, zufrieden
und erhoffte auch gar nichts Besseres.
Er wäre sich dessen nicht bewusst, dass sich in seinem Gewand
ein unbezahlbarer Edelstein befände.
Der Freund, der ihm den Edelstein gegeben hätte,
träfe später wieder mit dem armen Mann zusammen,
und nachdem er ihm schwere Vorwürfe gemacht hätte,
zeigte er ihm den eingenähten Edelstein.
Wenn der arme Mann den Edelstein sähe,
wäre sein Herz hocherfreut:
Er wäre wohlhabend und besäße Reichtümer
genug, um die fünf Wünsche zu befriedigen.

Auch mit uns ist es so:
Der Weltverehrte hat uns lange Zeit
und ständig aus Mitleid bekehrt
und verursacht, dass wir unübertroffene Gelübde pflanzten.
Doch weil wir ohne Weisheit waren,
waren wir uns dessen nicht bewusst, wussten nichts davon
und erlangten nur den kleinen Anteil des Nirvāṇa,
begnügten uns damit und suchten nicht nach mehr.
Jetzt hat uns der Buddha erweckt,
indem er sagte, dass dies nicht das wahre Verlöschen sei,
sondern dass, wenn man die unübertroffene Weisheit des Buddha erlangte,
dies erst das wahre Verlöschen sei.
Wir haben jetzt vom Buddha die Prophezeiung gehört,
von den schmückenden Dingen
und wie jeder vom anderen seine Bestimmung erhält –
und unser Körper und Geist sind erfüllt von Freude.

Vierte Rolle

Neuntes Kapitel: Prophezeiungen für die Lernenden und nicht mehr Lernenden

Zu dieser Zeit kam Ānanda und Rāhula der Gedanke: „Eigentlich denken wir ständig daran, wie glücklich wir doch sein würden, wenn wir eine Prophezeiung erhielten."

Sogleich erhoben sie sich von ihren Sitzen, begaben sich vor den Buddha, grüßten mit ihrer Stirn seine Füße und sagten zu ihm: „Oh Weltverehrter! Uns steht davon auch ein Teil zu; unser ganzes Vertrauen haben wir in den Buddha gesetzt. Außerdem sind wir in der ganzen Welt, bei Göttern, Menschen und Asuras wohl bekannt. Ānanda wartet Dir allzeit auf und bewahrt das Schatzhaus des Gesetzes. Rāhula ist der Sohn des Buddha. Wenn wir vom Buddha die Anuttarasamyaksaṃbodhi prophezeit bekommen, dann sind nicht nur unsere Wünsche, sondern auch die Hoffnungen der Lebewesen erfüllt."

Da erhoben sich zweitausend Hörer und Schüler, solche, die noch lernen, und solche, die nicht mehr lernen, von ihren Sitzen, entblößten ihre rechte Schulter, begaben sich vor den Buddha, legten konzentriert ihre Handflächen zusammen und schauten zu dem Buddha empor, äußerten die gleichen Wünsche wie Ānanda und Rāhula und stellten sich zur Seite.

Da sagte der Buddha zu Ānanda: „In einem kommenden Zeitalter wirst Du Buddha werden. Dein Name wird lauten *König, der die Weisheit von Berg und Ozean und die Zauberkraft der Eigenständigkeit hat*, ein Tathāgata, ein Verehrungswürdiger, ein vollständig Wissender, ein Vollendeter im Verstehen und Handeln, ein Wohlgegangener, ein Weltenkundiger, ein unübertrefflicher Herr, ein Zähmer der Menschen, ein Lehrer der Götter und der Menschen, ein Buddha, ein Weltverehrter. Du wirst zweiundsechzig Millionen Buddhas Spenden darbringen und das Schatzhaus des Gesetzes bewahren. Danach wirst Du die Anuttarasamyaksaṃbodhi erlangen und zwanzigtausend Myriaden von Bodhisattvas bekehren, so zahlreich wie die Sandkörner des Flusses Gaṅgā, und verursachen, dass sie die Anuttarasamyaksaṃbodhi erlangen. Dein Land wird *Ewig aufrechtes Siegesbanner* heißen; seine Erde wird rein sein und der Boden aus Lapislazuli bestehen. Dein Zeitalter wird *Vollständig angefüllt von wunderbarem Klang* heißen. Die Lebensspanne dieses Buddha wird unermesslich viele Myriaden von Asaṃkhyeyas an Zeitaltern betragen – selbst wenn man über Myriaden von unermesslich vielen Asaṃkhyeyas an Zeitaltern berechnen und zusammenzählen würde, so würde man deren Zahl nicht erfassen können. Das Wahre Gesetz wird doppelt so lange wie die Lebensspanne dieses Buddha in der Welt bestehen, das Abbild des Gesetzes wird noch einmal so lang wie das Wahre Gesetz in der Welt bestehen. Oh Ānanda! Dieser Buddha *König, der die Weisheit von Berg und Ozean und die Zauberkraft der Eigenständigkeit hat* wird von unermesslich vielen Myriaden von Buddhas und Tathāgatas gepriesen, so vielen, wie es Sandkörner im Flusse Gaṅgā gibt, und seine Verdienste werden von diesen gerühmt."

Da wünschte der Weltverehrte den Sinn des Gesagten noch einmal zu verkünden und sprach die Verse:

Ich verkünde jetzt in der Mönchsversammlung,
dass Ānanda, der Bewahrer des Gesetzes,
den Buddhas Spenden darbringen
und danach ein vollständig Erwachter werden wird.
Er wird König, der die *Weisheit von Berg und Ozean,*
die Zauberkraft der Eigenständigkeit hat, genannt werden;
die Erde seines Landes wird rein sein,
und es wird *Ewig aufrechtes Siegesbanner* heißen.
Er wird Bodhisattvas bekehren,
deren Zahl den Sandkörnern der Gaṅgā gleichkommt.
Der Buddha wird große Würde und Tugend besitzen,
sein Ruhm wird die zehn Himmelsrichtungen erfüllen.
Seine Lebensspanne wird unermesslich sein,
weil er sich mitfühlend der Lebewesen annimmt.
Das Wahre Gesetz wird das Zweifache seiner Lebensspanne dauern,
das Abbild des Gesetzes wiederum das Zweifache davon.
Wie die Sandkörner im Flusse Gaṅgā
so unermesslich viele Lebewesen
werden inmitten von Buddhas Gesetz
die kausalen Bedingungen für die Buddha-Erleuchtung pflanzen.

Da gab es in dieser Versammlung achttausend Bodhisattvas, die vor Kurzem den Entschluss gefasst hatten, die Erleuchtung zu erlangen – und alle hatten den Gedanken: „Wir haben noch niemals vernommen, dass ein Bodhisattva eine solche Prophezeiung erhalten hat. Was ist der Grund dafür, dass die Hörer eine solche Vorhersage erhalten?"

Da erkannte der Weltverehrte, was die Bodhisattvas dachten, und sagte zu ihnen: „Oh Söhne aus gutem Hause! Als Ānanda und ich bei dem Buddha *König der Leere* weilten, fassten wir zur gleichen Zeit den Entschluss, die Anuttarasamyaksaṃbodhi zu verwirklichen. Ānanda erfreute sich beständig an Gelehrsamkeit, ich aber habe mich ständig bemüht. Deshalb habe ich bereits die Anuttarasamyaksaṃbodhi verwirklicht, während Ānanda mein Gesetz beschützt und bewahrt – wie auch die Schatzhäuser des Gesetzes der zukünftigen Buddhas. Er wird zahlreiche Bodhisattvas bekehren und zur Erfüllung führen. So ist sein damaliges Gelübde und deshalb erntet er diese Prophezeiung."

Als Ānanda im Angesicht des Buddha diese Prophezeiung über sich selbst und das prächtige Buddhaland vernahm, und wie er hörte, dass seine Wünsche erfüllt würden, war sein Geist voller Freude darüber, erlangt zu haben, was er bisher noch nicht hatte. Sogleich erinnerte er sich an vergangene, unermesslich viele Myriaden von Schatzhäusern des Buddhagesetzes und begriff sie ohne Hindernisse, als hätte er sie eben vernommen; und er erinnerte sich auch an sein damaliges Gelübde.

Da sprach Ānanda die Verse:

Der Weltverehrte, der wahrlich selten Anzutreffende,
hat mich das Gesetz unermesslich vieler Buddhas
der Vergangenheit erinnern lassen,
so als vernähme ich es heute.
Ich habe jetzt keine Zweifel mehr
und weile ruhig auf dem Weg des Buddha.
Als hilfreiches Mittel bin ich sein Diener
und bewahre das Gesetz des Buddha.

Da sprach der Buddha zu Rāhula: „In einem kommenden Zeitalter wirst Du Buddha werden namens *Schreitend auf den Blumen der sieben Juwelen*, ein Tathāgata, ein Verehrungswürdiger, ein vollständig Wissender, ein Vollendeter im Verstehen und Handeln, ein Wohlgegangener, ein Weltenkundiger, ein unübertrefflicher Herr, ein Zähmer der Menschen, ein Lehrer der Götter und der Menschen, ein Buddha, ein Weltverehrter. Du wirst so vielen Buddhas und Tathāgatas, wie es Staubkörner in zehn Welten gibt, Spenden darbringen und allzeit der älteste Sohne dieser Buddhas sein, ebenso wie jetzt. Die Pracht des Landes von diesem Buddha *Schreitend auf den Blumen der sieben Juwelen*, seine Lebensspanne, die Schüler, die er bekehren wird, und die Dauer des Wahren Gesetzes und des Abbildes des Gesetzes werden sich nicht unterscheiden von denen des Buddha *König, der die Weisheit von Berg und Ozean und die Zauberkraft der Eigenständigkeit hat.* Und er wird auch der älteste Sohn dieses Buddha sein. Danach wird er die Anuttarasamyaksaṃbodhi erlangen."

Da wünschte der Weltverehrte den Sinn des Gesagten noch einmal zu verkünden und sprach die Verse:

Als ich ein Prinz war,
war Rāhula mein ältester Sohn.
Ich habe nun den Weg des Buddha erlangt,
und er hat das Gesetz als mein Sohn im Gesetz empfangen.
In zukünftigen Existenzen
wird er unermesslich vielen Millionen Buddhas begegnen,
ihr ältester Sohn sein
und konzentriert nach dem Weg des Buddha streben.
Die verborgenen Taten des Rāhula
vermag nur ich zu kennen;
er erscheint als mein ältester Sohn,
um sich den Lebewesen zu zeigen;
mit unermesslich vielen Myriaden
an Verdiensten, die unzählbar sind,
weilt er ruhig im Gesetz des Buddha
und strebt nach dem unübertroffenen Weg.

Da sah der Weltverehrte, wie die zweitausend – solche, die noch lernen, und solche, die nicht mehr lernen – ihn, den Buddha, mit sanftem, ruhigem und reinem Willen und einmütig betrachteten. Der Buddha sagte zu Ānanda: „Siehst Du diese, die noch lernen, und diese, die nicht mehr lernen?"

„Ich sehe sie wohl."

„Oh Ānanda! Diese werden so vielen Buddhas und Tathāgatas, wie es Staubkörner in fünfzig Welten gibt, Spenden darbringen, das Schatzhaus des Gesetzes verehren, es hochhalten und bewahren. In ihrer letzten Existenz werden sie zur gleichen Zeit in den verschiedenen zehn Himmelsrichtungen die Buddhaschaft erlangen. Sie werden alle denselben Namen haben: *Juwelenbanner*, sie werden Tathāgatas sein, Verehrungswürdige, vollständig Wissende, Vollendete im Verstehen und Handeln, Wohlgegangene, Weltenkundige, unübertreffliche Herren, Zähmer der Menschen, Lehrer der Götter und der Menschen, Buddhas, Weltverehrte. Ihre Lebensspanne wird ein Zeitalter betragen; die Pracht ihrer Länder, ihre Hörer und Bodhisattvas, die Dauer des Wahren Gesetzes und des Abbildes des Gesetzes werden alle gleich sein."

Da wünschte der Weltverehrte den Sinn des Gesagten noch einmal zu verkünden und sprach die Verse:

Diesen zweitausend Hörern,
die jetzt vor mir stehen,
prophezeie ich allen,
dass sie in der Zukunft die Buddhaschaft verwirklichen werden.
Die Buddhas, denen sie Spenden darbringen,
sind so zahlreich wie die vorher genannten Staubkörner.
Sie bewahren deren Schatzhäuser des Gesetzes
und werden danach vollständig Erwachte.
Jeder wird ein Buddhaland in den zehn Himmelsrichtungen
mit gleichem Namen haben.
Zur gleichen Zeit werden sie am Ort der Erleuchtung sitzen
und die unübertreffliche Weisheit verwirklichen.
Alle werden sie *Gesetzesbanner* genannt;
ihre Länder, Schüler,
die Dauer des Wahren Gesetzes und des Abbilds des Gesetzes
werden gleich und ohne Unterschiede sein.
Sie werden mittels ihrer übernatürlichen Kräfte
die Lebewesen der zehn Himmelsrichtungen erretten;
ihr Ruhm wird sich weithin verbreiten
und sie werden zu gegebener Zeit ins Nirvāṇa eingehen.

Als die zweitausend – solche, die noch lernen, und solche, die nicht mehr lernen – die Prophezeiung des Buddha vernommen hatten, tanzten sie vor Freude und sprachen die Verse:

Oh Weltverehrter, oh Leuchte der Weisheit!
Wir haben die Stimme der Prophezeiung vernommen,
und unsere Herzen sind von Freude erfüllt,
als ob wir mit Unsterblichkeitstrank gesalbt würden.

Vierte Rolle

Zehntes Kapitel: Lehrer des Gesetzes

Zu dieser Zeit sprach der Weltverehrte durch den Bodhisattva *Medizinkönig* zu achtzigtausend Großen Menschen: „Oh *Medizinkönig*! Siehst Du in dieser Menge die unermesslich vielen Götter, Nāga-Könige, Yakṣas, Gandharvas, Asuras, Garuḍas, Kiṃnaras, Mahoragas, Menschen und Nicht-Menschen, die Mönche und Nonnen, die Laienanhänger und Laienanhängerinnen, die, die danach streben, Hörer zu werden, die, die danach streben, Pratyekabuddhas zu werden, und die, die nach dem Weg des Buddha streben? All jenen, die in der Gegenwart des Buddha einen Vers oder einen Satz aus dem Sūtra vom Lotos des Guten Gesetzes vernehmen und sich einen Gedanken lang daran freuen, werde ich die Prophezeiung machen, dass sie die Anuttarasamyaksaṃbodhi erlangen werden."

Der Buddha sagte zu *Medizinkönig*: „Wenn es da außerdem, nachdem der Tathāgata verlöscht sein wird, welche gibt, die auch nur einen Vers oder einen Satz aus dem Sūtra vom Lotos des Guten Gesetzes vernehmen und sich einen Gedanken lang daran freuen, so werde ich auch diesen die Prophezeiung schenken, dass sie die Anuttarasamyaksaṃbodhi erlangen werden. Wenn es außerdem welche gibt, die aus dem Sūtra vom Lotos des Guten Gesetzes auch nur einen Satz bewahren, rezitieren, predigen oder abschreiben, und dieses Sūtra hochschätzen wie den Buddha, ihm alle Arten von Spenden an Blumen, Weihrauch, Halsketten, duftendem Puder, duftender Salbe, Räucherwerk, seidenen Schirmen und Bannern, Kleider und Musikvorführungen darbringen und in Ehrerbietung ihre Handflächen zusammenlegen, dann, oh *Medizinkönig*, sollst Du wissen, dass diese Leute bereits hunderttausend von Millionen von Buddhas Spenden dargebracht haben, in der Gegenwart der Buddhas ihre großen Gelübde erfüllt haben und aus Mitgefühl für die Lebewesen in dieser Menschenwelt geboren wurden.

Oh ‚Medizinkönig'! Wenn da jemand fragt, was für Lebewesen in zukünftigen Existenzen die Buddhaschaft erlangen werden, dann sollst Du ihm diese Leute zeigen, die in zukünftigen Existenzen die Buddhaschaft erlangen werden. Warum dies? Wenn Söhne aus gutem Hause, Töchter aus gutem Hause auch nur einen Satz aus dem Sūtra vom Lotos des Gesetzes bewahren, rezitieren, predigen oder abschreiben, ihm alle Arten von Spenden an Blumen, Weihrauch, Halsketten, duftendem Puder, duftender Salbe, Räucherwerk, seidenen Schirmen und Bannern, Kleider und Musikvorführungen darbringen und in Ehrerbietung ihre Handflächen zusammenlegen, dann sollen diese Menschen von aller Welt hochgeschätzt werden, und es sollen ihnen Spenden dargebracht werden, so wie den Tathāgatas Spenden dargebracht werden. Du sollst wissen, dass diese Menschen Große Bodhisattvas sind, die die Anuttarasamyaksaṃbodhi vollendet haben und aus Mitgefühl für die Lebewesen wünschen, in deren Mitte geboren zu werden, um weithin das Sūtra vom Lotos des Guten Gesetzes in Einzelheiten zu verbreiten. Um wie viel mehr trifft dies auf jene zu, die es bewahren und ihm verschiedene Spenden darbringen können!

Oh *Medizinkönig*! Du sollst wissen, dass diese Menschen die Verdienste ihrer eigenen reinen Taten aufgegeben haben, um, nachdem ich verlöscht sein werde, aus Mitgefühl für die Lebewesen in dieser üblen Welt geboren zu werden und weithin dieses Sūtra zu verkünden. Wenn nach meinem Verlöschen diese Söhne aus gutem Hause, diese Töchter aus gutem Hause im Verborgenen auch nur einem Menschen das Sūtra vom Lotos des Gesetzes darzulegen vermögen – und sei es nur ein Satz daraus –, dann sollst Du wissen, dass diese Gesandte des Tathāgata sind, die als Erben des Tathāgata wie Tathāgatas handeln. Um wie viel mehr trifft dies auf jene zu, die es in einer großen Versammlung weithin den Menschen darlegen!

Oh *Medizinkönig*! Sollte es einen bösen Menschen mit Übel im Geiste geben, und er erschiene ein Zeitalter lang in der Gegenwart eines Buddha und würde ständig den Buddha verhöhnen, so ist dessen Vergehen doch leicht. Wenn aber einer auch nur mit einem einzigen Wort diejenigen verhöhnt, die das Sūtra vom Lotos des Gesetzes rezitieren – seien es nun Laien oder in die Hauslosigkeit Gezogene –, so wäre dessen Vergehen äußerst schwerwiegend.

Oh *Medizinkönig*! Du sollst wissen, dass diejenigen, die das Sūtra vom Lotos des Gesetzes rezitiert haben, sich mit dem Schmuck des Buddha schmücken und folglich vom Tathāgata auf den Schultern getragen werden. Wohin auch immer sie gehen, da soll man sich vor ihnen dementsprechend verbeugen, einmütig die Handflächen zusammenlegen, sie ehren, ihnen Spenden darbringen, sie achten und preisen – mit Blumen, Weihrauch, Halsketten, duftendem Puder, duftender Salbe, Räucherwerk, seidenen Schirmen und Bannern, Kleidern, ausgesuchten Speisen und Musikdarbietungen. Die besten Spenden, die die Menschen haben, soll man ihnen darbringen. Man soll göttliche Juwelen über sie verstreuen, soll ihnen die besten Juwelen der Götter darbringen. Warum dies? Weil diese sich an der Darlegung des Gesetzes erfreuen. Und wer ihnen nur einen Moment lang zuhört, der wird unmittelbar die Anuttarasamyaksaṃbodhi erlangen."

Da wünschte der Weltverehrte den Sinn des Gesagten noch einmal zu verkünden und sprach die Verse:

Wenn man auf dem Weg des Buddha bleiben
und die Weisheit verwirklichen will, die aus sich selbst kommt,
dann soll man sich allzeit darum bemühen, denen,
die den Lotos des Gesetzes bewahren, Spenden darzubringen.
Wer schnell die alles umfassende Weisheit
zu erlangen wünscht,
der soll dieses Sūtra annehmen und bewahren
und ebenfalls jenen spenden, die es bewahren.
Wenn da welche das Sūtra vom Lotos des Wahren Gesetzes
annehmen und bewahren können,
so soll man diese als Gesandte des Buddha erkennen,
die voller Mitgefühl an die Lebewesen denken.
All jene, die das Sūtra vom Lotos des Wahren Gesetzes
annehmen und bewahren können,
geben ihren Anspruch auf die reinen Länder auf
und werden aus Mitgefühl für die Wesen hier geboren.
Man soll wissen, dass solche Menschen
aus freien Stücken geboren werden, wo sie es wünschen,
damit sie in dieser üblen Welt
weithin das unübertroffene Gesetz darlegen können.
Man soll himmlische Blumen spenden, Weihrauch und
Kleider, verziert mit himmlischen Juwelen
und Mengen von den feinsten Juwelen der Götter,
und zwar jenen, die dieses Sūtra darlegen.
Diejenigen, die nach meinem Verlöschen
in der üblen Welt dieses Sūtra bewahren können,
soll man mit zusammengelegten Handflächen so verehren,
als ob man dem Weltverehrten Spenden darbringt.
Die besten Speisen, süß und wohlschmeckend,
und alle Arten von Kleidern
spende man den Söhnen des Buddha
in der Hoffnung, sie einen Moment lang predigen zu hören.

Wenn es welche gibt, die in der Zukunft
dieses Sūtra annehmen und bewahren können,
dann sind sie von mir unter die Menschen gesandt,
um das zu tun, was ein Tathāgata tut.
Wenn man ein Zeitalter lang
ständig üble Gedanken hegt,
mit Vorwürfen den Buddha verhöhnt,
so häuft man unermesslich schwere Vergehen an;
wer jedoch diejenigen, die dieses Sūtra vom Lotos des Gesetzes
rezitieren und bewahren,
auch nur einen Moment lang mit üblen Worten bedenkt –
dessen Vergehen ist noch viel größer.
Wenn einer nach dem Weg des Buddha strebt
und ein Zeitalter hindurch
in meiner Gegenwart die Handflächen zusammenlegt
und mich mit unzähligen Versen preist,
dann wird er, weil er den Buddha gepriesen hat,
unermesslich viele Verdienste erlangen;
wer aber diejenigen lobpreist, die das Sūtra bewahren –
dessen Verdienste werden um vieles höher sein.
Achtzig Millionen Zeitalter hindurch
bringe man denjenigen, die das Sūtra bewahren,
mit wunderbarsten Tönen
und mit Duftendem, Wohlschmeckendem und angenehm zu Berührendem Spenden dar.
Wer auf diese Weise Spenden dargebracht hat
und die Lehren auch nur einen Moment zu hören bekommt,
der wird vor Freude seufzen:
‚Ich habe großen Nutzen erhalten!'
Oh *Medizinkönig*! Ich sage Dir jetzt:
Verschiedene Sūtras habe ich dargelegt,
und unter diesen Sūtras
ist das vom Lotos des Gesetzes das Vorzüglichste!

Da sagte der Buddha weiter zum Bodhisattva und Mahāsattva *Medizinkönig*:

„Die Sūtras, die ich dargelegt habe, sind unermessliche Myriaden an der Zahl. Und von allen, die ich bereits dargelegt habe, die ich jetzt darlege und die ich noch darlegen werde, ist dieses Sūtra vom Lotos des Gesetzes das, dem am schwierigsten zu vertrauen und das am schwierigsten zu verstehen ist. Oh *Medizinkönig*! Dieses Sūtra ist die Schatzkammer der verborgenen Essenz der Buddhas. Sie darf nicht verteilt und den Menschen fälschlich gelehrt werden. Es ist von den Buddhas, den Weltverehrten behütet und bislang noch nie offenbart worden. Da Hass und Neid gegenüber diesem Sutra schon zu Lebzeiten des Tathāgata überhand nehmen, wie viel mehr wird dies erst nach seinem Verlöschen der Fall sein!

Oh *Medizinkönig*! Du sollst wissen: Wenn es nach dem Verlöschen des Tathāgata welche gibt, die dieses Sūtra durch Abschreiben bewahren, rezitieren, ihm Spenden darbringen können und es anderen Menschen darlegen, dann wird der Tathāgata sie mit seinem Gewand bedecken, und außerdem wird ihrer von den Buddhas, die in anderen Regionen weilen, schützend gedacht. Diese Menschen besitzen große Glaubenskraft, große Willenskraft und die Kraft der heilvollen Wurzeln. Du sollst wissen, dass deren Häupter, wenn sie mit dem Tathāgata zusammen sind, von dem Tathāgata gestreichelt werden.

Oh *Medizinkönig*! Überall dort, wo dieses Sūtra dargelegt wird, wo es verlesen wird, wo es rezitiert wird, wo es abgeschrieben wird, wo eine Rolle von ihm aufbewahrt wird, soll man Stūpas, verziert mit den sieben Kostbarkeiten, errichten, sehr hoch, breit und prächtig. Darin müssen keine Reliquien des Buddha mehr eingeschreint werden. Warum dies? In diesen ist der vollständige Körper des Tathāgata bereits enthalten. Man soll diesen Stūpas mit Blumen, Weihrauch, Halsketten, duftendem Puder, duftender Salbe, Räucherwerk, seidenen Schirmen und Bannern, Kleidern, Musikvorführungen und Gesang Spenden darbringen, sie verehren, wertschätzen und lobpreisen. Wenn dann jemand diese Stūpas zu sehen bekommt, sich vor ihnen verneigt und ihnen Spenden darbringt, so soll man wissen, dass dieser der Anuttarasamyaksaṃbodhi nahe ist.

Oh *Medizinkönig*! Auch wenn es viele gibt, Laien oder in die Hauslosigkeit Gezogene, die den Weg der Bodhisattvas praktizieren – wenn sie nicht dieses Sūtra vom Lotos des Gesetzes erblicken, hören, lesen, rezitieren, abschreiben, bewahren und ihm Spenden darbringen wollen, dann sollst Du wissen, dass diese den Weg der Bodhisattvas noch nicht auf die richtige Weise praktizieren. Erst diejenigen, die diesem Sūtra Gehör schenken, können den Weg der Bodhisattvas auf die richtige Weise praktizieren. Wenn es unter den Lebewesen, die nach dem Weg des Buddha streben, welche gibt, die dieses Sūtra vom Lotos des Gesetzes erblicken, es vernehmen und, nachdem sie es vernommen haben, Vertrauen und Verständnis fassen und es annehmen und bewahren, dann sollst Du wissen, dass diese der Anuttarasamyaksaṃbodhi nahe sind.

Oh *Medizinkönig*! Angenommen, da wäre einer, der durstig wäre und Wasser bedürfte. Auf einer Hochebene grübe er mit einer Hacke danach; da sähe er, dass der Boden ganz trocken wäre, und begriffe, dass das Wasser noch weit entfernt sei. Er würde sich jedoch weiter anstrengen, bis er sähe, dass der Boden feucht würde, und nach und nach schließlich bis zum Schlamm vordringen. Er würde Entschlossenheit aufbringen, denn er wüsste nun, dass das Wasser bestimmt nahe sei.

Genau so verhält es sich mit dem Weg des Bodhisattva. Solange jemand dieses Sūtra vom Lotos des Gesetzes noch nicht vernommen und verstanden hat und sich noch nicht darin zu üben vermag – dann, sollst Du wissen, ist so ein Mensch noch weit entfernt von der Anuttarasamyaksaṃbodhi. Doch wenn so ein Mensch dieses Sūtra zu hören bekommt, es versteht, darüber nachdenkt und sich darin übt, dann weißt Du ganz sicher, dass er der Anuttarasamyaksaṃbodhi nahekommt. Warum dies? Die Anuttarasamyaksaṃbodhi aller Bodhisattvas beruht auf diesem Sūtra. Dieses Sūtra öffnet das Tor der hilfreichen Mittel und zeigt die Zeichen der Wahrheit auf. Das Schatzhaus dieses Sūtra vom Lotos des Gesetzes ist tiefgründig und tief verborgen, und kein Mensch vermag dorthin zu gelangen. Jetzt aber bekehrt und vervollkommnet der Buddha die Bodhisattvas und öffnet ihnen den Weg.

Oh *Medizinkönig*! Wenn es da Bodhisattvas gibt, die beim Hören dieses Sūtra vom Lotos des Gesetzes erstaunt sind, Zweifel und Furcht hegen, dann sollst Du wissen, dass diese erst gerade die Entschlossenheit aufgebracht haben, Bodhisattvas zu werden. Wenn es da Hörer gibt, die beim Hören dieses Sūtra vom Lotos des Gesetzes erstaunt sind, Zweifel und Furcht hegen, dann sollst Du wissen, dass diese voller Arroganz sind.

Oh *Medizinkönig*! Wenn es da Söhne aus gutem Hause und Töchter aus gutem Hause gibt, die nach dem Verlöschen des Tathāgata dieses Sūtra vom Lotos des Gesetzes der vierfachen Versammlung darlegen wollen, wie sollen sie es dann darlegen? Diese Söhne und Töchter aus gutem Hause sollen in den Raum des Tathāgata eintreten, sich das Gewand des Tathāgata anlegen und sich auf den Sitz des Tathāgata setzen und so der vierfachen Versammlung dieses Sūtra weithin darlegen.

Der ‚Raum des Tathāgata' – das ist der Geist des großen Mitgefühls gegenüber allen Lebewesen. Das ‚Gewand des Tathāgata' – das ist der Geist der Milde und des Ertragens. Der ‚Sitz des Tathāgata' – das ist die Leere aller Daseinsfaktoren. Man sollte ruhig darin verweilen und daraufhin mit unermüdlichem

Geist den Bodhisattvas und der vierfachen Versammlung weithin dieses Sūtra vom Lotos des Gesetzes darlegen.

Oh *Medizinkönig*! Auf wunderbare Weise entsende ich Menschen in andere Länder, die dort Versammlungen abhalten, in denen das Gesetz gehört wird. Und ich entsende auf wunderbare Weise Mönche, Nonnen, Laienanhänger und Laienanhängerinnen, damit sie den Darlegungen des Gesetzes zuhören. Diese durch wunderbare Weise beeinflussten Menschen hören das Gesetz, glauben daran, nehmen es an und befolgen es, ohne dagegen zu verstoßen. Wenn diejenigen, die das Gesetz darlegen, sich an einem abgelegenen und ruhigen Platz aufhalten, dann entsende ich genau dorthin zahlreiche Götter, Nāgas, Geister, Gandharvas, Asuras und andere Wesen, um ihren Darlegungen des Gesetzes zuzuhören. Auch wenn ich in einem anderen Land weile, so werde ich diejenigen, die das Gesetz darlegen, von Zeit zu Zeit meinen Körper erblicken lassen. Wenn sie Sätze aus diesem Sūtra vergessen und stocken, dann werde ich da sein und es ihnen noch einmal darlegen, um es zu vervollständigen."

Da wünschte der Weltverehrte den Sinn des Gesagten noch einmal zu verkünden und sprach die Verse:

Wenn Du alle Nachlässigkeit aufgeben willst,
dann musst Du dieses Sūtra hören.
Es ist schwierig, auf dieses Sūtra zu treffen und es zu hören,
und ihm zu vertrauen ist gleichfalls schwer.
Als ob ein Durstiger, der Wasser braucht,
mit einer Hacke auf einer Hochebene gräbt,
nur trockene Erde sieht
und weiß, dass er noch weit vom Wasser entfernt ist,
allmählich aber feuchte Erde und Schlamm sieht
und dann mit Sicherheit weiß, dass er dem Wasser nahe ist:
Oh *Medizinkönig*! Ebenso – das sollst Du wissen –
sind die Menschen: Wenn sie das
Sūtra vom Lotos des Gesetzes noch nicht gehört haben,
sind sie sehr weit von der Weisheit des Buddha entfernt.
Doch wenn sie dieses tiefgründige Sūtra hören,
welches das Gesetz der Hörer bestimmt,
und wenn sie, nachdem sie diesen König unter allen Sūtras
gehört haben, sorgfältig darüber nachdenken,
dann soll man wissen, dass diese

der Weisheit des Buddha nahe sind.
Wenn jemand dieses Sūtra darlegt,
so soll er in den Raum des Tathāgata eintreten,
das Gewand des Tathāgata anlegen
und sich auf den Sitz des Tathāgata setzen;
er soll ohne Furcht der Versammlung entgegentreten
und es ihr weithin und in Einzelheiten darlegen.
Das große Mitgefühl ist der ‚Raum',
Milde und Duldsamkeit sind das ‚Gewand',
die Leere aller Daseinsfaktoren ist der ‚Sitz' –
darin verweilend lege man das Gesetz dar.
Wenn nun einer dieses Sūtra darlegt
und dann jemand kommt, der einen mit Verleumdungen schmäht,
mit einem Schwert, einem Stock oder Steinen angreift,
so soll man an den Buddha denken und es ertragen.
Ich werde in Myriaden von Ländern
meinen reinen und beständigen Leib erscheinen lassen
und über unermesslich viele Myriaden von Zeitaltern
den Lebewesen das Gesetz darlegen.
Wenn nach meinem Verlöschen
jemand dieses Sūtra darzulegen vermag,
werde ich auf wunderbare Weise die vierfache Versammlung entsenden,
Mönche, Nonnen
und Männer und Frauen von reinem Vertrauen,
die dem Lehrer des Gesetzes Spenden darbringen.
So jemand wird die Lebewesen leiten,
sie versammeln und das Gesetz hören lassen.
Wenn jemand ihm Böses zufügen will,
mit Schwert, Stock und Stein,
dann werde ich mit magischer Kraft Leute entsenden,
die ihm als Schutz dienen.
Wenn derjenige, der das Gesetz darlegt,
allein an einem verlassenen Ort weilt
und in der Stille, in der keine menschliche Stimme zu hören ist,
dieses Sūtra liest und rezitiert,
dann werde ich diesem
meinen reinen und strahlenden Leib erscheinen lassen.
Wenn er einen Satz auslässt,

werde ich diesen darlegen und vervollständigen.
Wenn einer mit diesen Tugenden
es der vierfachen Versammlung darlegt,
und wenn dieser an einem einsamen Ort weilt,
dann werde ich ihn meinen Körper sehen lassen.
Und wenn dieser an einem leeren und stillen Ort weilt,
dann entsende ich Götter und Nāga-Könige,
Yakṣas, Geister und andere
als Versammlung, um ihn das Gesetz darlegen zu hören.
Dieser legt erfreut das Gesetz dar,
in Einzelheiten und ohne Hindernisse,
und weil die Buddhas seiner schützend gedenken,
vermag er die große Versammlung zu erfreuen.
Wenn man dem Lehrer des Gesetzes nahe ist,
wird man schnell den Weg der Bodhisattvas erlangen.
Wenn man diesem Lehrer folgt,
dann wird man Buddhas, so zahlreich wie die Sandkörner in der Gaṅgā, erblicken.

Vierte Rolle

Elftes Kapitel: Das Erscheinen des Juwelenstūpa

Da stand vor dem Buddha ein Stūpa, verziert mit den sieben Kostbarkeiten, fünfhundert Yojana hoch und zweihundertfünfzig Yojana breit. Aus der Erde gesprungen weilte er nun im Luftraum. Alle Arten von Kostbarkeiten schmückten ihn; er besaß fünftausend Geländer und zehn Millionen Kammern; unzählige Banner zierten ihn aufs Prächtigste und ebenso viele Juwelengirlanden hingen herab; Myriaden von Juwelenglocken waren an ihm aufgehängt; von allen vier Seiten strömte der Duft von Tamālapattra und Candana herbei, der die ganze Welt erfüllte; seine Banner und Schirme bestanden aus den sieben Juwelen Gold, Silber, Lapislazuli, Korallen, Achat, Perlen und Karnelien; seine Höhe reichte bis zu den Palästen der vier himmlischen Könige. Die Götter des Trayastriṃśa-Himmels regneten göttliche Māndārava-Blumen herab, um damit dem Juwelenstūpa Spenden darzubringen. Die anderen Myriaden von Göttern, Nāgas, Yakṣas, Gandharvas, Asuras, Garuḍas, Kiṃnaras, Mahoragas, Menschen und Nicht-Menschen brachten dem Juwelenstūpa Spenden dar mit allen Arten von Blumen, Weihrauch, Ketten, Bannern, Schirmen und Musikvorführungen, sie verehrten, wertschätzten und lobpreisten ihn.

Da kam aus dem Juwelenstūpa heraus eine laute preisende Stimme: „Wohlgetan! Wohlgetan! Der Weltverehrte Śākyamuni kann mit unveränderter großer Weisheit das Gesetz für die Bodhisattvas lehren, das Sūtra vom Lotos des Wahren Gesetzes, das von den Buddhas in Erinnerung bewahrt wird, er kann es zum Wohl der großen Gemeinde darlegen! Es ist genau so, wie er es sagt. Alles, was der Weltverehrte Śākyamuni darlegt, ist völlig wahr."

Als da die vierfache Versammlung den großen Juwelenstūpa sah, wie er im Luftraum weilte, und noch dazu aus dem Stūpa heraus die Stimme erschallen hörten, da erlangten sie die Freude des Gesetzes und staunten über all das noch nie zuvor Erlebte. Sie erhoben sich von ihren Sitzen, legten verehrend die Handflächen zusammen und ließen sich auf der Seite nieder.

Da gab es einen Bodhisattva, einen Mahāsattva mit Namen *Große Freude an der Darlegung*, der um all die Zweifel wusste, die die Götter, Menschen,

Asuras und andere in der ganzen Welt im Geiste hegen. Er sagte zum Buddha: „Oh Weltverehrter! Aus welchem Grund ist dieser Juwelenstūpa aus der Erde hervorgesprungen, und warum ertönt diese Stimme aus ihm?“

Da sagte der Buddha zu dem Bodhisattva *Große Freude an der Darlegung*:

„In diesem Juwelenstūpa befindet sich der vollständige Körper eines Tathāgata. Einst, in den östlichen Regionen, unermesslich viele Asaṃkhyeyas von Welten entfernt in einem Land namens *Juwelenrein* gab es einen Buddha namens *Juwelenreich*. Als dieser Buddha den Weg des Bodhisattva übte, da legte er ein großes Gelübde ab: ‚Wenn ich die Buddhaschaft erlangen werde, so wird nach meinem Verlöschen dort, wo in den Ländern der zehn Himmelsrichtungen jemand das Sūtra vom Lotos des Gesetzes darlegt, mein Stūpa plötzlich vor diesem erscheinen, weil dieses Sūtra vernommen worden ist – und ich werde es bezeugen, werde es lobpreisen.‘

Nachdem nun jener Buddha die Erleuchtung erlangt hatte und der Zeitpunkt seines Verlöschens näher kam, da sagte er in einer großen Versammlung von Göttern und Menschen zu den Mönchen: ‚Wenn Ihr nach meinem Verlöschen meinem vollständigen Körper Spenden darbringen wollt, dann sollt Ihr einen großen Stūpa errichten.‘ Durch seine übernatürlichen Fähigkeiten und die Kraft seines Gelübdes lässt dieser Buddha an jedem Ort in den Welten der zehn Himmelsrichtungen, an dem jemand das Sūtra vom Lotos des Gesetzes darlegt, seinen Juwelenstūpa vor diesem ganz aus der Erde springen. Sein vollständiger Körper weilt darin, und er spricht die preisenden Worte: ‚Wohlgetan! Wohlgetan!‘

Oh *Große Freude an der Darlegung*! Der Stūpa des Tathāgata *Juwelenreich* ist jetzt aus der Erde gesprungen, da er vernommen hat, wie das Sūtra vom Lotos des Gesetzes dargelegt wird, und er hat die preisenden Worte: ‚Wohlgetan! Wohlgetan!‘ gesprochen.“

Da sprach der Bodhisattva *Große Freude an der Darlegung*, bewegt durch diese übernatürliche Fähigkeit des Tathāgata, zum Buddha:

„Oh Weltverehrter! Wir wünschen den Körper dieses Buddha zu sehen!“

Der Buddha sprach zu dem Bodhisattva, dem Mahāsattva *Große Freude an der Darlegung*: „Dieser Buddha *Juwelenreich* hat ein tiefgründiges Gelübde abgelegt: ‚Wenn mein Juwelenstūpa plötzlich vor den Buddhas hervorkommt, weil das Sūtra vom Lotos des Gesetzes vernommen wird, und wenn diese meinen Körper der vierfachen Versammlung zeigen möchten, dann sollen sich all jene Buddhas wieder an einem einzigen Ort versammeln, die Teilungskörper jenes Buddha sind und die in den Welten der zehn Himmelsrichtungen das Gesetz darlegen. Danach erst werde ich meinen Körper erscheinen lassen.' Oh *Große Freude an der Darlegung*! Ich werde jetzt die Buddhas versammeln, die meine Teilungskörper sind und die in den Welten der zehn Himmelsrichtungen das Gesetz darlegen."

Große Freude an der Darlegung sagte zum Buddha: „Oh Weltverehrter! Wir wünschen diese Buddhas, die Teilungskörper des Weltverehrten, zu sehen, sie zu grüßen und ihnen Spenden darzubringen."

Da entließ der Buddha aus dem weißen Haarwirbel zwischen seinen Augenbrauen einen Lichtstrahl und die Buddhas der fünfhundert Myriaden Nayutas von Ländern des Ostens wurden sichtbar, so zahlreich wie die Sandkörner des Flusses Gaṅgā. Der Boden all dieser Länder bestand vollständig aus Kristall und sie waren auf das Prächtigste mit Juwelenbäumen und Juwelengewändern ausgestattet. Sie waren erfüllt von unzähligen Myriaden von Bodhisattvas und weithin waren über sie juwelenbesetzte Stoffbahnen und Juwelennetze ausgespannt. Die Buddhas jener Länder legten mit lauter und wunderbarer Stimme die Gesetze dar; unermesslich viele Myriaden von Bodhisattvas erschienen und erfüllten die Länder, um den Lebewesen das Gesetz darzulegen. Im Süden, Westen und Norden, in den vier Zwischenhimmelsrichtungen, unten und oben, an allen Orten, in die der Lichtstrahl des Buddha aus seinem Merkmal des weißen Haarwirbels leuchtete, war es ebenso.

Da sagte jeder der Buddhas der zehn Himmelsrichtungen zu den zahlreichen Bodhisattvas: „Oh Söhne aus gutem Hause! Ich muss mich jetzt in die Sabhā-Welt zum Buddha Śākyamuni begeben, um dem Juwelenstūpa des Tathāgata *Juwelenreich* Spenden darzubringen."

Da wurde die Sabhā-Welt auf einmal rein, ihr Boden bestand aus Kristall und sie war aufs Prächtigste mit Juwelenbäumen geschmückt. Aus Gold waren die Seile, die die acht Straßen abgrenzten; es gab keine Dörfer, Märkte oder Städte, keine Ozeane, Flüsse, Berge und Ströme, Wälder und Gehölze; Juwelenweihrauch wurde reichlich abgebrannt und der Boden war mit Māndārava-Blumen bedeckt. Juwelenbesetzte Stoffbahnen und Netze waren darüber ausgespannt, an denen Juwelenglocken hingen. Allein diese Versammlung blieb hier; alle übrigen Götter und Menschen wurden in andere Gegenden versetzt.

Da begaben sich diese Buddhas, jeder mit einem großen Bodhisattva als Diener, in die Sabhā-Welt unter einen Juwelenbaum. Jeder dieser Juwelenbäume war fünfhundert Yojanas hoch, jeder geschmückt mit Zweigen, Blättern, Blüten und Früchten, alles wohl bemessen. Unter jedem Juwelenbaum stand ein Löwensitz, fünfhundert Yojanas hoch, ebenfalls mit großen Juwelen geschmückt.

Da setzen sich all die Buddhas mit verschränkten Beinen jeweils auf einen

Sitz und füllten so nacheinander dreitausend große Welten aus; aber da waren noch nicht einmal die Teilungskörper des Buddha Śākyamuni, die nur aus der einen Himmelsrichtung herbeikamen, an ein Ende gelangt.

Da erschuf der Buddha Śākyamuni, weil er Raum schaffen wollte für all diese Buddhas, die seine Teilungskörper waren, zweihundert Myriaden von Nayutas von Welten in jeder der acht Himmelsrichtungen und machte sie rein, so dass es in ihnen keine Höllen, keine Hungergeister, keine wilden Tiere gab. Auch versetzte er dort alle Götter und Menschen in andere Länder. Der Boden dieser so auf wundersame Weise geschaffenen Länder bestand ebenfalls aus Kristall und sie waren mit Juwelenbäumen geschmückt. Die Bäume waren fünfhundert Yojanas hoch und geschmückt mit Zweigen, Blättern, Blüten und Früchten, alles wohl bemessen. Unter den Bäumen standen juwelengeschmückte Löwensitze, fünfhundert Yojanas hoch und mit allen Arten von Juwelen geschmückt. Es gab auch keine Ozeane, keine Flüsse und keine königlichen Gebirge wie Mucilinda-Berge, Mahāmucilinda-Berge, eiserne Ringgebirge, große eiserne Ringgebirge, Sumeru-Berge. Aus all diesen machte er ein einziges Buddhaland, mit einem ebenen Juwelenboden, bespannt mit übereinandergelegten juwelengeschmückten Stoffbahnen, an denen Banner und Schirme hingen. Juwelenweihrauch wurde reichlich abgebrannt und der Boden war mit himmlischen Juwelenblumen bedeckt.

Der Buddha Śākyamuni erschuf, um allen Buddhas, die kommen würden, Sitze zu bereiten, noch einmal in den acht Himmelsrichtungen jeweils zweihundert Myriaden von Nayutas von Welten und machte sie rein, so dass es in ihnen keine Höllen, keine Hungergeister, keine wilden Tiere gab, und versetzte aus ihnen alle Götter und Menschen in andere Länder. Der Boden dieser so auf wunderbare Weise geschaffenen Länder bestand ebenfalls aus Kristall, und sie waren mit Juwelenbäumen geschmückt. Die Bäume waren fünfhundert Yojanas hoch und geschmückt mit Zweigen, Blättern, Blüten und Früchten, alles wohl bemessen. Unter den Bäumen standen juwelengeschmückte Löwensitze, fünfhundert Yojanas hoch und mit allen Arten von Juwelen geschmückt. Es gab auch keine Ozeane, keine Flüsse und keine königlichen Gebirge wie Mucilinda-Berge, Mahāmucilinda-Berge, eiserne Ringgebirge, große eiserne Ringgebirge, Sumeru-Berge. Aus all diesen machte er ein einziges Buddhaland, mit einem ebenen Juwelenboden, bespannt mit übereinandergelegten juwelengeschmückten Stoffbahnen, an denen Banner und Schirme hingen. Juwelenweihrauch wurde reichlich abgebrannt, und der Boden war mit himmlischen Juwelenblumen bedeckt.

Da versammelten sich dort die Buddhas, die Teilungskörper des Śākyamuni, die aus dem Osten angereist waren, aus den hundert Myriaden von Nayutas von Buddhaländern, so zahlreich wie die Sandkörner des Flusses Gaṅgā, jeder Einzelne das Gesetz predigend. Ebenso kamen nacheinander alle Buddhas aus den zehn Himmelsrichtungen und versammelten sich und setzten sich in den acht Himmelsrichtungen nieder.

Da verteilten sich die Buddhas, die Tathāgatas, in jeder Himmelsrichtung über insgesamt vierhundertzehn Myriaden von Ländern. Jeder Buddha setzte sich da unter dem Juwelenbaum auf den Löwensitz. Jeder beauftragte seinen Diener, zum Buddha Śākyamuni zu gehen. Jeder gab seinem Diener Juwelenblumen in die Hand und sagte zu ihm: „Oh Sohn aus gutem Hause! Begib Dich zum Berg Gṛdhrakūṭa, wo der Buddha Śākyamuni weilt, und sage ihm, was ich Dir auftrage: ‚Seid Ihr ohne große Krankheit, ohne großen Beschwerden, wohlauf und glücklich, und ergeht es den Bodhisattvas und den Hörern wohl?' Verstreut dann als Spende diese Blumen über den Buddha und sagt zu ihm: ‚Der Buddha So-und-so möchte diesen Juwelenstūpa öffnen.'"

Alle Buddhas entsandten so ihre Boten. Als da der Buddha Śākyamuni sah, dass sich alle Buddhas, seine Teilungskörper, versammelt hatten und jeder auf einem Löwensitz saß, da erhob er sich von seinem Sitz und verweilte in der Luft. Die gesamte vierfache Versammlung erhob sich und blickte mit aneinandergelegten Handflächen auf den Buddha.

Da öffnete der Buddha Śākyamuni mit den Fingern seiner rechten Hand die mit den sieben Juwelen besetzte Tür des Stūpa, und ein lautes Geräusch drang nach daußen, als ob man den Querbalken entfernt und ein großes Stadttor aufgestoßen hätte. Und sogleich sah diese gesamte Versammlung den Tathāgata *Juwelenreich*, wie er in dem Juwelenstūpa auf seinem Löwensitz saß, mit vollständigem Körper und unbeschadet, wie in tiefer Meditation versunken. Und sie hörten auch, wie er sagte:

„Wohlgetan! Wohlgetan! Oh Buddha Śākyamuni! Wunderbar ist es, wie Du dieses Sūtra vom Lotos des Gesetzes dargelegt hast; ich bin hierhergekommen, um dieses Sūtra zu hören."

Als die vierfache Versammlung da sah, wie der Buddha, der vor unermesslich vielen Myriaden von Zeitaltern verlöscht war, auf diese Weise sprach, da war sie erstaunt über das, was sie bisher noch nicht erfahren hatte, und streute Unmengen von himmlischen Juwelenblumen über dem Buddha *Juwelenreich* und dem Buddha Śākyamuni aus.

Da teilte der Buddha *Juwelenreich* im Juwelenstūpa seinen Sitz, bot eine Hälfte dem Buddha Śākyamuni an und sagte: „Der Buddha Śākyamuni möge sich auf diesen Sitz begeben." Sogleich ging der Buddha Śākyamuni in diesen Stūpa hinein und setzte sich mit verschränkten Beinen auf den halben Sitz.

Als die große Versammlung da die beiden Tathāgatas mit verschränkten Beinen in dem mit den sieben Juwelen geschmückten Stūpa auf dem Löwensitz sitzen sah, da dachte jeder Einzelne: „Die Buddhas sitzen weit oben und entfernt. Mögen doch die Tathāgatas mit ihren übernatürlichen Fähigkeiten uns alle gemeinsam in die Luft erheben."

Sogleich erhob der Buddha Śākyamuni mit seinen übernatürlichen Fähigkeiten die ganze große Versammlung in die Luft und sagte weithin mit lauter Stimme zu der vierfachen Versammlung: „Wer vermag in diesen Sabhā-Ländern ausführlich dieses Sūtra vom Lotos des Wunderbaren Gesetzes darzulegen? Jetzt wahrlich ist es an der Zeit – der Tathāgata wird in nicht ferner Zeit ins Nirvāṇa eingehen. Der Buddha möchte dieses Sūtra vom Lotos des Wunderbaren Gesetzes jemandem anvertrauen, damit es Bestand habe."

Da wünschte der Weltverehrte den Sinn des Gesagten noch einmal zu verkünden und sprach die Verse:

Der heilige Herrscher, der Weltverehrte,
obgleich schon lange verlöscht,
weilt schon in dem Juwelenstūpa
und kommt dennoch um des Gesetzes willen –
oh Ihr Menschen! Warum
strebt Ihr nicht nach dem Gesetz?
Das Verlöschen dieses Buddha
geschah vor unzählbaren Zeitaltern,
aber er, wo auch immer, hört das Gesetz,
da es schwierig ist, mit diesem zusammenzutreffen.
Jener Buddha legte ein ursprüngliches Gelübde ab:
‚Nach meinem Verlöschen
werde ich mich wohin auch immer begeben,
um allzeit das Gesetz zu hören.'
Auch meine Teilungskörper,
diese unzähligen Buddhas,
so zahlreich wie die Sandkörner in der Gaṅgā,
sie kommen und wünschen das Gesetz zu hören.
Um den verlöschten
Tathāgata *Juwelenreich* zu sehen,
geben sie ihre wunderbaren Länder auf

und ihre ganze Schülerschaft,
und Götter, Menschen, Nāgas und Geister
und alle Spendengaben.
Sie sind hierhergekommen,
um sicherzustellen, dass das Gesetz lange besteht.
Damit die Buddhas sich setzen können
versetze ich mit übernatürlicher Kraft
unermesslich viele Mengen an Lebewesen,
reinige die Länder.
Jeder einzelne Buddha
begibt sich an den Fuß eines Juwelenbaums,
prächtig geschmückt mit Lotosblumen
wie ein klarer Teich.
Und am Fuße der Juwelenbäume
sind Löwensitze,
auf die sich die Buddhas setzen,
prächtig geschmückt mit Lichtstrahlen,
als ob in der Dunkelheit der Nacht
eine große Fackel entzündet würde.
Ihren Körpern entströmt ein wundervoller Duft,
der sich in den Ländern der zehn Himmelsrichtungen ausbreitet.
Die Lebewesen sind umfangen von Wohlgeruch
und überwältigt vor Freude,
so als würde ein starker Wind
durch die Äste kleiner Bäume fahren.
Durch diese heilvollen Mittel
stellen sie sicher, dass das Gesetz lange bestehen bleibt.
Ich sage zu der großen Versammlung:
‚Nach meinem Verlöschen –
wer vermag dieses Sūtra
zu behüten,
es zu lesen und darzulegen?
Der möge jetzt, in der Gegenwart der Buddhas,
sein Gelübde ablegen!'
Dieser Buddha *Juwelenreich*,
obgleich schon lange verlöscht,
erhebt durch sein großes Gelübde
sein Löwengebrüll.

Der Tathāgata *Juwelenreich*,
ich selbst
und die Buddhas, die sich auf wunderbare Weise hier versammelt haben,
wir kennen seine Absicht genau.
Oh, Ihr Söhne des Buddha!
Wer vermag das Gesetz zu schützen?
Ein großes Gelübde soll er ablegen,
auf dass es lange Bestand habe.
Derjenige, der das Gesetz dieses Sūtra
zu schützen vermag,
hat somit mir und *Juwelenreich*
Spenden dargebracht.
Dieser Buddha *Juwelenreich*,
weilend in dem Juwelenstūpa,
durchreist allzeit die zehn Himmelsrichtungen
um dieses Sūtra willen
und bringt auch jenen auf wunderbare Weise erschienenen Buddhas
Spenden dar,
die mit ihrem Strahlen alle Welten schmücken.
Wer dieses Sūtra darlegt,
wird mich erblicken,
den Tathāgata *Juwelenreich*
und diese auf wunderbare Weise erschienenen Buddhas.
Oh, Ihr Söhne aus gutem Hause!
Ein jeder möge wahrhaftig nachdenken!
Dies ist eine schwierige Angelegenheit,
der ein großes Gelübde angemessen ist.
Die anderen Sūtras,
so zahlreich wie Sandkörner in der Gaṅgā,
auch wenn Ihr sie alle darlegt,
so ist das noch nicht wirklich schwierig zu nennen.
Wenn Ihr den Berg Sumeru ergreift
und ihn weit wegwerft,
in die endlosen Buddhaländer,
dann ist auch das nicht schwierig zu nennen.
Wenn Ihr mit Euren Zehen
tausend Großwelten bewegt,
sie weit in andere Länder stoßt,

dann ist auch das nicht schwierig zu nennen.
Wenn Ihr auf der höchsten Spitze steht
und den Lebewesen zahllose
andere Sūtras predigt,
dann ist auch das nicht schwierig zu nennen.
Doch wenn Ihr nach dem Verlöschen des Buddha
in der üblen Zeit
dieses Sūtra darlegen könnt –
dies ist in der Tat schwierig!
Angenommen, da gäbe es einen,
der den leeren Luftraum mit seiner Hand ergriffe
und damit umherzöge,
dann ist auch das nicht schwierig zu nennen.
Doch wenn einer, nach meinem Verlöschen,
eigenhändig dieses Sūtra abschreibt und bewahrt
und andere veranlasst es abzuschreiben –
dies ist in der Tat schwierig!
Wenn einer die große Erde
auf einen Zehennagel setzt
und damit in den Brahmahimmel aufsteigt,
dann ist auch das nicht schwierig zu nennen.
Doch wenn einer, nach dem Verlöschen des Buddha,
in der üblen Zeit
nur ein wenig dieses Sūtra liest –
dies ist in der Tat schwierig!
Wenn während des Feuers am Ende eines Zeitalters
einer sich trockenes Gras aufladen würde,
in das Feuer hineinginge und nicht verbrannte,
dann ist auch das nicht schwierig zu nennen.
Doch wenn einer, nach meinem Verlöschen,
dieses Sūtra bewahrt
und es nur einem Menschen darlegt –
dies ist in der Tat schwierig!
Wenn man vierundachtzigtausend
Schatzhäuser des Gesetzes bewahrt,
den Menschen die zwölf Abteilungen
der Sūtras darlegt,
die Hörer

die sechs übernatürlichen Fähigkeiten erlangen lässt –
selbst, wenn man dies vermag,
dann ist das auch nicht schwierig zu nennen.
Doch wenn einer, nach meinem Verlöschen,
dieses Sūtra hören und annehmen kann
und nach seinem tieferen Sinn fragt –
dies ist in der Tat schwierig!
Wenn einer das Gesetz darlegt
und Myriaden von
unermesslich vielen, unzähligen
Lebewesen, so zahlreich wie die Sandkörner der Gaṅgā,
die Arhatschaft erlangen
und alle sechs übernatürlichen Fähigkeiten –
dann ist dies, obgleich von Nutzen,
auch nicht schwierig zu nennen.
Doch wenn einer, nach meinem Verlöschen,
ein Sūtra wie dieses anzunehmen
und beizubehalten vermag –
dies ist in der Tat schwierig!
Um des Buddha-Weges willen
habe ich in unermesslich vielen Ländern,
von Anbeginn bis jetzt,
weithin viele Sūtras dargelegt,
aber unter diesen
ist dieses Sūtra das vortrefflichste.
Wenn jemand es zu bewahren vermag,
so bewahrt er den Körper des Buddha.
Oh, Ihr Söhne aus gutem Hause!
Wer, nach meinem Verlöschen,
kann dieses Sūtra annehmen und bewahren,
es lesen und rezitieren?
Der möge jetzt, in der Gegenwart der Buddhas,
sein Gelübde ablegen!
Es ist schwierig, dieses Sūtra zu bewahren –
wenn einer es nur ein wenig bewahrt,
dann bin ich voll Freude
und ebenso die anderen Buddhas.
Ein solcher Mensch

gewinnt die Bewunderung der Buddhas.
Dies bedeutet wahre Tapferkeit,
dies bedeutet wahren Fleiß.
So einen nennt man den Bewahrer der Regeln,
so einer praktiziert die Dhūtas.
Auf diese Weise wird man schnell
den unübertrefflichen Weg des Buddha erlangen.
Und wer in zukünftigen Existenzen
dieses Sūtra lesen und bewahren kann –
der ist ein wahrer Sohn des Buddha,
weilend in einem reinen und guten Land.
Wer nach dem Verlöschen des Buddha
den Sinn dieses Sūtra erklären kann,
der ist das Auge der Welt,
der Götter und Menschen.
Wer in der schrecklichen Zeit
dieses Sūtra auch nur einen Moment lang darlegen kann,
der verdient es, Spenden zu erhalten
von allen Göttern und Menschen.

Vierte Rolle

Zwölftes Kapitel: Devadatta

Da sprach der Buddha zu den Bodhisattvas und den Göttern, Menschen und der vierfachen Versammlung: „Ich habe unermesslich viele vergangene Zeitalter hindurch ohne Unterlass nach dem Sūtra vom Lotos des Gesetzes gestrebt. Während dieser vielen Zeitalter erschien ich ständig als König eines Reiches, der das Gelübde ablegte, nach der unübertrefflichen Bodhi zu streben. Sein Sinn war nicht nach rückwärts gewandt, und in seinem Wunsch, die sechs Pāramitās zu verwirklichen, übte er sich eifrig und ohne Bedauern im Geben: Ob es nun Elefanten waren oder Pferde, die sieben Kostbarkeiten, Länder oder Städte, Frau und Kinder, Dienerinnen und Gefolge, oder sein eigenes Haupt, seine Augen, sein Mark und sein Gehirn, sein eigenes Fleisch und seine Hände und Füße. Er schonte sein Leben nicht. In dieser Zeit war die Lebensspanne der Menschen noch unermesslich lang. Doch um des Gesetzes willen hatte er den Thron aufgegeben und dem Kronprinzen die Regierungsgeschäfte übertragen, hatte die Trommel geschlagen und erließ Anordnungen, in den vier Himmelsrichtungen das Gesetz zu suchen: ‚Wer vermag mir das Große Fahrzeug darzulegen? Ihm werde ich bis an mein Lebensende Spenden darbringen und ihm dienen.'

Da war ein Seher, der kam und sprach zum König: ‚Ich bin im Besitz des Großen Fahrzeugs mit dem Namen Sūtra vom Lotos des Wunderbaren Gesetzes. Wenn Du Dich mir nicht widersetzt, dann werde ich es Dir predigen.'

Als der König die Worte des Sehers vernommen hatte, da tanzte er vor Freude, folgte dem Seher und versorgte ihn mit allem, was er benötigte: Er sammelte Früchte, schöpfte Wasser, las Feuerholz auf, bereitete ihm Mahlzeiten und bot ihm gar seinen Körper als Bett und Sitz dar, ohne Ermüdungserscheinungen an Geist oder Körper. All das verrichtete er über tausend Jahre hinweg um des Gesetzes willen, strengte sich unermüdlich an und sah zu, dass es dem Seher an nichts fehlte."

Da wünschte der Weltverehrte den Sinn des Gesagten noch einmal zu verkünden und sprach die Verse:

Ich erinnere mich an vergangene Zeitalter,
als ich, im Streben nach dem Großen Gesetz,
zwar König eines weltlichen Reiches war,
doch keine Lust verspürte nach den fünf Begierden.
Stattdessen schlug ich die Glocke, tat in vier Himmelsrichtungen kund:
‚Wer im Besitz des Großen Gesetzes ist
und es mir erklärt und darlegt,
dessen Sklave werde ich sein.'
Da kam der Seher Asita
und sagte zu dem großen König:
‚Ich bin im Besitz des feinen und wunderbaren Gesetzes,
das es nur selten in der Welt gibt.
Wenn Du Dich in Askese üben kannst,
dann werde ich es Dir darlegen.'
Als der König da die Worte des Sehers vernahm,
entstand in seinem Herzen große Freude,
und sogleich folgte er dem Seher,
gab ihm, was er benötigte,
sammelte Feuerholz und Früchte,
die er ihm zu gegebener Zeit verehrungsvoll darbot.
Da er völlig in Gedanken an das Wunderbare Gesetz aufging,
ermüdete er weder am Körper noch im Geist.
Für das Wohl aller Lebewesen
strebte er nach dem Großen Gesetz,
weder sein eigenes Wohl kümmerte ihn,
noch die Erfüllung der fünf Begierden.
Weil er als König eines großen Reiches
unablässig danach strebte, dieses Gesetz zu erlangen,
erlangte er schließlich die Buddhaschaft,
so wie ich es Euch nun darlege.

Der Buddha sagte zu den Mönchen: „Der König damals war ich selbst. Der Seher damals war der, der nun Devadatta ist. Da Devadatta mein wohltätiger Freund war, ließ er mich die sechs Pāramitās, zuwendende Liebe, Mitleid, Freude und Gleichmut verwirklichen, die zweiunddreißig Merkmale und die achtzig Nebenmerkmale, eine Hautfarbe wie rot geschmiedetes Gold, die zehn Kräfte, die vier Furchtlosigkeiten, die vier Bindenden Methoden, die achtzehn Einzigartigkeiten, die übernatürlichen Fähigkeiten und die Kraft des Weges[1] erlangen. Dass ich die Wahre Erleuchtung erlangte und weithin die Lebewesen rette, dies alles ist wegen meines wohltätigen Freundes Devadatta.

Ich verkünde der vierfachen Versammlung, dass Devadatta, nachdem unermesslich viele Zeitalter vergangen sein werden, die Buddhaschaft erlangen wird. Sein Name wird *Götterkönig* sein, ein Tathāgata, ein Verehrungswürdiger, einer der wahres und universelles Wissen hat, Tathāgata, ein Verehrungswürdiger, ein vollständig Wissender, ein Vollendeter im Verstehen und Handeln, ein Wohlgegangener, ein Weltenkundiger, ein unübertrefflicher Herr, ein Zähmer der Menschen, ein Lehrer der Götter und der Menschen, ein Buddha, ein Weltverehrter. Seine Welt wird *Götterweg* heißen. Da wird der Buddha *Götterkönig* zwanzig mittlere Zeitalter in der Welt weilen und den Lebewesen weithin das wunderbare Gesetz darlegen. Lebewesen, so zahlreich wie die Sandkörner im Flusse Gaṅgā, werden die Frucht der Arhatschaft erlangen, unermesslich viele Lebewesen werden ihren Sinn auf die Pratyekabuddhaschaft richten, und Lebewesen, so zahlreich wie die Sandkörner im Flusse Gaṅgā, werden ihren Sinn auf den unübertroffenen Weg richten, erlangen die Duldsamkeit angesichts des Nichtentstehens der Daseinsfaktoren und werden Nichtmehrwiederkehrer. Nach dem Verlöschen des Buddha *Götterkönig* wird das Wahre Gesetz zwanzig mittlere Zeitalter in der Welt bestehen; man wird für seinen vollständigen Körper einen Stūpa, verziert mit den sieben Juwelen, erbauen, der sechzig Yojana hoch ist und vierzig Yojana breit. Alle Götter und Menschen werden dem wunderbaren Stūpa, verziert mit den sieben Juwelen, Spenden darbringen mit allen Arten von Blumen, mit Räucherwerk, duftendem Puder, duftender Salbe, mit Kleidern, Kränzen, Bannern, Juwelenschirmen und ihn mit Musikdarbietungen und Gesang verehren. Unermesslich viele Lebewesen werden die Frucht der Arhatschaft erlangen, unermesslich viele Lebewesen werden zur Pratyekabuddhaschaft erwachen und unvorstellbar viele Lebewesen werden ihren Sinn auf die Bodhi richten und nicht mehr umkehren.“

Der Buddha verkündete den Mönchen: „Wenn da in zukünftigen Zeitaltern ein Sohn aus gutem Hause, eine Tochter aus gutem Hause das Kapitel des Devadatta im Sūtra vom Lotos des Guten Gesetzes vernimmt, wenn ihr Geist rein ist, sie es gläubig verehren und kein Zweifel entsteht, dann werden sie nicht in die Hölle hinabfallen, als Hungergeister oder als Tiere geboren, sondern sie werden in der Gegenwart der Buddhas der zehn Himmelsrichtungen

[1] D. i. die Kraft der Erleuchtung.

geboren. Wo auch immer sie geboren werden, sie werden allzeit dieses Sūtra vernehmen. Wenn sie unter Menschen oder Göttern geboren werden, werden sie unübertrefflich wunderbare Freuden erfahren. Wenn sie in Gegenwart eines Buddha geboren werden, dann werden sie auf wunderbare Weise aus einer Lotosblume geboren."

Da war im Gefolge des Weltverehrten *Juwelenreich* ein Bodhisattva der unteren Regionen namens *Häufung an Weisheit*. Er sagte zum Buddha *Juwelenreich*: „Wir sollten in unser Land zurückkehren."

Der Buddha Śākyamuni sagte zu dem Bodhisattva *Häufung an Weisheit*:

„Oh Sohn aus gutem Hause! Warte noch ein wenig. Da ist ein Bodhisattva namens Mañjuśrī; mit diesem sollst Du zusammentreffen und mit ihm über das wunderbare Gesetz diskutieren – dann kehre in Euer Land zurück."

Da saß Mañjuśrī auf einer tausendblättrigen Lotosblüte, so groß wie ein Wagenrad, und alle mit ihm gekommenen Bodhisattvas saßen ebenfalls auf Lotosblüten. Er war aus dem Meerespalast des Nāga Sāgara hervorgesprungen und hatte sich in der Luft zum Geierberg begeben. Er stieg von der Lotosblüte herunter, begab sich zu den Buddhas und grüßte mit seiner Stirn ehrerbietig die Füße der beiden Weltverehrten. Nachdem er die Begrüßung beendet hatte, begab er sich zum Bodhisattva *Häufung an Weisheit*, tauschte Grüße mit ihm aus und setzte sich zur Seite.

Der Bodhisattva *Häufung an Weisheit* fragte Mañjuśrī: „Nachdem Du zum Palast des Nāga gegangen warst, wie viele Lebewesen hast Du da bekehrt?"

Mañjuśrī sagte: „Deren Zahl ist so unermesslich, nicht zu berechnen, dass kein Mund ihr entsprechen kann und kein Geist sie ermessen kann. Mögest Du ein wenig warten – bald wird es sich von selbst beweisen."

Seine Rede war noch nicht beendet, da sprangen unermesslich viele auf Lotosblüten sitzende Bodhisattvas aus dem Meer hervor, begaben sich zum Geierberg und verweilten im Luftraum. Diese Bodhisattvas waren alle von Mañjuśrī bekehrt und errettet worden. Sie verwirklichten die Übungen der Bodhisattvas und diskutierten gemeinsam über die sechs Pāramitās; ursprünglich hatten sie als Hörer in der Luft die Übungen der Hörer dargelegt, aber jetzt übten sich alle im Mahāyāna, dessen Sinn die Leere der Dinge ist.

Mañjuśrī sagte zu *Häufung an Weisheit*: „Was ich an Bekehrungen im Meer bewirkt habe – hier siehst Du es."

Da sprach der Bodhisattva *Häufung an Weisheit* die preisenden Verse:

Du von großer Weisheit und Tugend, tapferer Held,
hast unermesslich viele Wesen bekehrt und errettet –
jetzt haben wir alle, die große Versammlung
und ich, sie gesehen.
Du predigst den Sinn der wahren Natur der Dinge,
öffnest das Gesetz des Einen Fahrzeugs,
leitest weithin die Lebewesen
und lässt sie schnell die Bodhi erlangen.

Mañjuśrī sagte: „Als ich mich im Meer befand, habe ich allzeit und ausschließlich das Sūtra vom Lotos des Wunderbaren Gesetzes gepredigt."

Der Bodhisattva *Häufung an Weisheit* fragte Mañjuśrī: „Dieses Sūtra ist sehr tiefgründig und wunderbar, ein Juwel unter allen Sūtras, selten zu bekommen in der Welt. Gibt es denn da überhaupt Lebewesen, die die Entschlossenheit aufbringen, dieses Sūtra zu praktizieren und schnell die Buddhaschaft zu erlangen?"

Mañjuśrī sagte: „Da ist die Tochter des Nāga-Königs Sāgara, die gerade acht Jahre alt ist; weise und mit geschärften Sinnen erkennt sie wohl alle karmischen Wurzeln und Taten der Lebewesen, hat die Dhāraṇīs gemeistert und vermag die allertiefsten und geheimsten Schatzkammern anzunehmen und zu bewahren, wie von den Buddhas dargelegt. Sie ist in tiefe Versenkung eingetreten, sie durchdringt alle Daseinsfaktoren und innerhalb eines Augenblickes hat sie ihren Sinn auf die Bodhi gerichtet und wird ein Nichtmehrwiederkehrer; ihre Beredsamkeit ist ungehindert, und in ihrem Mitgefühl denkt sie an alle Lebewesen, als wären es ihre kleinen Kinder. Sie ist voller Verdienste, ihre Gedanken und Äußerungen sind wunderbar und umfassend; sie ist mitfühlend und gütig, ihr Sinnen und Trachten ist milde, und sie vermag die Bodhi zu erlangen."

Der Bodhisattva *Häufung an Weisheit* sagte: „Ich habe gesehen, dass der Tathāgata Śākyamuni in unermesslich vielen Zeitaltern unter Mühen Askese geübt, Verdienste angesammelt, Tugenden angehäuft und ohne Unterlass nach dem Weg der Bodhi gestrebt hat. Ich habe gesehen, dass es in dreitausend Großtausenden von Welten nicht einmal einen Ort so winzig wie ein Senfkorn gibt, an dem dieser Bodhisattva nicht sein Leben für die Lebewesen aufgegeben hat. Danach erst hat er den Weg der Bodhisattvas vollendet. Ich glaube nicht, dass dieses Mädchen in einem Augenblick die Wahre Erleuchtung erlangen kann."

Er hatte diese Überlegungen noch nicht ausgesprochen, da erschien plötzlich die Tochter des Nāga-Königs vor ihm, beugte ehrfürchtig ihr Haupt, stellte sich auf die Seite und sprach die preisenden Verse:

Tief durchdringt er die Zeichen von Vergehen und Verdiensten,
verbreitet seine Strahlen in den zehn Himmelsrichtungen.
Sein wunderbarer und reiner Gesetzeskörper
trägt die zweiunddreißig Merkmale,
und die achtzig Nebenmerkmale
schmücken seinen Gesetzeskörper.
Götter und Menschen blicken ehrfürchtig zu ihm auf,
alle Nāgas und Geister verehren ihn.
Unter allen Arten von Lebewesen
gibt es keine, die ihm nicht Ehrerbietung erweisen.
Nachdem ich ihn gehört hatte, erlangte ich die Bodhi
– der Buddha allein kann dies bezeugen und erkennen.
Ich eröffne die Lehre des Großen Fahrzeugs
und errette die Lebewesen aus dem Leiden.

Zu dieser Zeit sagte Śāriputra zu dem Nāga-Mädchen: „Du behauptest, dass Du in solch kurzer Zeit den unübertrefflichen Weg erlangt hättest. Das ist schwer zu glauben. Warum das so ist? Der weibliche Körper ist voll Schmutz und kein Gefäß für das Gesetz. Wie könntest Du da die unübertreffliche Bodhi erlangen? Der Weg zur Buddhaschaft erstreckt sich weithin, und über unermesslich viele Zeitalter hinweg muss man sich der Askese befleißigen, Taten anhäufen und alle Pāramitās üben. Danach erst erlangt man sie. Außerdem hat der Körper einer Frau fünf Hindernisse. Zum ersten kann sie nicht zum Götterkönig Brahma werden, zum zweiten nicht zum Götterherrscher Śakra, zum dritten nicht zum König Māra, zum vierten nicht zu einem Heiligen Raddreherkönig und zum fünften nicht den Körper eines Buddha erlangen. Wie dann soll man im Körper einer Frau so schnell die Buddhaschaft erlangen?"

Da aber besaß das Nāga-Mädchen einen Edelstein, so wertvoll wie dreitausend Großtausende von Welten, den sie dem Buddha entgegenhielt. Der Buddha nahm diesen sogleich an. Das Nāga-Mädchen sagte zum Bodhisattva *Häufung an Weisheit* und zum Ehrenwerten Śāriputra: „Ich habe den Edelstein dem Weltverehrten als Geschenk gegeben, und er hat ihn angenommen. War das schnell?"

Sie antworteten: „Sehr schnell."

Das Mädchen sagte: „Verwendet Eure übernatürlichen Fähigkeiten, um zu sehen, wie ich sogar noch schneller die Buddhaschaft erlange!"

Da sah die ganze Versammlung, wie das Nāga-Mädchen sich ganz plötzlich in einen Mann verwandelte, die Übungen der Bodhisattvas verwirklichte, sich sogleich in die südliche Welt ohne Befleckungen begab, sich auf eine Lotosblüte aus Juwelen setzte und die Wahre Erleuchtung erlangte. Mit den zweiunddreißig Merkmalen und den achtzig Nebenmerkmalen ausgestattet predigte sie allen Wesen in den zehn Himmelsrichtungen weithin das Wunderbare Gesetz.

Da sahen die Bodhisattvas, die Hörer, die die acht Klassen der Götter, Nāgas sowie andere der acht Arten von Beschützern, Menschen wie Nicht-Menschen der Sabhā-Welt aus der Ferne, wie jenes Nāga-Mädchen die Buddhaschaft erlangte und der damaligen Versammlung von Göttern und Menschen weithin das Gesetz darlegte. Ihre Herzen waren voll großer Freude, und sie verehrten sie aus der Ferne. Unermesslich viele Lebewesen hörten das Gesetz, begriffen es und wurden zu Nichtwiederkehrern. Unermesslich viele Lebewesen erhielten eine Weissagung, dass sie den Weg erlangen würden. Die Welt ohne Befleckungen erbebte sechsfach. Dreitausend Lebewesen in der Sabhā-Welt weilten im Zustand der Nichtwiederkehr, dreitausend Lebewesen richteten ihren Sinn auf die Bodhi und erhielten Weissagungen. Der Bodhisattva *Häufung an Weisheit*, Śāriputra und alle anderen in der Versammlung schwiegen und glaubten es nun.

Vierte Rolle

Dreizehntes Kapitel: Beharrlichkeit

Zu dieser Zeit begab sich der Bodhisattva, der Mahāsattva *Medizinkönig* zusammen mit dem Bodhisattva, dem Mahāsattva *Große Freude an der Darlegung*, begleitet von zwanzigtausend Bodhisattvas zum Buddha und sie legten folgendes Gelübde ab: „Möge der Weltverehrte sich darum nicht weiter sorgen! Wir werden nach dem Verlöschen des Buddha dieses Sūtra bewahren, lesen, rezitieren und darlegen. Die Wurzeln des Guten bei den Lebewesen der kommenden üblen Zeiten werden immer geringer werden, und ihr Hochmut wird zunehmen; sie werden nach Spenden gieren, und ihre unheilvollen Wurzeln werden sich vermehren. Immer weiter werden sie sich von der Befreiung entfernen, und obgleich sie schwierig zu bekehren sein werden, werden wir mit der Kraft unserer großen Duldsamkeit dieses Sūtra lesen und rezitieren, es bewahren, darlegen, abschreiben, ihm Spenden darbringen, ohne Rücksicht auf unser Leben."

Da gab es in der Versammlung fünfhundert Arhats, die Prophezeiungen erhalten hatten und zum Buddha sagten: „Oh Weltverehrter! Auch wir legen ein Gelübde ab: In anderen Ländern als diesem werden wir weithin dieses Sūtra darlegen."

Außerdem waren da achttausend – solche, die noch lernten, und solche, die nicht mehr lernten –, die Prophezeiungen erhalten hatten. Sie erhoben sich von ihren Sitzen, legten die Handflächen zusammen und wandten sich mit einem Gelübde an den Buddha: „Oh Weltverehrter! Auch wir werden in anderen Ländern als diesem weithin dieses Sūtra darlegen. Warum? Weil die Menschen in dieser Sabhā-Welt verdorben sind, sie immer größeren Hochmut hegen, ihre Verdienste nur dürftig sind, sie leicht erzürnbar, verwirrt und tückisch sind, und ihr Geist nicht aufrichtig ist."

Da erhoben sich die Tante des Buddha, die Nonne Mahāprajāpati, und sechstausend Nonnen – solche, die noch lernten, und solche, die nicht mehr lernten – von ihren Sitzen, legten konzentriert die Handflächen zusammen, blickten zum Antlitz des Erhabenen auf, ohne ihre Augen auch nur einen Augenblick von ihm zu lassen.

Da sagte der Weltverehrte zu Gautamī: „Warum siehst Du den Tathāgata so betrübt an? Weil ich für Deinen Namen noch keine Prophezeiung hinsichtlich der Anuttarasamyaksaṃbodhi gemacht habe? Oh Gautamī! Ich habe zuvor schon für alle Hörer eine umfassende Prophezeiung gemacht. Wenn Du die Prophezeiung für Dich hören möchtest, dann sage ich jetzt, dass Du in zukünftigen Zeiten unter dem Gesetz von achtundsechzigtausend Millionen Buddhas eine große Gesetzeslehrerin sein wirst, und die sechstausend Nonnen - die, die noch lernen, und die, die nicht mehr lernen - werden auch alle Gesetzeslehrerinnen sein. Du wirst auf diese Weise nach und nach dem Weg des Bodhisattva verwirklichen und die Buddhaschaft erlangen. Du wirst *Über dessen Anblick sich alle Wesen freuen* heißen, ein Tathāgata sein, ein Verehrungswürdiger, ein vollständig Wissender, ein Vollendeter im Verstehen und Handeln, ein Wohlgegangener, ein Weltenkundiger, ein unübertrefflicher Herr, ein Zähmer der Menschen, ein Lehrer der Götter und der Menschen, ein Buddha, ein Weltverehrter. Oh Gautamī! Dieser Buddha *Über dessen Anblick sich alle Wesen freuen* wird den sechstausend Bodhisattvas nacheinander eine Prophezeiung über ihre Anuttarasamyaksaṃbodhi machen[1]."

Da dachte die Nonne Yaśodharā, die Mutter des Rāhula: „Der Weltverehrte hat bei seinen Prophezeiungen nur meinen Namen nicht genannt."

Der Buddha sagte zu Yaśodharā: „Du wirst in zukünftigen Zeiten unter dem Gesetz von Myriaden von Buddhas den Bodhisattva-Wandel üben, eine große Lehrerin des Gesetzes sein und allmählich den Weg des Buddha verwirklichen. In einem vortrefflichen Land wirst Du die Buddhaschaft erlangen und *Vollendet mit tausend mal zehntausend leuchtenden Kennzeichen* heißen, ein Tathāgata sein, ein Verehrungswürdiger, ein vollständig Wissender, ein Vollendeter im Verstehen und Handeln, ein Wohlgegangener, ein Weltenkundiger, ein unübertrefflicher Herr, ein Zähmer der Menschen, ein Lehrer der Götter und der Menschen, ein Buddha, ein Weltverehrter. Die Lebensspanne dieses Buddha wird unermesslich viele Asaṃkhyeyas an Zeitaltern betragen."

Da waren die Nonne Mahāprajāpati und die Nonne Yaśodharā zusammen mit ihrem Gefolge voller Freude darüber, empfangen zu haben, was sie bisher noch nicht hatten, und sprachen sogleich in Gegenwart des Buddha die Verse:

---

[1] Kumārajīvas Text ist hier nicht eindeutig, sondern impliziert vom Wortlaut her, dass auch die Bodhisattvas nacheinander Weissagungen machen. Vom Kontext her muss der übersetzte Sinn erschlossen werden.

Der Weltverehrte, der Führer und Lehrer
bringt Göttern und Menschen Frieden;
wir haben die Weissagung vernommen
und unser Geist ist voller Frieden.

Nachdem die Nonnen diese Verse gesprochen hatten, sagten sie zum Buddha: „Oh Weltverehrter! Auch wir können in den Ländern anderer Gegenden weithin dieses Sūtra verbreiten."

Da betrachtete der Weltverehrte die achtzigtausend Myriaden von Nayutas von Bodhisattvas, Mahāsattvas. Diese Bodhisattvas hatten alle den Zustand von Avaivartikas erreicht, das nicht mehr zurücklaufende Rad des Gesetzes gedreht und die Dhāraṇīs erlangt. Sie erhoben sich sogleich von ihren Sitzen, traten vor den Buddha, legten konzentriert die Handflächen zusammen und dachten: „Wenn der Weltverehrte uns die Anweisung geben würde, dieses Sūtra zu bewahren und darzulegen, dann würden wir tun, was der Buddha uns aufträgt, und würden weithin dieses Gesetz verbreiten." Dann dachten sie: „Der Buddha schweigt nun und gibt uns keine Anweisung. Was sollen wir tun?"

Da folgten die Bodhisattvas ehrerbietig dem Willen des Buddha und wünschten zugleich, ihr eigenes Gelübde zu erfüllen. Sie traten vor den Buddha, ließen ihr Löwengebrüll ertönen und legten das Gelübde ab: „Oh Weltverehrter! Wir werden nach dem Verlöschen des Tathāgata in den Welten der zehn Himmelsrichtungen hin- und herwandern und dafür Sorge tragen, dass die Lebewesen dieses Sūtra abschreiben, seinen Sinn annehmen, es bewahren, lesen, rezitieren, erklären, darlegen und es dem Gesetz entsprechend üben und wahrheitsgetreu im Gedächtnis behalten. Dies alles entspricht der Würde des Buddha. Der Weltverehrte wird schon aus der Ferne, von woanders her, über uns wachen."

Da ließen die Bodhisattvas zugleich ihre Stimmen ertönen und sprachen die Verse:

Mögest Du Dich nicht sorgen:
Nach dem Verlöschen des Buddha
werden wir im üblen Zeitalter
des Schreckens und der Furcht weithin predigen.
Viele, die ohne Weisheit sind,
werden uns übel nachreden und uns beschimpfen
oder uns mit Schwertern oder Stöcken angreifen,

doch wir werden es ertragen.
In diesem üblen Zeitalter wird es Mönche geben
mit falscher Weisheit, Hinterhältigkeit und Tücke,
die behaupten, dass sie erlangt hätten, was sie noch gar nicht erlangt haben,
voller Arroganz.
Oder es wird Āraṇyaka-Mönche geben,
die, gewandet in Flicken, in der Einsamkeit weilen
und von sich behaupten, den wahren Weg zu gehen,
doch die anderen Menschen gering schätzen.
Aus Gier nach Gewinn
werden sie den Weißgekleideten[2] das Gesetz darlegen
und von den Leuten verehrt werden,
als ob sie Arhats mit den sechs übernatürlichen Fähigkeiten wären.
Diese Menschen hegen Übles im Geist,
denken ständig an weltliche Dinge,
nennen sich fälschlich Āraṇyaka-Mönche;
sie lieben es, unsere Fehler aufzuzeigen,
und sagen Dinge wie:
‚Diese Mönche
legen aus Gier nach Gewinn
häretische Lehren dar.
Sie schaffen sich ihre Sūtras selbst
und halten die Welt zum Narren.
Um ihres eigenen Ruhmes willen
machen sie mit diesem Sūtra einen Unterschied.[3]‘
Weil diese uns in der großen Versammlung
ständig zu verleumden wünschen,
begeben sie sich zum König des Reiches und zu den Ministern,
zu den Brahmanen und zu den Hausvätern
und zu den anderen Mönchen
und werfen uns Übles vor,
indem sie sagen: ‚Diese Menschen mit falschen Ansichten

---

[2] Laien.
[3] D.h.: zu anderen Lehren und Sūtras.

legen die Lehren der Häretiker dar.'
Da wir aber den Buddha verehren,
erdulden wir diese Böswilligkeiten.
Obwohl wir von ihnen verunglimpft werden mit Worten wie:
‚Sicher werdet Ihr alle Buddhas!',
werden wir solche verunglimpfenden und hochmütigen Reden
geduldig auf uns nehmen.
In dem trüben Zeitalter, in den üblen Zeiten
gibt es viel zu fürchten.
Üble Geister werden von anderen Körpern Besitz ergreifen,
und durch sie werden sie uns beschimpfen und schmähen.
Wir aber glauben ehrerbietig an den Buddha
und werden die Rüstung der Duldsamkeit anlegen.
Um dieses Sūtra darzulegen
werden wir dieses Ungemach erdulden.
Wir hängen nicht an unserem Leben,
sondern sorgen uns um den unübertrefflichen Weg.
Wir werden in zukünftigen Zeiten
schützen und bewahren, was uns der Buddha anvertraut hat.
Dies soll der Weltverehrte wissen.
Die üblen Mönche in den trüben Zeiten
erkennen die hilfreichen Mittel des Buddha nicht,
mit denen er den Umständen entsprechend das Gesetz darlegt.
Man wird uns übel nachreden und harsche Gesichter zeigen,
unzählige Male werden wir davongejagt,
weit weg von Stūpa und Kloster –
solch Ungemach wird uns widerfahren.
Weil wir aber an die Anweisungen des Buddha denken,
werden wir all dies ertragen.
Wenn es in den Dörfern und Städten
welche gibt, die nach dem Gesetz streben,
dann werden wir dorthin gehen
und das Gesetz darlegen, das uns der Buddha anvertraut hat.
Wir sind die Gesandten des Buddha
und weilen ohne Furcht in der Versammlung.
Wir werden das Gesetz gut darlegen
und wünschen, dass der Buddha in Frieden weilt.
Wir legen in der Gegenwart des Buddha

und der Buddhas, die aus den zehn Himmelsrichtungen gekommen sind,
ein solches Gelübde ab.
Der Buddha kennt unsere Gesinnung.

(Vierte Rolle des Sūtra des Lotos des Wunderbaren Gesetzes)

Fünfte Rolle

Vierzehntes Kapitel: Glücklicher Lebenswandel

Zu dieser Zeit sagte Mañjuśrī, der Gesetzesprinz, der Bodhisattva, Mahāsattva zum Buddha: „Oh Weltverehrter! Diese Bodhisattvas führen wahrlich Schwieriges aus. Weil sie dem Buddha ehrerbietig folgen, legen sie das große Gelübde ab, in den zukünftigen üblen Zeiten dieses Sūtra vom Lotos des Gesetzes zu behüten, zu lesen und darzulegen. Oh Weltverehrter! Wie sollen die Bodhisattvas, Mahāsattvas vorgehen, wenn sie in den zukünftigen üblen Zeiten dieses Sūtra darlegen?"

Der Buddha sagte zu Mañjuśrī: „Wenn die Bodhisattvas, Mahāsattvas in den zukünftigen üblen Zeiten dieses Sūtra darzulegen wünschen, dann sollen sie ruhig in den vier Gesetzmäßigkeiten verweilen. Erstens: Sie sollen verweilen am Ort, an dem der Lebenswandel eines Bodhisattva geübt wird, und an ihnen vertrauten Orten – dann vermögen sie den Lebewesen dieses Sūtra darzulegen. Oh Mañjuśrī! Was meine ich mit einem Ort, an dem der Lebenswandel eines Bodhisattva, eines Mahāsattva geübt wird? Wenn ein Bodhisattva, Mahāsattva im Zustand der Duldsamkeit weilt, mild und entgegenkommend ist, nicht schnell in Wut gerät, sich auch nicht aufregt, nicht handelt in Bezug auf die Daseinsfaktoren, sondern die Daseinsfaktoren so betrachtet, wie sie ihren Merkmalen nach wirklich sind, ohne zu handeln und ohne zu unterscheiden – das bezeichnet man als den Ort, an dem der Lebenswandel eines Bodhisattva, Mahāsattva geübt wird.

Was bezeichnet man als einen Ort, mit dem er vertraut ist? Ein Bodhisattva, Mahāsattva verkehrt nicht auf vertrautem Fuße mit Königen, Prinzen, großen Ministern und Amtsvorstehern. Er verkehrt nicht auf vertrautem Fuße mit Häretikern, Asketen, Nirgranthaputras und mit solchen, die weltliche Schriften oder häretische Lobschriften verfassen, und mit Lokāyatas oder solchen, die gegen die Lokāyatas sind. Er verkehrt außerdem nicht mit solchen, die üble Vergnügungsarten, Boxen und Ringen, Tanz[1] und andere Arten von Schaustellereien ausüben. Er verkehrt außerdem nicht mit Caṇḍālas und mit sol-

[1] Kumārajīva benutzt hier die Transliteration von Skt. Naṭa, Chin. Naluo 那羅.

chen, die Schweine, Ziegen, Hühner und Hunde züchten, die jagen und fischen oder andere üble Gebräuche pflegen. Wenn solche Menschen bisweilen herbeikommen, dann soll er ihnen das Gesetz darlegen, aber sich nichts davon erhoffen. Er verkehrt außerdem nicht mit Mönchen und Nonnen, männlichen und weiblichen Laien, die danach streben, Hörer zu werden; man befragt sie weder noch besucht man sie; er hält sich nicht da auf, wo diese wohnen, wandeln oder sich in einer Versammlungshalle aufhalten. Wenn sie bisweilen herbeikommen, so legt er ihnen, je nachdem, was angemessen ist, das Gesetz dar, aber erhofft sich nichts davon.

Oh Mañjuśrī! Außerdem soll ein Bodhisattva, Mahāsattva, wenn er Frauen das Gesetz darlegt, es nicht in einer Weise tun, dass durch ihre Körper Gedanken der Begierde entstehen könnten, und er soll sich auch nicht an ihrem Anblick erfreuen. Wenn er in das Haus eines anderen einkehrt, dann spricht er nicht mit Mädchen, unverheirateten Frauen oder Witwen. Und er verkehrt auch nicht auf vertrautem Fuß mit den fünf Arten von unmännlichen Männern[2]. Er kehrt nicht alleine in das Haus eines anderen ein. Falls es aber die Umstände erfordern, allein einzukehren, dann tut er dies mit seinen ganzen Sinnen auf den Buddha gerichtet. Wenn er einer Frau das Gesetz darlegt, so entblößt er nicht lachend seine Zähne und zeigt auch nicht seine Brust. Er verkehrt nicht einmal um des Gesetzes willen mit ihr auf vertrautem Fuß – und in anderen Angelegenheiten erst recht nicht!

Er findet kein Vergnügen darin, junge Schüler, Novizen oder Kinder aufzuziehen, und findet auch kein Vergnügen darin, denselben Lehrer wie diese zu haben. Er liebt es, allzeit in Meditation zu sitzen und sich an einsamen Orten darin zu üben, seinen Geist zu sammeln. Oh Mañjuśrī! All dies bezeichnet man als den ersten Ort, mit dem er vertraut sein sollte.

Weiterhin betrachtet der Bodhisattva, Mahāsattva alle Daseinsfaktoren ihren wahren Merkmalen entsprechend: Sie sind leer, nicht umkehrbar, nicht veränderbar, nicht zurückschreitend, nicht wendbar. Sie sind ohne Eigenschaften wie der Luftraum, ohne innewohnende Natur, unzugänglich für jegliche Worte. Sie sind ungeboren, unentsprungen, unentstanden. Sie sind ohne Namen, ohne Kennzeichen, ohne Realität. Sie sind unermesslich, grenzenlos, ohne Beschränkung und ohne Hindernis. Nur durch die Kausalität existieren sie und in Umkehr lassen sie entstehen. Deshalb sollte er ständig Freude dabei empfinden, die Merkmale der Daseinsfaktoren auf genau diese Weise zu be-

---

[2] Impotente, Hermaphroditen etc.

trachten. Dies bezeichnet man als den zweiten Ort, mit dem ein Bodhisattva, Mahāsattva vertraut ist."

Da wünschte der Weltverehrte den Sinn des Gesagten noch einmal zu verkünden und sprach die Verse:

Wenn es da in der zukünftigen üblen Zeit
Bodhisattvas gibt
mit furchtlosem Geist,
die dieses Sūtra darzulegen wünschen,
dann sollen sie in Orte der Praxis eintreten
und in Orte, die ihnen vertraut sind.
Sie sollen sich allzeit von Königen,
Prinzen fernhalten,
von Ministern und Amtsvorstehern,
von solchen, die üble und gefährliche Vergnügungen ausüben,
und von Caṇḍālas,
von Häretikern und Asketen.
Sie sollen auch nicht verkehren
mit Menschen von übermäßiger Arroganz,
die dem Kleinen Fahrzeug verhaftet sind,
die den Dreikorb studieren,
mit Mönchen, die die Regeln verletzen,
aber sich Arhats nennen,
und mit Nonnen,
die es lieben, sich zu vergnügen und zu lachen,
die zutiefst den fünf Begierden verhaftet sind,
aber nach dem sofortigen Eintreten in das Verlöschen streben,
und auch mit Laienanhängerinnen sollen sie nicht verkehren.
Mit all diesen Menschen
sollen sie nicht verkehren.
Wenn es Menschen gibt,
die mit gutem Sinn zu
den Bodhisattvas kommen,
um den Weg des Buddha zu hören,
dann legen ihnen die Bodhisattvas,
ohne sich vor etwas zu fürchten
aber auch ohne Erwartungen zu hegen,
das Gesetz dar.

Sie sollen nicht
auf vertrautem Fuß verkehren
mit Witwen, unverheirateten Frauen
und Unmännlichen;
sie sollen auch nicht verkehren
mit Schlächtern, Henkern,
Jägern und Fischern,
mit solchen, die zu ihrem eigenen Nutzen töten und verletzen,
die ihr Leben mit dem Verkauf von Fleisch bestreiten,
oder mit Zuhältern.
Mit all diesen Menschen
sollen sie nicht verkehren.
Mit Gauklern, Ringern,
allen Arten von Schauspielern,
mit frivolen Frauen –
mit all diesen sollen sie nicht verkehren.
Man soll nicht unbegleitet in einem Gebäude weilen
und Frauen das Gesetz darlegen.
Wenn man das Gesetz darlegt,
dann geziemt es sich, nicht herumzualbern und zu lachen;
wenn man in ein Dorf geht und um Almosen bettelt,
dann gehe man zusammen mit einem anderen Mönch;
wenn kein anderer Mönch da ist,
dann konzentriere man sich ganz auf den Buddha.
Dies nennt man dann
einen Ort des richtigen Lebenswandels und einen Ort, mit dem man vertraut sein sollte.
An diesen beiden Orten
kann man glücklich das Gesetz darlegen.
Auch soll man nicht handeln in Bezug auf
höhere, mittlere, niedere Daseinsfaktoren,
bedingte und nicht bedingte,
wahre und nicht wahre Daseinsfaktoren.
Auch unterscheide man nicht:
‚Dies ist ein Mann – dies ist eine Frau.'
Man erlange die Daseinsfaktoren nicht,
erkenne sie nicht, sehe sie nicht –
dies nennt man dann

den Ort, an dem der Lebenswandel des Bodhisattva geübt wird.
Alle Daseinsfaktoren sind
leer und ohne Sein,
ohne Beständigkeit
und auch ohne Entstehen und Vergehen.
Dies nennt man den Ort, mit dem ein weiser Mensch vertraut ist.
Umkehrung und Unterscheidung führen dazu zu denken:
Die Daseinsfaktoren existieren und existieren nicht,
sie sind wirklich und sie sind nicht wirklich,
sie entstehen und sie entstehen nicht.
Weilt man in der Einsamkeit
und übt sich darin, seinen Geist zu sammeln,
verweilt ruhig und ohne sich zu bewegen,
wie der Berg Sumeru,
dann betrachtet man alle Daseinsfaktoren
als ohne Existenz,
ganz wie der Luftraum,
ohne Festigkeit,
ungeboren, unentstanden,
unbeweglich, unumkehrbar,
allzeit verweilend in einer einzigen Form –
dies nennt man den Ort, dem man sich nähern soll.
Wenn ein Mönch
nach meinem Verlöschen
eingeht in diese Orte des Lebenswandels
und in diese Orte, mit denen man vertraut sein soll,
und er dann dieses Sūtra darlegt,
dann wird er keine Schwäche zeigen.
Wenn ein Bodhisattva zu gegebener Zeit
sich in einen stillen Raum begibt
und in rechter Sammlung
gemäß ihrer Bedeutung die Daseinsfaktoren betrachtet,
aus der Versenkung hervorkommt,
und Könige,
Prinzen, Minister, das Volk
und Brahmanen
bekehrt, ihnen predigt
und dieses Sūtra darlegt,

dann ist sein Geist ruhig
und zeigt keine Schwäche.
Oh Mañjuśrī!
Dies nennt man die erste Gesetzmäßigkeit,
in der die Bodhisattvas verweilen sollen,
mit der sie in den zukünftigen Zeiten
das Sūtra vom Lotos des Gesetzes darzulegen vermögen.

Außerdem, oh Mañjuśrī, wenn einer nach dem Verlöschen des Tathāgata in der Endzeit des Gesetzes dieses Sūtra darzulegen wünscht, dann soll er in diesem Lebenswandel des Glücks verweilen. Wenn er mit seinem Mund predigt, wenn er das Sūtra liest, dann soll er kein Vergnügen haben daran, die Fehler der Menschen oder der Sūtras darzulegen; auch soll er nicht die anderen Lehrer des Gesetzes schlechtmachen und nicht über die Fehler und Mängel der anderen Menschen sprechen. Und er soll auch nicht die Hörer mit Namen nennen und ihre Vergehen darlegen; er soll sie auch nicht mit Namen nennen und ihre Stärken loben. Und er soll auch keinen Hass in seinem Geist entstehen lassen. Weil er auf richtige Weise in seinem Geist das Glück praktiziert, werden seine Zuhörer seinen Darlegungen nicht widersprechen. Wenn sie ihm eine schwierige Frage stellen, dann antwortet er nicht mit dem Gesetz des Kleinen Fahrzeugs, sondern erklärt dies nur durch das Große Fahrzeug und lässt sie alle Arten von Weisheit erlangen."

Da wünschte der Weltverehrte den Sinn des Gesagten noch einmal zu verkünden und sprach die Verse:

Ein Bodhisattva erfreut sich allzeit daran,
ruhig das Gesetz darzulegen.
An einem reinen Ort
breitet er seine Sitzmatte aus,
reibt seinen Körper mit Öl ein,
wäscht den Staub ab,
legt ein frisch gewaschenes Gewand an,
ist innerlich und äußerlich rein,
verweilt ruhig auf dem Gesetzessitz
und legt dar, wonach er gefragt wurde.
Den Mönchen,
Nonnen,
männlichen und

weiblichen Laienanhängern,
Königen, Prinzen,
der Schar von Ministern, Beamten und dem Volk
legt er den feinen und wunderbaren Sinn
mit milder Miene dar.
Wenn es da schwierige Fragen gibt,
dann antwortet er dem Sinn entsprechend
mit Methoden und Gleichnissen,
um die Unterschiede darzulegen,
und lässt in ihnen durch diese hilfreichen Mittel
nach und nach den Entschluss
stärker werden,
den Weg des Buddha zu betreten.
Er legt Faulheit
und müßige Gedanken ab,
lässt Kummer hinter sich
und legt mit Mitgefühl das Gesetz dar.
Allzeit, Tag und Nacht legt er
die unübertreffliche Lehre des Weges dar,
mit Methoden und
unermesslich vielen Gleichnissen
zeigt er sie den Lebewesen auf
und lässt sie alle glücklich werden.
Kleider, Bettzeug,
Essen, Trinken und Arznei –
was diese Dinge betrifft,
hegt er keinerlei Erwartungen;
doch sein ganzer Sinn ist gerichtet auf
die Gründe, das Gesetz darzulegen,
er gelobt den Weg des Buddha zu verwirklichen
und dies auch die Menge erreichen zu lassen –
das wird ihnen zu großem Gewinn gereichen,
es ist eine Spende von Glück.
Wenn es nach meinem Verlöschen
einen Mönch gibt,
der dieses Sūtra vom Lotos des Wunderbaren Gesetzes
darlegen kann,
dessen Geist wird frei sein von Neid und Hass

von Sorge und anderen Beeinträchtigungen.
Niemand wird ihn belästigen
oder beschimpfen.
Er wird zudem ohne Angst sein,
dass er mit Schwert oder Stock angegriffen
oder vertrieben wird,
weil er in Duldsamkeit ruht.
Weise üben
auf solche Weise ihren Geist
und vermögen so im Glück zu verweilen,
wie ich es bereits dargelegt habe.
Die Verdienste dieser Menschen
sind so, dass ich sie in Myriaden von Zeitaltern
nicht vollständig berechnen oder mit Gleichnissen darlegen könnte.

Weiterhin, oh Mañjuśrī: Wenn ein Bodhisattva, Mahāsattva in zukünftigen Zeiten, wenn das Gesetz gerade im Verfall begriffen ist, dieses Sūtra annimmt, bewahrt, liest oder rezitiert, ohne in seinem Geist Neid, Hass oder Falschheit zu hegen – dann darf er auch nicht diejenigen verunglimpfen, die den Weg des Buddha lernen, oder nach ihren Schwächen suchen.

Wenn Mönche, Nonnen, männliche oder weibliche Laienanhänger nach der Hörerschaft streben, nach der Pratyekabuddhaschaft streben, nach dem Weg des Bodhisattva streben, dann soll er sie nicht bekümmern und Zweifel in ihnen erwecken, indem er zu diesen Menschen sagt: ‚Ihr seid noch sehr weit vom Weg des Buddha entfernt und letztlich werdet Ihr keinerlei Weisheit erlangen können. Und warum? Weil Ihr, was den Weg des Buddha betrifft, eitel und faul seid!‘

Auch soll er nicht anzüglich über Gesetze reden, an denen es etwas zu bemängeln gibt. Er soll gegenüber allen Lebewesen den Gedanken des großen Mitgefühls entfalten; gegenüber den Tathāgatas den Gedanken entfalten, dass sie mitleidige Väter sind; gegenüber den Bodhisattvas den Gedanken entfalten, dass sie große Lehrer sind; den großen Bodhisattvas der zehn Himmelsrichtungen soll er allzeit und von tiefstem Herzen Achtung und Verehrung darbringen. Allen Lebewesen soll er in gleichem Maße das Gesetz darlegen – dem Gesetz entsprechend weder zu viel noch zu wenig. Oder aber sollte er nicht denjenigen, die das Gesetz zutiefst lieben, es in größerem Maße als üblich darlegen.

Oh Mañjuśrī! Wenn ein solcher Bodhisattva, Mahāsattva, der in zukünftigen Zeiten, wenn das Gesetz im Verfall begriffen sein wird, diesen dritten glücklichen Lebenswandel verwirklicht hat, dann wird es, wenn er dieses Gesetz darlegt, keine Verwirrung geben, er wird gute Mitschüler finden, mit denen er gemeinsam dieses Sūtra lesen und rezitieren kann. Auch wird eine große Gemeinde zu ihm kommen, um das Sūtra zu hören; nachdem sie es gehört haben, werden sie es bewahren können; nachdem sie es bewahrt haben, werden sie es rezitieren können; nachdem sie es rezitieren können, werden sie es darlegen können; nachdem sie es darlegen können, werden sie es abschreiben oder jemanden abschreiben lassen können, werden sie ihm Spenden darbringen, werden sie es verehren, hochschätzen, preisen können."

Da wünschte der Weltverehrte den Sinn des Gesagten noch einmal zu verkünden und sprach die Verse:

Wenn man dieses Sūtra darzulegen wünscht,
dann soll man Neid, Hass und Hochmut aufgeben,
Falschheit und Verstellung,
und soll sich allzeit in Aufrichtigkeit üben.
Man soll andere nicht scheel anschauen
und nicht anzüglich über die Gesetze reden.
Man soll in anderen keinen Zweifel verursachen,
indem man sagt: ‚Du wirst die Buddhaschaft nicht erlangen!'
Ein Sohn des Buddha legt das Gesetz
allzeit sanft und duldsam dar,
ist voller Mitgefühl
und lässt keinen trägen Sinneswandel aufkommen.
Die großen Bodhisattvas der zehn Himmelsrichtungen
praktizieren den Weg aus Mitleid mit den Wesen.
Man muss ihnen Ehrerbietung erweisen,
und sagen: ‚Diese sind meine großen Lehrer!'
Gegenüber den Buddhas, den Weltverehrten
entfalte man den Gedanken, dass sie unübertrefflich, dass sie Väter sind.
Zerstöre Stolz und Hochmut
und lege ohne Hindernisse das Gesetz dar:
Dies ist die dritte Gesetzmäßigkeit.
Weise sollen diesen glücklichen Lebenswandel
konzentriert behüten
– verehrt von unermesslich vielen Lebewesen.

Weiterhin, oh Mañjuśrī: Wenn dieser Bodhisattva, Mahāsattva, der in zukünftigen Zeiten, wenn das Gesetz im Verfall begriffen sein wird, dieses Sūtra vom Lotos des Gesetzes bewahrt und gegenüber Laien oder gegenüber solchen, die in die Hauslosigkeit gezogen sind, den Geist des großen Mitgefühls entstehen lässt, und gegenüber solchen, die keine Bodhisattvas sind, den Geist des großen Mitgefühls entstehen lässt, dann soll er denken: ‚Diese Menschen haben einen großen Fehler begangen. Der Tathāgata hat mit den passenden hilfreichen Mitteln das Gesetz dargelegt, aber sie hören nicht, erkennen es nicht, erwachen nicht, fragen nicht, glauben nicht, verstehen nicht. Obwohl diese Menschen nicht nach diesem Sūtra fragen, nicht daran glauben, es nicht verstehen, werde ich sie, wenn ich die Anuttarasamyaksaṃbodhi erlangt habe, wo auch immer, mit meinen übernatürlichen Fähigkeiten, mit meiner Weisheit leiten und sie in diesem Gesetz verweilen lassen.‘

Oh Mañjuśrī! Der Bodhisattva, Mahāsattva, der nach meinem Verlöschen diese vierte Gesetzmäßigkeit verwirklicht, der wird, wenn er dieses Gesetz darlegt, keinerlei Fehler begehen. Allzeit werden ihm von den Mönchen, Nonnen, den männlichen und weiblichen Laienanhängern, Königen, Prinzen, Ministern, vom Volk, von den Brahmanen und Haushältern Spenden dargebracht werden, wird er von ihnen verehrt, hochgeschätzt und gepriesen werden. Die Götter des Luftraumes werden ihm, um das Gesetz zu hören, allzeit aufwarten. Egal ob in einem Dorf, in der Stadt, in der Waldeinsamkeit: Er wird, wenn die Menschen zu ihm kommen und ihm schwierige Fragen stellen, von den Göttern von mittags bis nachts beschützt werden, damit er allzeit das Gesetz darlegen kann. Warum ist das so? Weil dieses Sūtra beschützt wird durch die übernatürlichen Kräfte aller Buddhas der Vergangenheit, Gegenwart und Zukunft.

Oh Mañjuśrī! In unermesslich vielen Ländern kann nicht einmal der Name dieses Sūtra vom Lotos des Gesetzes vernommen werden – um wie viel weniger kann es dort erst angenommen, bewahrt, gelesen und rezitiert werden?!

Oh Mañjuśrī! Angenommen, es gäbe da einen mächtigen Raddreher-König, der durch seine Macht die anderen Reiche unterwerfen wollte, die Könige der kleineren Reiche aber gehorchten seinem Befehl nicht. Da würde der Raddreher-König verschiedene Truppen ausheben, um gegen sie vorzugehen und sie zu bestrafen. Wenn der König sähe, dass die Truppen in der Schlacht Erfolg hätten, wäre er hoch erfreut und würde alle gemäß ihren Erfolgen belohnen, indem er ihnen Felder, Häuser, Dörfer, Städte gäbe, oder aber Kleider und Schmuck, oder aber alle Arten von Kostbarkeiten wie Gold, Silber, Lapislazuli, Muscheln, Achat, Korallen und Karnelien, Elefanten und Pferdewägen,

Diener und Sklaven. Nur die leuchtende Perle in seinem Haarknoten, die gäbe er ihnen nicht. Warum dies? Weil diese Perle nur auf dem Haupte eines Königs existiert. Gäbe er sie jemandem, dann wäre das ganze Gefolge des Königs sicherlich sehr verwundert.

Oh Mañjuśrī! So ist es auch mit dem Tathāgata. Er erlangt durch die Kraft seiner Versenkung, seiner Weisheit die Länder des Gesetzes und regiert als König in den drei Welten; aber die Māra-Könige wollen sich nicht unterwerfen. Die weisen Heerführer des Tathāgata kämpfen mit ihnen, und über die, die erfolgreich sind, ist der Buddha hocherfreut. Er legt ihnen inmitten der vierfachen Versammlung die Sūtras dar und entzückt ihren Geist. Er belohnt sie mit der Versenkung, der Befreiung, der Kraft der Wurzeln, die ohne Einströmungen sind, mit den Reichtümern des Gesetzes. Außerdem belohnt er sie mit der Festung des Nirvāṇa und führt sie, indem er ihnen sagt, dass sie das Erlöschen erlangen werden, alle zur Freude. Aber er legt ihnen nicht dieses Sūtra vom Lotos des Gesetzes dar!

Oh Mañjuśrī! So wie der Raddreher-König unter seinen Truppen jemanden sähe, der sich wirklich ausgezeichnet hätte, und sich so sehr freute, dass er daraufhin diese unglaublich schöne Perle, die lange auf seinem Haupte saß und noch nie leichtfertig vergeben wurde, herausnähme und sie diesem Manne gäbe – so ist es auch mit dem Tathāgata. In den drei Welten ist er der große Gesetzeskönig und bekehrt durch die Lehre des Gesetzes alle Lebewesen. Er sieht, wie seine weisen Soldaten die Māras der fünf Daseinsgruppen, die Māras des Leidens und die Māras des Todes mit großem Erfolg und Eifer bekämpfen, die drei Gifte vernichten, die drei Welten verlassen und das Netz Māras zerstören, und da empfindet auch der Tathāgata große Freude. Dieses Sūtra vom Lotos des Gesetzes kann den Lebewesen zu vollständiger Weisheit verhelfen, auch wenn es in der ganzen Welt verhasst und schwierig zu glauben sein mag. Es ist bisher noch nicht dargelegt worden, aber jetzt wird es dargelegt.

Oh Mañjuśrī! Dieses Sūtra vom Lotos des Gesetzes ist das vorzüglichste unter allen dargelegten Sūtras, es ist das tiefgründigste von allen. Ganz zuletzt wird es verliehen, so wie jener mächtige König die leuchtende Perle lange bewahrt hat und sie dann erst weggegeben hatte.

Oh Mañjuśrī! Dieses Sūtra vom Lotos des Gesetzes ist die verborgene Schatzkammer der Buddhas, der Tathāgatas. Unter allen Sūtras ist es das höchste. Lange Zeit wurde es behütet und nicht leichtfertig gepredigt. Angefangen mit dem heutigen Tag aber gebe ich es Euch und verbreite es weithin."

Da wünschte der Weltverehrte den Sinn des Gesagten noch einmal zu verkünden und sprach die Verse:

Übt allzeit Duldsamkeit,
habt Mitleid mit allen
und predigt nach bestem Vermögen
das vom Buddha gepriesene Sūtra.
In zukünftigen Zeiten
sollen die, die dieses Sūtra bewahren,
gegenüber Hausbewohnern oder in die Hauslosigkeit Gezogene,
gegenüber solchen, die keine Bodhisattvas sind,
Mitgefühl aufbringen
und sagen: ‚Wenn sie diesem Sūtra
nicht zuhören, nicht glauben,
dann begehen sie einen großen Fehler.
Wenn ich den Weg des Buddha erlange,
werde ich hilfreiche Mittel anwenden,
ihnen damit dieses Gesetz darlegen
und dafür sorgen, dass sie darin verweilen.‘
Angenommen, da wäre ein mächtiger
Raddreher-König.
Seine Truppen hätten im Kampf Erfolg
und er belohnte sie mit allem Möglichen,
mit Elefanten, Pferdewägen,
mit Schmuckstücken
und Feldern, Häusern,
Dörfern und Städten;
oder er gäbe ihnen Kleider,
verschiedene Kostbarkeiten,
Bedienstete und anderen Besitz –
er freute sich, sie damit zu belohnen.
Doch wenn es da einen Tapferen und Starken gäbe,
der schwer zu Vollbringendes vollbrächte,
dann löste der König aus seinem Haarknoten
die strahlende Perle und belohnte ihn damit.
Mit dem Tathāgata ist es auch so:
Er ist der König der Gesetze,
mit der großen Kraft der Duldsamkeit,
mit dem Schatzhaus der Weisheit ausgestattet,
und durch großes Mitgefühl
bekehrt er die Welt, in Übereinstimmung mit dem Gesetz.

Er sieht, wie alle Menschen
Leiden erfahren,
und wünscht sie zu befreien;
er kämpft mit den Māras
und legt um der Lebewesen willen
die verschiedenen Gesetze dar;
wendet große hilfreiche Mittel an
und legt diese Sūtras dar.
Und sofort nachdem er erkannt hat,
dass die Lebewesen deren Kraft empfangen haben,
legt er ihnen zuallerletzt
dieses Sūtra vom Lotos des Gesetzes dar,
so wie der König aus seinem Haarknoten
die strahlende Perle löste und sie weggab.
Dieses Sūtra ist unter allen Sūtras
als das höchste zu verehren.
Ich habe es allzeit behütet
und nicht achtlos offenbart.
Heute aber ist die rechte Zeit,
um es Euch darzulegen.
Wer nach meinem Verlöschen
nach dem Weg des Buddha strebt,
Frieden erlangen möchte
und dieses Sūtra predigt,
der soll sich dann mit eben diesen
vier Gesetzmäßigkeiten vertraut machen.
Wer dieses Sūtra liest,
wird allzeit ohne Kummer
und ohne Krankheit sein;
seine Hautfarbe wird von frischem Weiß sein;
er wird nicht in Armut geboren werden,
nicht in niedrigem Stand oder mit hässlicher Gestalt;
die Lebewesen werden ihn mit Freuden betrachten
und ihn als Weisen schätzen;
die jungen Söhne der Götter
werden ihm aufwarten;
Schwert und Stock werden ihm nichts anhaben,
und kein Gift wird ihm schaden können.

Wenn ihn Leute beschimpfen,
wird deren Mund verstopft;
er wird ohne Furcht umhergehen
wie ein Löwenkönig;
das Leuchten seiner Weisheit
ist wie das Strahlen der Sonne;
selbst wenn er träumt,
wird er nur Wunderbares erblicken:
Er wird die Tathāgatas sehen,
wie sie auf ihren Löwensitzen sitzen,
und, umgeben von der Mönchsversammlung,
das Gesetz darlegen;
er wird auch Nāgas, Geister
und Asuras sehen,
so zahlreich wie die Sandkörner in der Gaṅgā,
die in Verehrung ihre Handflächen zusammenlegen;
er wird sich selbst sehen,
wie er ihnen das Gesetz darlegt;
und er wird auch Buddhas sehen,
deren Körper mit den goldenen Merkmalen versehen sind
und die unermesslich viele Strahlen aussenden,
mit denen sie alles erhellen,
und die mit Brahma-Stimmen
die Gesetze predigen.
Wenn der Buddha der vierfachen Versammlung
das unübertreffliche Gesetz darlegt,
dann sieht er sich selbst, unter diesen weilend,
den Buddha mit zusammengelegten Handflächen verehren.
Er wird freudig das Gesetz vernehmen
und ihm Spenden darbringen;
er wird die Dhāraṇīs erlangen
und die Weisheit der Nichtmehrwiederkehr bezeugen.
Der Buddha weiß, dass sein Geist
zutiefst in den Weg des Buddha eingegangen ist,
und weissagt ihm sogleich,
dass er das vollständig wahre Erwachen verwirklichen wird:
‚Oh Du Sohn aus gutem Hause!
In zukünftigen Zeiten

wirst Du unermessliche Weisheit erlangen,
den großen Weg des Buddha.
Dein Land wird prächtig sein und rein
und unvergleichlich groß.
Du wirst auch eine vierfache Versammlung haben,
die mit zusammengelegten Handflächen das Gesetz vernimmt.'
Er wird sich selbst in Berg und Wald sehen,
wie er das gute Gesetz praktiziert
und die Merkmale der Wirklichkeit bezeugt,
wie er tief in die Versenkung eingegangen ist.
Er wird die Buddhas der zehn Himmelsrichtungen sehen,
Buddhas mit goldfarbenen Körpern
und geschmückt mit den Zeichen von hundertfachem Heil,
er wird das Gesetz hören und es den Menschen darlegen –
allzeit wird er diese guten Träume haben.
Er wird auch davon träumen, der König eines Reiches zu sein,
der seinen Palast, seine Angehörigen
und die fünf äußerst wunderbaren Begierden aufgibt,
sich zum Platz der Erleuchtung begibt
und unter dem Bodhi-Baum
auf dem Löwensitz weilt,
der sieben Tage lang nach dem Weg strebt
und dann die Weisheit der Buddhas erlangt.
Nachdem er die unübertreffliche Erleuchtung verwirklicht hat,
wird er sich erheben, das Rad des Gesetzes drehen
und der vierfachen Versammlung das Gesetz darlegen,
Myriaden von Zeitaltern hindurch.
Er wird das wunderbare Gesetz, das ohne Einströmungen ist, darlegen,
unermesslich viele Lebewesen erretten
und am Ende ins Nirvāṇa eingehen,
so wie der Rauch aufhört, wenn die Lampe erlischt.
Wenn einer in der kommenden üblen Zeit
dieses vorzüglichste Gesetz darlegt,
so wird dieser großen Nutzen gewinnen,
Verdienste, wie sie zuvor beschrieben wurden.

Fünfte Rolle

Fünfzehntes Kapitel: Das Hervorspringen der Bodhisattvas aus der Erde[1]

Zu dieser Zeit erhoben sich die aus den anderen Ländern herbeigekommenen Bodhisattvas, Mahāsattvas in der großen Versammlung, acht Mal so viel wie die Zahl der Sandkörner im Flusse Gaṅgā, legten grüßend ihre Handflächen zusammen und sagten zum Buddha: „Oh Weltverehrter! Mögest Du zustimmen, dass wir nach Deinem Verlöschen in der Sabhā-Welt dieses Sūtra mit äußersten Kräften beschützen, bewahren, lesen, rezitieren, abschreiben und ihm Spenden darbringen, dass wir es in diesem Land weithin darlegen!"

Da sagte der Buddha zu den Bodhisattvas, Mahāsattvas: „Haltet ein, Ihr Söhne aus gutem Hause! Ihr braucht dieses Sūtra nicht zu beschützen und zu bewahren! Warum? Ich selbst habe Bodhisattvas, Mahāsattvas in dieser meiner Sabhā-Welt sechzigtausend Mal so viele wie es Sandkörner im Flusse Gaṅgā gibt; jeder dieser Bodhisattvas hat Begleiter, sechzigtausend Mal so viele wie es Sandkörner im Flusse Gaṅgā gibt. All diese können nach meinem Verlöschen dieses Sūtra beschützen, bewahren, lesen, rezitieren und weithin darlegen."

Als der Buddha dies sprach, da erbebten alle dreitausend Großtausend von Ländern in der Sabhā-Welt, der Boden tat sich auf, und hervor sprangen gleichzeitig unermesslich viele Tausende von Myriaden von Bodhisattvas, Mahāsattvas, die darin geweilt hatten. Die Körper dieser Bodhisattvas waren von goldener Farbe, sie trugen die zweiunddreißig Merkmale und leuchteten unermesslich. Zuvor hatten sie alle in dem leeren Raum unter der Sabhā-Welt geweilt. Als diese Bodhisattvas die Stimme des Buddha Śākyamuni sprechen gehört hatten, waren sie alle hervorgekommen.

Jeder dieser Bodhisattvas war das leitende Oberhaupt einer großen Versammlung und jeder brachte sechzigtausend Mal so viele Begleiter mit, wie es Sandkörner im Flusse Gaṅgā gibt – gar nicht zu reden von solchen, die fünfzig-, vierzig-, dreißig-, zwanzig- oder zehntausend Mal so viele Begleiter

---

[1] Kumārajīvas Titel enthält im Gegensatz zum Skt.-Titel Bodhisattvapṛthivīvivarasamudgama nicht den Begriff Bodhisattva.

mitbrachten, wie es Sandkörner im Flusse Gaṅgā gibt – oder gar nicht zu reden von solchen mit nur genauso vielen, mit der Hälfte, mit einem Viertel bis hin zu einem Bruchteil von Myriaden von Nayutas von Begleitern wie es Sandkörner im Flusse Gaṅgā gibt – und gar nicht zu reden von solchen mit nur Myriaden von Nayutas von Begleitern – oder mit gar nur Myriaden von Begleitern – oder gar mit nur einer Milliarde bis hin zu nur zehntausend – oder gar mit eintausendeinhundert bis hin zu nur zehn – oder gar zusammen mit fünf, vier, drei, zwei oder einem Schüler – oder aber solche, die allein und freudig an entfernten Orten üben. So unermesslich, unendlich viele waren es, dass man ihre Zahl weder durch Berechnung noch durch Gleichnisse erkennen konnte.

Nachdem diese Bodhisattvas aus der Erde hervorgesprungen waren, begab sich ein jeder zu dem mit den sieben Juwelen geschmückten Stūpa im Luftraum, in dem der Buddha *Juwelenreich* und der Buddha Śākyamuni weilten. Nachdem sie dort angekommen waren, wandten sie sich an die beiden Weltverehrten und grüßten mit ihrer Stirn deren Füße und begaben sich dorthin, wo die Buddhas unter den Juwelenbäumen auf ihren Löwensitzen saßen, und grüßten auch diese, umwandelten sie dreimal und verehrten sie mit zusammengelegten Handflächen und den verschiedenen Arten des Lobpreises der Bodhisattvas. Unter Lobpreisungen ließen sie sich auf einer Seite nieder und betrachteten glückselig die beiden Weltverehrten. Ab dem Zeitpunkt, an dem die Bodhisattvas, Mahāsattvas hervorgekommen waren und mit ihren verschiedenen Arten des Lobpreises die Buddhas gepriesen hatten, vergingen fünfzig kleine Zeitalter.

Während dieser Zeit saß der Buddha Śākyamuni schweigend da und auch die vierfache Versammlung schwieg. Die fünfzig kleinen Zeitalter erschienen der großen Versammlung wegen der übernatürlichen Fähigkeiten des Buddha wie ein halber Tag.

Da sah die vierfache Versammlung – ebenfalls aufgrund der übernatürlichen Fähigkeiten des Buddha –, wie sich die Bodhisattvas im Luftraum von unermesslich vielen Myriaden von Ländern verbreiteten. Unter diesen Bodhisattvas gab es vier wegweisende Meister: Einer hieß *Hervorragender Lebenswandel*, der zweite hieß *Grenzenloser Lebenswandel*, der dritte hieß *Reiner Lebenswandel* und der vierte hieß *Standhafter Lebenswandel*. Diese vier Bodhisattvas waren in der Versammlung die Oberhäupter, die wegweisenden Meister. Ein jeder von diesen legte vor der großen Versammlung die Handflächen zusammen, schaute den Buddha Śākyamuni an und erkundigte sich: „Oh Weltverehrter! Bist Du selten krank, widerfährt Dir selten Kummer, und ist dein Lebenswandel glücklich? Sind diejenigen, die Du erretten musst, leicht zu belehren? Bereiten sie dem Weltverehrten keine Erschöpfung?“

Da sprachen die vier Bodhisattvas die Verse:

Ist der Weltverehrte glücklich,
selten krank und selten bekümmert?
Wird er dessen nicht müde,
die Lebewesen zu bekehren?
Und sind die Lebewesen
leicht zu bekehren?
Erschöpfen sie den Weltverehrten
auch nicht?

Da sprach der Weltverehrte in der großen Versammlung von Bodhisattvas diese Worte: „So ist es! So ist es! Oh Söhne aus gutem Hause! Der Tathāgata ist selten krank, ist selten bekümmert; die Lebewesen sind leicht zu bekehren und zu erretten, und ich bin nicht erschöpft. Warum ist das so? Die Lebewesen haben in der Vergangenheit Generation auf Generation allzeit meine Belehrungen angenommen; sie haben auch den anderen Buddhas der Vergangenheit Spenden dargebracht, sie verehrt und Wurzeln des Heils gepflanzt. Diese Lebewesen haben, als sie mich zum ersten Mal gesehen und meine Darlegungen gehört haben, sogleich alle tiefes Vertrauen in die Weisheit des Tathāgata gefasst – außer denen, die zuvor das kleine Fahrzeug praktiziert haben. Solche Menschen lasse ich nun dieses Sūtra hören und in die Weisheit des Buddha eintreten.“

Da sprachen die großen Bodhisattvas die Verse:

Sehr gut, sehr gut,
oh großer Held, oh Weltverehrter!
Die Lebewesen
sind leicht zu bekehren und zu erretten
und sind fähig, nach der äußerst
tiefgründigen Weisheit der Buddhas zu fragen
und, nachdem sie sie gehört haben, ihr zu vertrauen und sie zu praktizieren.
Daher sind wir glücklich.

Da pries der Weltverehrte diese Oberhäupter, die großen Bodhisattvas, und sagte: „Sehr gut, sehr gut, oh Söhne aus gutem Hause! Ihr wisst, wie Ihr für den Tathāgata in Euren Herzen Freude einziehen lasst."

Da dachten der Bodhisattva Maitreya und eine Menge von Bodhisattvas, achtmal so viel wie es Sandkörner im Flusse Gaṅgā gibt: „Seit Ewigkeiten haben wir weder gesehen noch davon gehört, dass eine solche Menge von Bodhisattvas, Mahāsattvas aus der Erde hervorgesprungen ist und nun vor dem Weltverehrten verweilt und sich mit zusammengelegten Handflächen beim Tathāgata erkundigt hat."

Da wusste der Bodhisattva, Mahāsattva Maitreya, was die Bodhisattvas, achtmal so zahlreich wie die Sandkörner im Flusse Gaṅgā, bei sich dachten, und er wünschte selbst, die Zweifel zu zerstreuen. Er legte die Handflächen zusammen, wandte sich an den Buddha und sprach die Verse:

Eine große Versammlung von unermesslich vielen
Myriaden von Bodhisattvas,
wie man sie bisher noch nicht gesehen hat –
möge der von den zweifüßigen Wesen Verehrte erklären,
woher diese gekommen sind
und aus welchem Grund sie sich versammelt haben.
Von riesiger Körpergröße und von großen übernatürlichen Kräften,
von unvorstellbarer Weisheit,
fest in ihrem Willen sind sie
und mit der Kraft großer Duldsamkeit versehen;
diese, die von den Lebewesen freudig angesehen werden –
woher sind sie gekommen?
Das Gefolge, das jeder einzelne Bodhisattva,
mitgebracht hat,
ist so zahlreich und ohne Ermessen
wie die Sandkörner in der Gaṅgā.
Da gibt es große Bodhisattvas, die haben
sechzigtausend Mal so viele wie Sandkörner in der Gaṅgā mitgebracht,
und diese großen Versammlungen
streben alle einmütig nach dem Weg des Buddha.
Diese großen Lehrer,
sechzigtausend Mal so viele wie Sandkörner in der Gaṅgā,
sind alle gekommen, um dem Buddha Spenden darzubringen
und dieses Sūtra zu schützen und zu bewahren.

Zahlreicher sind gar diejenigen mit einem Gefolge,
das fünfzigtausend Mal so groß ist wie es Sandkörner in der Gaṅgā gibt,
vierzigtausend und dreißigtausend,
zwanzigtausend bis zehntausend,
eintausend, einhundert Mal so groß
oder genauso groß wie es Sandkörner in der Gaṅgā gibt –
oder die Hälfte oder ein Viertel davon,
oder ein Milliardstel.
Solche mit einer Milliarde Nayutas
von Myriaden von Schülern,
bis hin zu einer halben Million –
die sind sogar noch zahlreicher.
Solche mit einer Million bis zehntausend,
eintausend bis einhundert,
fünfzig bis zehn,
bis sogar nur drei, zwei oder einem;
oder solche, die sich allein und ohne Gefolge
an einsamen Plätzen erfreuen:
Sie alle sind zum Buddha gekommen –
und deren Anzahl überschreitet sogar noch die eben Genannten.
Diese Versammlung ist so groß, dass einer, selbst wenn er so viele Zeitalter wie es Sandkörner in der Gaṅgā gibt,
mit dem Abakus rechnen würde,
er niemals zu einem Ergebnis käme.
Diesen ehrwürdigen,
kraftvollen Bodhisattvas –
wer hat ihnen dieses Gesetz dargelegt,
sie belehrt und zur Vollkommenheit gelangen lassen?
Durch wen ist in ihnen das Streben nach Erleuchtung geweckt worden?
Wessen Buddhas Gesetz rühmen sie?
Welches Sūtra nehmen sie an, bewahren und üben sie?
Welchen Weg des Buddha praktizieren sie?
Solche Bodhisattvas,
mit übernatürlichen Fähigkeiten und der Kraft großer Weisheit,
für die die Große Erde erbebt und sich spaltet,
damit sie alle aus ihr hervorspringen können.
Oh Weltverehrter! Die ganze lange Vergangenheit hindurch habe ich
so etwas noch nie zuvor gesehen.

Bitte erkläre mir, woher diese kommen,
nenne mir den Namen des Landes.
Ich bin ständig durch die Länder gereist,
aber habe noch nie zuvor so eine Versammlung gesehen!
Ich kenne in dieser Versammlung
auch nicht einen Einzigen.
Dass sie plötzlich aus der Erde hervorgekommen sind –
bitte erkläre den Grund dafür!
Die große Versammlung von
unermesslich vielen hunderten von Millionen,
all diese Bodhisattvas wünschen nun
diese Dinge zu erfahren,
all die Ursachen, die den Anfang und das Ende bewirkt haben
für diese Menge von Bodhisattvas.
Oh Weltverehrter, der Du unermesslich viele Tugenden besitzst,
wir bitten Dich, die Zweifel der Versammlung zu zerstreuen!

Da saßen die Buddhas, die Teilungskörper des Buddha Śākyamuni, die aus den unermesslich zahlreichen Myriaden von Ländern anderer Regionen herbeigekommen waren, mit verschränkten Beinen auf den Löwensitzen unter den Juwelenbäumen der acht Himmelsrichtungen. Die Diener dieser Buddhas sahen alle, wie diese große Menge von Bodhisattvas aus der Erde in die vier Himmelsrichtungen von dreitausend Großtausenden von Welten hervorgekommen war und nun im Luftraum weilte. Alle sagten zu ihrem jeweiligen Buddha: „Oh Weltverehrter! Woher ist diese große Menge von unermesslich, unendlich vielen Asaṃkhyeyas von Bodhisattvas gekommen?“

Da sagten die jeweiligen Buddhas zu ihren Dienern: „Oh Söhne aus gutem Hause! Angemessen wäre es, einen Moment zu warten. Da ist ein Bodhisattva, Mahāsattva namens Maitreya, dem der Buddha Śākyamuni geweissagt hat, dass er der nächste zukünftige Buddha sein werde. Er hat bereits gefragt. Der Buddha wird ihm jetzt antworten. So werdet Ihr es von ihm selbst erfahren.“

Da sagte der Buddha Śākyamuni zu dem Bodhisattva Maitreya: „Sehr gut, sehr gut, oh Ajita, dass Du den Buddha in dieser bedeutenden Angelegenheit befragen kannst. Ihr sollt alle konzentriert die Rüstung der Entschlossenheit anlegen und einen festen Willen fassen. Der Tathāgata wünscht jetzt die Weisheit der Buddhas aufzudecken, sie zu predigen, die selbstkontrollierten übernatürlichen Kräfte der Buddhas, die löwenmächtigen Kräfte der Buddhas, die beeindruckenden und großartigen Kräfte der Buddhas.“

Da wünschte der Weltverehrte den Sinn des Gesagten noch einmal zu verkünden und sprach die Verse:

Seid konzentriert und entschlossen,
denn ich möchte Euch diese Angelegenheit erklären.
Verfallt nicht in Zweifel und Reue,
denn die Weisheit des Buddha ist schwer vorstellbar.
Bringt nun die Kraft Eures Vertrauens hervor,
weilt in Duldsamkeit und Güte,
denn ein bisher noch nicht vernommenes Gesetz
werdet Ihr nun zu hören bekommen.
Ich bringe Euch nun Frieden –
Ihr sollt keine Zweifel und keine Furcht mehr hegen!
Der Buddha spricht nur wahre Worte,
und seine Weisheit ist unermesslich.
Das vorzüglichste Gesetz, das er erlangt hat,
ist wahrlich tiefgründig und unerforschbar.
Nun werde ich es Euch darlegen –
hört konzentriert zu!

Nachdem der Weltverehrte diese Verse gesprochen hatte, da sprach er zu dem Bodhisattva Maitreya: „Ich verkünde Dir nun in dieser großen Versammlung, oh Ajita: Ich war es, der, nachdem ich in dieser Sabhā-Welt die Anuttarasamyaksaṃbohi erlangt hatte, diese unermesslich vielen, unzählbaren Asaṃkhyeyas von großen Bodhisattvas, Mahāsattvas bekehrt habe, die aus der Erde hervorgesprungen sind und die Ihr bisher noch nie gesehen habt. Ich habe diese Bodhisattvas geleitet, ihren Geist gezähmt und sie den Sinn nach Erleuchtung entfalten lassen. Diese Bodhisattvas weilten im Luftraum unter dieser Sabhā-Welt und lasen, rezitierten die Sūtras, durchdrangen, durchdachten, analysierten und behielten sie korrekt im Gedächtnis.

Oh Ajita! Diese Söhne aus gutem Hause erfreuen sich nicht daran, in der Menge zu weilen, in der viel geredet wird, sondern sie erfreuen sich allzeit daran, sich an ruhigen Orten anstrengenden Übungen hinzugeben ohne zu rasten und zu verweilen, ohne abhängig zu sein von Menschen und Göttern. Sie erfreuen sich allzeit an tiefgründiger Weisheit und sind frei von Hindernissen. Auch erfreuen sie sich allzeit an dem Gesetz der Buddhas. Konzentriert und voller Energie streben sie nach der unübertrefflichen Weisheit.“

Da wünschte der Weltverehrte den Sinn des Gesagten noch einmal zu verkünden und sprach die Verse:

Oh Ajita! Du sollst wissen,
dass diese großen Bodhisattvas
seit unermesslich vielen Zeitaltern
die Weisheit des Buddha geübt haben.
Sie wurden alle von mir bekehrt;
ich habe sie ihren Sinn auf den großen Weg richten lassen.
Sie alle sind meine Söhne,
weilend in dieser Welt,
die allzeit die Dhūtas praktizieren,
sich ruhige Orte wünschen,
große Versammlungen mit ihrem Lärm aufgeben,
sich nicht daran erfreuen, wenn viel geredet wird.
Auf diese Weise üben sich diese Söhne
in meinem Gesetz des Weges.
Und um Tag und Nacht und allzeit mit Anstrengung
nach dem Weg des Buddha streben zu können,
weilen sie im leeren Raum unter
der Sabhā-Welt.
Die Kraft ihres Willens ist fest,
und sie bemühen sich allzeit um Weisheit,
sie legen die verschiedenen Arten von wunderbaren Gesetzen dar,
und ihr Geist ist ohne Furcht.
Als ich in der Stadt Gayā
unter dem Bodhi-Baum saß,
erlangte ich das höchstvollendete Erwachen
und drehte das Rad des unübertrefflichen Gesetzes.
Danach erst habe ich sie bekehrt
und habe sie den Sinn nach der Erleuchtung entfalten lassen.
Nun verweilen alle auf der Stufe der Nichtmehrwiederkehr,
und alle werden sie die Buddhaschaft erlangen.
Wahr habe ich jetzt gesprochen –
vertraut mir mit vereintem Sinn!
Ich habe seit ewig langen Zeiten
diese Menge bekehrt.

Da entstand in den Herzen des Bodhisattva, Mahāsattva Maitreya und der unermesslich vielen Bodhisattvas Zweifel, und sie waren über dies bisher noch nie da Gewesene erstaunt und dachten: „Wie hat der Weltverehrte in so kurzer Zeit so unendlich viele, unzählige Asaṃkhyeyas von großen Bodhisattvas bekehrt und sie in der Anuttarasamyaksaṃbodhi verweilen lassen."

Und sogleich sagte Maitreya zum Buddha: „Oh Weltverehrter! Als der Tathāgata Prinz war, zog er aus dem Palast der Śākya hinaus, setzte sich nicht weit entfernt von der Stadt Gayā auf den Ort der Erleuchtung und erlangte die Anuttarasamyaksaṃbodhi. Seither sind ungefähr vierzig Jahre vergangen. Oh Weltverehrter! Wie hast Du in nur so kurzer Zeit so viel als Buddha bewerkstelligen können? War es durch die Macht eines Buddha oder durch die Verdienste eines Buddha, dass Du diese unermesslich große Menge von Bodhisattvas bekehren konntest und sie die Anuttarasamyaksaṃbodhi erlangen konnten? Oh Weltverehrter! Selbst wenn einer Myriaden von Zeitaltern hindurch diese Menge von großen Bodhisattvas zählen würde, so würde er damit nicht zu Ende kommen, würde ihre Grenzen nicht erreichen! Diese haben wohl seit ewigen Zeiten in der Gegenwart von unermesslich, unendlich vielen Buddhas die Wurzeln des Guten gepflanzt, den Weg der Bodhisattvas verwirklicht und allzeit Askese geübt. Oh Weltverehrter! So etwas ist für die Welt schwer zu glauben!

Angenommen, da wäre ein Mann, schön an Aussehen und mit schwarzem Haar, fünfundzwanzig Jahre alt, der zeigte auf einen hundert Jahre alten Mann und sagte: ‚Das ist mein Sohn!' Der Hundertjährige aber zeigte auf den Jüngeren und sagte: ‚Das ist mein Vater, der mich erzeugt und aufgezogen hat!', und so fort. Dies wäre schwer zu glauben! Und mit dem, was der Buddha sagt, ist es ebenso.

Es ist wahrlich noch nicht so lange her, seit Du die Erleuchtung verwirklicht hast. Aber diese große Menge von Bodhisattvas hat sich um des Buddha-Weges willen bereits unermesslich viele Myriaden von Zeitaltern hindurch harten Anstrengungen unterworfen, sie sind in unermesslich viele Myriaden von Samādhis eingetreten, herausgetreten, oder haben darin verweilt, haben die großen übernatürlichen Fähigkeiten erlangt und lange Zeit Askese geübt, vermochten sehr gut nacheinander die guten Gesetze üben, waren geschickt in Fragen und Antworten: Sie waren Juwele unter den Menschen wie es sie in der Welt nur äußerst selten gibt. Heute aber sagt der Weltverehrte, dass er erst, als er selbst die Erleuchtung eines Buddha erlangt hatte, ihr Streben auf die Erleuchtung habe richten lassen, sie bekehrt und zur Anuttarasamyaksaṃbodhi geleitet habe.

Der Weltverehrte hat noch nicht so lange die Buddhaschaft erreicht, als dass er diese große verdienstvolle Tat hätte vollbringen können! Wir vertrauen zwar darauf, dass das, was der Buddha den Umständen entsprechend darlegt, dass das, was der Buddha spricht, niemals falsch ist; und dass das, was der Buddha weiß, alldurchdringend ist: Doch wenn in der Zeit nach dem Verlöschen des Buddha jene Bodhisattvas diese Worte hören, die gerade erst ihr Streben auf die Erleuchtung gerichtet haben, dann werden sie ihnen vielleicht nicht vertrauen und diese nicht annehmen – und dadurch Umstände verschulden, die zur Zerstörung des Gesetzes führen. Deshalb, oh Weltverehrter, mögest Du es uns erklären und unsere Zweifel beseitigen, so dass in zukünftigen Zeiten, wenn Söhne aus gutem Hause davon hören, keine Zweifel aufkommen!"

Da wünschte der Bodhisattva Maitreya den Sinn des Gesagten noch einmal zu verkünden und sprach die Verse:

Der Buddha ist einst aus dem Geschlecht der Śākya
in die Hauslosigkeit gezogen, hat sich bei Gayā
am Bodhibaum niedergelassen.
Dies ist noch nicht lange her,
doch diese Söhne des Buddha
sind so unermesslich viele!
Sie haben bereits seit langem den Weg des Buddha geübt
und in den übernatürlichen Kräften verweilt;
sie haben vortrefflich den Weg der Bodhisattvas erlernt,
unbefleckt von weltlichen Daseinsfaktoren,
so wie Lotosblumen im Wasser.
Sie sind aus der Erde hervorgesprungen
und verweilen nun mit verehrungsvollem Herzen
vor dem Weltverehrten.
Dies ist schwer vorstellbar!
Wie kann man es glauben?
Erst vor kurzem hat der Buddha die Erleuchtung erlangt,
aber es sind bereits so viele, die die Vollkommenheit erlangt haben!
Mögest Du die Zweifel der Versammlung zerstreuen
und es uns wahrheitsgetreu und im Einzelnen erklären.
Das ist so, als ob ein junger Mann,
gerade fünfundzwanzig Jahre alt,
einen Hundertjährigen als seinen Sohn ausgäbe,

einen mit weißen Haaren und faltigem Gesicht, und sagte:
‚Dieser ist von mir erzeugt!'
Und der Alte würde sagen: ‚Das ist mein Vater!'
Der Vater jung – der Sohn alt:
Niemand in der Welt würde das glauben!
Mit dem Weltverehrten ist es ebenso:
Erst vor kurzem hat er die Erleuchtung erlangt.
Diese Bodhisattvas aber,
mit festem Willen und nicht schwächlich,
haben schon unermesslich viele Zeitalter lang
den Weg der Bodhisattvas praktiziert,
sind geschickt in Frage und Antwort
und ihr Geist ist ohne Furcht;
ihre Duldsamkeit ist gefestigt,
ihre Aufrichtigkeit besitzt Würde.
Gepriesen von den Buddhas der zehn Himmelsrichtungen
vermögen sie vortrefflich und im Einzelnen das Gesetz darzulegen.
Sie erfreuen sich nicht an Menschenmengen,
ziehen es allzeit vor, an ruhigen Orten zu weilen.
Um nach dem Weg des Buddha zu streben,
verweilen sie im unterirdischen leeren Raum.
Was wir vom Buddha gehört haben,
daran haben wir keinen Zweifel.
Möge der Buddha dies aber für die Zukunft
darlegen und es klarstellen.
Wenn da jemand an diesem Sūtra
zweifelt und nicht daran glaubt,
wird dieser sogleich in eine schlechte Existenzform hinabfallen.
Mögest Du uns dies nun erklären.
Diese unermesslich vielen Bodhisattvas –
wie hast Du sie in so kurzer Zeit
bekehrt, ihr Streben auf die Erleuchtung richten
und sie auf der Stufe der Nichtmehrwiederkehr verweilen lassen?

Fünfte Rolle

Sechzehntes Kapitel: Die Lebensspanne des Tathāgata

Da sagte der Buddha zu den Bodhisattvas und zu der ganzen großen Versammlung:

„Oh Söhne aus gutem Hause! Ihr sollt diesen wahren Worten des Tathāgata vertrauen und sie verstehen!" Und er sprach noch einmal zu der großen Versammlung: „Ihr sollt diesen wahren Worten des Tathāgata vertrauen und sie verstehen!"

Da legten die Bodhisattvas und die große Versammlung die Handflächen zusammen, und mit Bodhisattva Maitreya als ihrem Wortführer sagten sie zum Buddha:

„Oh Weltverehrter! Mögest Du dies darlegen! Wir werden den Worten des Buddha vertrauen." Nachdem sie dies dreimal gesagt hatten, sagten sie noch einmal:

„Mögest Du dies darlegen! Wir werden den Worten des Buddha vertrauen."

Da wusste der Weltverehrte, als sie ihn dreimal gebeten hatten, dass sie nicht aufhören würden, und er sagte zu ihnen: „Vernehmt nun getreulich das Geheimnis und die übernatürlichen Kräfte des Tathāgata: In allen Welten meinen die Götter, Menschen und Asuras, dass der Buddha Śākyamuni jetzt aus dem Palast des Śākya-Klans hinausgezogen ist, sich nicht weit von der Stadt Gayā auf den Ort der Erleuchtung niedergelassen und die Anuttarasamyaksaṃbodhi erlangt hat. Doch, Ihr Söhne aus gutem Hause, in Wahrheit sind unermesslich, unendlich viele Myriaden von Nayutas von Zeitaltern vergangen, seit ich die Buddhaschaft erlangt habe.

Angenommen, jemand würde fünfhundert Myriaden von Nayutas von Asaṃkhyeyas von dreitausend Großtausenden von Welten zu feinem Staub zermahlen und dann durch fünfhundert Myriaden von Nayutas von Ländern ziehen und gerade mal ein Staubkörnchen fallen lassen, und er zöge so weiter nach Osten, bis alle Staubkörnchen aufgebraucht wären. Oh Ihr Söhne aus gutem Hause! Was meint Ihr? Könnte man sich die Zahl dieser Welten vorstellen, könnte man sie berechnen und wissen?"

Der Bodhisattva Maitreya und die anderen sagten zum Buddha: „Oh Weltverehrter! Diese Welten sind so unermesslich, unendlich viele, dass man ihre Zahl weder berechnen, noch durch die Kraft des Geistes ermessen kann. Sogar alle Hörer und Pratyekabuddhas könnten sich mit ihrem Wissen, das ohne Einströmungen ist, ihre genaue Zahl nicht vorstellen, könnten sie nicht erkennen. Und auch wir, die wir auf der Stufe der Avaivartika weilen, können diese Angelegenheit nicht vollständig erfassen. Oh Weltverehrter! So unermesslich, unendlich viele sind diese Welten."

Da sagte der Buddha zu der Menge der großen Bodhisattvas: „Oh Ihr Söhne aus gutem Hause! Ich werde Euch jetzt ganz klar darlegen: Angenommen, all diese Welten, hafte nun ein Staubkörnchen an ihnen oder nicht, würden zu Staub, und ein Staubkörnchen wäre ein Zeitalter. Die Zeit, vor der ich die Buddhaschaft erlangt habe, übersteigt dann diese Zeitalter noch um Myriaden von Nayutas von Zeitaltern.

Seit damals war ich allzeit in dieser Sabhā-Welt, habe das Gesetz dargelegt und gelehrt. Auch an anderen Orten, in Myriaden von Nayutas von Asaṃkheyas von Ländern, habe ich die Lebewesen zum Ziel geführt.

Oh Söhne aus gutem Hause! In dieser Zeit habe ich über den Buddha *Entzünder der Leuchte* gesprochen und über andere und auch beschrieben, wie diese ins Nirvāṇa eingegangen sind. Dies alles habe ich durch hilfreiche Mittel klar unterschieden.

Oh Söhne aus gutem Hause! Wenn die Lebewesen zu mir kommen, dann erblicke ich mit meinem Buddha-Auge das Maß ihres Vertrauens und ob ihre Sinne scharf oder abgestumpft sind – und errette sie dementsprechend. An verschiedenen Orten gebe ich mir andere Namen und unterschiedliche Lebensspannen, und eröffne auch, wann ich ins Nirvāṇa eingehen werde. Ich lege außerdem durch verschiedene hilfreiche Mittel das feine, wunderbare Gesetz dar und vermag in den Herzen der Lebewesen Freude zu erwecken.

Oh Söhne aus gutem Hause! Wenn der Tathāgata sieht, wie sich die Lebewesen an einem kleinen Gesetz erfreuen, schmal an Vorzügen und schwer an Verunreinigungen, dann erklärt er diesen Menschen: ‚Als ich noch jung war, bin ich in die Hauslosigkeit gezogen und habe die Anuttarasamyaksaṃbodhi erlangt.' Aber dass ich wirklich die Buddhaschaft erlangt habe, das liegt schon ewig lange zurück. Ich bekehre die Lebewesen lediglich durch die hilfreichen Mittel, damit ich sie auf den Weg des Buddha führe – deshalb lege ich dies so dar.

Oh Söhne aus gutem Hause! Die Sūtras, die der Tathāgata dargelegt hat, dienen alle dazu, die Lebewesen zu befreien. Mal spricht er über sich selbst, mal über andere; mal zeigt er sich selbst, mal jemand anderen; mal zeigt er die eigenen Taten auf, mal die der anderen – aber alles, was er sagt, ist wahr und nicht falsch.

Warum ist das so? Der Tathāgata erkennt und sieht die Merkmale der drei Welten so, wie sie wirklich sind. Es gibt keine Geburt und keinen Tod, weder Umkehr noch Entkommen, und es gibt auch keine Existenz in der Welt und kein Verlöschen, keine Realität und keine Leere, kein Sosein und kein Anderssein; er sieht die drei Welten nicht so, wie die drei Welten sich sehen. All dies sieht der Tathāgata klar und ohne Fehl.

Weil die Lebewesen alle verschiedene Wesensarten, verschiedene Begierden, verschiedenes Verhalten und verschiedene Gedanken und unterschiedliches Unterscheidungsvermögen haben, und weil ich in ihnen die Wurzeln des Guten entstehen lassen möchte, lege ich ihnen das Gesetz auf verschiedene Weise mit unterschiedlichen Mitteln, Gleichnissen und Redeweisen dar. Von diesen Taten, die ein Buddha vollbringt, habe ich auch nicht einen Moment lang abgelassen.

Seit ich die Buddhaschaft erlangt habe, bin ich auf diese Weise schon unglaublich lange, eine unermesslich viele Asaṃkhyeyas von Zeitaltern andauernde Lebensspanne lang da gewesen, ohne jemals zu verlöschen. Oh Söhne aus gutem Hause! Meine Lebensspanne, in der ich zunächst einmal den Weg eines Bodhisattva übte, ist jetzt noch nicht zu Ende und wird noch die doppelte Zeit dauern. Auch wenn ich jetzt noch nicht wirklich verlöscht bin, so verkünde ich dennoch, dass ich mich entschlossen habe zu verlöschen. Der Tathāgata bekehrt durch dieses hilfreiche Mittel die Lebewesen.

Warum ist das so? Wenn der Buddha lange in der Welt weilt, dann pflanzen Menschen von seichter Tugendhaftigkeit keine Wurzeln des Guten, sondern leben mittellos und in armseligen Verhältnissen, haften den fünf Begierden an und geraten in das Netz von falschen Ansichten und Gedanken. Wenn sie sehen, dass der Tathāgata lange Zeit da ist und nicht verlöscht, dann werden sie eingebildet und nachlässig. Sie können dann nicht mehr erkennen, wie schwierig es ist, mit dem Buddha zusammenzutreffen, und vermögen ihm keine Ehrfurcht zu erweisen.

Deshalb erklärt der Tathāgata als hilfreiches Mittel: ‚Oh Mönche! Ihr sollt wissen, dass es schwierig ist mit den Buddhas zusammenzutreffen, wenn sie in der Welt erscheinen.‘ Warum ist das so? Menschen von seichter Tugendhaftigkeit verbringen unermesslich viele Myriaden von Zeitaltern, ob sie nun den Buddha erblicken oder ob sie ihn nicht erblicken. Deshalb spreche ich zu ihnen die Worte: ‚Der Tathāgata ist schwer zu erblicken.‘ Wenn diese Lebewesen diese Worte hören, werden sie bestimmt auf den Gedanken kommen, dass es schwierig ist, mit dem Buddha zusammenzutreffen, und es wird sie danach verlangen, danach dürsten, den Buddha anzuschauen, und sie werden dann Wurzeln des Guten pflanzen. Deshalb verkündet der Tathāgata sein Verlöschen, obwohl er in Wirklichkeit nicht verlöscht ist.

Weiterhin, oh Söhne aus gutem Hause, ist das Gesetz der Buddhas, der Tathāgatas so beschaffen, dass sie damit die Lebewesen befreien – also wahr und nicht falsch.

Angenommen, da wäre ein guter Arzt, weise und klug, geübt im Anwenden von Medizin, um geschickt alle Krankheiten zu heilen. Dieser hätte viele Söhne, zehn, zwanzig oder gar hundert. Auf Grund einer geschäftlichen Angelegenheit ginge er weit weg in ein anderes Land. Die Söhne würden daraufhin andere[1] giftige Medizin trinken und durch die Medizin würden sie sich wie wild auf dem Boden winden.

Da käme ihr Vater nach Hause zurück; einige der Söhne hätten, nachdem sie das Gift getrunken hätten, ihren Verstand verloren, einige hätten ihn nicht verloren. Als diese aus der Ferne ihren Vater sähen, wären sie sehr froh, knieten sich nieder und begrüßten ihn: ‚Wohlbehalten bist Du zurückgekehrt! Wir haben aus Dummheit und fälschlicherweise giftige Medizin getrunken. Mögest Du uns heilen und uns ein langes Leben schenken!'

Wenn der Vater sähe, dass seine Kinder so litten, da würde er nach Art der Lehrwerke nach vortrefflichen Heilkräutern suchen, genau richtig was Farbe, Duft und Geschmack anbelangt, riebe sie durch ein Sieb, vermischte sie und ließe die Söhne sie einnehmen. Und er sagte: ‚Dies ist sehr gute Medizin, vortrefflich an Farbe, Duft, Geschmack und vollkommen. Ihr könnt sie ruhig einnehmen, dann wird sie schnell Eure Leiden beseitigen und Euch völlig schmerzfrei machen.'

Diejenigen unter seinen Söhnen, die ihren Verstand nicht verloren hätten, sähen, dass dies sehr gute Medizin wäre, vortrefflich an Farbe, Duft, Geschmack und vollkommen, nähmen sie sofort ein, und ihre Krankheit wäre vollständig geheilt. Die anderen aber, die ihren Verstand verloren hätten, würden sich zwar auch freuen, wenn sie ihren Vater kommen sähen, würden ihn begrüßen und darum bitten, ihre Krankheit zu heilen; aber wenn er ihnen die Medizin gäbe, würden sie sie nicht einnehmen wollen. Warum dies? Weil das Gift tief in sie eingedrungen wäre und sie ihren Verstand vollständig verloren

---

[1] D. h.: nicht die Medizin des Vaters.

hätten, würden sie diese Medizin, obwohl vortrefflich an Farbe und Duft, nicht für gut halten.

Der Vater dächte: ‚Diese bedauernswerten Kinder! Wegen des Giftes in ihnen ist ihr Geist völlig verwirrt! Obwohl sie mich gerne sehen und mich bitten, sie zu heilen, wollen sie diese Medizin, die sehr gut an Farbe und Duft ist, nicht einnehmen. Ich muss jetzt ein hilfreiches Mittel einsetzen, um sie dazu zu bringen, diese Medizin einzunehmen.' Darauf sagte er: ‚Ihr sollt wissen, dass ich nun schon gebrechlich und alt bin und dass die Zeit meines Todes gekommen ist. Ich lasse Euch nun diese vorzügliche Medizin zurück. Ihr könnt sie ruhig einnehmen und braucht Euch nicht zu sorgen, dass sich Euer Zustand nicht bessern wird.' Nachdem er sie so belehrt hätte, ginge er wieder in ein anderes Land und schickte einen Boten zurück, der ihnen ausrichtete: ‚Euer Vater ist gestorben.'

Wenn die Söhne da hörten, dass ihr Vater von ihnen gegangen war, da dachten sie voll großem Kummer: ‚Wenn unser Vater hier wäre, so würde er uns bemitleiden und dafür sorgen, dass wir beschützt werden. Nun aber hat er uns aufgegeben und ist fern von uns in einem anderen Land von uns gegangen. Wir sind schutzlose Waisen und keiner ist mehr da, auf den wir uns verlassen könnten!'

Ständig empfänden sie Trauer und schließlich kämen sie wieder zu sich und würden erkennen, dass diese Medizin an Farbe, Geschmack und Duft vortrefflich wäre. Sie nähmen sie sogleich ein, und die durch das Gift verursachte Krankheit wäre vollständig geheilt. Wenn ihr Vater hörte, dass seine Söhne alle Besserung erfahren hätten, kehrte er sofort nach Hause zurück und zeigte sich ihnen.

Oh Söhne aus gutem Hause! Was meint Ihr? Gibt es denn nun jemanden, der sagen könnte, dass dieser gute Arzt das Vergehen der Unwahrheit begangen hätte?"

„Das hat er nicht, oh Weltverehrter!"

Der Buddha sprach: „Ebenso ist es mit mir. Vor unermesslich, unendlich vielen Myriaden von Nayutas von Asaṃkheyas an Zeitaltern habe ich bereits die Buddhaschaft erlangt. Um der Lebewesen willen verkünde ich durch die Kraft der hilfreichen Mittel, dass ich verlöschen werde. Doch niemand kann angesichts dieser Vorgehensweise behaupten, ich hätte die Verfehlung einer Unwahrheit begangen."

Da wünschte der Weltverehrte den Sinn des Gesagten noch einmal zu verkünden und sprach die Verse:

Seit ich die Buddhaschaft erlangt habe
sind zahlreiche Zeitalter vergangen,
unermesslich viele Milliarden
von Asaṃkhyeyas.
Allzeit habe ich unzähligen Millionen von Lebewesen
das Gesetz dargelegt und sie bekehrt,
habe sie den Weg des Buddha betreten lassen,
und dies seit unermesslich vielen Zeitaltern.
Um die Lebewesen zu erretten,
habe ich als hilfreiches Mittel mein Nirvāṇa offenbart,
aber ich verlösche nicht wirklich.
Ich bin immer da, um das Gesetz darzulegen.
Ich bin immer hier,
doch aufgrund meiner übernatürlichen Kräfte
sehen mich die verwirrten Lebewesen nicht,
selbst wenn ich nahe bin.
Wenn die Wesen sehen, dass ich verlöscht bin,
werden sie meinen Reliquien weithin Spenden darbringen,
werden Sehnsucht empfinden
und danach dürsten, mich anzuschauen.
Wenn die Lebewesen dann festes Vertrauen gefasst,
wenn sie aufrichtig sind und milde,
wenn sie konzentriert den Buddha erblicken möchten
ohne Rücksicht auf das eigene Leben,
dann werde ich mit meiner Schar von Mönchen
auf dem Gṛdhrakūṭa-Berg erscheinen.
Ich werde dann den Lebewesen sagen,
dass ich allzeit gegenwärtig und nicht verlöscht bin
und nur auf Grund von hilfreichen Mitteln
manchmal verlöscht erscheine aber doch nicht verlöscht bin,
und dass ich, wenn es in anderen Ländern Lebewesen gibt,
die voll Verehrung und voll Freude im Glauben sind,
auch unter jenen
das unübertreffliche Gesetz darlege.
Doch Ihr habt davon nicht gehört,
deshalb nehmt Ihr an, dass ich verlösche.
Ich sehe, wie die Lebewesen
versunken sind im Leiden,

und daher zeige ich mich ihnen nicht
und lasse sie nach mir dürsten.
Wenn sie sich entsprechend danach sehnen,
erst dann erscheine ich, um das Gesetz darzulegen.
Meine übernatürlichen Kräfte sind dergestalt,
dass ich durch Asaṃkhyeyas von Zeitaltern hindurch
allzeit auf dem Gṛdhrakūṭa-Berg weile
und an anderen Orten auch.
Wenn die Lebewesen das Ende des Zeitalters sehen,
bei dem alles von einem großen Feuer verbrannt wird,
dann ist mein Land sicher
und allzeit bevölkert von Göttern und Menschen,
mit Gärten, Hainen und Pavillons,
die geschmückt sind mit verschiedenen Juwelen,
voller Juwelenbäume mit zahlreichen Blüten und Früchten,
und die Lebewesen wandeln darin voller Glück;
die Götter rühren die göttliche Trommel
und führen viele Musikdarbietungen auf;
es regnet Māndārava-Blüten,
die sich über den Buddha und die große Versammlung verteilen.
Mein reines Land wird nicht zerstört,
auch wenn die Lebewesen es völlig verbrennen sehen,
so voll von Sorge, Angst
und anderen Leiden.
Diese Lebewesen mit ihren Vergehen
durchlaufen wegen ihrer schlechten Taten
Asaṃkhyeya-Zeitalter,
ohne die Namen der Drei Juwelen zu vernehmen.
Wenn sie sich alle in Verdiensten geübt haben,
mild und aufrichtig geworden sind,
dann zeige ich allen hier
meinen Körper und lege das Gesetz dar,
und manchmal erkläre ich dieser Versammlung,
dass die Lebensspanne des Buddha unermesslich ist.
Denjenigen, die erst nach langer Zeit den Buddha erblicken,
erkläre ich, wie schwierig es ist, mit dem Buddha zusammenzutreffen.
So beschaffen ist die Kraft meiner Weisheit,
dass ihre Strahlen unermesslich leuchten.

Diese Lebensspanne über unzählige Zeitalter
habe ich als Folge meines langen Praktizierens erlangt.
Ihr, wenn Ihr denn weise seid,
hegt keine Zweifel!
Ihr sollt diese für alle Zeit abschneiden –
denn der Buddha spricht die Wahrheit und keine Lüge.
So wie man einen Arzt, der geschickt hilfreiche Mittel einsetzt,
und, um seine verrückt gewordenen Kinder zu heilen,
in Wirklichkeit noch lebte, aber mitteilen ließe, er sei tot,
nicht der Unwahrheit bezichtigen kann –
so bin auch ich ein Vater für die Welt,
errette alle, die an Qualen leiden,
und wegen der Verwirrtheit der einfachen Menschen
sage ich, dass ich verlöscht sei, obgleich ich noch da bin.
Denn wenn sie mich allzeit erblicken,
dann werden sie eingebildet,
geben sich dem Müßiggang hin, fallen den fünf Begierden anheim
und fallen in schlechte Existenzformen.
Ich erkenne allezeit, ob die Lebewesen
den Weg praktizieren oder den Weg nicht praktizieren.
Damit ich sie entsprechend ihren Fähigkeiten erlösen kann,
lege ich ihnen auf verschiedene Weise das Gesetz dar.
Ständig richte ich meinen Sinn darauf,
wie ich die Lebewesen
dazu bringen kann, in die unübertroffene Weisheit einzutreten,
damit sie schnell den Körper eines Buddha verwirklichen können.

Fünfte Rolle

Siebzehntes Kapitel: Das Unterscheiden von Verdiensten

Zu dieser Zeit, als die große Versammlung den Buddha darlegen hörte, dass seine Lebensspanne sich über eine unermesslich große Zahl von Zeitaltern erstreckte, da erlangten unermesslich, unendlich viele Asaṃkhyeyas von Lebewesen großen Nutzen.

Da sagte der Weltverehrte zu dem Bodhisattva, dem Mahāsattva Maitreya: „Oh Ajita! Als ich darlegte, wie überaus lange diese Lebensspanne des Tathāgata dauert, erlangten sechshundertachtzigtausend von Myriaden von Nayutas von Lebewesen die Duldsamkeit des Nichtentstehens der Daseinsfaktoren. Außerdem erlangten tausendmal so viele Bodhisattvas, Mahāsattvas die Lehre der Dhāraṇī, mit der sie alles je Gehörte bewahren konnten. Außerdem vermochten so viele Bodhisattvas, Mahāsattvas, wie es Staubkörner in einer Welt gab, freudig das Gesetz darzulegen ohne Hindernis und mit Beredsamkeit. Außerdem vermochten so viele Bodhisattvas, Mahāsattvas, wie es Staubkörner in einer Welt gab, die Dhāraṇīs zu erlangen, mit denen man hunderttausend Myriaden von Drehungen des Dharmarades vollziehen konnte. Außerdem konnten so viele Bodhisattvas, Mahāsattvas, wie es Staubkörner in dreitausend von Großtausenden von Welten gab, das nichtzurückdrehbare Rad des Gesetzes zu drehen. Außerdem konnten so viele Bodhisattvas, Mahāsattvas, wie es Staubkörner in zweitausend mittleren Welten gab, das reine Rad des Gesetzes drehen. Außerdem werden so viele Bodhisattvas, Mahāsattvas, wie es Staubkörner in einem Kleintausend von Welten gibt, nach acht Wiedergeburten die Anuttarasamyaksaṃbodhi erlangen. Außerdem werden so viele Bodhisattvas, Mahāsattvas, wie es Staubkörner in den viermal vier Weltbereichen gibt, nach vier Wiedergeburten die Anuttarasamyaksaṃbodhi erlangen. Außerdem werden so viele Bodhisattvas, Mahāsattvas, wie es Staubkörner in den dreimal vier Weltbereichen gibt, nach drei Wiedergeburten die Anuttarasamyaksaṃbodhi erlangen. Außerdem werden so viele Bodhisattvas, Mahāsattvas, wie es Staubkörner in den zweimal vier Weltbereichen gibt, nach zwei Wiedergeburten die Anuttarasamyaksaṃbodhi erlangen. Außerdem werden so viele Bodhisattvas, Mahāsattvas, wie es Staubkörner in den einfachen vier Weltbereichen gibt, nach einer Wiedergeburt die Anuttarasamyaksaṃbodhi erlangen. Außerdem werden so viele Lebewesen, wie es Staubkörner in acht Welten gibt, ihr Streben auf die Anuttarasamyaksaṃbodhi richten."

Als der Buddha verkündete, dass diese Bodhisattvas, Mahāsattvas den Gewinn des großen Gesetzes erlangt hätten, regnete es im Luftraum Māndārava-Blüten und Mahāmāndārava-Blüten, die über die unermesslich vielen Myriaden von Buddhas verstreut wurden, die auf den Löwensitzen unter den Juwelenbäumen saßen – und sie wurden auch über den Buddha Śākyamuni und den schon lange verloschenen Tathāgata *Juwelenreich* verteilt, die auf ihrem Löwensitz in dem Stūpa aus den sieben Kostbarkeiten saßen; auch wurden sie über alle Bodhisattvas und die vierfache Versammlung verteilt. Weiterhin regnete es fein zerriebenes Sandelholz und Aloe, und im Luftraum ließ die Göttertrommel von sich aus weithin und tief einen wunderbaren Klang ertönen. Außerdem regnete es tausende Arten von Göttergewändern, von denen Ketten aus echten Perlen, aus Maṇi-Perlen, aus Wunschperlen herabhingen, und die sich in die neun Himmelsrichtungen ausbreiteten. In Räuchergefäßen, mit zahlreichen Juwelen besetzt, wurde unbezahlbares Räucherwerk abgebrannt, das von sich aus die große Versammlung als Spende umfing. Über jedem einzelnen Buddha gab es Bodhisattvas, die Banner und Schirme hielten, die nacheinander bis in den Brahma-Himmel reichten. Diese Bodhisattvas sangen mit wunderbaren Stimmen unermesslich viele Verse, die die Buddhas lobpriesen.

Da erhob sich der Bodhisattva Maitreya von seinem Sitz, entblößte seine rechte Schulter, legte die Handflächen zusammen, wandte sich an den Buddha und sprach die Verse:

Der Buddha legt das selten zu erlangende Gesetz dar,
das früher noch nie gehört worden war.
Der Weltverehrte besitzt große Kräfte,
und seine Lebensspanne ist nicht zu ermessen.
Die unzähligen Söhne des Buddha
hören den Weltverehrten, wie er unterscheidet
und die Nutzen des Gesetzes beschreibt, die sie erhalten werden,
und ihre Körper sind erfüllt von Freude.
Einige verweilen auf dem Stand ohne Rückschritt,
einige erlangen die Dhāraṇis,
einige erfreuen sich ohne Hinderung am Darlegen

oder behalten[1] die millionenfachen Wiederholungen (der Lehren).
Es gibt einige Bodhisattvas, so viele wie Staubkörner
in einem Großtausend von Welten,
die alle das nichtzurückdrehbare
Rad des Gesetzes drehen können;
es gibt außerdem Bodhisattvas, so viele wie Staubkörner
in einem mittleren Tausend von Welten,
die alle das reine Rad des Gesetzes
drehen können;
es gibt außerdem Bodhisattvas, so viele wie Staubkörner
in einem Kleintausend von Welten,
die alle noch acht Existenzen zu durchleben haben,
um dann den Weg des Buddha zu verwirklichen;
es gibt außerdem Bodhisattvas,
so viele wie Staubkörner in vier, drei, zwei
der entsprechenden vier Weltgegenden,
die, nach einer jeweiligen Anzahl von Wiedergeburten, die Buddhaschaft verwirklichen werden;
einige Bodhisattvas,
so viele wie Staubkörner in vier Weltgegenden,
werden, nachdem sie eine Wiedergeburt durchlebt haben,
die umfassende Weisheit verwirklichen.
Wenn solche Lebewesen hören,
wie ausgedehnt die Lebensspanne des Buddha ist,
werden sie unermesslich viele reine
Belohnungen ohne Einströmungen erlangen;
außerdem gibt es Lebewesen,
so viele wie Staubkörner in acht Welten,
die, nachdem sie gehört haben, wie der Buddha seine Lebensspanne beschreibt,
ihren Geist auf den unübertrefflichen Weg richten.
Der Weltverehrte predigt ein Gesetz,
das unermesslich und unvorstellbar ist,

[1] Chin. Zongchi 總持 ist hier eine wörtliche Wiedergabe von Skt. Dhāraṇī, zur Wurzel dhṛ, „halten, bewahren“.

Und viele werden daraus Nutzen ziehen,
so unendlich wie der Luftraum.
Es regnet Māndārava-
und Mahāmāndārava-Blüten;
Śakras und Brahmas, so viele wie Sandkörner in der Gaṅgā,
kommen aus unermesslich vielen Buddhaländern herbei;
es regnet Sandelholz und Aloe,
in feinem Pulver herabrieselnd
wie Vögel, die vom Himmel herabfliegen
und sich als Gabe über die Buddhas verstreuen;
Göttertrommeln ertönen ganz von selbst,
füllen den Luftraum mit wunderbaren Klängen;
Millionen Arten von göttlichen Gewändern
wirbeln aus der Luft herab;
In zahlreichen wunderbaren juwelenbesetzten Räuchergefäßen
verbrennt unbezahlbares Räucherwerk,
das ganz von selbst sich überall verbreitet,
als Gabe an die Weltverehrten;
die Menge der großen Bodhisattvas
hält Banner und Schirme, mit den sieben Kostbarkeiten geschmückt,
hohe, wunderbare Millionen Arten davon,
die aneinandergereiht bis in den Brahmahimmel reichen;
vor jedem Buddha
hängen von Juwelenbannern vortreffliche Stoffstreifen,
und die Tathāgatas werden
mit Millionen von Versen gepriesen.
All diese Ereignisse
hatte es früher noch nie gegeben.
Wenn sie hören, wie unermesslich die Lebensspanne des Buddha ist,
sind alle voller Freude;
der Name des Buddha, der in den zehn Himmelsrichtungen vernommen wird,
bringt den Lebewesen vielerlei Nutzen:
Alle sind versehen mit heilvollen Wurzeln,
die ihnen dazu verhelfen, ihr Streben auf den unübertrefflichen Weg zu richten.

Da sagte der Buddha zu dem Bodhisattva, Mahāsattva Maitreya: „Oh Ajita! Wenn es da Lebewesen gibt, die hören, dass die Lebensspanne des Buddha so ausgedehnt ist, und diesem auch nur einen Gedanken lang Vertrauen und Verstehen entgegenbringen können, dann ist deren Verdienst ohne Grenzen. Wenn es da Söhne aus gutem Hause, Töchter aus gutem Hause gibt, die sich um der Anuttarasamyaksaṃbodhi willen achtzig Myriaden von Nayutas von Zeitaltern hindurch in den fünf Pāramitās üben: in der Dāna-Pāramitā, der Śīla-Pāramitā, der Kṣānti-Pāramitā, der Vīrya-Pāramitā, der Dhyāna-Pāramitā, aber nicht in der Prajñā-Pāramitā, so werden deren Verdienste nicht einmal dem hundertsten, dem tausendsten, dem milliardsten Teil der Verdienste der vorher Genannten gleichkommen – so unerfassbar für Berechnungen oder Vergleiche sind diese! Dass Söhne aus gutem Hause, Töchter aus gutem Hause, die solche Verdienste erlangt haben, einen Rückschritt von der Anuttarasamyaksaṃbodhi machen, ist unmöglich."

Da wünschte der Weltverehrte den Sinn des Gesagten noch einmal zu verkünden und sprach die Verse:

Wenn jemand nach der Weisheit des Buddha sucht,
so übe er sich eine Zahl von achtzig Myriaden
von Nayutas von Zeitaltern
in den fünf Pāramitās
und bringe während dieser Zeitalter
den Buddhas und den Pratyekabuddhas,
den Schülern und der Menge
der Bodhisattvas Spenden dar:
besondere Speisen und Getränke,
Obergewänder und Bettzeug;
er errichte aus Sandelholz Klöster
und schmücke sie mit Gärten.
Wenn er so diese vielfältigen Spenden verteilt,
allesamt fein und wunderbar,
wird er sich nach Ablauf dieser Zahl von Zeitaltern
hinwenden auf den Weg des Buddha.
Wenn er weiterhin die Regeln einhält,
die rein, ohne Fehler und Einströmungen sind,
und wenn er nach dem unübertroffenen Weg sucht,
der von den Buddhas gepriesen wird;
wenn er sich weiterhin in Beharrlichkeit übt,

eine Haltung der Demut und Milde einnimmt;
wenn ihm allerlei Bosheiten zugefügt werden
und sein Geist dennoch nicht wankt;
wenn andere, die glauben, das Gesetz erlangt zu haben,
über alle Maßen arrogant werden
und er von ihnen mit Geringschätzung verfolgt wird
und dies immer noch geduldig ertragen kann;
und wenn er sich außerdem eifrig bemüht,
in Absicht und Gedanken ständig gefestigt ist
und in unermesslichen Millionen Zeitaltern
vollkommen in sich ruht und keine Nachlässigkeit zeigt;
wenn er auch in unzähligen Zeitaltern
an einsamen und stillen Orten verweilt,
egal ob er sitzt oder umherwandelt,
die Schläfrigkeit abtut und ständig seinen Geist sammelt
und als Ergebnis davon
die Versenkung hervorzubringen vermag;
wenn er durch achtzig Myriaden von Zeitaltern hindurch
ruhig verweilt und sein Geist nicht durcheinander ist,
das Glück dieser geistigen Einheit bewahrt,
den unübertrefflichen Weg zu suchen wünscht
und denkt: ‚Ich habe die umfassende Weisheit erlangt
und die Grenzen der Versenkung erschöpft!'
Wenn dieser Mensch sich
über Myriaden von Zeitaltern hindurch
in diesen Verdiensten übt,
wie oben dargelegt worden ist:
Die Söhne und Töchter aus gutem Hause,
die mich meine Lebensspanne haben darlegen hören
und nur einen Gedanken lang darauf vertrauen,
erlangen ein Heil, welches das von jenem Menschen übertrifft!
Wer völlig frei ist
von Zweifeln und von Reue,
wer tiefen Herzens einen Augenblick lang vertraut,
wird er ein solches Heil erlangen.
Diese Bodhisattvas,
die über unermesslich viele Zeitalter den Weg geübt haben,
können, wenn sie mich meine Lebensspanne darlegen hören,

darauf vertrauen und es annehmen.
Diese Menschen
werden ehrfürchtig dieses Sūtra annehmen
und denken: ‚Möge ich doch in Zukunft
über lange Leben hinweg Lebewesen erretten.
So wie heute der Weltverehrte,
der König unter allen Śākyas,
auf dem Ort der Erleuchtung den Löwenruf erklingen lässt
und furchtlos das Gesetz darlegt,
so werden wir in zukünftigen Existenzen,
verehrt von allen,
wenn wir auf dem Ort der Erleuchtung sitzen,
ebenso unsere Lebensspannen darlegen.‘
Wenn es da welche mit tiefsinnigem Geist gibt,
rein und aufrecht,
die viel gehört haben und es umfassend bewahren können,
die die Worte des Buddha ihrem Sinn entsprechend verstehen,
dann werden solche Menschen daran[2] keinen Zweifel haben.

„Weiterhin, oh Ajita – wenn es einen Menschen gibt, der hört, wie ausgedehnt die Lebensspanne des Buddha ist, und den tieferen Sinn dieser Worte versteht, so ist der Verdienst dieses Menschen ohne Grenzen und kann in ihm die unübertreffliche Weisheit des Tathāgata entstehen lassen. Um wie viel mehr aber noch, wenn ein Mensch weithin dieses Sūtra hört, es andere lehrt, es zu hören, es selbst bewahrt oder andere lehrt, es zu bewahren, es selbst abschreibt oder andere lehrt, es abzuschreiben, den Sūtra-Rollen selbst Blumen, Räucherwerk, Girlanden, Banner, Schirme, Duftöl oder Butterlampen als Spenden darbringt!? Die Verdienste dieser Menschen sind unermesslich, ohne Grenzen und können alle Arten von Weisheit hervorbringen.

Oh Ajita! Wenn Söhne aus gutem Hause, Töchter aus gutem Hause hören, wie ich meine Lebensspanne als so ausgedehnt darlege, und sie aus tiefem Herzen darauf vertrauen und es verstehen, dann werden sie sehen, dass der Buddha ständig auf dem Gṛdhrakūṭa-Berg das Gesetz darlegt, umgeben von den großen Bodhisattvas und der Menge der Hörer. Außerdem sehen sie diese Sahā-Welt – ihr Boden besteht nun aus Lapislazuli, ist flach und eben, dort

---

[2] D.h.: an der Lebensspanne des Buddha.

umsäumt Jāmbūnāda-Gold die acht Straßen, und Reihen von Juwelenbäumen stehen dort; alle Terassen und Türme bestehen aus Edelsteinen, und darinnen halten sich überall Scharen von Bodhisattvas auf. Wenn es welche gibt, die so etwas sehen können, dann soll man dies als Zeichen ihres tiefen Vertrauens und Verstehens deuten.

Wenn zudem nach dem Verlöschen des Tathāgata jemand dieses Sūtra hört, es nicht schmäht und verleumdet, sondern Freude im Herzen empfindet, so soll man dies als Zeichen seines tiefen Vertrauens und Verstehens deuten. Um wie viel mehr dann bei jemandem, der es liest, rezitiert, annimmt und bewahrt?! Dieser wird den Tathāgata auf seinem Haupt tragen!

Oh Ajita! Diese Söhne aus gutem Hause, Töchter aus gutem Hause brauchen für mich auch keine Stūpas errichten, Mönchsbehausungen bauen oder der Mönchsgemeinschaft die vier Arten von Spenden darbringen. Warum? Weil diese Söhne aus gutem Hause, Töchter aus gutem Hause, die dieses Sūtra annehmen, bewahren, lesen und rezitieren, bereits Stūpas errichtet, Mönchsbehausungen erbaut und der Mönchsgemeinschaft Spenden dargebracht haben; das will heißen: Sie haben bereits für die Reliquien des Buddha einen Stūpa mit den sieben Kostbarkeiten errichtet, der breit und hoch ist und sich allmählich verjüngt, wenn er in den Brahma-Himmel reicht, an dem Banner und Schirme und zahlreiche Edelsteinglocken befestigt sind, und der mit Blumen, Räucherwerk, Ketten, zerriebenem Weihrauch, Weihrauchsalbe und Weihrauch zum Abbrennen geschmückt ist, und mit einer Vielzahl an Trommeln und Musikinstrumenten wie Flöten, Harfen und verschiedenen Tanzdarbietungen und Schauspielen, und mit wunderbaren Stimmen, die Preislieder singen. Es ist so, als hätten sie bereits unermesslich viele Zeitalter hindurch diese Spenden dargebracht.

Oh Ajita! Wenn nach meinem Verlöschen dieses Sūtra gehört wird und es welche gibt, die es anzunehmen, zu bewahren vermögen, es abschreiben oder anderen beibringen, es abzuschreiben, dann will das heißen, dass sie bereits Mönchsbehausungen errichtet haben, dass sie mit rotem Sandelholz zweiunddreißig Hallen erbaut haben, so hoch wie acht Tāla-Bäume, geräumig und wohl geschmückt, so dass hunderttausend Mönche darin wohnen können. Es gibt Gärten und Badeteiche, Wandelpfade und Meditationshöhlen. Kleider, Speisen und Getränke, Betten und Matten, Arznei – mit all diesen Annehmlichkeiten sind sie angefüllt. Solche Mönchsbehausungen, Hallen und Pavillons gibt es einige Myriaden, an Anzahl unermesslich. All dies wird in meiner Gegenwart als Spenden für mich und die Mönchsgemeinschaft dargebracht.

Deshalb sage ich: Wenn es nach dem Verlöschen des Tathāgata welche gibt, die die Rollen dieses Sūtra annehmen, bewahren, lesen, rezitieren, sie anderen darlegen, sie selbst abschreiben oder anderen beibringen, sie abzuschreiben, ihnen Spenden darbringen, dann brauchen diese keinen Stūpa und keine Mönchsbehausungen mehr zu errichten und müssen auch der Mönchsgemeinschaft keine Spenden mehr darbringen. Um wie viel mehr noch gilt dies, wenn es Menschen sind, die dieses Sūtra bewahren können und sich darüber hinaus noch im Almosenspenden, im Einhalten der Regeln, im Erdulden von Schmähungen, in Anstrengung, in geistiger Sammlung und in Weisheit üben?! Deren Tugenden werden am vortrefflichsten, sie werden unermesslich und ohne Grenzen sein. So wie im Luftraum die vier Kardinalrichtungen Osten, Westen, Süden und Norden und Oben und Unten unermesslich und ohne Grenzen sind, so sind deren Verdienste ebenso unermesslich und ohne Grenzen, und sie gelangen unverzüglich zu allen Arten von Weisheit.

Wenn jemand dieses Sūtra liest, rezitiert, annimmt, bewahrt, es anderen darlegt, es selbst abschreibt oder anderen beibringt, es abzuschreiben, und noch dazu Stūpas errichten kann und Mönchsbehausungen erbaut, Spenden darbringt, die Gemeinschaft der Hörer preist – und noch dazu mit Myriaden von Arten von Lobpreisungen die Verdienste der Bodhisattvas preist; wenn er auch für andere auf verschiedenste Weisen und sinngemäß dieses Sūtra vom Lotus des Gesetzes darlegt; wenn er außerdem in reiner Weise die Regeln einhalten kann und mit solchen zusammenweilt, die sanft und friedlich sind, wenn er Schmähungen ertragen kann, ohne Zorn und in Absicht und Geist gefestigt ist, ständig das Sitzen in Versenkung wertschätzt und die tiefe Versenkung gewinnt, wenn er voll Eifer und mutig ist und die guten Gesetze meistert, geschärfte Sinne für die Weisheit hat, wohl antwortet auf das, was schwierig zu beantworten ist – oh Ajita: Wenn nach meinem Verlöschen Söhne aus gutem Hause, Töchter aus gutem Hause dieses Sūtra annehmen, bewahren, lesen und rezitieren und noch dazu solche guten Verdienste haben, dann sollst Du wissen, dass diese bereits zum Ort der Erleuchtung geschritten sind und, der Anuttarasamyaksaṃbodhi nahe, unter dem Baum der Erleuchtung sitzen. Oh Ajita! Wo auch immer diese Söhne aus gutem Hause, Töchter aus gutem Hause sitzen, stehen oder gehen, dort soll man einen Stūpa errichten, und alle Götter und Menschen sollen ihnen Spenden darbringen, genauso wie dem Stūpa eines Buddha.“

Da wünschte der Weltverehrte den Sinn des Gesagten noch einmal zu verkünden und sprach die Verse:

Wenn nach meinem Verlöschen
jemand dieses Sūtra zu bewahren vermag,
dann ist das Heil dieses Menschen unermesslich,
so wie oben dargelegt.
Dann ist das so, als hätte er
vollständig alle Spenden dargebracht,
für die Reliquien einen Stūpa errichtet
und diesen mit den sieben Kostbarkeiten geschmückt –
und mit einem Schirm, der sehr hoch und breit ist
und sich allmählich bis in den Brahma-Himmel erstreckt,
und mit Myriaden von Juwelenglocken,
die der Wind bewegt und die wunderbare Töne hervorbringen.
Unermesslich viele Zeitalter lang
bringt er diesem Stūpa Spenden dar,
Blumen, Räucherwerk und Kränze,
himmlische Gewänder und viele Arten von Musikdarbietungen,
entzündet Räucherwerk und Leuchten mit wohlriechendem Öl,
die es rundum und ständig beleuchten.
Wer in der üblen Endzeit des Gesetzes
dieses Sūtra bewahren kann,
der hat schon alles, was oben genannt wurde, vollbracht
und vollständig alle Spenden dargebracht.
Wenn jemand dieses Sūtra bewahren kann,
dann ist es so, als ob man in der Gegenwart des Buddha
aus Ochsenkopf-Sandelholz
Mönchsbehausungen als Spenden errichtet,
zweiunddreißig Hallen,
so hoch wie acht Tāla-Bäume,
vollständig ausgestattet mit besten Speisen,
Gewändern und Bettzeug,
Orte für Versammlungen von Hunderttausend,
Gärten, Haine und Badeteiche,
Wandelpfade und Meditationshöhlen,
sie alle vielfältig ausgeschmückt.
Wenn es jemanden gibt, der voller Vertrauen und Verstehen dieses Sūtra
annimmt, bewahrt, liest, rezitiert und abschreibt
oder aber anderen beibringt, es abzuschreiben,
und den Rollen des Sūtra Spenden darbringt,

der Blumen, Räucherwerk und pulverisierten Weihrauch verstreut,
aus Sumanā und Campaka,
oder aus Atimuktaka
gewonnene Geruchsstoffe abbrennt –
wenn er auf solche Weise Spenden darbringt,
erlangt er unermessliche Verdienste,
ohne Grenzen wie der Luftraum,
und dessen Heil wird ebenso sein.
Wie ist es dann erst bei einem, der dieses Sūtra bewahrt,
und dazu noch Almosen spendet und die Regeln einhält,
Schmähungen erduldet und sich an der Versenkung erfreut,
der ohne Zorn ist und keinen üblen Leumund führt,
der die Stūpas verehrt,
allen Mönchen Demut erweist,
Arroganz weit von sich weist
und ständig die Weisheit im Sinn hat,
der sich nicht über schwierig zu beantwortende Fragen ärgert,
sondern sie entsprechend löst –
wenn einer diese Praxis üben kann,
dann sind dessen Verdienste nicht zu ermessen.
Wenn man einen Lehrer des Gesetzes sieht,
der diese Tugenden vervollkommnet hat,
dann soll man himmlische Blumen verstreuen
und himmlische Gewänder über ihre Körper streifen,
soll man mit der Stirn seinen Füßen Verehrung erweisen
und sich vorstellen, man erblicke einen Buddha;
und man soll ferner denken:
‚Bald werde ich mich zum Baum der Erleuchtung begeben,
werde den Zustand ohne Einströmungen, der Tatlosigkeit erlangen,
werde weithin den Menschen und Göttern Nutzen bringen!'
An dem Ort, an dem dieser weilt,
an dem er wandelt, sitzt oder ruht,
oder nur einen Vers des Sūtra darlegt –
dort soll man Stūpas errichten,
sie schmücken, wundervoll verschönern,
ihnen verschiedene Spenden darbringen.
Wenn ein Sohn des Buddha an diesem Ort weilt,
dann wird der Buddha diesen annehmen und nutzen,

ständig wird er bei ihnen verweilen,
herumwandeln, sitzen und ruhen.

(Fünfte Rolle des Sūtra des Lotos des Wunderbaren Gesetzes)

Sechste Rolle

Achtzehntes Kapitel: Verdienst des Reagierens mit Freude[1]

Da sagte der Bodhisattva, Mahāsattva Maitreya zum Buddha: „Oh Weltverehrter! Wenn da Söhne aus gutem Hause, Töchter aus gutem Hause das Sūtra vom Lotos des Gesetzes hören und mit Freude darauf reagieren – wie viel Verdienst erlangen diese?"

Und er sprach die Verse:

Wenn nach dem Verlöschen des Weltverehrten
jemand dieses Sūtra hört,
und wenn er darauf mit Freude reagiert –
wie viel Verdienst wird ihm zuteil?

Da sagte der Buddha zu dem Bodhisattva, Mahāsattva Maitreya: „Oh Ajita, angenommen, nach dem Verlöschen des Tathāgata gäbe es Mönche, Nonnen, Laienanhänger und Laienanhängerinnen und andere weise Personen– seien sie alt oder jung –, die nach dem Hören dieses Sūtra mit Freude reagieren und sich von der Gesetzesversammlung an einen anderen Ort begeben – sei es eine Mönchsbehausung, ein einsamer, stiller Platz, eine Stadt, eine Ortschaft oder ein Dorf auf dem Lande –, und dort würden sie es so, wie sie es gehört haben, Vater und Mutter, Verwandten, Freunden und Vertrauten gemäß ihren Fähigkeiten predigen. Diese würden, nachdem sie es gehört haben, mit Freude darauf reagieren und es wiederum weitergeben und lehren, und auch die weiteren Menschen, die es gehört haben, würden darauf mit Freude reagieren und es weiterlehren. Und so würde es bis zur fünfzigsten Person weitergegeben.

Oh Ajita! Die Verdienste dieses fünfzigsten Sohnes aus gutem Hause oder dieser fünfzigsten Tochter aus gutem Hause, wenn sie mit Freude reagieren, die werde ich jetzt darlegen – höre gut zu! Stelle Dir vor, es gäbe in vierhundert Myriaden von Asaṃkhyeya-Welten Lebewesen der sechs Existenzformen aus

---

[1] Chin. Suixi 隨喜: Skt. Anumodanā, eigentl.: „reaktive Freude".

den vier Geburtsarten: der Geburt aus dem Ei, der Geburt aus dem Schoß, der Geburt aus Feuchtigkeit, der Geburt durch Verwandlung, seien es gestalthafte oder gestaltlose, mit Vorstellungsvermögen und ohne Vorstellungsvermögen, solche, die keine Vorstellungen haben, und solche, die nicht ohne Vorstellungen sind, fußlose, zweifüßige, vierfüßige oder vielfüßige – und stelle Dir vor, unter all diesen Lebewesen käme jemand, der nach dem Heil sucht, und in Reaktion auf ihre Begierden verteilte er Gegenstände des Vergnügens, einem jeden Lebewesen gäbe er so viel Gold, Silber, Lapislazuli, Perlmutt, Achat, Korallen und Karneol, wunderbare Schätze, so viele Elefanten und Pferdewägen und aus den sieben Kostbarkeiten gebaute Paläste und Türme, dass man ganz Jambudvīpa damit ausfüllen könnte. Ein solch großer Gabenherr verteilte auf solche Art volle achtzig Jahre lang Spenden und dächte dabei: ‚Ich habe den Lebewesen bereits Gegenstände des Vergnügens geschenkt, so wie es ihrem Wünschen entsprach. Nun sind diese Lebewesen bereits gebrechlich und alt, mehr als achtzig Jahre alt, haben weiße Haare und Falten im Gesicht und werden bald sterben. Ich sollte ihnen das Gesetz des Buddha lehren und sie damit führen.‘

Darauf sammelte er sogleich die Lebewesen und predigte ihnen, bekehrte sie durch das Gesetz und zeigte ihnen dessen Freude und Nutzen auf, und in einem Augenblick erlangten alle den Weg eines Śrotāpanna, den Weg eines Sakṛtāgāmin, den Weg eines Anāgāmin, den Weg eines Arhat, all ihre Einströmungen wären aufgebraucht und in tiefer Versenkung erlangten alle die Freiheit, die acht Befreiungen. Was meinst Du? Wären die Verdienste dieses großen Gabenherrn nun groß oder nicht?“

Maitreya sagte zum Buddha: „Oh Weltverehrter! Die Verdienste dieses Menschen sind wahrlich groß, unermesslich, unendlich. Wenn dieser Gabenherr den Lebewesen nur diese Gegenstände des Vergnügens geschenkt hätte, so wären seine Verdienste unermesslich – um wie viel mehr dann, nachdem er sie die Frucht der Arhatschaft hat erlangen lassen?!“

Der Buddha sagte zu Maitreya: „Ich sage Dir jetzt klar und deutlich: Dieser Mensch hat in achthundert Myriaden von Asaṃkhyeyas von Welten den Lebewesen der sechs Existenzformen all diese Gegenstände des Vergnügens geschenkt und sie noch dazu die Frucht der Arhatschaft erlangen lassen. Doch seine Verdienste kommen nicht einmal zu einem hunderttausend millionsten Teil den Verdiensten dieser fünfzigsten Person gleich, die auch nur einen Vers des Sūtra vom Lotos des Gesetzes gehört und darauf mit Freude reagiert hat – so unerfassbar für Berechnungen oder Vergleiche sind diese!

Oh Ajita! Sogar die Verdienste einer solchen fünfzigsten Person, die das

Sūtra vom Lotos des Gesetzes gehört und darauf mit Freude reagiert hat, sind unermesslich, unendlich, asaṃkhyeya-haft – um wie viel mehr dann die von jenem, der es zum ersten Mal in der Versammlung gehört und darauf mit Freude reagiert hat?! Dessen Heil ist noch vortrefflicher, unermesslicher, unendlicher, asaṃkhyeya-hafter, unvergleichlicher!

Angenommen, oh Ajita, jemand begäbe sich dieses Sūtra willen zu einer Mönchsbehausung und er würde es – ob stehend oder sitzend – unvermittelt nur einen Moment lang hören und annehmen. Als Folge dieses Verdienstes würde er in seiner Wiedergeburt die besten und wunderbarsten Elefanten, Pferdewägen und mit Schätzen geschmückte Sänften erlangen und in den Himmelspalast gelangen. Oder angenommen, jemand säße an einem Ort, an dem das Gesetz dargelegt wird, und es käme ein anderer; und dieser würde jenen dazu drängen, sich zu setzen und zuzuhören und mit ihm den Sitz zu teilen – so würde dieser sich durch seinen Verdienst an dem Ort wiederverkörpern, an dem der Götterherrscher Śakra sitzt, oder an dem Ort, an dem der Götterkönig Brahma sitzt, oder aber an dem Ort, an dem ein Heiliger Raddreherkönig sitzt.

Oh Ajita! Angenommen, es gäbe weiterhin einen, der zu einem anderen sagt: ‚Da gibt es ein Sūtra mit Namen ›Lotos des Gesetzes‹ – wollen wir doch zusammen hingehen und es anhören!', und jener würde dieser Aufforderung Folge leisten und das Sūtra auch nur für einen Moment hören. Dann würde die erste Person durch ihren Verdienst an genau demselben Ort wie die Dhāraṇī-Bodhisattvas wiedergeboren. Er würde geschärfte Sinne und Weisheit besitzen, wäre Milliarden Jahre lang ohne Dummheit, hätte keinen übel riechenden Atem; seine Zunge und sein Mund wären niemals von Krankheit befallen; seine Zähne wären weder fleckig oder schwarz, nicht gelb, nicht auseinanderstehend oder ausgefallen, nicht unregelmäßig oder krumm; seine Lippen hingen nicht herab, wären nicht zusammengeschrumpft, nicht rau, nicht schorfig, und auch nicht rissig oder schief, weder zu dick noch zu groß, nicht schwarz und auch sonst frei von Übel; seine Nase wäre weder zu flach noch zu gekrümmt; sein Gesicht wäre nicht dunkel, weder zu breit noch zu schmal, weder zu flach noch zu gewölbt; er hätte kein einziges Merkmal, das unerfreulich ist; seine Lippen, Zunge, Zähne wären prachtvoll, seine Nase wäre hoch und gerade, seine Gesichtsform rund, seine Augenbrauen säßen hoch und wären lang und seine Stirn wäre breit und ebenmäßig – mit allen guten Merkmalen eines Menschen ausgestattet. Von Geburt zu Geburt träfe er auf einen Buddha, hörte sein Gesetz, glaubte an seine Lehre und nähme sie an.

Oh Ajita, betrachte doch, wie das Verdienst ist, wenn man einen Menschen ermutigt hinzugehen, um das Gesetz zu hören! Um wie viel mehr noch, wenn man es mit seinem ganzen Wesen hört, darlegt, liest, rezitiert, und wenn man es in einer großen Versammlung um der Menschen willen unterschiedlich erklärt und es, so wie im Sūtra dargelegt, praktiziert!"

Da wünschte der Weltverehrte den Sinn des Gesagten noch einmal zu verkünden und sprach die Verse:

Wenn jemand in der Gesetzesversammlung,
dieses Sūtra zu hören vermag,
und auch nur auf einen Vers
mit Freude reagiert und es anderen darlegt,
es so weitergibt
bis zur fünfzigsten Person –
das Heil, das diese letzte Person sammelt,
werde ich nun in Einzelheiten erklären.
Angenommen, da wäre ein großer Gabenherr,
der unermesslich vielen Lebewesen spendet,
volle achtzig Jahre hindurch,
alles, was sie sich wünschen;
er sieht an ihnen Zeichen des Verfalls und Alters,
die Haare weiß und das Gesicht in Falten,
die Zähne unregelmäßig und die Gestalt gebrechlich;
und er denkt: ‚Ihr Tod ist nahe;
ich sollte sie nun belehren
und sie die Frucht des Weges erlangen lassen!';
daraufhin legt er ihnen mit hilfreichen Mitteln
sogleich das wahre Gesetz des Nirvāṇa dar:
‚Alles in der Welt ist unbeständig,
ist wie Wasserblasen, Schaum oder Rauch!
Ihr alle müsst dagegen
schnellstens ein Gefühl der Abneigung hervorbringen!'
Alle, die dieses Gesetz hören,
erlangen die Arhatschaft,
versehen mit den sechs übernatürlichen Fähigkeiten,
dem dreifachen Wissen und den acht Befreiungen.
Wenn der letzte, der fünfzigste
einen Vers (dieses Sūtra) hört und darauf mit Freude reagiert,

so übertrifft dessen Heil das jenes Gabenherrn
in unvergleichlichem Maße.
Und wenn schon jemand, an den dieses Sūtra weitgegeben wurde,
derart unermessliches Heil erlangt –
um wie viel mehr dann noch derjenige, der es in der großen Versammlung
zuerst gehört hat und darauf mit Freude reagiert hat!?
Wenn da einer einen anderen dazu ermutigt,
ihn dazu bringt, dieses Sūtra vom Lotos des Gesetzes zu hören,
und sagt: „Dieses Sūtra ist tiefsinnig und wunderbar,
und in zehn Millionen Zeitaltern trifft man nur schwer mit ihm zusammen."
Und wenn der andere sogleich der Aufforderung nachkommt und hingeht, um es zu hören,
und hörte er es auch nur einen Augenblick lang –
so wäre das Heil von der ersten Person
so, wie ich es jetzt in Details darlegen werde:
Von Existenz zu Existenz hätte er keine Mundbeschwerden,
seine Zähne wären nicht unregelmäßig, gelb, schwarz,
seine Lippen nicht dick, eingefallen oder zu dünn;
er hätte keine verabscheuungswürdigen Merkmale;
seine Zunge wäre nicht zu trocken, zu schwarz oder zu kurz,
seine Nase hoch und geradlinig,
seine Stirn breit und ebenmäßig,
sein Gesicht und seine Augen wären prachtvoll –
ein erfreulicher Anblick für die Menschen;
sein Atem wäre nicht übel riechend,
sondern ein Duft wie von Utapala-Blumen
würde seinem Mund entströmen.
Wenn er sich zu einer Mönchsbehausung begäbe
und das Sūtra vom Lotos des Gesetzes hören wollte,
es nur einen Augenblick hörte und sich angemessen daran erfreute,
so wäre das Heil dieser Person folgendermaßen:
Er würde in seinem nächsten Leben unter Göttern und Menschen geboren werden,
wunderbare Elefanten und Pferdewägen erlangen
und mit Schätzen geschmückte Sänften,
auf denen er in den Götterpalast führe.

Wenn einer an einem Ort, an dem das Gesetz erklärt wird,
einen anderen drängen würde, sich zu setzen und das Sūtra zu hören,
dann würde er durch diesen Verdienst
den Sitz Śakras, Brahmas oder eines Raddreherkönigs erlangen.
Um wie viel unermesslicher wäre Verdienst von jemandem,
der es mit gesammeltem Geiste hörte,
dessen tieferen Sinn erläuterte
und es wie dargelegt praktizierte?!

Sechste Rolle

Neunzehntes Kapitel: Verdienste für die Lehrer des Gesetzes

Zu dieser Zeit sagte der Buddha zu dem Bodhisattva, Mahāsattva *Ständige Bemühung*: „Wenn es da Söhne aus gutem Hause, Töchter aus gutem Hause gibt, die dieses Sūtra vom Lotos des Gesetzes annehmen und bewahren, die es lesen, rezitieren, auslegen, abschreiben, so werden diese achthundert Verdienste der Augen, eintausendzweihundert Verdienste der Ohren, achthundert Verdienste der Nase, eintausendachthundert Verdienste der Zunge, achthundert Verdienste des Körpers und eintausendzweihundert Verdienste des Geistes erlangen. Mit diesen Verdiensten werden sie ihre sechs Sinnesorgane schmücken und reinigen können.

Diese Söhne aus gutem Hause, Töchter aus gutem Hause sehen dann mit ihren von Vater und Mutter mitgegebenen, reinen körperlichen Augen alles, was innerhalb und außerhalb der dreitausend Großtausenden von Welten existiert: Berge, Haine, Flüsse und Meere, hinab bis in die Avīci-Hölle und hinauf bis zum Gipfel des Seins; und sie sehen auch alle Lebewesen darin, sie sehen und erkennen alle kausalen Bedingtheiten, die sie durch ihre Taten geschaffen haben, und was sie als Folge davon in ihrem nächsten Leben erwartet."

Da wünschte der Weltverehrte den Sinn des Gesagten noch einmal zu verkünden und sprach die Verse:

Wenn es in der großen Versammlung
jemanden gibt, der einen furchtlosen Geist besitzt
und dieses Sūtra vom Lotos des Gesetzes darlegt –
so höre dessen Verdienste!
Dieser Mensch erlangt achthundert
Verdienste, die seine Augen auszeichnen;
geschmückt mit diesen
wird sein Blick wahrhaft rein,
und seine Augen, die er von Vater und Mutter mitbekommen hat,
sehen vollständig die dreitausend Welten,

ihr Inneres wie ihr Äußeres, sie sehen die Berge Meru
und Sumeru und das Eiserne Ringgebirge,
und auch die anderen Berge und die Wälder,
die großen Meere und Flüsse,
hinab bis in die Avīci-Hölle
und hinauf bis an den Gipfel des Seins;
sie sehen die Lebewesen,
und alles darin.
Auch wenn er das göttliche Auge noch nicht erlangt hat,
so ist doch die Kraft seines körperlichen Auges solcherart.

Weiterhin, oh *Ständige Bemühung*, wenn es da Söhne aus gutem Hause, Töchter aus gutem Hause gibt, die dieses Sūtra vom Lotos des Gesetzes annehmen und bewahren, die es lesen, rezitieren, auslegen, abschreiben, so werden diese eintausendzweihundert Verdienste der Ohren erlangen, mit denen sie ihre Ohren reinigen und so die dreitausend Großtausende von Welten hören können, hinab bis in die Avīci-Hölle und hinauf bis zum Gipfel des Seins, die verschiedenen Sprachen und Klänge darin und außerhalb davon: die Klänge der Elefanten, die Klänge der Pferde, die Klänge der Kühe, die Klänge der Wägen, die Klänge des Weinens, die Klänge des Klagens, die Klänge der Muschelhörner, die Klänge der Trommeln, die Klänge der Gongs, die Klänge der Glocken, die Klänge des Lachens, die Klänge der Rede, die Klänge von Männern, die Klänge von Frauen, die Klänge von Jungen, die Klänge von Mädchen, die Klänge des Gesetzes, die Klänge, die nicht dem Gesetz entsprechen, die Klänge des Leidens, die Klänge der Freude, die Klänge gewöhnlicher Menschen, die Klänge der Heiligen, die Klänge des Glücks, die Klänge des Unglücks, die Klänge der Götter, die Klänge der Nāgas, die Klänge der Yakṣas, die Klänge der Gandharvas, die Klänge der Asuras, die Klänge der Garuḍas, die Klänge der Kiṃnaras, die Klänge der Mahoragas, die Klänge des Feuers, die Klänge des Wassers, die Klänge des Windes, die Klänge der Höllen, die Klänge der Tiere, die Klänge der Hungergeister, die Klänge der Mönche, die Klänge der Nonnen, die Klänge der Hörer, die Klänge der Pratyekabuddhas, die Klänge der Bodhisattvas, die Klänge der Buddhas. Kurz gesagt: alle Klänge innerhalb und außerhalb der dreitausend Großtausenden von Welten. Auch wenn er das Göttliche Ohr noch nicht erlangt hat, so hört und erkennt er doch mit seinem von Vater und Mutter mitgegebenen reinen und gewöhnlichen Ohren alles, unterscheidet die unterschiedlichsten Töne, und sein Hörsinn nimmt dennoch keinen Schaden.“

Da wünschte der Weltverehrte den Sinn des Gesagten noch einmal zu verkünden und sprach die Verse:

Seine von Vater und Mutter mitgegebenen Ohren
sind rein und unbeschmutzt.
Durch diese gewöhnlichen Ohren hört er
die Klänge der dreitausend Welten,
die Klänge der Elefanten, Pferde, Wägen und Kühe,
die Klänge der Gongs, Glocken, Muschelhörner und Trommeln,
die Klänge der Zithern und Harfen,
die Klänge der Flöten,
die Klänge der reinen und schönen Gesänge –
diese hört er, aber haftet nicht an ihnen.
Er hört die unzähligen Arten von menschlichen Klängen
und vermag sie zu verstehen.
Er hört außerdem die Stimmen der Götter,
die wunderbaren Töne ihrer Lieder,
und er hört die Klänge von Männern und Frauen,
die Klänge von Jungen und Mädchen,
die Klänge der Kalaviṅka
in den Bergen und Tälern und an den Flüssen,
und er hört auch alle Klänge anderer Vögel
wie die des Jīvakajīvaka;
er hört die verschiedenen qualvollen Klänge
der vielen Qualen der Höllen,
die Klänge der von Hunger und Durst getriebenen Hungergeister,
wie sie um Trinken und Nahrung flehen;
die Asuras und andere,
die, am Ufer des großen Meeres wohnend,
miteinander sprechen
oder laute Schreie ausstoßen.
Wer auf diese Weise das Gesetz darlegt,
weilt ruhig und sicher zwischen diesen,
hört von weitem diese Klänge,
und sein Hörsinn wird nicht geschädigt.
Wenn die Tiere in den Welten
der zehn Himmelsrichtungen nacheinander schreien;
dann hört sie derjenige, der dieses Gesetz darlegt,

wo auch immer er sich befindet;
die Klänge der Sprachen
derer, die über dem Brahma-Himmel weilen –
die *Strahlend-tönenden* und die *Weithin-reinen* Götter –
bis hin zum Himmel am Gipfel des Seins:
Der Lehrer des Gesetzes, hier verweilend,
hört sie alle.
Alle Mönche
und alle Nonnen,
ob sie nun Sūtras lesen oder rezitieren
oder sie anderen darlegen:
Der Lehrer des Gesetzes, hier verweilend,
hört sie alle.
Wenn da weitherhin Bodhisattvas sind,
die alle das Gesetz des Sūtra lesen, rezitieren
oder anderen darlegen,
daraus auswählen oder dessen Sinn erklären,
die Klänge ihrer Stimmen –
er hört sie alle.
Wenn die Buddhas, die großen Heiligen, die Verehrten,
die die Lebewesen bekehren,
in der großen Versammlung das feine und wunderbare Gesetz predigen –
wer den Lotos des Gesetzes bewahrt,
er hört sie alle.
Die Klänge in den dreitausend Großtausenden
von Welten, innerhalb dieser und außerhalb,
hinab bis in die Avīci-Hölle
und hinauf bis in den Himmel des Gipfels des Seins,
all diese Klänge hört er,
und sein Hörsinn ist nicht geschädigt.
Weil sein Gehör so scharf ist,
vermag er alles deutlich unterschieden wahrzunehmen.
Wer den Lotos des Gesetzes bewahrt,
obwohl er noch nicht das göttliche Ohr erlangt hat
und er lediglich die ihm von Geburt eigenen Ohren benutzt –
der erlangt diese Verdienste.

Weiterhin, oh *Ständige Bemühung*, wenn es da Söhne aus gutem Hause, Töchter aus gutem Hause gibt, die dieses Sūtra vom Lotos des Gesetzes annehmen und bewahren, die es lesen, rezitieren, auslegen, abschreiben, so werden diese die achthundert Verdienste der Nase gewinnen, mit denen sie ihren Geruchssinn reinigen, und so die verschiedensten Gerüche in dreitausend Großtausenden von Welten wahrnehmen können, oben und unten, innen und außerhalb: den Duft der Sumanā-Blumen, den Duft der Jāti-Blumen, den Duft der Mallikā-Blumen, den Duft der Campaka-Blumen, den Duft der Pāṭala-Blumen, den Duft des roten Lotos, den Duft des blauen Lotos, den Duft des weißen Lotos, den Duft von blühenden Bäumen, den Duft von früchtetragenden Bäumen, den Duft von Candana, den Duft von Aloe, den Duft von Tamālapatra, den Duft des Tagara und Millionen Arten von vermischten Düften, ob als Pulver, in Klumpen oder in streichbarer Form. Wer dieses Sūtra bewahrt, vermag sie, dort verweilend, zu unterscheiden.

Und er vermag auch die Gerüche der Lebewesen zu erkennen: den Geruch von Elefanten, den Geruch von Pferden, den Geruch von Kühen und Ziegen, den Geruch von Männern, den Geruch von Frauen, den Geruch von Jungen, den Geruch von Mädchen, und den Geruch von Gräsern, Bäumen, Gebüschen und Wäldern – alle Gerüche, seien sie nah oder weit entfernt, vermag er wahrzunehmen und fehlerlos zu unterscheiden.

Wer dieses Sūtra bewahrt, nimmt auch, obwohl er hier weilt, den Duft der Götter oben im Himmel wahr – den Duft der Pārijātaka- und Kovidāra-Bäume, den Duft der Māndārava-Blumen, den Duft der Mahāmāndārava-Blumen, den Duft der Mañjūṣaka-Blumen, den Duft der Mahāmañjūṣaka-Blumen, von Candana und Aloe und verschiedene zerriebene Düfte, Düfte von vermischten Blumen – solche göttlichen Düfte, Düfte, die aus Mischungen hervortreten: Es gibt keine, die er nicht wahrnimmt und erkennt.

Auch nimmt er den Duft der göttlichen Körper wahr, wie den Duft des Śakra Devānām Indra, wenn er in seinem vortrefflichen Palast wohnt und die fünf Begierden befriedigt und sich vergnügt, oder den Duft, wenn er in der Halle des wunderbaren Gesetzes den Göttern des Trayastriṃśa-Himmels das wunderbare Gesetz darlegt, oder den Duft, wenn er in seinen Gärten lustwandelt, und den Duft der anderen Götter und Göttinnen – all dies nimmt er aus der Ferne wahr.

So reicht sein Geruchssinn allmählich bis in die Brahma-Welt auf, hinauf bis zu den Düften der göttlichen Körper am Gipfel des Seins, und auch diese nimmt er wahr; er nimmt ebenfalls den Duft des Weihrauchs, den die Götter abbrennen, wahr, den Duft der Hörer, den Duft der Pratyekabuddhas, den Duft der Bodhisattvas und den Duft der Körper der Buddhas, und doch nimmt sein Geruchssinn keinen Schaden, bleibt ohne Fehler. Wenn er einen Geruch unterscheiden und anderen darlegen möchte, so lässt ihn sein Gedächtnis nicht im Stich."

Da wünschte der Weltverehrte den Sinn des Gesagten noch einmal zu verkünden und sprach die Verse:

Die Nase dieses Menschen wird so rein sein,
dass sie in dieser Welt
die verschiedensten Gerüche wahrnimmt,
seien sie von duftenden oder von stinkenden Dingen:
von Sumanā und Jāti,
Tamāla und Candana,
Aloe und den Duft der Zimtkassie,
den Duft verschiedener Blumen und Früchte.
Und er erkennt den Geruch von Lebewesen,
den Geruch von Männern und Frauen.
Auch wenn derjenige, der das Gesetz darlegt, in der Ferne weilt,
wird er diese Gerüche wahrnehmen und erkennen, wo diese Person sich aufhält.
Von großmächtigen Raddreherkönigen,
niedrigeren Raddreherkönigen und ihren Söhnen,
ihren Ministern und Hofleuten
nimmt er den Geruch wahr und erkennt, wo sich diese Person aufhält.
Den Geruch des Schmucks, mit denen die Menschen ihren Körper schmücken,
die Kleidung und die Kränze,
alle Arten von Duftsalben
nimmt er wahr und erkennt, wer diese Person ist.
Die Götter, ob sie nun gehen oder sitzen,
lustwandeln oder sich verwandeln –
wer dieses Sūtra vom Lotos des Gesetzes bewahrt,
nimmt ihren Duft wahr und vermag sie zu erkennen.
Die Blüten und Früchte aller Bäume
und die Duftstoffe von Ölen –
wer das Sūtra bewahrt, auch wenn er hier verweilt,
erkennt, wo diese sich befinden.

Wenn in den Bergen und in tiefen Schluchten
die Blüten des Sandelbaumes ausgebreitet sind,
so nimmt er den Geruch der Lebewesen,
die sich dort aufhalten, wahr und vermag sie zu erkennen.
Alle Lebewesen innerhalb der eisernen Ringgebirge,
im großen Meer und auf der Erde –
wer dieses Sūtra bewahrt, nimmt ihren Geruch wahr
und weiß genau, wo sie sich befinden.
Wenn männliche und weibliche Asuras
und deren Gefolge
miteinander streiten oder sich vergnügen,
so nimmt er ihren Geruch wahr und erkennt sie.
Löwen, Elefanten, Tiger, Wölfe,
Wildrinder und Wasserbüffel
in der Wildnis und in Klüften –
er nimmt ihren Geruch wahr und weiß, wo sie sich befinden.
Wenn da eine Schwangere ist
und noch nicht bestimmbar ist, ob das Kind ein Junge oder ein Mädchen wird,
ob ihm normale Fähigkeiten fehlen oder ob es ein nicht-menschliches Wesen ist –
er nimmt ihren Geruch wahr und weiß, und erkennt, was es ist.
Und durch seine Kraft, Gerüche wahrzunehmen,
erkennt er, wann eine Frau zum ersten Mal schwanger ist,
ob die Schwangerschaft erfolgreich oder nicht erfolgreich verlaufen wird,
ob sie ohne Probleme ein gesundes Kind zur Welt bringen wird.
Durch seine Kraft, Gerüche wahrzunehmen,
erkennt er die Gedanken von Männern und Frauen,
ihre lustvollen, törichten oder zornigen Gefühle,
und erkennt auch diejenigen, die Gutes verrichten.
Die Schätze, die in der Erde verborgen sind:
Gold, Silber und andere Kostbarkeiten,
Dinge, die in Bronzegefäße gefüllt sind –
er nimmt ihren Geruch wahr und vermag zu erkennen, wo sie sind.
Alle Arten von Halsketten,
deren Wert nicht geschätzt werden kann –
er nimmt ihren Geruch wahr und weiß, wie viel sie wert sind,
woher sie stammen und wo sie sich befinden.

Die Blumen hoch in den Himmeln,
Māndārava, Mañjūṣaka,
Pārijātaka-Bäume –
er nimmt deren Duft wahr und vermag sie alle zu erkennen.
Die Paläste hoch in den Himmeln,
unterschieden in oben, Mitte oder unten,
geschmückt mit Juwelenblumen –
er nimmt deren Duft wahr und vermag sie alle zu erkennen.
Die himmlischen Gärten, Wälder und vortrefflichen Paläste,
die Pavillons und Hallen des wunderbaren Gesetzes,
und diejenigen, die sich darin ergötzen –
er nimmt deren Duft wahr und vermag sie alle zu erkennen.
Alle Götter, ob sie nun das Gesetz hören
oder sich den fünf Begierden hingeben,
kommen oder gehen, sitzen oder ruhen –
er nimmt deren Duft wahr und vermag sie alle zu erkennen.
Die Gewänder, die die Göttinnen tragen,
wenn sie herumwandeln und sich vergnügen,
geschmückt mit schönen Blumen und Duftstoffen –
er nimmt ihren Geruch wahr und vermag sie alle zu erkennen.
So reicht sein Geruchssinn allmählich hinauf
bis in den Brahma-Himmel.
Diejenigen, die in die Versenkung eingetreten sind und die daraus hervorgetreten sind,
er nimmt deren Duft wahr und vermag sie alle zu erkennen.
Die *Strahlender-tönend-* und die *Weithin-rein-*Götter,
bis hinauf zum Gipfel des Seins,
jene, die zum ersten Mal geboren sind und die bereits gegangen sind –
er nimmt ihren Duft wahr und vermag sie alle zu erkennen.
Die Gemeinde der Mönche,
die sich ständig um das Gesetz bemühen,
ob sie nun sitzen oder umherwandeln,
das Gesetz der Sūtras lesen oder rezitieren,
ob sie sich im Wald unter Bäumen aufhalten
oder gerade im Streben in Versenkung sitzen –
wenn derjenige, der das Sūtra bewahrt, ihren Geruch wahrnimmt,
dann weiß er genau, wo sie sich aufhalten.
Bodhisattvas, fest im Willen,

ob sie nun in Versenkung sitzen, lesen, rezitieren
oder anderen das Gesetz darlegen –
er nimmt ihren Geruch wahr und vermag sie alle zu erkennen.
Die Weltverehrten, wo immer sie sein mögen,
verehrt von allen,
die den Wesen aus Mitgefühl das Gesetz darlegen –
er nimmt ihren Duft wahr und vermag sie völlig zu erkennen.
Die Lebewesen, die in der Gegenwart des Buddha weilen,
das Sūtra hören und sich daran erfreuen,
es dem Gesetz entsprechend praktizieren –
er nimmt ihren Duft wahr und vermag sie alle zu erkennen.
Auch wenn er noch nicht das Gesetz eines Bodhisattva,
das ohne Einströmungen ist, erlangt hat oder dessen Geruchssinn hervorgebracht hat,
so wird der, der das Sūtra bewahrt,
dennoch schon vorher diese Besonderheiten des Geruchssinns erlangen.

Weiterhin, oh *Ständige Bemühung*, wenn es da Söhne aus gutem Hause, Töchter aus gutem Hause gibt, die dieses Sūtra vom Lotos des Gesetzes annehmen und bewahren, die es lesen, rezitieren, auslegen, abschreiben, so werden diese die eintausendzweihundert Verdienste der Zunge erlangen. Ob etwas gut oder schlecht schmeckt, angenehm oder unangenehm, alle bitteren und herben Dinge werden auf dem Geschmacksorgan dieses Menschen in den allerbesten Geschmack verwandelt, als ob es ein himmlischer Unsterblichkeitstrank wäre, und alles wird gut schmecken.

Wenn er mit dem Sinnesorgan seiner Zunge in einer großen Versammlung predigt, dann bringt er eine tiefe und wunderbare Stimme hervor, die in den Geist der Hörer eindringen und alle freudig und glücklich machen kann. Wenn die Götter und Göttinnen, die Śakras und Brahmas diese tiefe und wunderbare Stimme hören und das, was diese predigt und eines nach dem anderen erörtert, dann kommen sie alle herbei, um zuzuhören. Und auch die Nāgas und Nāga-Frauen, die Yakṣas und die Yakṣa-Frauen, die Gandharvas und die Gandharva-Frauen, die Asuras und die Asura-Frauen, die Garuḍas und die Garuḍa-Frauen, die Kiṃnaras und die Kiṃnara-Frauen, die Mahoragas und die Mahoraga-Frauen kommen herbei, um das Gesetz zu hören, treten näher, verehren ihn und bringen ihm Spenden dar. Und die Mönche und Nonnen, die Laienanhänger und Laienanhängerinnen, die Könige und Prinzen, Minister und Gefolgsleute, geringere Raddreherkönige und große Raddreherkönige mit ihren sieben Kostbarkeiten, ihren tausend Söhnen und dem inneren und äußeren Gefolge, steigen in ihren Palast[1] und kommen alle herbei, um das Gesetz zu hören.

Weil dieser Bodhisattva das Gesetz so vorzüglich darlegt, werden die Brahmanen und Hausväter und das gesamte Volk im Reich ihr restliches Leben lang ihm nachfolgen und Spenden darbringen. Außerdem erfreuen sich Hörer, Pratyekabuddhas, Bodhisattvas und Buddhas ständig daran, ihn zu sehen. Die Buddhas werden sich in die Richtung wenden, in der dieser sich aufhält, um das Gesetz darzulegen, und er wird das ganze Gesetz der Buddhas annehmen und bewahren können. Auch kann er den tiefen und wunderbaren Klang des Gesetzes hervorbringen."

Da wünschte der Weltverehrte den Sinn des Gesagten noch einmal zu verkünden und sprach die Verse:

Das Geschmacksorgan dieses Menschen ist so rein,
dass es niemals einen üblen Geschmack annimmt.
Alles, was er isst,
wird zu Unsterblichkeitstrank.
Durch seine tiefe, reine, wunderbare Stimme
legt er vor der großen Versammlung das Gesetz dar,
und durch die verschiedenen Methoden und Gleichnisse
leitet er den Geist der Lebewesen.
Wer ihn hört, ist erfreut
und bringt ihm vortrefflich Spenden dar.
Die Götter, Nāgas, Yakṣas
und Asuras,
sie alle kommen in ehrfürchtigem Geist
herbei, um das Gesetz zu hören.
Wenn dieser Mensch, der das Gesetz darlegt,
mit seiner wunderbaren Stimme
die dreitausend Welten durchdringen möchte,
so kann er dies dem eigenen Wunsch entsprechend erreichen.
Geringe und große Raddreherkönige
mit ihren tausend Söhnen und ihrem Gefolge

[1] Der chinesische Text ergibt hier keinen rechten Sinn; vermutlich stand zumindest im indischen Originaltext ursprünglich ein Wort für Fahrzeuge, mit denen sich die entsprechenden Personen zum Gesetzeslehrer begeben.

legen ehrfürchtig ihre Handflächen zusammen
und kommen ständig herbei, um das Gesetz zu hören und anzunehmen.
Auch die Götter, Nāgas, Yakṣas,
Rakṣas und Piśācas
kommen freudig herbei
und freuen sich ständig darüber, ihm Spenden darzubringen.
Der Götterkönig Brahma, der König Māra,
die Īśvaras und Maheśvaras
und die ganze Götterschar
kommen ständig dorthin, wo er weilt.
Die Buddhas und ihre Schüler,
wenn sie diese Stimme hören, wie er das Gesetz darlegt,
gedenken seiner ständig, beschützen ihn
und zeigen ihm von Zeit zu Zeit ihre Gestalt.

Weiterhin, oh *Ständige Bemühung*, wenn es da Söhne aus gutem Hause, Töchter aus gutem Hause gibt, die dieses Sūtra vom Lotos des Gesetzes annehmen und bewahren, die es lesen, rezitieren, auslegen, abschreiben, so werden diese die achthundert Verdienste des Körpers erlangen; sie erlangen einen reinen Körper, so rein wie Lapislazuli, an deren Anblick sich die Lebewesen erfreuen. Da ihr Körper rein ist, erscheinen die Lebewesen in den dreitausend Großtausenden von Welten zur Zeit ihrer Geburt und ihres Todes, ob von hohem oder von niedrigem Stande, ob schön oder hässlich, ob an einem schönen oder an einem schlechten Ort geboren, alle in einem solchen Körper. In Bergen wie dem Eisernen Ringgebirge, wie dem Berg Meru, dem Berg Mahāmeru – alle Lebewesen, die dort leben, sie alle erscheinen in einem solchen Körper. Hinab bis in die Avīci-Hölle und hinauf bis an den Gipfel des Seins, wo immer sich die Lebewesen befinden, sie alle erscheinen in einem solchen Körper. Mögen Hörer, Pratyekabuddhas, Bodhisattvas oder Buddhas das Gesetz darlegen, sie alle erscheinen in einem solchen Körper."

Da wünschte der Weltverehrte den Sinn des Gesagten noch einmal zu verkünden und sprach die Verse:

Wenn da einer den Lotos des Gesetzes bewahrt,
dann wird sein Körper äußerst rein sein,
so rein wie Lapislazuli,
und die Lebewesen erfreuen sich an seinem Anblick.
So wie ein reiner, heller Spiegel

alle Formen zeigt,
so sieht der Bodhisattva in seinem reinen Körper
alles, was es auf der Welt gibt.
Er allein begreift,
was andere Menschen nicht sehen.
Alles Keimende
in den dreitausend Welten:
Götter, Menschen, Asuras,
die Geister der Höllen und die Tiere –
solcherlei Gestalten zeigen sich
alle in diesem Körper.
Die Paläste der verschiedenen Himmel
bis hinauf zum Gipfel des Seins,
das Eiserne Ringgebirge und Meru,
der Berg Mahāmeru,
das große Meer und die Gewässer –
sie alle zeigen sich in diesem Körper.
Die Buddhas und die Hörer,
die Söhne des Buddha und die Bodhisattvas,
ob allein oder in der Menge weilend
das Gesetz darlegend – sie alle zeigen sich darin.
Obwohl er noch nicht den wunderbaren Körper erlangt hat,
der die Eigenschaft des Gesetzes hat und ohne Einströmungen ist,
so wird sich doch wegen der Reinheit seines gewöhnlichen Körpers
alles in diesem zeigen.

Weiterhin noch, oh *Ständige Bemühung*, wenn da Söhne aus gutem Hause, Töchter aus gutem Hause nach dem Verlöschen des Tathāgata dieses Sūtra vom Lotos des Gesetzes annehmen und bewahren, es lesen, rezitieren, auslegen, abschreiben, so werden diese die eintausendzweihundert Verdienste des Geistes erlangen. Durch dieses reine Denkorgan werden sie, auch wenn sie nur einen Vers oder einen Satz hören, zum unermesslichen, unendlichen Sinn vordringen. Nachdem sie diesen Sinn verstanden haben, vermögen sie einen Satz oder einen Vers für einen Monat, vier Monate oder bis zu einem Jahr predigen, und das Gesetz, das sie darlegen, entspricht dessen tiefstem Sinn, es entspricht den Merkmalen der Wirklichkeit und läuft ihnen niemals zuwider.

Wenn sie weltliche Texte darlegen oder über das Regieren der Welt sprechen oder über Arbeiten für den Lebensunterhalt, so sind sie doch in Übereinstimmung mit dem Wahren Gesetz. Sie verstehen völlig, wie die Lebewesen der sechs Existenzformen in den dreitausend Großtausenden von Welten handeln, wie deren Geist funktioniert, wie deren Geist argumentiert.

Auch wenn sie noch nicht die Weisheit ohne Einströmungen erlangt haben, so ist ihr Geistesorgan dennoch so rein, dass alles, was diese Menschen überlegen, abwägen und sagen, dem Gesetz des Buddha und ganz sicher der Wirklichkeit entspricht; und es entspricht auch dem, was vormals in den Sūtras des Buddha dargelegt ist."

Da wünschte der Weltverehrte den Sinn des Gesagten noch einmal zu verkünden und sprach die Verse:

Der Geist dieses Menschen ist rein,
klar, scharf und ungetrübt.
Mit diesen wunderbaren geistigen Fähigkeiten
erkennt er das höhere, das mittlere und das niedrige Gesetz.
Auch wenn er nur einen Vers vernimmt,
dringt er dennoch zu dessen unermesslichem Sinn vor;
er legt ihn dem Gesetz entsprechend Schritt für Schritt dar,
einen Monat, vier Monate bis zu einem Jahr.
Alle Lebewesen
innerhalb und außerhalb dieser Welt,
so wie Götter, Nāgas und Menschen,
Yakṣas und Geister,
die in den sechs Existenzformen weilen,
und die verschiedenen Gedanken, die sie haben –
als Lohn werden die Bewahrer des Sūtra vom Lotos des Gesetzes
sie alle in einem Augenblick erkennen.
Die unzähligen Buddhas der zehn Himmelsrichtungen,
mit den Merkmalen hundertfachen Heils geschmückt,
legen den Lebewesen das Gesetz dar,
und alle vermögen es, nachdem sie es gehört haben, anzunehmen und zu bewahren.
Sie werden über den unermesslichen Sinn nachdenken
und das Gesetz auch auf unermesslich viele Arten darlegen,
von Anfang bis Ende aber nichts auslassen und keine Fehler machen,
weil sie den Lotos des Gesetzes bewahren.
Sie verstehen die Merkmale der Daseinsfaktoren,

und in Übereinstimmung mit den Prinzipien erkennen sie deren Reihenfolge.
Sie durchdringen Namen und Worte
und predigen so, wie sie es verstehen.
Was diese Menschen darlegen
entspricht alles dem Gesetz der früheren Buddhas.
Weil sie dieses Gesetz predigen,
sind sie vor der Versammlung ohne Furcht.
So rein sind die geistigen Fähigkeiten derer,
die das Sūtra vom Lotos des Gesetzes hochhalten.
Auch wenn sie noch nicht so weit sind, dass sie keine Einströmungen mehr haben,
zeigen sich bei ihnen doch solche Merkmale.
Diese Menschen, die dieses Sūtra bewahren,
weilen in Ruhe an seltenen Plätzen;
über sie freuen sich
alle Lebewesen und verehren sie voll Zuneigung.
Sie vermögen geschickt Millionen
verschiedener Worte treffend einzusetzen
und in Einzelheiten das Gesetz darzulegen,
weil sie das Sūtra vom Lotos des Gesetzes bewahren.

Sechste Rolle

Zwanzigstes Kapitel:
Der Bodhisattva Niemals Verachtend

Zu dieser Zeit sagte der Buddha zu dem Bodhisattva, Mahāsattva *Gewinner von großer Macht*: „Du sollst jetzt wissen: Wenn da jemand Mönche, Nonnen, Laienanhänger, Laienanhängerinnen, die das Sūtra vom Lotos des Gesetzes bewahren, mit übler Nachrede, mit Flüchen oder mit Beschimpfungen überhäuft, dann wird er Vergeltung für dieses große Vergehen ernten, so wie ich es zuvor erklärt habe. Die Verdienste aber, die diese erlangen, sind, wie eben erklärt, die Reinheit der Augen, der Ohren, der Nase, der Zunge, des Körpers und des Geistes.

Oh *Gewinner von großer Macht*! Vor langer Zeit, vor unermesslich, unendlich, unvorstellbar vielen Asaṃkhyeya-Zeitaltern gab es einen Buddha mit Namen *Ehrfurchtgebietender-Klang-König*, ein Tathāgata, ein Verehrungswürdiger, ein vollständig Wissender, ein Vollendeter im Verstehen und Handeln, ein Wohlgegangener, ein Weltenkundiger, ein unübertrefflicher Herr, ein Zähmer der Menschen, ein Lehrer der Götter und der Menschen, ein Buddha, ein Weltverehrter. Sein Zeitalter hieß *Ohne Zerfall*, sein Land *Große Entstehung*.

Dieser Buddha *Ehrfurchtgebietender-Klang-König* legte in seiner Welt den Göttern, Menschen und Asuras das Gesetz dar. Er legte jenen, die die Hörerschaft anstrebten, das Gesetz der Vier Edlen Wahrheiten dar, das von Geburt, Alter, Krankheit und Tod erlöst und das Nirvāṇa verwirklichen lässt. Er legte jenen, die die Pratyekabuddhaschaft anstrebten, den zwölfgliedrigen Kausalnexus dar. Er legte den Bodhisattvas als Mittel zum Erlangen der Anuttarasamyaksaṃbodhi das Gesetz der sechs Pāramitās dar, mit der sie die Buddhaweisheit verwirklichen konnten.

Oh *Gewinner von großer Macht*! Die Lebensspanne dieses Buddha *Ehrfurchtgebietender-Klang-König* betrug Zeitalter so viele wie vierzig Myriaden von Nayutas von Sandkörnern im Fluss Gaṅgā. Das Wahre Gesetz hatte so viele Zeitalter Bestand wie es Staubkörner in Jambudvīpa gibt. Nachdem dieser Buddha den Lebewesen zu großem Nutzen verholfen hatte, verlöschte er.

Nachdem das Wahre Gesetz und das Abbild des Gesetzes verschwunden waren, erschien in jenem Land ein weiterer Buddha, der ebenfalls *Ehrfurchtgebietender-Klang-König* hieß, ein Tathāgata, ein Verehrungswürdiger, ein vollständig Wissender, ein Vollendeter im Verstehen und Handeln, ein Wohlgegangener, ein Weltenkundiger, ein unübertrefflicher Herr, ein Zähmer der Menschen, ein Lehrer der Götter und der Menschen, ein Buddha, ein Weltverehrter; und in derselben Weise gab es nacheinander zwanzig Milliarden Buddhas, die alle denselben Namen trugen.

Nachdem der erste Tathāgata *Ehrfurchtgebietender-Klang-König* verlöscht, das Wahre Gesetz verschwunden war und man sich in der Zeit des Abbildes des Gesetzes befand, besaßen immer arroganter werdende Mönche große Macht. Zu dieser Zeit gab es einen Bodhisattva-Mönch namens *Niemals Verachtend*. Oh, *Gewinner von großer Macht*: Aus welchem Grund hieß er *Niemals Verachtend*? Wem auch immer dieser Mönch begegnete, seien es Mönche, Nonnen, Laienanhänger oder Laienanhängerinnen, den begrüßte er mit Ehrfurcht und pries ihn mit den Worten: ‚Ich verehre Euch zutiefst. Niemals würde ich es wagen, Euch mit Verachtung zu behandeln. Warum? Weil Ihr alle den Weg der Bodhisattvas praktiziert und die Buddhaschaft erlangen werdet!‘

Und dieser Mönch las und rezitierte nicht ausschließlich die Sūtras, sondern übte sich vor allem in ehrfurchtsvollem Grüßen. Selbst wenn er aus der Ferne jemanden aus der vierfachen Versammlung erblickte, so begab er sich dorthin, um ihn ehrfurchtsvoll zu grüßen, ihn zu preisen mit den Worten: ‚Niemals würde ich es wagen, Euch mit Verachtung zu behandeln. Denn Ihr werdet alle die Buddhaschaft erlangen!‘

In der vierfachen Versammlung gab es welche, die zornig wurden und deren Gesinnung es an Reinheit fehlte. Sie redeten ihm übel nach und beschimpften ihn mit den Worten: ‚Dieser unwissende Mönch! Woher kommt er denn, um zu sagen, er würde uns nicht verachten, und uns auch noch die Buddhaschaft zu prophezeien? Wir haben mit solchen leeren Prophezeiungen nichts im Sinn!‘

So vergingen viele Jahre und er wurde immer wieder beschimpft, und dennoch entstand in ihm kein Zorn und er sagte ständig: ‚Sie werden die Buddhaschaft erlangen!‘ Wenn er dies sagte, so schlugen ihn die Leute mit Stöcken und Hölzern oder warfen mit Ziegeln und Steinen nach ihm. Auf diese Weise vertrieben, blieb er in großer Entfernung wieder stehen und rief ihnen mit lauter Stimme zu: ‚Niemals würde ich es wagen, Euch mit Verachtung zu behandeln. Denn Ihr werdet die Buddhaschaft erlangen!‘ Weil er dies ständig sagte, gaben ihm die äußerst hochmütigen Mönche, Nonnen, Laienanhänger und Laienanhängerinnen den Namen *Niemals Verachtend.*

Als die Todesstunde dieses Mönches nahte, hörte er im ganzen Luftraum zwanzigtausend Milliarden Verse des Sūtra vom Lotos des Gesetzes, das der Buddha *Ehrfurchtgebietender-Klang-König* zuvor dargelegt hatte, konnte sie alle verstehen und bewahren, und er erlangte die vorhin beschriebene Reinheit der Augen, die Reinheit von Ohren, Nase, Zunge, Körper und Geist. Nachdem er diese Reinheit der sechs Sinne erlangt hatte, verlängerte sich seine Lebensspanne um zweihundert Myriaden von Nayutas von Jahren, und er legte den Menschen weithin dieses Sūtra vom Lotos des Gesetzes dar.

Da sahen die Mönche, Nonnen, Laienanhänger und Laienanhängerinnen der äußerst hochmütigen vierfachen Versammlung, die diesen Menschen missachtet und ihm den Namen *Niemals Verachtend* gegeben hatten, wie er die großen übernatürlichen Kräfte erlangt hatte, die Kraft, freudig und beredt das Gesetz darzulegen, und die große Kraft der Güte und der Abgeschiedenheit, und nachdem sie seine Darlegung des Gesetzes gehört hatten, fassten sie alle Vertrauen und folgten ihm.

Dieser Bodhisattva bekehrte noch Tausende von Myriaden von Wesen und ließ sie in der Anuttarasamyaksaṃbodhi verweilen. Nachdem er gestorben war, traf er mit zweitausend Milliarden Buddhas zusammen, die alle *Sonne-Mond-Leuchte* hießen, und legte mitten unter ihrem Gesetz dieses Sūtra vom Lotos des Gesetzes dar. Dadurch traf er mit weiteren zweitausend Milliarden Buddhas zusammen, die alle *Wolken-Herrscher-Leuchte-König* hießen. Und weil er mitten unter dem Gesetz dieser Buddhas dieses Sūtra annahm, es bewahrte, las und rezitierte und es der vierfachen Versammlung darlegte, da erlangten seine normalen Augen und all seine Sinnesorgane, Ohren, Nase, Zunge, Körper und Geist die Reinheit. Er legte in der vierfachen Versammlung ohne Furcht das Gesetz dar.

Oh *Gewinner von großer Macht*! Dieser Bodhisattva, Mahāsattva *Niemals Verachtend* brachte auf diese Weise zahlreichen Buddhas Spenden dar, verehrte, achtete und pries sie. Nachdem er diese Wurzeln des Heils gepflanzt hatte, traf er später wiederum mit Myriaden von Buddhas zusammen und legte auch unter dem Gesetz dieser Buddhas das Gesetz dar, und durch diese Verdienste erlangte er die Buddhaschaft.

Oh *Gewinner von großer Macht*! Was meinst Du? Dieser Bodhisattva *Niemals Verachtend* zu jener Zeit – wie könnte das jemand anderes sein? Er ist niemand anderes als ich selbst! Hätte ich nicht in meinen vergangenen Existenzen dieses Sūtra angenommen, bewahrt, gelesen, rezitiert und es anderen dargelegt, dann hätte ich nicht so schnell die Anuttarasamyaksaṃbodhi erlangen können. Weil ich in der Gegenwart voriger Buddhas dieses Sūtra angenommen, bewahren, gelesen, rezitiert und es anderen dargelegt habe, habe ich so schnell die Anuttarasamyaksaṃbodhi erlangt.

Oh *Gewinner von großer Macht*! Weil die vierfache Versammlung von Mönchen, Nonnen, Laienanhängern und Laienanhängerinnen mich damals im Zorn missachtet hat, trafen sie zweihundert Milliarden Zeitalter lang auf keine Buddhas, hörten das Gesetz nicht und sahen keine Mönche. Tausend Zeitalter lang erlitten sie in der Avīci-Hölle große Qualen. Nachdem sie ihre Vergehen abgegolten hatten, trafen sie wieder den Bodhisattva *Niemals Verachtend*, der sie zur Anuttarasamyaksaṃbodhi führte.

Oh *Gewinner von großer Macht*! Was meinst Du? Diejenigen damals, die in der vierfachen Versammlung diesen Bodhisattva ständig verachtet hatten – wie könnten diese jemand anders sein als diese hier in dieser Versammlung, nämlich Bodhisattva Bhadrapāla und die fünfhundert anderen, die Nonne *Löwenmond* und fünfhundert andere, die Laienanhängerin *Denkend an Buddha* und fünfhundert andere, die alle nicht mehr umkehren auf dem Weg zur Anuttarasamyaksaṃbodhi!

Oh *Gewinner von großer Macht*! Du sollst wissen, dass dieses Sūtra vom Lotos des Gesetzes den Bodhisattvas, Mahāsattvas von großem Nutzen ist und sie die Anuttarasamyaksaṃbodhi erreichen lassen kann. Deshalb sollen die Bodhisattvas, Mahāsattvas nach dem Verlöschen des Tathāgata ständig dieses Sūtra annehmen, bewahren, lesen, rezitieren, erklären, darlegen und abschreiben."

Da wünschte der Weltverehrte den Sinn des Gesagten noch einmal zu verkünden und sprach die Verse:

In der Vergangenheit gab es einen Buddha,
der hieß *Ehrfurchtgebietender-Klang-König*,
dessen übernatürliche Kräfte und Weisheit waren unermesslich,
und er führte alle;
Götter, Menschen, Nāgas und Geister
brachten ihm gemeinsam Spenden dar.
Nach dem Verlöschen dieses Buddha
gab es zu jener Zeit, als sein Gesetz am Verschwinden war,
einen Bodhisattva,
der hieß *Niemals Verachtend*.
Zu dieser Zeit erwog die vierfache Versammlung

das Gesetz hin und her und klammerte sich daran.
Der Bodhisattva *Niemals Verachtend*
begab sich zu ihnen
und sprach zu ihnen:
‚Ich verachte Euch nicht,
denn Ihr übt Euch im Weg
und werdet alle die Buddhaschaft erlangen!'
Als die Menschen dies gehört hatten,
verachteten und beschimpften sie ihn,
aber der Bodhisattva *Niemals Verachtend*
konnte dies alles ertragen.
Nachdem seine Vergehen abgegolten waren
und die Stunde seines Todes näher kam,
konnte er dieses Sūtra hören
und erlangte die Reinheit der sechs Sinne.
Durch seine übernatürlichen Fähigkeiten
wurde seine Lebensspanne verlängert,
und den Menschen zuliebe
legte er weithin dieses Sūtra dar.
Die vielen Anhänger des Gesetzes
erhielten alle die Bekehrung
und Vervollkommnung durch diesen Bodhisattva,
der sie auf dem Weg des Buddha verweilen ließ.
Niemals Verachtend traf nach seinem Tode
mit zahllosen Buddhas zusammen,
und weil er dieses Sūtra gepredigt hatte,
erlangte er unermessliches Heil.
Indem er immer mehr Verdienste sammelte,
erlangte er schnell die Buddhaschaft.
Derjenige, der damals *Niemals Verachtend* war,
ist niemand anderes als ich selbst;
und die vierfache Versammlung von damals,
die sich an das Gesetz klammerte
und *Niemals Verachtend* sagen hörte:
‚Ihr werdet die Buddhaschaft erlangen!',
und die aus diesen Gründen
mit unzähligen Buddhas zusammentrafen –
sie sind hier, in dieser Versammlung:

die fünfhundert Bodhisattvas,
und die vierfache Versammlung,
Männer und Frauen reinen Glaubens,
die jetzt in meiner Gegenwart
das Gesetz vernehmen.
Ich habe in vergangenen Existenzen
diese Menschen angespornt,
dieses Sūtra zu hören und anzunehmen,
das beste der Gesetze,
ich habe es die Menschen gelehrt
und sie im Nirvāṇa verweilen lassen.
Generation auf Generation haben sie
dieses Sūtra angenommen und bewahrt.
Es vergehen Myriaden von Zeitaltern,
die völlig unvorstellbar sind,
bis man schließlich einmal
dieses Sūtra vom Lotos des Gesetzes zu hören bekommt.
Es vergehen Myriaden von Zeitaltern,
die völlig unvorstellbar sind,
bis schließlich einmal
Buddhas, Weltverehrte
dieses Sūtra vom Lotos des Gesetzes darlegen.
Deshalb sollen die Ausübenden,
wenn sie nach dem Verlöschen des Buddha
ein solches Sūtra hören,
keine Zweifel hegen,
sondern nur eines im Sinn haben:
weithin dieses Sūtra darlegen
und – von Existenz zu Existenz mit Buddhas zusammentreffend –
schnell den Weg des Buddha verwirklichen.

Sechste Rolle

Einundzwanzigstes Kapitel: Die übernatürlichen Kräfte des Tathāgata

Da legten die Bodhisattvas, Mahāsattvas, die aus der Erde hervorgesprungen und so zahlreich waren wie Staubkörner in tausend Welten, konzentriert vor dem Buddha die Handflächen zusammen, blickten zu seinem erhabenen Antlitz empor und sagten zu ihm: „Oh Weltverehrter! Wir werden nach dem Verlöschen des Buddha in den Ländern, in denen der Teilungskörper des Weltverehrten sich befindet, weithin dieses Sūtra darlegen. Warum dies? Auch wir wollen dieses wahre, reine und große Gesetz erlangen, es annehmen, bewahren, lesen, rezitieren, erklären, abschreiben und ihm Spenden darbringen."

Da zeigte der Weltverehrte seine großen übernatürlichen Kräfte – in Gegenwart von Mañjuśrī und unermesslich vielen Myriaden von Bodhisattvas, Mahāsattvas, die schon lange in der Sabhā-Welt weilten, und allen Gruppen der Mönche, Nonnen, Laienanhänger und Laienanhängerinnen, den Göttern, Nāgas, Yakṣas, Gandharvas, Asuras, Garuḍas, Kiṃnaras, Mahoragas, Menschen und Nicht-Menschen: Er streckte seine breite und lange Zunge heraus, bis in die Brahmawelt hinauf, und sendete aus allen Haarporen unermesslich viele, unzählige farbige Lichtstrahlen aus, die die gesamten Welten der zehn Himmelsrichtungen erstrahlen ließen.

Und die vielen Buddhas auf den Löwensitzen unter den Juwelenbäumen taten dasselbe, streckten ihre breiten, langen Zungen heraus und sendeten unermesslich viele Lichtstrahlen aus. Da zeigten der Buddha Śākyamuni und die Buddhas unter den Juwelenbäumen volle hunderttausend Jahre lang ihre übernatürlichen Kräfte, und danach zogen sie das Merkmal[1] ihrer Zungen zurück, gaben zur gleichen Zeit ein Husten von sich und schnippten gemeinsam mit den Fingern. Diese beiden Laute erstreckten sich in alle Buddhaländer der zehn Himmelsrichtungen und die ganze Erde wurde durch sechsfaches Beben erschüttert.

Die Lebewesen auf ihr, die Götter, Nāgas, Yakṣas, Gandharvas, Asuras, Ga-

---

[1] Eines der zweiunddreißig Hauptkennzeichen eines Buddha ist seine übernatürlich lange Zunge.

ruḍas, Kiṃnaras, Mahoragas, Menschen und Nicht-Menschen erblickten dank der übernatürlichen Kräfte des Buddha die unermesslich, unendlich vielen Myriaden von Buddhas, die auf ihren Löwensitzen unter den Juwelenbäumen saßen, und sie erblickten auch den Buddha Śākyamuni, wie er zusammen mit dem Tathāgata *Juwelenreich* in dem Juwelenstūpa auf seinem Löwensitz saß; und sie erblickten auch die unermesslich, unendlich vielen Myriaden von Bodhisattvas, Mahāsattvas und die vierfache Versammlung, die in Verehrung den Buddha Śākyamuni umringten.

Nachdem sie dies gesehen hatten, waren sie voller Freude darüber, etwas erlangt zu haben, was sie zuvor noch nicht hatten. Und die Götter erhoben darauf im Luftraum ihre Stimme und sprachen: „Jenseits dieser unermesslich, unendlich vielen Myriaden von Asaṃkhyeyas von Welten gibt es ein Land namens Sabhā, und darin ist ein Buddha namens Śākyamuni, der nun den Bodhisattvas, Mahāsattvas das Sūtra des Großen Fahrzeugs namens Lotos des Wunderbaren Gesetzes darlegt, das Gesetz, mit dem die Bodhisattvas belehrt werden, das die Buddhas behütend in ihrem Geist bewahren. Ihr sollt Euch aus tiefstem Herzen darüber freuen und auch den Buddha verehren und ihm Spenden darbringen!"

Als jene Lebewesen diese Stimmen im Luftraum vernahmen, legten sie die Handflächen zusammen, wandten sich zur Sabhā-Welt und sprachen:

„Namaḥ Śākyamunibuddhāya, namaḥ Śākyamunibuddhāya![2]"

Dann nahmen sie vielerlei Blumen, Räucherwerk, Halsketten, Banner, Schirme und Gegenstände, mit denen man den Körper schmückt, wertvolle und wunderbare Dinge und verstreuten sie zusammen weit in die Sabhā-Welt. Die Dinge, die sie verstreuten, kamen aus den zehn Himmelsrichtungen wie Wolkenmassen, die sich in Juwelenbaldachine verwandelten und die Buddhas darin vollständig bedeckten. Da waren die Durchgänge zwischen den Welten der zehn Himmelsrichtungen ohne Hindernisse, und sie waren wie ein einziges Buddhaland.

Da sagte der Buddha zu dem Bodhisattva *Hervorragender Lebenswandel* und zu der großen Versammlung von Bodhisattvas: „Die übernatürlichen Kräfte der Buddhas sind unermesslich, unendlich, unvorstellbar. Selbst wenn ich, weil ich es ihnen anvertrauen wollte, mit Hilfe dieser übernatürlichen Kräfte unermesslich, unendlich viele Myriaden von Asaṃkhyeyas von Zeital-

---

[2] Chin. Nanwu Shijiamoni-fo! Nanwu Shijiamoni-fo! 南無釋迦牟尼佛 南無釋迦牟尼佛; Transliteration aus dem Skt. mit der Bedeutung: „Verehrung sei dem Buddha Śākyamuni, Verehrung sei dem Buddha Śākyamuni!"

tern hindurch anderen die Verdienste darlegen würde, die durch dieses Sūtra erwachsen, so würde ich es doch nicht erschöpfend tun können. Kurz gesagt: Das vollständige Gesetz, das der Tathāgata besitzt, die gesamten ihm verfügbaren übernatürlichen Kräfte des Tathāgata, das Schatzhaus der verborgenen Essenz des Tathāgata, all die tiefsten Angelegenheiten des Tathāgata – sie alle sind in diesem Sūtra aufgezeigt und dargelegt.

Deshalb sollt Ihr es nach dem Verlöschen des Tathāgata konzentriert annehmen, bewahren, lesen, rezitieren, erklären, darlegen, abschreiben und so wie dargelegt praktizieren. In jedwedem Land, wo es welche gibt, die es annehmen, bewahren, lesen, rezitieren, erklären, darlegen, abschreiben und so wie dargelegt praktizieren – sei es an einem Ort, an dem sich eine Sūtrarolle befindet, sei es in einem Garten, sei es in einem Wald, sei es unter einem Baum, sei es in einer Mönchsbehausung, sei es im Hause eines Weißgekleideten, sei es in einer Halle, sei es in den Bergen, den Tälern oder in der Wildnis –, überall dort soll man einen Stūpa errichten und Spenden darbringen. Warum dies? Ihr sollt wissen, dass diese Plätze Orte der Erleuchtung sind, an denen die Buddhas die Anuttarasamyaksaṃbodhi erlangt haben, an denen die Buddhas das Rad des Gesetzes gedreht haben, an denen die Buddhas ins Parinirvāṇa eingegangen sind."

Da wünschte der Weltverehrte den Sinn des Gesagten noch einmal zu verkünden und sprach die Verse:

Die Buddhas, Retter der Welt,
verweilen in ihren großartigen übernatürlichen Kräften.
Um die Lebewesen zu erfreuen,
zeigen sie unermessliche übernatürliche Kräfte,
reichen mit dem Merkmal ihrer Zungen bis in den Brahma-Himmel,
entlassen aus ihren Körpern unzählige Lichtstrahlen.
Denen zuliebe, die nach dem Weg des Buddha streben,
zeigen sie diese seltenen Bemühungen.
Die Buddhas lassen den Klang ihres Hustens hören
und den Klang von Fingerschnippen,
die man überall in den Ländern der zehn Himmelsrichtungen vernimmt,
und die Erde erbebt sechsfach.
Weil nach dem Verlöschen des Buddha
es welche gibt, die dieses Sūtra hochhalten können,
sind die Buddhas erfreut

und zeigen unermessliche übernatürliche Kräfte.
Um dieses Sūtra anderen anzuvertrauen,
lobpreisen sie jene, die es annehmen und bewahren:
Die Verdienste dieser Menschen
sind unendlich, sind unerschöpflich
wie der weite Luftraum in den zehn Himmelsrichtungen,
man kann nicht an deren Grenzen gelangen.
Wer dieses Sūtra hochhalten kann,
hat mich bereits erblickt
und hat auch den Buddha *Juwelenreich* erblickt
und die anderen Teilungskörper;
der sieht mich auch jetzt,
wie ich die Bodhisattvas bekehre und belehre.
Wer dieses Sūtra hochhalten kann,
erfreut mich,
all meine Teilungskörper
und den bereits verloschenen Buddha *Juwelenreich*.
Die Buddhas der Gegenwart in den zehn Himmelsrichtungen
und auch die der Vergangenheit und der Zukunft
erblicken ihn ebenfalls, bringen ihm ebenfalls Spenden dar
und erfreuen ihn.
Das verborgene, innerste Gesetz,
das die Buddhas, auf dem Platz der Erleuchtung sitzend, erlangt haben –
das werden diejenigen, die dieses Sūtra hochhalten können,
ebenfalls nach nicht langer Zeit erlangen.
Diejenigen, die dieses Sūtra hochhalten können,
werden sich unerschöpflich daran erfreuen,
den Sinn der verschiedenen Gesetze darzulegen,
ihre Namen und Worte –
so wie der Wind im Luftraum,
völlig ohne Schranken.
Nach dem Verlöschen des Tathāgata
kennen sie die vom Buddha dargelegten Sūtras,
ihre Gründe und Ursachen und ihre korrekte Reihenfolge
und legen sie wahrheitsgemäß und ihrem Sinn entsprechend dar.
Wie die Strahlen von Sonne und Mond
die Düsternis vertreiben können,
so können diese Menschen, in der Welt wandelnd,

die Dunkelheit der Lebewesen vertreiben,
unermesslich viele Bodhisattvas belehren
und sie letztlich in dem einen Fahrzeug verweilen lassen.
Deshalb soll ein Weiser,
wenn er hört, welch Nutzen aus den Verdiensten zu gewinnen ist,
nach meinem Verlöschen
dieses Sūtra annehmen und bewahren;
dieser Mensch wird sicher und ohne Zweifel
den Weg des Buddha erlangen!

Sechste Rolle

Zweiundzwanzigstes Kapitel: Das Anvertrauen

Zu dieser Zeit erhob sich der Buddha Śākyamuni von seinem Gesetzessitz und mit seinen großen übernatürlichen Fähigkeiten strich er mit seiner rechten Hand über die Stirn von unermesslich vielen Bodhisattvas, Mahāsattvas und sprach: „Ich habe mich in unermesslich vielen Myriaden von Asaṃkhyeya-Zeitaltern in diesem schwierig zu erlangenden Gesetz der Anuttarasamyaksaṃbodhi geübt. Dieses werde ich Euch nun anvertrauen. Ihr sollt nur eines im Sinn haben: dieses Gesetz weithin darlegen, so dass sich sein Nutzen weit verbreite!"

So strich er dreimal über die Stirn der Bodhisattvas, Mahāsattvas und sagte: „Ich habe mich in unermesslich vielen Myriaden von Asaṃkhyeya-Zeitaltern in diesem schwierig zu erlangenden Gesetz der Anuttarasamyaksaṃbodhi geübt. Dieses werde ich Euch nun anvertrauen. Ihr sollt dieses Gesetz annehmen, bewahren, lesen, rezitieren und weithin verbreiten, so dass es überall alle Lebewesen hören und verstehen können! Warum dies? Der Tathāgata empfindet großes Mitgefühl. Er ist nicht geizig und hat auch keine Furcht. Er kann den Lebewesen die Weisheit des Buddha, die Weisheit des Tathāgata und jene Weisheit geben, die aus sich selbst entsteht. Der Tathāgata ist der große Gabenherr für alle Lebewesen. Auch Ihr sollt dem Gesetz des Tathāgata folgen und es erlernen. Und Ihr sollt damit nicht geizen.

Wenn es in zukünftigen Zeiten Söhne aus gutem Hause, Töchter aus gutem Hause gibt, die an die Weisheit des Tathāgata glauben, dann soll man diesen dieses Sūtra vom Lotos des Gesetzes predigen, es sie hören und verstehen lassen, denn auf diese Weise können Menschen die Weisheit des Buddha erlangen. Wenn es Lebewesen gibt, die nicht daran glauben und es nicht annehmen, dann soll man diese mit den anderen tiefgründigen Gesetzen des Tathāgata belehren und sie zu ihrem Vorteil erfreuen. Wenn Ihr dies vermögt, dann habt Ihr bereits Eure Dankesschuld den Buddhas gegenüber vergolten."

Als die Bodhisattvas, Mahāsattvas diese Darlegungen des Buddha hörten, empfanden sie in ihrem ganzen Körper eine große Freude, verneigten sich in noch größerer Verehrung, senkten ihre Häupter, legten ihre Handflächen zusammen und äußerten mit einer Stimme: „So wie es uns der Weltverehrte aufträgt, so werden wir handeln. Möge sich der Weltverehrte sich deswegen keine Sorgen machen!"

Da ließ der Buddha Śākyamuni die Buddhas seines Teilungskörpers, die aus den zehn Himmelsrichtungen herbeigekommen waren, in ihre Länder zurückkehren und sagte: „Jeder Buddha möge tun, was ihm beliebt, und auch der Stūpa des Buddha *Juwelenreich* möge seinen früheren Zustand wieder einnehmen!"

Als er dies sagte, da waren die unermesslich vielen Buddhas, seine Teilungskörper, aus den zehn Himmelsrichtungen, die auf ihren Löwensitzen unter den Juwelenbäumen saßen, und der Buddha *Juwelenreich* und auch der Bodhisattva *Hervorragender Lebenswandel* sowie die große Versammlung von Bodhisattvas, Śāriputra und die übrige vierfache Versammlung von Hörern, alle Götter, Menschen und Asuras in der Welt voll Freude über das, was der Buddha ihnen dargelegt hatte.

Sechste Rolle

Dreiundzwanzigstes Kapitel: Die früheren Bemühungen des Bodhisattva Medizinkönig

Zu dieser Zeit sagte der Bodhisattva *Gestirn-König-Blume* zum Buddha: „Oh Weltverehrter! Warum wandert der Bodhisattva *Medizinkönig* durch die Sabhā-Welt? Oh Weltverehrter! Dieser Bodhisattva *Medizinkönig* hat sich in zahlreichen Myriaden von Nayutas von schwierigen Askesepraktiken geübt. Wohlan, oh Weltverehrter! Mögest Du dies ein wenig erklären! Die Götter, Nāgas, Geister, Yakṣas, Gandharvas, Asuras, Garuḍas, Kiṃnaras, Mahoragas, Menschen und Nicht-Menschen und auch die von den anderen Ländern herbeigekommenen Bodhisattvas und die Versammlung der Hörer werden es alle mit Freuden vernehmen."

Da sagte der Buddha zum Bodhisattva *Gestirn-König-Blume*: „In vergangenen Zeitaltern, so vielen wie es Sandkörner im Flusse Gaṅgā gibt, gab es einen Buddha namens *Sonne-Mond-Reines-Licht-Tugend*, ein Tathāgata, ein Verehrungswürdiger, ein vollständig Wissender, ein Vollendeter im Verstehen und Handeln, ein Wohlgegangener, ein Weltenkundiger, ein unübertrefflicher Herr, ein Zähmer der Menschen, ein Lehrer der Götter und der Menschen, ein Buddha, ein Weltverehrter. Dieser Buddha hatte achtzig Millionen Bodhisattvas, Mahāsattvas um sich und eine Schar von Hörern, so viele wie es Sandkörner in zweiundsiebzig Gaṅgā-Flüssen gibt. Die Lebensspanne dieses Buddha betrug zweiundvierzigtausend Zeitalter und die Lebensspannen der Bodhisattvas ebenso viel. In jenem Land gab es keine Frauen, Höllenwesen, Hungergeister, Asuras und keinerlei Drangsale. Der Boden war eben wie eine Handfläche, bestand aus Lapislazuli und war mit Juwelenbäumen geschmückt. Prächtige Juwelenbaldachine bedeckten es und Girlanden mit Juwelenblumen hingen herab; Juwelenbehälter und Weihrauchbrenner standen überall im Land, und es gab Podeste aus den sieben Kostbarkeiten, mit einem Baum neben jedem Podest, und der Baum war vom Podest einen Pfeilschuss weit entfernt. Unter allen diesen Juwelenbäumen saßen Bodhisattvas und Hörer auf den Juwelenpodesten, und bei jedem befanden sich hundert Millionen Götter, die göttliche Musik spielten und den Buddhas zur Spende Lobpreis sangen.

Da legte jener Buddha dem Bodhisattva *Freudiger Anblick aller Lebewesen* zuliebe und den anderen Bodhisattvas und der Menge der Hörer das Sūtra vom Lotos des Gesetzes dar. Dieser Bodhisattva *Freudiger Anblick aller Lebewesen* erfreute sich daran, Askeseübungen durchzuführen. Inmitten des Gesetzes des Buddha *Sonne-Mond-Reines-Licht-Tugend* widmete er sich eifrig und zog umher, nur das Streben nach der Buddhaschaft im Sinn. Nach vollen zwölftausend Jahren erlangte er die Samādhi, in der man alle körperlichen Formen annehmen kann. Nachdem er diese Samādhi erlangt hatte, war sein Herz voll großer Freude, und er dachte: ‚Die Samādhi, in der man alle körperlichen Formen annehmen kann, habe ich allein dadurch erlangt, dass ich das Sūtra vom Lotos des Gesetzes gehört habe. Ich sollte nun dem Buddha *Sonne-Mond-Reines-Licht-Tugend* und dem Sūtra vom Lotos des Gesetzes Spenden darbringen.'

Darauf trat er in diese Samādhi ein und im Luftraum regnete es Māndārava-Blumen und Mahāmāndārava-Blumen und feines Pulver und hartes schwarzes Sandelholz. Wolkengleich erfüllten sie den gesamten Luftraum und fielen von ihm herab. Es regnete auch Räucherwerk aus Sandelholz vom jenseitigen Meeresufer – sechs Zhu[1] dieses Räucherwerks haben den Wert der Sabhā-Welt. All dies gab er als Spende für den Buddha.

Nachdem er diese Spenden dargebracht hatte, trat er aus der Samādhi heraus und dachte sich: ‚Obgleich ich mit meinen übernatürlichen Kräften dem Buddha Spenden dargebracht habe, ist dies doch nicht so gut, wie wenn ich meinen Körper als Spende dargebracht hätte.'

Und sogleich schluckte er Räucherwerk wie Candana, Kunduruka, Turuṣka, Pṛkkā, Aloe und festes Räucherwerk, trank dazu noch Duftöl aus Campaka-Blumen und tat all dies ganze eintausendzweihundert Jahre lang. Dann rieb er seinen Körper mit Duftöl ein, begab sich vor den Buddha *Sonne-Mond-Reines-Licht-Tugend*, hüllte seinen Körper in mit himmlischen Juwelen besetzte Gewänder, begoss seine Stirn mit Duftöl, rief seine übernatürlichen Kräfte auf und setzte seinen Körper in Brand, so dass dessen Licht die Welten durchdrang, so viele wie es Sandkörner in achtzig Millionen Flüssen Gaṅgā gibt. Die Buddhas in diesen priesen ihn gleichzeitig: ‚Wohlgetan, wohlgetan! Oh Sohn aus gutem Hause! Dies ist echte Anstrengung! Dies nennt man eine wahre Gesetzesspende an den Tathāgata! Auch wenn man Blumen, Räucherwerk, Halsketten, Weihrauch zum Abbrennen, pulverisiertes Räucherwerk, Duftsalbe, göttliche Seide, Banner und Schirme und Räu-

---

[1] 銖, alte sehr kleine chin. Gewichtseinheit (im Altertum hatte ein Zhu etwa 0,67 g).

cherwerk aus Sandelholz vom jenseitigen Meeresufer und derartige verschiedene Dinge spendet, so kommt es doch diesem nicht gleich; auch wenn man sein Reich, seine Städte, seine Frau und Kinder verteilte, so käme es doch diesem nicht gleich. Oh Sohn aus gutem Hause! Dies nennt man die vortrefflichste Gabe, die unter allen Gaben die ehrwürdigste, die höchste ist! Denn man bringt das Gesetz selbst dem Tathāgata als Spende dar.'

Nachdem sie diese Worte gesagt hatten, verfielen alle in Schweigen. Das Feuer seines Körpers brannte eintausendzweihundert Jahre lang, und erst nachdem diese vergangen waren, war sein Körper verzehrt.

Nachdem der Bodhisattva *Freudiger Anblick aller Lebewesen* diese Spende des Gesetzes dargebracht hatte, wurde er nach seinem Tode im Land des Buddha *Sonne-Mond-reines-Licht-Tugend* im Hause des Königs *Reine Tugend* wiedergeboren. Sitzend mit übereinander gekreuzten Beinen wurde er unvermittelt durch Verwandlung geboren und sprach sogleich seinem Vater zuliebe diese Verse:

Oh großer König! Du sollst jetzt wissen,
dass ich, einen gewissen Ort durchwandelnd,
sofort die Samādhi erlangt habe, in der man alle
körperlichen Formen zeigen kann;
ich habe mich unter großen Anstrengungen bemüht
und meinen geliebten Körper abgelegt,
um damit dem Weltverehrten Spenden darzubringen,
um nach der unübertroffenen Weisheit zu streben.

Nachdem er diese Verse gesprochen hatte, sagte er zum Vater:
‚Der Buddha *Sonne-Mond-reines-Licht-Tugend* ist jetzt noch gegenwärtig. Als ich dem Buddha früher Spenden dargebracht hatte, habe ich die Dhāraṇī erlangt, mit der man die Worte aller Lebewesen versteht. Ich habe auch das Sūtra vom Lotos des Gesetzes gehört, mit seinen achthunderttausend Myriaden von Nayutas, Kaṅkaras, Vivaras, Akṣobhyas von Versen. Oh großer König! Ich werde jetzt zurückkehren und diesem Buddha noch einmal Spenden darbringen.'

Nachdem er dies gesagt hatte, setzte er sich sogleich auf ein Podest aus den sieben Kostbarkeiten und schwebte in den Luftraum empor, so hoch wie sieben Tāla-Bäume, begab sich zu diesem Buddha, grüßte mit seinem Gesicht dessen Füße, legte die Nägel seiner zehn Finger aneinander und pries den Buddha mit den Versen:

Oh Du von äußerst wunderbarer Erscheinung,
dessen Strahlen die zehn Himmelsrichtungen erhellt;
ich habe Dir bereits Spenden dargebracht
und bin jetzt noch einmal zurückgekehrt, um Dir näher zu sein.

Als da der Bodhisattva *Freudiger Anblick aller Lebewesen* diese Verse gesprochen hatte, sagte er zu dem Buddha: ‚Oh Weltverehrter! Weilt der Weltverehrte immer noch in der Welt?'

Da sprach der Buddha *Sonne-Mond-reines-Licht-Tugend* zum Bodhisattva *Freudiger Anblick aller Lebewesen*: ‚Oh Sohn aus gutem Hause! Die Zeit meines Parinirvāṇa ist gekommen, die Zeit meines Verlöschens ist da. Du magst mir eine bequeme Lagerstätte herrichten. Heute Nacht werde ich in das Parinirvāṇa eingehen.'

Er wies den Bodhisattva *Freudiger Anblick aller Lebewesen* auch an: ‚Oh Sohn aus gutem Hause! Ich werde Dir das Gesetz des Buddha anvertrauen. Außerdem: Die Bodhisattvas und die großen Schüler sowie das Gesetz der Anuttarasamyaksaṃbodhi, die dreitausend Großtausenden von Welten, geschmückt mit den sieben Kostbarkeiten, zusammen mit ihren Juwelenbäumen und Juwelenpodesten und den Göttern, die darin aufwarten – all das werde ich Dir übergeben. Auch vertraue ich Dir die Reliquien meines Körpers nach meinem Verlöschen an; diese sollst Du weithin verteilen und für Spenden sorgen; Du sollst viele tausend Stūpas für sie errichten!'

Nachdem der Buddha *Sonne-Mond-reines-Licht-Tugend* dem Bodhisattva *Freudiger Anblick aller Lebewesen* all dies angeordnet hatte, ging er in dieser Nacht zur Zeit der letzten Nachtwache in das Nirvāṇa ein.

Als der Bodhisattva *Freudiger Anblick aller Lebewesen* sah, dass der Buddha verlöscht war, erfüllten ihn Trauer, Kummer und ein Sehnen nach dem Buddha, und sogleich schichtete er Candana vom jenseitigen Meeresufer als Brennholz auf, brachte dieses dem Körper des Buddha als Spende dar und verbrannte den Körper. Nachdem das Feuer verloschen war, sammelte er die Reliquien ein, richtete vierundachtzigtausend Juwelenbehälter her und errichtete dafür vierundachtzigtausend Stūpas, die so hoch waren wie drei Welten, prächtige Chattras zur Schau stellten, von denen Banner und Schirme herabhingen und an denen zahlreiche Juwelenglocken aufgehängt waren.

Da dachte der Bodhisattva *Freudiger Anblick aller Lebewesen*: ‚Obwohl ich diese Spenden dargebracht habe, ist mein Geist noch nicht zufrieden. Ich werde jetzt den Reliquien des Buddha *Sonne-Mond-reines-Licht-Tugend* gleich nochmals Spenden darbringen.'

Darauf sagte er zu den Bodhisattvas, den großen Schülern und der ganzen großen Versammlung von Göttern, Nāgas und Yakṣas: ‚Ihr sollt Euch nun völlig darauf konzentrieren: Ich werde jetzt den Reliquien des Buddha *Sonne-Mond-reines-Licht-Tugend* Spenden darbringen!‘

Nachdem er dies gesagt hatte, verbrannte er vor den vierundachtzigtausend Stūpas seine mit hundertfachem Heil geschmückten Arme und brachte sie zweiundsiebzigtausend Jahre lang als Spende dar. Dies führte dazu, dass unzählig viele, eine unermessliche Asaṃkhyeya-Menge von Menschen, die nach der Hörerschaft strebten, den Entschluss fassten, die Anuttarasamyaksaṃbodhi zu erlangen, und alle konnten daraufhin in der Samādhi verweilen, in der man alle körperlichen Formen annehmen kann.

Da sahen die Bodhisattvas, Götter, Menschen, Asuras und andere ihn ohne Arme und waren betrübt, hatten Mitleid mit ihm und sagten: ‚Dieser Bodhisattva *Freudiger Anblick aller Lebewesen* ist unser Lehrer, er hat uns bekehrt und belehrt, und jetzt hat er seine Arme verbrannt, und sein Körper ist unvollständig.‘

Da legte der Bodhisattva *Freudiger Anblick aller Lebewesen* in der großen Versammlung folgenden Schwur ab: ‚Ich habe meine beiden Arme preisgegeben, und ich werde bestimmt den goldfarbenen Körper eines Buddha erlangen! Wenn dies wahr ist und nicht falsch, dann sollen meine beiden Arme wieder ihren früheren Zustand zurückerlangen.‘

Nachdem er diesen Schwur getan hatte, kamen seine beiden Arme von selbst zurück. Dies geschah, weil das Verdienst und die Weisheit dieses Bodhisattva so rein und tief waren. Da gab es in den dreitausend Großtausenden von Welten sechsfache Beben, vom Himmel regnete es Juwelenblumen, und alle Menschen und Götter erlangten, was sie vorher noch nicht hatten.“

Der Buddha sagte zu dem Bodhisattva *Gestirn-König-Blume*: „Was meinst Du? Der Bodhisattva *Freudiger Anblick aller Lebewesen* – wie könnte er Dir unbekannt sein? Er ist kein anderer als dieser Bodhisattva *Medizinkönig* hier! Er hat seinen Körper auf solche Weise unermesslich viele Male, Myriaden von Nayutas, preisgegeben und dargebracht.

Oh *Gestirn-König-Blume*! Wenn da einer seinen Sinn darauf gerichtet hat, die Anuttarasamyaksaṃbodhi zu erlangen, dann kann er seine Finger oder gar nur einen Zeh verbrennen und sie dem Stūpa des Buddha als Spende darbringen und damit den übertreffen, der sein Reich, seine Städte, Frau und Kinder und dreitausend Großtausende von Ländern, Berge, Wälder, Flüsse, Seen und rare Kostbarkeiten als Spenden darbringt. Doch selbst wenn da jemand dreitausend Großtausende von Welten, angefüllt mit den sieben Kostbarkeiten, dem Buddha, den großen Bodhisattvas, den Pratyekabuddhas und den Arhats als Spenden darbringen würde, so wären die Verdienste, die dieser erlangt, nicht so wie die von einem, der dieses Sūtra vom Lotos des Gesetzes annimmt und bewahrt, und seien es auch nur vier Verse daraus! Dieser erlangt das höchste Heil.

Oh *Gestirn-König-Blume*! So wie unter allen Gewässern wie den Flüssen, Strömen und anderen das Meer das hervorragendste ist, so ist es auch mit diesem Sūtra vom Lotos des Gesetzes: Es ist unter den vom Tathāgata dargelegten Sūtras das tiefsinnigste und größte. Und ebenso wie unter den Bergen wie zum Beispiel den Erdbergen, den Schwarzen Bergen, dem Kleinen Eisernen Ringgebirge, dem Großen Eisernen Ringgebirge und den Bergen der Zehn Juwelen der Berg Sumeru der hervorragendste ist, so ist es auch mit diesem Sūtra vom Lotos des Gesetzes: Es ist unter allen Sūtras das höchste. Und ebenso wie unter den Gestirnen der Mond, das Götterkind, das hervorragendste ist, so ist es auch mit diesem Sūtra vom Lotos des Gesetzes: Es ist unter den Myriaden Arten von Sūtras das strahlendste. Und ebenso wie die Sonne, das Götterkind, alle Dunkelheit zu vertreiben mag, so ist es auch mit diesem Sūtra: Es vermag die Dunkelheit von all dem weniger Guten zu zerstören.

Und ebenso wie unter Kleinkönigen ein Heiliger Raddreherkönig der vornehmste ist, so ist es auch mit diesem Sūtra: Es ist unter den Sūtras das am meisten verehrte. Und ebenso wie der Herrscher Śakra unter den Dreiunddreißig Göttern König ist, so ist es auch mit diesem Sūtra: Es ist der König unter den Sūtras. Und ebenso wie der Götterkönig, der große Brahma, der Vater aller Lebewesen ist, so ist es auch mit diesem Sūtra: Es ist der Vater aller Weisen, die lernen oder nicht mehr lernen, die ihren Sinn auf die Bodhisattvaschaft gerichtet haben. Und ebenso wie unter allen durchschnittlichen Menschen der Śrotāpanna, der Sakṛdāgāmin, der Anāgāmin, der Arhat, der Pratyekabuddha der hervorragendste ist, so ist es auch mit diesem Sūtra: Es ist unter den Lehren aller Sūtras das hervorragendste – seien diese ganz durch den Tathāgata dargelegt, durch einen Bodhisattva dargelegt, durch einen Hörer dargelegt. Wenn einer dieses Sūtra annehmen und bewahren kann, dann ist es mit diesem ebenso: Auch er ist unter allen Lebewesen das hervorragendste. Unter allen Hörern und Pratyekabuddhas sind Bodhisattvas die hervorragendsten, und mit diesem Sūtra ist es ebenso: Es ist unter den Lehren aller Sūtras das hervorragendste. So wie der Buddha der König aller Gesetze ist, so ist es auch mit diesem Sūtra: Es ist ein König unter den Sūtras.

Oh *Gestirn-König-Blume*! Dieses Sūtra kann alle Lebewesen retten. Dieses Sūtra ermöglicht es allen Lebewesen, sich vom Leiden zu befreien. Dieses Sūtra ist für alle Lebewesen von großem Nutzen, erfüllt all ihre Wünsche; es kann wie ein reiner See alle Durstigen befriedigen. So wie ein Frierender Feuer findet, ein Nackter Kleidung findet, Kaufleute einen Führer finden, Kinder eine Mutter finden, Übersetzende ein Schiff finden, ein Kranker einen Arzt findet, wie in der Dunkelheit eine Lampe gefunden wird, ein Armer Juwelen findet, ein Volk einen Herrscher findet, ein fahrender Kaufmann das Meer findet, so wie eine Fackel die Dunkelheit vertreibt, so ist es auch mit diesem Sūtra vom Lotos des Gesetzes: Es ermöglicht allen Lebewesen, sich von allem Leiden, aller Krankheit zu befreien, es kann alle Bande von Geburt und Tod lösen.

Wenn ein Mensch dieses Sūtra vom Lotos des Gesetzes hören kann, wenn er es selbst abschreibt, wenn er es andere abschreiben lässt, so ist der Verdienst, der dadurch erlangt wird, derart, dass man nicht einmal mit der Weisheit des Buddha errechnen könnte, wie hoch es ist, dass man nicht an dessen Grenzen gelangen könnte. Wenn man Rollen dieses Sūtra abschreibt und mit Blumen, Räucherwerk, Halsketten, Räucherwerk zum Abbrennen, pulverisiertem Räucherwerk, Duftsalbe, mit Bannern, Schirmen, Gewändern, verschiedenen Lampen wie Butterlampen, Öllampen, Campaka-Öllampen, Sumanā-Öllampen, Pāṭala-Öllampen, Vārṣika-Öllampen, Navamālikā-Öllampen Spenden darbringt, so ist auch der Verdienst, der dadurch erlangt wird, unermesslich.

Oh *Gestirn-König-Blume*! Wenn ein Mensch dieses Kapitel der früheren Bemühungen des Bodhisattva *Medizinkönig* vernimmt, so erlangt er ebenfalls unermesslichen, unendlichen Verdienst. Wenn eine Frau dieses Kapitel der früheren Bemühungen des Bodhisattva *Medizinkönig* vernimmt und es annehmen und bewahren kann, so wird sie nach dieser Existenz in einem Frauenkörper niemals mehr eine solche annehmen.

Wenn eine Frau in den letzten fünfhundert Jahren nach dem Verlöschen des Tathāgata dieses Sūtra vernimmt und es wie dargelegt praktiziert, so wird sie sich in ihrer Todesstunde sogleich in die Glückselige Welt begeben, in der der Buddha Amitābha umgeben von großen Bodhisattvas weilt. Sie wird auf einem Juwelensitz inmitten eines Lotos geboren und empfindet nicht mehr Leid durch Begierden, empfindet auch nicht mehr Leid durch Zorn und Dummheit, und auch kein Leid mehr aus Anmaßung, Neid und anderen Verunreinigungen. Sie erlangt die übernatürlichen Kräfte eines Bodhisattva und erlangt die Duldsamkeit des Nichtentstehens der Daseinsfaktoren. Nachdem er[2] diese Wahrheit erlangt hat, wird sein Sehorgan rein und mit diesem reinen Sehorgan erblickt er sieben Millionen zweitausend Millionen Nayutas von Buddhas, Tathāgatas, so viele wie Sandkörner im Flusse Gaṅgā.

Da preisen ihn die Buddhas von ferne mit den Worten: ‚Wohlgetan, wohlgetan, oh Sohn aus gutem Hause! Du kannst in Bezug auf das Gesetz des Buddha Śākyamuni dieses Sūtra annehmen, bewahren, lesen, rezitieren, darüber nachdenken und es für andere darlegen. Der Verdienst, den Du daraus erlangst, ist so unermesslich, so unendlich, dass es Feuer nicht verbrennen kann und Wasser nicht wegspülen kann. Deine Verdienste können selbst tausend Buddhas zusammen nicht erschöpfend darlegen. Du konntest nun bereits die Räuber, die Māras zerstören, die Truppen von Geburt und Tod vernichten und auch alle anderen Feinde niederwerfen.

Oh Sohn aus gutem Hause! Hunderttausend Buddhas beschützen Dich gemeinsam mit ihren übernatürlichen Kräften. Unter den Göttern und Menschen in allen Welten gibt es nicht Deinesgleichen. Mit Ausnahme des Tathāgata gibt es keinen unter diesen Hörern, Pratyekabuddhas und sogar diesen Bodhisattvas, die in Weisheit und Versenkung Dir gleichkommen.‘

Oh *Gestirn-König-Blume*! So werden die Verdienste und die Kraft der Weisheit sein, die dieser Bodhisattva erlangt hat.

Wenn ein Mensch dieses Kapitel der früheren Bemühungen des Bodhisattva *Medizinkönig* vernimmt und sich angemessen darüber zu freuen und seine Vorzüge zu preisen vermag, so wird noch in dieser Existenz aus dem Mund dieses Menschen ständig der Wohlgeruch von blauem Lotos entströmen, aus den Poren seiner Körperhaare wird ständig der Wohlgeruch von Ochsenkopf-Sandelholz entströmen – das Verdienst, das er erlangt hat, ist wie oben dargelegt.

Deshalb, oh *Gestirn-König-Blume*, vertraue ich Dir dieses Kapitel der früheren Bemühungen des Bodhisattva *Medizinkönig* an. Nach meinem Verlöschen musst Du es in den letzten fünfhundert Jahren weithin in Jambudvīpa verbreiten und niemals zulassen, dass es versiegt oder dass der üble Māra und die Völker des Māra, die Götter, Nāgas, Yakṣas, Kumbhāṇḍas eine günstige Gelegenheit bekommen.

---

[2] Die Existenz im „Reinen Land“ des Amitābha ist als männliche gedacht – was der chinesische Text nicht ausdrückt –, so dass in der Folge das maskuline Personalpronomen benutzt wird. Der Skt.-Text umgeht dieses Problem der „Geschlechtsumwandlung“, indem er zunächst von Mann und Frau spricht und dann von der „letzten fraulichen Existenz“ (paścimaḥ strībhāvaḥ), also die beiden Abschnitte über Frauen in Kumārajīvas Version zusammenzieht in einen.

Oh *Gestirn-König-Blume*! Du musst durch die Kraft Deiner übernatürlichen Fähigkeiten dieses Sūtra beschützen! Warum dies? Dieses Sūtra ist für die Krankheiten der Menschen auf Jambudvīpa eine wohltuende Medizin. Wenn jemand krank ist und dieses Sūtra vernimmt, so wird seine Krankheit sogleich verschwinden, und er wird ohne Alter und ohne Tod sein.

Oh *Gestirn-König-Blume*! Wenn Du welche siehst, die dieses Sūtra annehmen und bewahren, dann sollst Du blaue Lotosblumen über sie häufen, pulverisiertes Räucherwerk über sie als Spende verstreuen und, nachdem Du es verstreut hast, denken: ‚Dieser Mensch wird bestimmt bald Gras sammeln, sich auf den Platz der Erleuchtung niedersetzen und die Truppen Māras vernichten; er wird in das Muschelhorn des Gesetzes blasen, wird die große Trommel des Gesetzes schlagen, alle Lebewesen vor dem Meer aus Geburt, Alter, Krankheit und Tod befreien.‘

Deshalb soll einer, der sich um den Weg des Buddha bemüht, beim Anblick eines Menschen, der dieses Sūtra annimmt und bewahrt, Verehrung empfinden.“

Als der Buddha dieses Kapitel der früheren Bemühungen des Bodhisattva *Medizinkönig* darlegte, erlangten vierundachtzigtausend Bodhisattvas die Dhāraṇī, mit der sie die Sprache aller Lebewesen verstehen konnten. Der Tathāgata *Juwelenreich* pries in seinem Juwelenstūpa den Bodhisattva *Gestirn-König-Blume* mit den Worten: „Wohlgetan, wohlgetan, oh *Gestirn-König-Blume*! Du hast unvorstellbares Verdienst verwirklicht, deshalb konntest Du den Buddha Śākyamuni über solche Angelegenheiten befragen und allen unermesslich vielen Lebewesen Nutzen bringen!“

(Sechste Rolle des Sūtra des Lotos des Wunderbaren Gesetzes)

Siebte Rolle

Vierundzwanzigstes Kapitel: *Der Bodhisattva* Wunderbarer Klang

Zu dieser Zeit entließ der Buddha Śākyamuni aus seinem Haarknoten den Lichtstrahl, der eines der Merkmale eines großen Menschen ist, und er entließ auch aus dem Merkmal des weißen Haarwirbels zwischen seinen Augenbrauen einen Lichtstrahl, der die achtzigtausend Myriaden von Nayutas von Buddhawelten in der östlichen Richtung durchleuchtete, die so zahlreich sind wie Sandkörner im Flusse Gaṅgā. Jenseits dieser Zahl von Welten war eine Welt namens *Mit reinem Licht geschmückt*, und in diesem Land gab es einen Buddha namens *Reine-Blume-Gestirn-König-Weisheit*, ein Tathāgata, ein Verehrungswürdiger, ein vollständig Wissender, ein Vollendeter im Verstehen und Handeln, ein Wohlgegangener, ein Weltenkundiger, ein unübertrefflicher Herr, ein Zähmer der Menschen, ein Lehrer der Götter und der Menschen, ein Buddha, ein Weltverehrter. Ihn umgab und verehrte eine unermesslich, unendlich große Schar von Bodhisattvas, denen er das Gesetz darlegte. Der Lichtstrahl aus dem Merkmal des weißen Haarwirbels zwischen den Augenbrauen des Buddha Śākyamuni erleuchtete dieses Land.

Da gab es im gesamten Land *Mit reinem Licht geschmückt* einen Bodhisattva namens *Wunderbarer Klang*, der schon seit langem zahlreiche Wurzeln der Tugend gepflanzt hatte, unermesslich vielen Myriaden von Buddhas Spenden dargebracht und ihnen nahegestanden hatte, der alle Arten von tiefer Weisheit verwirklicht hatte sowie die Samādhi des Wunderbaren Banners, die Samādhi der Lotosblume, die Samādhi der Reinen Tugend, die Samādhi des Spiels des Gestirnkönigs, die Samādhi, mit der man die Sprache aller Lebewesen versteht, die Samādhi, mit der man alle Verdienste sammelt, die Samādhi der Reinheit, die Samādhi des Spiels der übernatürlichen Fähigkeiten, die Samādhi der Fackel der Weisheit, die Samādhi des Schmuckkönigs, die Samādhi des Reinen Strahlens, die Samādhi der Reinen Schatzkammer, die Samādhi der Ungeteiltheit, die Samādhi der Laufbahn der Sonne – er erlangte Myriaden von derartigen großen Samādhis, so zahlreich wie die Sandkörner im Flusse Gaṅgā.

Als der Lichtstrahl des Buddha Śākyamuni seinen Körper anstrahlte, sprach er zum Buddha *Reine-Blume-Gestirn-König-Weisheit*: „Oh Weltverehrter! Ich werde mich in die Sabhā-Welt begeben, um dem Buddha Śākyamuni meinen Gruß zu entbieten, mich ihm zu nähern und ihm Spenden darzubringen; und auch um den Gesetzesprinz, den Bodhisattva Mañjuśrī, den Bodhisattva *Medizinkönig*, den Bodhisattva *Heldenhaft Gebend*, den Bodhisattva *Gestirn-König-Blume*, den Bodhisattva *Sinn nach hervorragendem Lebenswandel*, den Bodhisattva *Schmuck-König*, den Bodhisattva *Überlegene Medizin* zu sehen."

Da sagte der Buddha *Reine-Blume-Gestirn-König-Weisheit* zu dem Bodhisattva *Wunderbarer Klang*: „Du sollst jenes Land nicht abschätzig ansehen oder es für minderwertig halten. Oh Sohn aus gutem Hause! Jene Sabhā-Welt ist hoch und niedrig, uneben, angefüllt mit Erde, Steinen, Bergen, Schmutz und Übel; der Körper des Buddha ist von kläglicher Statur und die Gestalt seiner Bodhisattvas ebenfalls klein. Dein Körper aber misst zweiundvierzigtausend Yojanas, mein Körper misst sechs Millionen achthunderttausend Yojanas. Dein Körper ist äußerst ebenmäßig und das Strahlen deiner Milliarden Heilszeichen ist besonders wunderbar. Wenn Du Dich nun dorthin begibst, so darfst Du jenes Reich nicht mit Verachtung ansehen und den Buddha, die Bodhisattvas und das Land nicht gering schätzen."

Der Bodhisattva *Wunderbarer Klang* sagte zu diesem Buddha *Reine-Blume-Gestirn-König-Weisheit*: „Oh Weltverehrter! Dass ich mich nun in die Sabhā-Welt begebe, geschieht durch die Kraft des Tathāgata, durch das Spiel der übernatürlichen Fähigkeiten des Tathāgata, durch den Schmuck des Verdienstes und der Weisheit des Tathāgata!"

Darauf ging der Bodhisattva *Wunderbarer Klang* in eine Samādhi ein, ohne sich von seinem Sitz zu erheben oder seinen Körper zu bewegen. Durch die Kraft der Samādhi ließ er auf dem Geierberg, nicht weit vom Sitz des Gesetzes, achtzigtausendvierhundert Lotosblumen entstehen, mit Stengeln aus Jāmbūnada-Gold, Blättern aus weißem Silber, Staubfäden aus Diamanten und Blütenkelchen aus Kiṃśuka-Juwelen.

Als da Mañjuśrī, der Sohn des Gesetzeskönigs, diese Lotosblumen sah, sagte er zum Buddha: „Oh Weltverehrter! Was ist der Grund, dass eben solche heilvollen Zeichen erschienen sind wie diese mehreren zehntausend Lotosblumen, mit Stengeln aus Jāmbūnada-Gold, Blättern aus weißem Silber, Staubfäden aus Diamanten und Blütenkelchen aus Kiṃśuka-Juwelen?"

Da sagte der Buddha Śākyamuni zu dem Bodhisattva Mañjuśrī: „Dieser Bodhisattva, Mahāsattva *Wunderbarer Klang* möchte das Land des Buddha *Reine-Blume-Gestirn-König-Weisheit* verlassen und – umgeben von vierundachtzigtausend Bodhisattvas – in diese Sabhā-Welt kommen, um mir Spenden darzubringen, mir nahe zu sein und mir seine Verehrung zu erweisen; auch möchte er dem Sūtra vom Lotos des Gesetzes Spenden darbringen und es hören."

Mañjuśrī sagte zu dem Buddha: „Oh Weltverehrter! Welche Wurzeln des Heils hat dieser Bodhisattva gepflanzt, welches Verdienst hat er angesammelt, dass er eine solch große übernatürliche Kraft ausüben kann? Welche Samādhi hat er ausgeübt? Mögest Du uns den Namen dieser Samādhi darlegen! Wir wollen uns ebenfalls anstrengen, um diese zu üben. Erst wenn wir uns in dieser Samādhi üben, vermögen wir die Gestalt dieses Bodhisattva zu sehen, seine Größe, seine Würde, sein Verhalten. Möge uns der Weltverehrte durch seine übernatürlichen Kräfte jenen Bodhisattva herkommen und uns sehen lassen!"

Da sagte der Buddha Śākyamuni zu dem Bodhisattva Mañjuśrī: „Dieser vor langer Zeit verlöschte Tathāgata *Juwelenreich* wird Euch seine Merkmale zeigen."

Da sagte der Buddha *Juwelenreich* zu jenem Bodhisattva (*Wunderbarer Klang*): „Oh Sohn aus gutem Hause! Komm her! Mañjuśrī, der Gesetzesprinz, wünscht Deinen Körper zu sehen."

Darauf verschwand der Bodhisattva *Wunderbarer Klang* aus jenem Land und kam zusammen mit vierundachtzigtausend Bodhisattvas herbei. Die Länder, die sie durchquerten, erbebten sechsfach, und überall regnete es Lotosblumen aus den sieben Kostbarkeiten, hunderttausend Götterinstrumente ertönten, ohne angeschlagen zu werden.

Die Augen dieses Bodhisattva waren so groß wie die Blätter des blauen Lotos; selbst hundert Millionen Vollmonde zusammen könnten die Vollkommenheit seines Gesichts nicht übertreffen; sein Körper war von wahrer goldener Farbe und mit unermesslich vielen hunderttausend Verdiensten geschmückt. Seine Würde war beeindruckend und sein Leuchten prachtvoll. Er war mit vielen besonderen Merkmalen ausgestattet und sein Körper war so fest wie der Nārāyaṇas.

Er trat auf ein Podest aus den sieben Kostbarkeiten und erhob sich von der Erde in den Luftraum so hoch wie sieben Tāla-Bäume, und ehrfurchtsvoll umgeben von einer Menge Bodhisattvas reiste er zum Gṛdhrakūṭa-Berg in dieser Sabhā-Welt. Dort angekommen, stieg er vom Podest aus den sieben Kostbarkeiten herunter, trat mit einer Halskette im Wert von Hunderttausenden vor den Buddha Śākyamuni, grüßte mit seiner Stirn seine Füße, überreichte ihm die Halskette und sprach zum Buddha: „Oh Weltverehrter! Der Buddha *Reine-Blume-Gestirn-König-Weisheit* erkundigt sich nach dem Weltverehrten: Sind Deine Krankheiten wenig, hast Du nur wenige Sorgen? Ist Dein Verweilen bequem und angenehm? Sind die vier Großen[1] bei Dir in Einklang? Sind die weltlichen Angelegenheiten zu ertragen? Sind die Lebewesen leicht zu erretten? Haben sie wenig Begierden, Hass, Dummheit, Neid, Geiz und Hochmut? Sind sie auch sicher pietätvoll gegenüber Vater und Mutter? Missachten sie die Śramaṇas, oder hegen sie falsche Ansichten und ungute Gesinnungen? Haben sie die fünf Emotionen unter Kontrolle? Oh Weltverehrter! Können die Lebewesen die Māra-Feinde besiegen? Ist der vor langer Zeit verlöschte Tathāgata *Juwelenreich* in seinem Stūpa mit den sieben Kostbarkeiten herbeigekommen, um das Gesetz zu hören? Er erkundigt sich auch nach dem Tathāgata *Juwelenreich* – ob es ihm wohl ergeht, ob er wenig Kummer hat, ob er es ertragen kann, so lange zu verweilen? Oh Weltverehrter! Ich möchte nun den Körper des Buddha *Juwelenreich* sehen. Möge der Weltverehrte mir gestatten, ihn zu sehen."

Da sagte der Buddha Śākyamuni zu dem Buddha *Juwelenreich*: „Dieser Bodhisattva *Wunderbarer Klang* möchte Dich sehen."

Da sagte der Buddha *Juwelenreich* zum Bodhisattva *Wunderbarer Klang*: „Wohlgetan, wohlgetan! Dass Du hierhergekommen bist, um dem Buddha Śākyamuni Spenden darzubringen und um dieses Sūtra vom Lotos des Gesetzes zu hören, und auch um Mañjuśrī und die anderen zu sehen!"

Darauf sagte der Bodhisattva *Blumentugend* zum Buddha: „Oh Weltverehrter! Welche heilvollen Wurzeln hat dieser Bodhisattva *Wunderbarer Klang* gepflanzt, welche Verdienste hat er erworben, dass er diese übernatürlichen Kräfte besitzt?"

Der Buddha antwortete dem Bodhisattva *Blumentugend*: „Einst gab es einen Buddha namens *Wolken-Donner-Klang-König*, einen Tathāgata, Arhat, Samyaksaṃbuddha. Sein Land hieß *Alle Welten manifestierend*, sein Zeitalter hieß *Freudiger Anblick*. Der Bodhisattva *Wunderbarer Klang* hat dem Buddha *Wolken-Donner-Klang-König* zwölftausend Jahre lang hunderttausend Musikdarbietungen als Spende dargebracht und ihm noch dazu vierundachtzigtausend Bettelschalen aus den sieben Kostbarkeiten geschenkt. Als Belohnung für diese Taten ist er nun im Lande des Buddha *Reine-Blume-Gestirn-König-Weisheit* geboren worden und besitzt diese übernatürlichen Kräfte.

Oh *Blumentugend*! Was meinst Du? Der damalige Bodhisattva *Wunderbarer Klang*, der dem Buddha *Wolken-Donner-Klang-König* mit Musikdarbietungen Spenden dargebracht hat und ihm die Juwelengefäße geschenkt hat –

[1] D.h.: die vier Grundelemente (Skt. Mahābhūta).

könnte er Dir unbekannt sein? Es ist kein anderer als dieser jetzige Bodhisattva, Mahāsattva *Wunderbarer Klang*!

Oh *Blumentugend*! Dieser Bodhisattva *Wunderbarer Klang* hat bereits unermesslich vielen Buddhas Spenden dargebracht, war ihnen nahe und hat schon lange die heilvollen Wurzeln gepflanzt. Er hat auch Myriaden von Nayutas von Buddhas getroffen, so viele wie es Sandkörner im Flusse Gaṅgā gibt.

Oh *Blumentugend*! Du vermagst nur diesen gegenwärtigen Körper des Bodhisattva *Wunderbarer Klang* zu sehen, aber dieser Bodhisattva zeigt sich in den verschiedensten Körpern und legt überall den Lebewesen dieses Sūtra dar – mal zeigt er sich im Körper des Königs Brahma, mal zeigt er sich im Körper des Herrschers Śakra, mal zeigt er sich im Körper des Gottes Īśvara, mal zeigt er sich im Körper des Gottes Maheśvara, mal zeigt er sich im Körper eines großen Göttergenerals, mal zeigt er sich im Körper des Götterkönigs Vaiśravaṇa, mal zeigt er sich im Körper eines Raddreherkönigs, mal zeigt er sich im Körper eines kleinen Königs, mal zeigt er sich im Körper eines Gildenmeisters, mal zeigt er sich im Körper eines Hausvaters, mal zeigt er sich im Körper eines Beamten, mal zeigt er sich im Körper eines Brahmanen, mal zeigt er sich im Körper eines Mönches, einer Nonne, eines Laienanhängers oder einer Laienanhängerin, mal zeigt er sich im Körper der Frau eines Gildenmeisters oder eines Hausvaters, mal zeigt er sich im Körper der Frau eines Beamten, mal zeigt er sich im Körper eines Jungen oder eines Mädchens, mal zeigt er sich im Körper eines Gottes, eines Nāgas, eines Yakṣas, eines Gandharvas, eines Asuras, eines Garuḍas, eines Kiṃnaras, eines Mahoragas, eines Menschen, eines Nicht-Menschen, um dieses Sūtra darzulegen. Alle Höllenbewohner, Hungergeister und Tiere und solche an anderen schlimmen Orten vermag er zu erretten. Selbst in den inneren königlichen Frauengemächern legt er in Frauengestalt dieses Sūtra dar.

Oh *Blumentugend*! Dieser Bodhisattva *Wunderbarer Klang* vermag die Lebewesen in der Sabhā-Welt zu schützen und zu retten. Dieser Bodhisattva *Wunderbarer Klang* verwandelt und zeigt sich in den verschiedensten Körperformen und legt in diesem Sabhā-Land den Lebewesen dieses Sūtra dar – und dennoch nehmen seine übernatürlichen Fähigkeiten, seine Verwandlungen und seine Weisheit keinen Schaden. Dieser Bodhisattva erhellt mit seinen verschiedenen Weisheiten die Sabhā-Welt und lässt jedes einzelne Lebewesen sein Wissen erlangen, dies tut er ebenso in den Welten der zehn Himmelsrichtungen, die so zahlreich sind wie Sandkörner im Flusse Gaṅgā.

Wenn es angebracht ist, in der Gestalt eines Hörers die Erlösung zu bringen, dann zeigt er sich in der Gestalt eines Hörers und legt das Gesetz dar; wenn es angebracht ist, in der Gestalt eines Pratyekabuddha die Erlösung zu bringen, dann zeigt er sich in der Gestalt eines Pratyekabuddha und legt das Gesetz dar; wenn es angebracht ist, in der Gestalt eines Bodhisattva die Erlösung zu bringen, dann zeigt er sich in der Gestalt eines Bodhisattva und legt das Gesetz dar; wenn es angebracht ist, in der Gestalt eines Buddha die Erlösung zu bringen, dann zeigt er sich sogleich in der Gestalt eines Buddha und legt das Gesetz dar; so zeigt er sich in Gestalten, je nachdem, was für eine bestimmte Erlösung angebracht ist. Und wenn es gar angebracht ist, durch das Verlöschen die Erlösung zu bringen, dann zeigt er sein Verlöschen.

Oh *Blumentugend*! Der Bodhisattva, Mahāsattva *Wunderbarer Klang* hat die Kraft der übernatürlichen Fähigkeiten und der Weisheit verwirklicht – deshalb ist dies so!"

Da sagte der Bodhisattva *Blumentugend* zum Buddha: „Oh Weltverehrter! Dieser Bodhisattva *Wunderbarer Klang* hat die heilvollen Wurzeln tief eingepflanzt. Oh Weltverehrter! In welcher Samādhi verweilt dieser Bodhisattva, dass er solche Verwandlungen vollbringen kann, um die Lebewesen zu erretten?"

Der Buddha sagte zum Bodhisattva *Blumentugend*: „Oh Sohn aus gutem Hause! Diese Samādhi heißt Erscheinen in allen Körperformen. Der Bodhisattva *Wunderbarer Klang* weilt in dieser Samādhi und kann so unermesslich vielen Lebewesen zum Nutzen gereichen."

Als (der Buddha) dieses Kapitel des Bodhisattva *Wunderbarer Klang* darlegte, erlangten die vierundachtzigtausend Menschen, die zusammen mit dem Bodhisattva *Wunderbarer Klang* herbeigekommen waren, alle die Samādhi des Erscheinens in allen Körperformen. Und auch die unermesslich vielen Bodhisattvas der Sabhā-Welt erlangten diese Samādhi und die Dhāraṇī.

Nachdem der Bodhisattva *Wunderbarer Klang* dem Buddha Śākyamuni und dem Juwelenstūpa des Tathāgata *Juwelenreich* Spenden dargebracht hatte, kehrte er in sein ursprüngliches Land zurück. Die Länder, die er durchquerte, erbebten sechsfach, es regnete Juwelen-Lotosblumen, und es gab Millionen Musikdarbietungen.

Als er in seinem ursprünglichen Land angekommen war, umgeben von vierundachtzigtausend Bodhisattvas, begab er sich zum Buddha *Reine-Blume-Gestirn-König-Weisheit* und sagte zum Buddha:

„Oh Weltverehrter! Ich habe mich in die Sabhā-Welt begeben und den Lebewesen dort Nutzen gebracht, ich habe den Buddha Śākyamuni gesehen und auch den Juwelenstūpa des Buddha *Juwelenreich*, ich habe meine Verehrung gezollt und Spenden dargebracht. Ich habe auch den Bodhisattva Mañjuśrī, den Gesetzesprinzen, gesehen, habe den Bodhisattva *Medizinkönig* gesehen, habe den Bodhisattva *Kraft der Bemühung und Energie Erlangend* gesehen, habe den Bodhisattva *Heldenhaft Gebend* gesehen. Und ich habe auch vierundachtzigtausend Bodhisattvas die Samādhi des Erscheinens in allen Körperformen erlangen lassen."

Als dieses Kapitel des Kommens und Gehens von Bodhisattva *Wunderbarer Klang* dargelegt wurde, erlangten zweiundvierzigtausend Göttersöhne die Duldsamkeit der Nichtentstehung der Daseinsfaktoren, und der Bodhisattva *Blumentugend* erlangte die Samādhi vom Lotos des Gesetzes.

Siebte Rolle

Fünfundzwanzigstes Kapitel: Das Universelle Tor des Bodhisattva Avalokiteśvara

Da erhob sich der Bodhisattva *Unerschöpfliche Absicht* von seinem Sitz, entblößte die rechte Schulter, legte verehrend die Handflächen zusammen und sagte zum Buddha: „Oh Weltverehrter! Aus welchem Grund heißt dieser Bodhisattva Avalokiteśvara?"

Der Buddha sagte zu dem Bodhisattva *Unerschöpfliche Absicht*: „Oh Sohn aus gutem Hause! Angenommen, da wären unermessliche hunderttausende und Abermillionen von Lebewesen, die alle Übel und Leiden erfahren. Wenn sie von diesem Bodhisattva Avalokiteśvara erfahren und einen Herzens seinen Namen ausrufen, dann wird der Bodhisattva Avalokiteśvara ihre Stimmen wahrnehmen und alle werden von ihren Leiden befreit werden.

Wenn jemand, der sich auf diesen Namen des Bodhisattva Avalokiteśvara verlässt, in ein großes Feuer hineingehen würde, dann könnte ihn das Feuer nicht verbrennen. Dies ist so wegen der übernatürlichen Kraft dieses Bodhisattva. Wenn einer in einer großen Wasserflut davongetrieben würde und er würde dessen Namen ausrufen, so erlangte er sogleich eine seichte Stelle.

Angenommen, da begäben sich Hunderttausende und Abermillionen von Lebewesen auf der Suche nach Schätzen wie Gold, Silber, Lapislazuli, Perlmutt, Agathe, Korallen, Smaragde und Perlen aufs Meer – und ein schwerer Sturm ließe ihr Schiff in einem Reich von Rakṣas und Dämonen stranden. Wenn unter diesen nur einer wäre, der den Namen des Bodhisattva Avalokiteśvara ausrufen würde, so würden doch alle diese Menschen von der Gefahr der Rakṣas erlöst werden. Aus diesem Grunde heißt er Avalokiteśvara.

Oder wenn da ein Mensch, der von einem Angriff bedroht wäre, den Namen des Bodhisattva Avalokiteśvara ausrufen würde, so würden die Schwerter und Stöcke seiner Angreifer sofort in einzelne Stücke zerbrechen, und er würde davon erlöst werden.

Selbst wenn alle Yakṣas und Rakṣas, die Tausende und Abertausende von Ländern füllten, herbeikämen und einen Menschen quälen wollten, dann würden diese üblen Dämonen, sobald sie den Namen des Bodhisattva Avalokiteśvara hören würden, dann könnten sie diesen mit ihren bösen Augen nicht einmal mehr sehen, geschweige denn, ihm Schaden zufügen.

Oder nehmen wir an, da wäre ein Mensch, sei er nun schuldig oder nicht schuldig, dessen Körper in Handschellen, in Fesseln, in Ketten eingeschlossen ist. Wenn dieser den Namen des Bodhisattva Avalokiteśvara anrufen würde, so würden alle Fesseln zerreißen, und er würde sofort davon befreit werden.

Oder nehmen wir an, es gäbe einen Ort, angefüllt mit allen üblen Räubern der tausend-millionenfachen Welt, und da wäre ein Handelsherr, der mit einer Gruppe von Kaufleuten mit ihren ganzen Schätzen über einen steilen Bergpfad käme – und dieser eine Handelsherr würde Folgendes ausrufen: ‚Oh Söhne aus gutem Hause! Ihr sollt Euch nicht fürchten! Ihr sollt aus ganzem Herzen den Namen des Bodhisattva Avalokiteśvara anrufen. Dieser Bodhisattva vermag den Lebewesen Furchtlosigkeit zu verleihen. Wenn Ihr den Namen ruft, dann werdet Ihr von diesen üblen Räubern erlöst.' Wenn die Kaufleute dies hörten und ausriefen: ‚Verehrung dem Bodhisattva Avalokiteśvara!', so würden sie sofort erlöst, weil sie diesen Namen ausgerufen hätten.

Oh *Unerschöpfliche Absicht*! So gewaltig sind die übernatürlichen Kräfte des Bodhisattva, des Mahāsattva Avalokiteśvara.

Wenn da Lebewesen voller Laster und Begierden sind, lasst sie allzeit voller Verehrung an den Bodhisattva Avalokiteśvara denken, dann können sie sich von ihren Begierden lösen. Wenn sie voll Zorn und Hass sind, lasst sie allzeit voller Verehrung an den Bodhisattva Avalokiteśvara denken, dann können sie sich von ihrem Zorn lösen. Wenn sie voll Dummheit und Verblendung sind, lasst sie allzeit voller Verehrung an den Bodhisattva Avalokiteśvara denken, dann können sie sich von ihrer Verblendung lösen.

Oh *Unerschöpfliche Absicht*! Der Bodhisattva Avalokiteśvara besitzt solche großen übernatürlichen Kräfte und kann so viel Nutzen bringen. Deshalb sollen die Lebewesen in ihrem Herzen allzeit seiner gedenken.

Wenn da eine Frau wäre, die sich einen Sohn wünschte und den Bodhisattva Avalokiteśvara verehrt und ihm Spenden darbringt, dann würde sie einen tugendhaften und weisen Sohn gebären. Wenn sie sich eine Tochter wünschte, dann würde sie eine Tochter gebären, die mit allen Merkmalen der Anmut ausgestattet wäre, einst die Wurzel des Heils gepflanzt hat und von den Menschen liebend verehrt wird.

Oh *Unerschöpfliche Absicht*! Der Bodhisattva Avalokiteśvara besitzt solche Kraft. Wenn da Lebewesen sind, die den Bodhisattva Avalokiteśvara verehren, ihm Spenden darbringen, so wird ihr Verdienst niemals schwinden oder vergeblich sein. Deshalb sollen alle Lebewesen den Namen des Bodhisattva Avalokiteśvara annehmen und bewahren.

Oh *Unerschöpfliche Absicht*! Wenn es einen Menschen gäbe, der die Namen von Bodhisattvas, so zahlreich wie die Sandkörner in zweiundsechzig Millionen Gaṅgā-Flüssen, annehmen und bewahren und ihnen außerdem bis zum Ende seines Lebens Speis und Trank, Kleidung und Bettzeug und Arznei spenden würde – was meinst Du: Würde dieser Sohn aus gutem Hause, diese Tochter aus gutem Hause, würde deren Verdienst groß sein oder nicht?"

Unerschöpfliche Absicht sprach: „Äußerst groß, oh Weltverehrter!"

Der Buddha sprach: „Angenommen, da gäbe es noch einen Menschen, der den Namen des Bodhisattva Avalokiteśvara annehmen und bewahren, ihn auch nur einmal verehren und ihm Spenden darbringen würde – der Verdienst dieser beiden Menschen wäre gleich und ohne Unterschied und wäre in Myriaden von Kalpas nicht erschöpft. Oh *Unerschöpfliche Absicht*! Wenn man den Namen des Bodhisattva Avalokiteśvara annimmt und bewahrt, dann kommt man in den Genuss von solch unermesslichem, unbegrenztem Verdienst."

Der Bodhisattva *Unerschöpfliche Absicht* sprach zum Buddha: „Oh Weltverehrter! Der Bodhisattva Avalokiteśvara – wie bewegt er sich in dieser Sabhā-Welt? Wie verkündet er den Lebewesen die Lehre? Die Kraft seiner hilfreichen Mittel – wie setzt er diese ins Werk?"

Der Buddha erklärte dem Bodhisattva *Unerschöpfliche Absicht*: „Oh Sohn aus gutem Hause! Wenn es Lebewesen in Ländern gibt, die durch den Körper[1] eines Buddha erlöst werden können, so erscheint der Bodhisattva Avalokiteśvara sogleich im Körper eines Buddha und verkündet ihnen das Gesetz. Wenn sie durch den Körper eines Pratyekabuddha erlöst werden können, so erscheint er sogleich im Körper eines Pratyekabuddha und verkündet ihnen das Gesetz. Wenn sie durch den Körper eines Hörers erlöst werden können, so erscheint er sogleich im Körper eines Hörers und verkündet ihnen das Gesetz. Wenn sie durch den Körper des Götterkönigs Brahma erlöst werden können, so erscheint er sogleich im Körper des Götterkönigs Brahma und verkündet ihnen das Gesetz. Wenn sie durch den Körper des Götterfürsten Śakra erlöst werden können, so erscheint er sogleich im Körper des Götterfürsten Śakra und verkündet ihnen das Gesetz. Wenn sie durch den Körper eines Īśvara erlöst werden können, so erscheint er im Körper

[1] D. h.: in der Gegenwart und durch die Lehre eines Buddha.

eines Īśvara und verkündet ihnen das Gesetz. Wenn sie durch den Körper eines Maheśvara erlöst werden können, so erscheint er im Körper eines Maheśvara und verkündet ihnen das Gesetz. Wenn sie durch den Körper eines Großen Göttergenerals erlöst werden können, so erscheint er im Körper eines Großen Göttergenerals und verkündet ihnen das Gesetz. Wenn sie durch den Körper des Vaiśravaṇa erlöst werden können, so erscheint er im Körper des Vaiśravaṇa und verkündet ihnen das Gesetz. Wenn sie durch den Körper eines kleinen Königs erlöst werden können, so erscheint er im Körper eines kleinen Königs und verkündet ihnen das Gesetz. Wenn sie durch den Körper eines Gildenmeisters erlöst werden können, so erscheint er im Körper eines Gildenmeisters und verkündet ihnen das Gesetz. Wenn sie durch den Körper eines Hausvaters erlöst werden können, so erscheint er im Körper eines Hausvaters und verkündet ihnen das Gesetz. Wenn sie durch den Körper eines Beamten erlöst werden können, so erscheint er im Körper eines Beamten und verkündet ihnen das Gesetz. Wenn sie durch den Körper eines Brahmanen erlöst werden können, so erscheint er im Körper eines Brahmanen und verkündet ihnen das Gesetz. Wenn sie durch den Körper eines Mönchs, einer Nonne, eines Laienanhängers oder einer Laienanhängerin erlöst werden können, so erscheint er im Körper eines Mönchs, einer Nonne, eines Laienanhängers oder einer Laienanhängerin und verkündet ihnen das Gesetz. Wenn sie durch den Körper eines Knaben oder eines Mädchens erlöst werden können, so erscheint er im Körper eines Knaben oder eines Mädchens und verkündet ihnen das Gesetz. Wenn sie durch den Körper eines Gottes, eines Nāga, eines Yakṣa, eines Gandharva, eines Asura, eines Garuḍa, eines Kiṃnara, eines Mahoraga, eines menschlichen oder eines nichtmenschlichen Wesens erlöst werden können, so erscheint er im dementsprechenden Körper und verkündet ihnen das Gesetz. Wenn sie durch den Körper eines Vajrapāṇi erlöst werden können, so erscheint er im Körper eines Vajrapāṇi und verkündet ihnen das Gesetz.

Oh *Unerschöpfliche Absicht*! Der Bodhisattva Avalokiteśvara hat solche Verdienste erlangt, dass er sich in den verschiedensten Gestalten durch die Länder bewegen kann, um die Lebewesen zu erlösen. Deshalb müsst Ihr mit ganzem Herzen dem Bodhisattva Avalokiteśvara Spenden darbringen. Dieser Bodhisattva, Mahāsattva Avalokiteśvara kann inmitten von angstvollen, niederschmetternden und gefährlichen Umständen Furchtlosigkeit gewähren. Deshalb nennen ihn alle in dieser Sabhā-Welt den *Gewährer von Furchtlosigkeit*."

Der Bodhisattva *Unerschöpfliche Absicht* sprach zum Buddha: „Oh Weltverehrter! Ich werde jetzt dem Bodhisattva Avalokiteśvara Spenden darbringen."

Darauf löste er von seinem Hals ein Juwelenhalsband im Wert von zwanzigtausend Goldstücken und brachte es ihm dar. Nachdem er dies getan hatte, sprach er: „Oh Werter! Bitte, nimm dieses Juwelenhalsband als Dharmagabe an!"

Da wollte der Bodhisattva Avalokiteśvara diese Gabe nicht annehmen.

Unerschöpfliche Absicht sagte noch einmal zum Bodhisattva Avalokiteśvara: „Oh Werter! Aus Mitleid mit uns, bitte, nimm die Gabe an."

Da sprach der Buddha zum Bodhisattva Avalokiteśvara: „Du sollst dieses Halsband annehmen, aus Mitgefühl gegenüber dem Bodhisattva *Unerschöpfliche Absicht* und der vierfachen Versammlung, mit den Göttern, den Nāgas, den Yakṣas, den Gandharvas, den Asuras, den Garuḍas, den Kiṃnaras, den Mahoragas, den menschlichen und nichtmenschlichen Wesen!"

Da empfand der Bodhisattva Avalokiteśvara Mitgefühl gegenüber der vierfachen Versammlung und den Göttern, den Nāgas, den menschlichen und nichtmenschlichen Wesen und nahm dieses Halsband sogleich an, teilte es in zwei Teile und gab einen Teil dem Buddha Śākyamuni und einen Teil dem Stūpa des Buddha *Juwelenreich*.

Der Buddha sagte: „Oh *Unerschöpfliche Absicht*! So sind die frei ausgeübten übernatürlichen Kräfte, die der Bodhisattva Avalokiteśvara auf seinen Reisen durch die Sabhā-Welt zeigt."

Da fragte der Bodhisattva *Unerschöpfliche Absicht* in folgenden Versen:

„Weltverehrter, voller wunderbarer Merkmale,
ich frage Dich jetzt ein weiteres Mal:
Aus welchem Grund heißt der Sohn des Buddha
Avalokiteśvara?"

Der mit allen wunderbaren Merkmalen versehene Weltverehrte antwortete *Unerschöpfliche Absicht*:

„Höre die Handlungen des Avalokiteśvara,
wie treffend er an den verschiedenen Orten reagiert.
Sein weites, umfassendes Gelübde ist tief wie der Ozean,
durch unvorstellbar zahlreiche Kalpas hindurch.
Er hat unzählig vielen Buddhas gedient,
hat ein großes reines Gelübde abgelegt.

Ich werde Euch kurz erklären.
Hört seinen Namen und erblickt seinen Körper;
behaltet ihn im Herzen, verschwendet keine Zeit,
denn er kann alles Leiden des Daseins auslöschen.
Sollte jemand die Absicht hegen, Euch zu schaden,
Euch in einen großen Feuergraben hineinstoßen -
denkt an die Kraft dieses Avalokiteśvara,
und der Feuergraben verwandelt sich in einen See.
Oder Ihr treibt auf dem weiten Ozean,
bedroht von Nāgas, Fischen und Geistern –
denkt an die Kraft dieses Avalokiteśvara,
und diese Wellen und Strudel können Euch nicht versenken.
Oder Ihr werdet vom Gipfel des Sumeru
von jemandem hinabgestoßen –
denkt an die Kraft dieses Avalokiteśvara,
und Ihr werdet im Luftraum verweilen wie die Sonne.
Oder Ihr werdet von einem Bösewicht verfolgt,
der Euch von einem Diamantberg herabstößt –
denkt an die Kraft dieses Avalokiteśvara,
so kann Euch kein einziges Haar gekrümmt werden.
Oder Ihr seid von üblen Räubern umringt,
von denen jeder ein Messer hält, um Euch zu verwunden –
denkt an die Kraft dieses Avalokiteśvara,
und sofort werden alle von Mitgefühl überwältigt.
Oder Ihr habt Schwierigkeiten mit einem königlichen Schwur[2],
und der Henker naht, um Eurem Leben ein Ende zu setzen –
denkt an die Kraft dieses Avalokiteśvara,
und das Messer wird sogleich in einzelne Stücke zerbrechen.
Oder Ihr seid eingekerkert und eingeschlossen,
Hände und Füße in Ketten und Fesseln –
denkt an die Kraft dieses Avalokiteśvara,
und Ihr erlangt problemlos die Befreiung.
Jemand will Euch mit Flüchen und Giften
Schaden am Leib zufügen –
denkt an die Kraft dieses Avalokiteśvara,

---

[2] Dies ist die wörtliche Übersetzung; gemeint ist die Verurteilung zum Tode durch den König.

und der Schaden wird auf den Verursacher zurückfallen.
Oder Ihr trefft böse Rakṣas,
giftige Nāgas und andere Geister –
denkt an die Kraft dieses Avalokiteśvara,
und dann wird keiner es wagen, Euch Schaden zuzufügen.
Wenn Ihr von wilden Tieren umzingelt seid,
mit scharfen Zähnen und Krallen, Furcht erregend –
denkt an die Kraft dieses Avalokiteśvara,
und sie werden unermesslich weit davonlaufen.
Gäbe es da giftige Schlangen und Skorpione,
deren Atem und Gift wie Feuer brennen –
denkt an die Kraft dieses Avalokiteśvara,
und beim Klang Eurer Stimme verschwinden sie von selbst.
Wenn Wolken-Donner rollt und Blitze einschlagen,
Hagel fällt und Regengüsse herabströmen –
denkt an die Kraft dieses Avalokiteśvara,
und sofort lösen sich die Unwetter auf.
Widerfährt den Lebewesen Ungemach,
und unermessliche Leiden zwingen sie nieder –
die Kraft der Weisheit dieses Avalokiteśvara
vermag die Welt vor dem Leiden zu erretten.
Voller übernatürlicher Kräfte
wendet er weithin die hilfreichen Mittel der Weisheit an.
In den Ländern der zehn Himmelsrichtungen
ist keine Region, in der er nicht seine Gestalt zeigt.
In den vielen Formen der schlechten Existenz,
als Höllenwesen, Hungergeist oder Tier,
die Leiden von Geburt, Alter, Krankheit und Tod,
all diese löscht er nach und nach aus.
Ihn, der den wahren Blick hat, den reinen Blick hat,
der den Blick von umfassender, großer Weisheit hat,
der den Blick des Mitgefühls und den Blick der zuwendenden Liebe hat –
allzeit flehen wir ihn an, allzeit blicken wir zu ihm auf.
Sein unbefleckter reiner Lichtstrahl
ist eine Sonne der Weisheit, alle Dunkelheit zerstörend.
Er kann den Wind und das Feuer des Unglücks besiegen
und bringt überall Licht in die Welt.

Sein edles Verhalten, das seinem mitfühlenden Körper entströmt, rüttelt
uns auf wie Donner,
seine zuwendende Liebe ist wie eine wunderbare große Wolke.
Er lässt den Gesetzesregen des Unsterblichkeitstranks herabströmen
und löscht die Flammen der Bedrängnis.
Ob man im Streit vor Gericht steht
oder sich angstvoll von einer Armee umringt sieht,
denke an die Kraft dieses Avalokiteśvara,
und der Hass in all seinen Formen wird zerstreut.
Avalokiteśvara, dessen Klänge wunderbar sind,
dessen Klänge brahmahaft sind, dessen Klänge wie die Flut des Meeres
sind,
sie übertreffen die Klänge dieser Welt –
deshalb soll man allzeit an sie denken.
Von Gedanken zu Gedanken, niemals Zweifel hegend
an Avalokiteśvara, diesem reinen Weisen!
In Leid, Befleckung, Tod und Bedrängnis
kann er Hilfe und Unterstützung bieten.
Mit all seinen Verdiensten
schaut er mit seinem Auge des Mitgefühls auf die Lebewesen.
Sein angesammeltes Heil ist so groß wie ein unermesslicher Ozean;
deshalb soll man vor ihm sein Haupt beugen.

Da erhob sich der Bodhisattva *Erdstützer* von seinem Sitz, trat vor und sprach zum Buddha: „Oh Weltverehrter! Wenn es Lebewesen gibt, die dieses Kapitel über den Bodhisattva Avalokiteśvara hören, über die freien Taten dieses Selbstbeherrschten, über sein Aufzeigen des Universellen Tores, über seine übernatürlichen Kräfte, so sollen deren Verdienste als nicht gering erachtet werden."

Als der Buddha dieses Kapitel über das Universelle Tor predigte, waren da in der Menge vierundachtzigtausend Wesen, in denen der Entschluss entstand, nach der unvergleichlichen Anuttarasamyaksaṃbodhi zu streben.

Siebte Rolle

Sechsundzwanzigstes Kapitel: Dhāraṇī

Zu dieser Zeit erhob sich der Bodhisattva *Medizinkönig* von seinem Sitz, entblößte die rechte Schulter, legte verehrungsvoll die Handflächen zusammen und sagte zum Buddha: „Oh Weltverehrter! Wenn es da Söhne aus gutem Hause, Töchter aus gutem Hause gäbe, die das Sūtra vom Lotos des Gesetzes annehmen und bewahren können, die es läsen und rezitierten, es tiefgründig verstünden und die Rollen des Sūtra kopierten – wie groß wäre dann deren Verdienst?"

Der Buddha sagte dem Bodhisattva *Medizinkönig*: „Wenn es da Söhne aus gutem Hause, Töchter aus gutem Hause gäbe, die den Myriaden von Buddhas, an Anzahl gleich den Sandkörnern des Flusses Gaṅgā, Spenden darbrächten – was denkst Du? Wäre etwa deren Verdienst dann groß oder nicht?"

„Sehr groß, oh Weltverehrter!"

Der Buddha sprach: „Wenn da Söhne aus gutem Hause, Töchter aus gutem Hause aus diesem Sūtra auch nur einen vierfüßigen Vers annehmen und bewahren könnten, ihn läsen und rezitierten, ihren Sinn verstünden, und sich so verhielten, wie es darin dargelegt ist, so wäre ihr Verdienst sehr groß."

Da sagte der Bodhisattva *Medizinkönig* zum Buddha: „Oh Weltverehrter! Ich werde nun denjenigen, die das Gesetz predigen, eine magische Formel, eine Dhāraṇī geben, um diese zu beschützen." Und er sprach die magische Formel:

Anye manye mane mamane citte carite same samitā viśānte mukte mutatame same aviṣame samasame kṣaye akṣaye akṣiṇe śānte sami dhāraṇī ālokabhāṣe pratyavekṣaṇi niviṣṭe abhyantaraniviṣṭe atyantapāriśuddhi utkule mutkule araḍe paraḍe sukāṅkṣi asamasame buddhavikliṣṭe dharmaparīkṣite saṃghanirghoṣaṇi bhayābhayaviśodhi mantre mantrākṣayate urute urutakauśalye akṣare akṣayavanatāye valo ḍe amanyanatāye[1].

---

[1] Ein Übersetzungsversuch der Wörter in den Dhāraṇī ergibt keinen konsistenten

„Oh Weltverehrter! Diese übernatürliche magische Formel, diese Dhāraṇī ist von sechzig Millionen Buddhas, so vielen wie die Sandkörner des Flusses Gaṅgā, gepredigt worden. Wenn da jemand die Lehrer des Gesetzes angreifen und verletzen sollte, dann ist das so, als hätte er diese Buddhas angegriffen und verletzt."

Da pries der Buddha Śākyamuni den Bodhisattva *Medizinkönig* und sagte: „Wohlgetan! Wohlgetan! Oh *Medizinkönig*! Voller Mitgefühl denkst Du an die Lehrer des Gesetzes und willst sie beschützen, deshalb sprichst Du diese Dhāraṇī. Sie werden den Lebewesen großen Nutzen bringen."

Da sprach der Bodhisattva *Heldenhaft Gebend* zum Buddha: „Oh Weltverehrter! Auch ich werde zum Schutze derer, die das Sūtra vom Lotos des Gesetzes lesen, rezitieren, annehmen und bewahren, Dhāraṇīs geben. Wenn ein Lehrer des Gesetzes diese Dhāraṇīs besitzt, so werden Geister, seien es Yakṣas, Rakṣas, Pūtanas, Kṛtyas, Kumbhāṇḍa oder Hungergeister, zwar seine Schwächen aufspüren und ausnutzen wollen, aber dies wird ihnen nicht gelingen." Darauf sprach er vor dem Buddha die magische Formel:

> Jvale mahājvale ukke mukke aḍe aḍāvati nṛtye nṛtyāvati iṭṭini viṭṭini ciṭṭini nṛtyani nṛtāvati.

Oh Weltverehrter! Diese übernatürliche magische Formel, diese Dhāraṇī ist von Buddhas, so vielen wie Sandkörner des Flusses Gaṅgā, gesprochen und freudig empfangen worden. Wenn da jemand die Lehrer des Gesetzes angreifen und verletzen sollte, dann ist das so, als hätte er diese Buddhas angegriffen und verletzt."

Da sprach der Götterkönig Vaiśravaṇa, der Hüter der Welt, zum Buddha: „Oh Weltverehrter! Auch ich denke voller Mitgefühl an die Lebewesen und möchte die Lehrer des Gesetzes beschützen, deshalb spreche ich diese Dhāraṇīs." Und sogleich sprach er die magische Formel:

> Aṭṭe naṭṭe vanaṭṭe anaḍe nāḍi kunāḍi.

Oh Weltverehrter! Durch diese übernatürliche, magische Formel werde ich die Lehrer des Gesetzes beschützen. Ich werde auch diejenigen beschützen,

---

(Wort-)Sinn. Ich habe, mit leichten Veränderungen, die entsprechenden Formen des Skt.-Standardtextes übernommen.

die dieses Sūtra bewahren, und lasse sie im Umkreis von hundert Yojanas ohne Zerfall und Leiden sein."

Da war in dieser Versammlung der Götterkönig *Feste Herrschaft*; mit einer Schar von unzähligen Myriaden von Gandharvas, die ihn verehrungsvoll umgaben, trat er vor den Buddha, legte verehrungsvoll die Handflächen zusammen und sprach zum Buddha: „Oh Weltverehrter! Auch ich werde durch eine Dhāraṇī, eine übernatürliche, magische Formel diejenigen beschützen, die das Sūtra vom Lotos des Gesetzes bewahren." Und sogleich sprach er die magische Formel:

> Agaṇe gaṇe gauri gandhāri caṇḍāli mātaṅgi saṅkule vrūsuli atte.

Oh Weltverehrter! Diese Dhāraṇī, diese übernatürliche, magische Formel, ist von zweiundvierzig Millionen Buddhas gepredigt worden. Wenn da jemand die Lehrer des Gesetzes angreifen und verletzen sollte, dann ist das so, als hätte er diese Buddhas angegriffen und verletzt."

Da waren Rakṣa-Frauen – die erste hieß Lambā, die zweite hieß Vilambā, die dritte hieß *Schiefzahnig*, die vierte hieß *Blumenzahnige*, die fünfte hieß *Schwarzzahnig*, die sechste hieß *Haarige*, die siebte hieß *Unersättlich*, die achte hieß *Halsbandträgerin*, die neunte hieß Kuntī, die zehnte hieß *Räuberin der Lebenskraft aller Lebewesen*. Diese zehn Rakṣa-Frauen, zusammen mit der *Mutter der Dämonenkinder* und deren Kindern nebst Anhang, begaben sich zum Buddha und sagten mit einer Stimme: „Oh Weltverehrter! Auch wir wollen diejenigen beschützen, die das Sūtra vom Lotos des Gesetzes lesen, rezitieren, annehmen und bewahren, und wir werden sie vor Zerfall und Leiden bewahren. Sollte es jemanden geben, der die Schwächen der Lehrer des Gesetzes aufspüren und ausnutzen wollte, so wird es diesem nicht gelingen." Dann sprachen sie vor dem Buddha die magische Formel:

> Iti me iti me iti me ati me itime nime nime nime nime nime ruhe ruhe ruhe ruhe tahe tahe tahe tuhe tuhe.

„Eher sollten sie auf unsere Köpfe steigen, als die Lehrer des Gesetzes heimzusuchen! Seien es nun Yakṣas, Rakṣas, Hungergeister, Pūtanas, Kṛtyas, Vetālas, Skandhas, Omārakas, Apasmārakas, Yakṣakṛtyas, Manuṣyakṛtyas, sei es Fieber – eintägiges, zweitägiges, dreitägiges, viertägiges bis zu siebentägiges –, sei es ständiges Fieber, sei es jemand in Mannesgestalt, in Frauengestalt, in Jungengestalt, in Mädchengestalt – selbst im Traum sollen sie die Lehrer des Gesetzes nicht heimsuchen."

Darauf sprachen sie vor dem Buddha die Verse:

Sollte sich einer unseren magischen Sprüchen nicht fügen,
die Lehrer des Gesetzes heimsuchen und sie in Verwirrung stürzen,
so soll sein Kopf in sieben Teile zerspringen
wie der Zweig eines Arjaka-Baumes.
Sein Vergehen wäre so, als hätte er die Sünde des Vater- und Muttermordes begangen,
Öl[2] ausgepresst,
beim Abwiegen betrogen,
oder wie das von Devadatta, der den Orden gespalten hat.
Jeder, der diese Lehrer des Gesetzes angreift,
wird die Strafen solchen Unheils auf sich ziehen!"

Nachdem die Rakṣa-Frauen diese Verse gesprochen hatten, sagten sie zum Buddha: „Oh Weltverehrter! Auch wir werden in eigener Person diejenigen beschützen, die dieses Sūtra annehmen, bewahren, lesen, rezitieren und es praktizieren. Wir werden sie Ruhe finden lassen, sie vor Niedergang und Leiden bewahren und die Wirkung aller Gifte vernichten."

Der Buddha sagte zu den Rakṣa-Frauen: „Ausgezeichnet! Ausgezeichnet! Wenn Ihr diejenigen beschützen könnt, die allein den Namen der Blume des Gesetzes annehmen und bewahren, dann ist Euer Verdienst unermesslich. Um wie viel mehr aber, wenn Ihr diejenigen beschützt, die es vollständig annehmen und bewahren, die den Sūtrarollen spenden, die Blumen, Räucherwerk und Girlanden spenden, gemahlenes Räucherwerk, duftende Salbe, brennbares Räucherwerk, Banner und Flaggen, Schauspiele und Musik; die alle Sorten von Lampen entzünden, Lampen mit Butter, Lampen mit Öl, Lampen mit parfümiertem Öl, Lampen mit Öl aus der Blüte der Sumanā-Blume, Lampen mit Öl aus der Blüte der Campaka-Blume, Lampen mit Öl aus der Blüte der Vārṣika-Blume, Lampen aus dem Öl der Utpala-Blume – die auf diese Weise hunderttausende von Spenden darbringen? Oh Kuntī! Ihr und Euer Anhang sollt solche Lehrer des Gesetzes beschützen."

---

[2] Weil beim Pressen der Körner Lebewesen vernichtet werden können.

Als [der Buddha] dieses Kapitel über die Dhāraṇīs predigte, wurde achtundsechzigtausend Menschen die Duldsamkeit angesichts der Nichtentstehung der Daseinsfaktoren zuteil.

Siebte Rolle

Siebenundzwanzigstes Kapitel: Die Geschichte des Königs Wundervoller Schmuck

Zu dieser Zeit sprach der Buddha zu der großen Versammlung: „In weiter Vergangenheit, vor unzähligen, unendlichen, unvorstellbaren Asaṃkhyeyas von Zeitaltern, gab es einen Buddha, dessen Name war *Wolkendonnerklang-Gestirnkönig-Blumenweisheit*, ein Tathāgata, ein Arhat, Samyaksaṃbuddha; der Name seines Reiches war *Leuchtender Schmuck*; der Name seines Zeitalters war *Freudiger Anblick*. In dem von diesem Buddha gelehrten Gesetz gab es einen König, der hieß *Wundervoller Schmuck*. Die Gemahlin dieses Königs hieß *Reine Tugend*. Sie hatten zwei Söhne; einer hieß *Reiner Schoß*, der zweite hieß *Reines Auge*. Diese beiden Söhne besaßen große übernatürliche Kräfte, Verdienst und Weisheit und praktizierten seit langem den Weg, den die Bodhisattvas gehen[1], wie etwa die Dānapāramitā, die Śīlapāramitā, die Kṣāntipāramitā, die Vīryapāramitā, die Dhyānapāramitā, die Prajñāpāramitā, die Pāramitā der hilfreichen Mittel, Mitgefühl, Freude und Gleichmut und auch die siebenunddreißig hilfreichen Methoden zur Erleuchtung. All dies hatten sie verstanden und durchdrungen. Außerdem hatten sie die reinen Versenkungen der Bodhisattvas, die *Sonne-Stern-Mondhäuser-Samādhi*, die *Reine-Glanz-Samādhi*, die *Reine-Farbe-Samādhi*, die *Reine-Leuchten-Samādhi*, die *Ausgedehnter-Schmuck-Samādhi*, die *Große-Würde-Schoß-Samādhi* – auch diese Samādhis hatten sie alle durchdrungen.

Zu jener Zeit wünschte jener Buddha den König *Wundervoller Schmuck* zu leiten und legte aus Mitgefühl mit den Lebewesen dieses Sūtra vom Lotos des Gesetzes dar. Da gingen die beiden Söhne *Reiner Schoß* und *Reines Auge* zu ihrer Mutter, legten bittend ihre Hände und zehn Fingernägel aneinander und sagten: ‚Möge sich doch bitte unsere Mutter zu dem Buddha *Wolkendonnerklang-Gestirnkönig-Blumenweisheit* begeben. Auch wir werden ihm aufwarten, uns ihm nähern, ihm Spenden darbringen. Warum dies? Dieser Buddha legt in der Versammlung aller Götter und Menschen das Sūtra vom Lotos des Gesetzes dar. Es ist angemessen, dass wir es uns anhören.'

---

[1] Oder: „üben".

Die Mutter entgegnete den Söhnen: ‚Euer Vater setzt seinen Glauben in häretische Lehren; er hängt mit tiefer Überzeugung dem Gesetz der Brahmanen an. Geht zu Eurem Vater, erzählt ihm davon und überredet ihn, mit Euch zu kommen.‘

Reiner Schoß und *Reines Auge* legten ihre Hände und zehn Fingernägel aneinander und sagten zu ihrer Mutter: ‚Wir sind die Söhne des Gesetzeskönigs, und doch wir sind in eine Familie mit falschen Ansichten geboren worden!‘

Die Mutter sagte zu ihren Söhnen: ‚Ihr habt recht, dass Ihr Euch Sorgen um Euren Vater macht. Ihr solltet für ihn ein Wunder zeigen. Wenn er so etwas sieht, dann wird sein Geist bestimmt rein, und er wird einwilligen, dass wir uns zum Buddha begeben.‘

Darauf sprangen die Söhne, da sie sich um ihren Vater sorgten, in die Luft bis in die Höhe von sieben Tāla-Bäumen und zeigten verschiedene Wunder: Sie gingen, standen, saßen und lagen ruhend in der Luft, aus ihren Körpern trat oben Wasser und unten Feuer aus, aus ihren Körpern trat oben Feuer und unten Wasser aus, sie vergrößerten ihre Körper bis weit in den Luftraum, oder aber sie verkleinerten sie und vergrößerten sie darauf wieder, verschwanden in der Luft und erschienen plötzlich auf der Erde wieder, gingen in die Erde ein, als ob sie Wasser sei, traten auf das Wasser, als ob es Erde sei – solche verschiedenen Wunder zeigten sie und machten damit den Geist ihres Vaters rein, ließen ihn Vertrauen fassen und begreifen.

Als der Vater die Wunder seiner Söhne sah, war sein Herz hoch erfreut und er erlangte, was er bisher noch nicht hatte. Er legte die Handflächen aneinander und sagte zu seinen Söhnen: ‚Wer ist Euer Lehrer? Wessen Schüler seid Ihr?‘

Die beiden Söhne sagten: ‚Oh großer König! Der Buddha *Wolkendonnerklang-Gestirnkönig-Blumenweisheit* weilt nun gerade unter dem Bodhi-Baum aus sieben Juwelen, sitzend auf dem Sitz des Gesetzes und legt in der Versammlung der Götter und Menschen der ganzen Welt ausführlich das Sūtra vom Lotos des Gesetzes dar. Er ist unser Lehrer. Wir sind seine Schüler.‘

Der Vater sagte zu seinen Söhnen: ‚Auch ich möchte nun Euren Lehrer sehen. Ihr dürft mit mir kommen.‘

Da kamen die beiden Söhne aus der Luft herab, gingen zu ihrer Mutter, legten die Handflächen aneinander und sagten zu ihrer Mutter: ‚Unser Vater, der König, hat nun bereits Vertrauen gefasst und verstanden, ist fähig, ein Verlangen nach der Anuttarasamyaksaṃbodhi zu entwickeln. Wir haben für unseren Vater die Arbeit eines Buddha verrichtet. Möge unsere Mutter uns gestatten, unter diesem Buddha in die Hauslosigkeit zu ziehen und den Weg zu praktizieren.‘

Da wünschten die beiden Söhne den Sinn des Gesagten noch einmal zu verkünden und sprachen die Verse:

Möge uns die Mutter freigeben
in die Hauslosigkeit, damit wir Śramaṇas werden.
Es ist schwierig, den Buddhas zu begegnen,
daher folgen wir dem Buddha, um von ihm zu lernen.
Selten ist eine Udumbara-Blüte,
noch seltener ist es, einem Buddha zu begegnen.
Aus den Unbilden der Welt zu entkommen ist ebenfalls schwierig.
Mögest Du uns gestatten, in die Hauslosigkeit zu ziehen!‘

Darauf sagte die Mutter: ‚Ich gestatte Euch, in die Hauslosigkeit zu ziehen. Warum dies? Weil es schwierig ist, einem Buddha zu begegnen.‘

Da sagten die beiden Söhne zu ihren Eltern: ‚Sehr gut, oh Eltern! Mögt Ihr Euch, wenn es an der Zeit ist, zum Buddha *Wolkendonnerklang-Gestirnkönig-Blumenweisheit* begeben, Euch ihm nähern und ihm Spenden darbringen. Weshalb dies? Es ist genauso schwierig, einem Buddha zu begegnen wie einer Udumbara-Blüte, oder so, wie es für eine einäugige Schildkröte schwierig ist, ein Loch in einem treibenden Baumstamm zu treffen. Wir aber, durch Verdienste aus vergangenen Existenzen, sind in eine Zeit hineingeboren, die uns das Gesetz des Buddha antreffen lässt. Deshalb sollt Ihr Eltern uns gestatten, in die Hauslosigkeit zu ziehen. Weshalb dies? Es ist schwierig, den Buddhas zu begegnen, und es ist ebenso schwierig, die richtige Zeit zu treffen.‘

Zu jener Zeit waren vierundachtzigtausend Menschen aus den Frauengemächern des Königs *Wundervoller Schmuck* bereit, dieses Sūtra vom Lotos des Gesetzes anzunehmen und zu bewahren. Der Bodhisattva *Reiner Schoß* hatte bereits vor langer Zeit die *Samādhi des Lotos des Gesetzes* durchdrungen. Der Bodhisattva *Reines Auge* hatte bereits vor unermesslich vielen Myriaden von Zeitaltern die *Samādhi des Aufgebens der schlechten Existenzformen* durchdrungen, da er wünschte, allen Lebewesen zum Aufgeben der schlechten Existenzformen zu verhelfen. Die Gemahlin dieses Königs hatte die *Samādhi der Versammlung der Buddhas* erlangt und konnte die verborgenen Keime der Buddhas erkennen. Die beiden Söhne hatten somit durch die Kraft der hilfreichen Mittel ihren Vater bekehrt und ihn Vertrauen fassen und verstehen lassen, damit er das Gesetz des Buddha wertschätzt und sich daran erfreut.

Da begaben sich der König *Wundervoller Schmuck* mit seiner Ministerschar und seinem Gefolge, die Gemahlin *Reine Tugend* mit ihrem Gefolge von Frauen aus den Frauengemächern und die beiden Söhne dieses Königs zusammen mit zweiundachtzigtausend Menschen zugleich zum Buddha, und nachdem sie dorthingekommen waren, grüßten sie mit der Stirn die Füße des Buddha, umwandelten den Buddha dreimal und stellten sich zur Seite.

Da legte jener Buddha dem König das Gesetz dar, gab ihm Nutzen und Freude. Der König war höchst beglückt.

Da lösten der König *Wundervoller Schmuck* und seine Gemahlin die Perlenketten im Wert von Hunderttausenden von ihrem Hals und verteilten sie über den Buddha, und diese verwandelten sich in der Luft in ein Juwelenpodest mit vier Säulen, und auf dem Podest befand sich ein großer Juwelensitz, auf dem hundert Millionen von Göttergewändern ausgebreitet waren. Darauf saß der Buddha mit verschränkten Beinen und strahlte ein großes Licht aus.

Da dachte sich der König *Wundervoller Schmuck*: ‚Selten gibt es so etwas Prächtiges und Außergewöhnliches wie den Körper des Buddha, vervollkommnet zur feinsten Form!' Da sagte der Buddha *Wolkendonnerklang-Gestirnkönig-Blumenweisheit* zu der vierfachen Versammlung: ‚Seht Ihr diesen König *Wundervoller Schmuck* mit zusammengelegten Handflächen vor mir stehen? Dieser König wird unter meinem Gesetz Mönch werden und sich anstrengen, die Methoden, die auf dem Weg des Buddha hilfreich sind, zu lernen. Er wird ein Buddha werden mit Namen *Śālabaum-König*; sein Land wird *Großer Glanz* heißen und sein Zeitalter *Erhabener König*. Dieser Buddha *Śālabaum-König* wird eine unermesslich große Versammlung von Bodhisattvas und unermesslich viele Hörer bei sich haben. Sein Land wird eben sein, so werden seine Verdienste sein.'

Der König vertraute da sogleich sein Reich seinem jüngeren Bruder an und zog zusammen mit seiner Gemahlin, seinen beiden Söhnen und mit seinem ganzen Gefolge unter dem Gesetz des Buddha in die Hauslosigkeit und praktizierte den Weg.

Nachdem der König in die Hauslosigkeit gezogen war, hat er vierundachtzigtausend Jahre lang mit großer Bemühung das Sūtra vom Lotos des Wunderbaren Gesetzes praktiziert. Daraufhin erlangte er die *Samādhi des Schmucks aller reinen Verdienste* und erhob sich dann in die Luft, bis in die Höhe von sieben Tāla-Bäumen, und sagte zum Buddha: ‚Oh Weltverehrter! Diese meinen beiden Söhne haben für mich bereits die Arbeit eines Buddha verrichtet, indem sie durch übernatürliche Kräfte und Wunder meinen irregeleiteten Geist bekehrt haben, mich im Gesetz des Buddha Ruhe haben finden lassen, mich den Weltverehrten haben sehen lassen. Diese beiden Söhne sind meine guten Freunde. Sie wollten die Wurzeln der guten Taten aus vergangenen Existenzen für mich zur Wirkung bringen – deshalb sind sie in meiner Familie geboren.‘

Da sagte der Buddha *Wolkendonnerklang-Gestirnkönig-Blumenweisheit* zu König *Wundervoller Schmuck*: ‚So ist es – es ist so, wie Du sagst: Weil Söhne aus gutem Hause und Töchter aus gutem Hause die Wurzeln guter Taten gepflanzt haben, bekommen sie in jeder Existenz gute Freunde. Diese guten Freunde können die Arbeit eines Buddha verrichten, Nutzen und Freude geben, in die Anuttarasamyaksaṃbodhi eintreten lassen. Oh großer König! Du sollst wissen, dass ein guter Freund die große kausale Verbindung ist, die einen dazu führt, den Buddha zu erblicken und den Geist der Anuttarasamyaksaṃbodhi zu entwickeln. Oh großer König! Siehst Du diese beiden Söhne? Diese beiden Söhne haben bereits fünfundsechzig Millionen von Nayutas von Buddhas, so zahlreich wie Sandkörner im Flusse Gaṅgā, Spenden dargebracht, sich ihnen genähert und sie verehrt. Sie haben in der Gegenwart der Buddhas das Sūtra vom Lotos des Gesetzes angenommen und bewahrt, aus Mitgefühl mit den Lebewesen, die falschen Ansichten anhängen, sorgen sie dafür, dass sie in den richtigen Ansichten verweilen.‘

Der König *Wundervoller Schmuck* kam sogleich aus der Luft herab und sagte zu dem Buddha: ‚Oh Weltverehrter! Wirklich selten gibt es einen Tathāgata. Durch seine Verdienste und seine Weisheit tritt aus den Haarlocken auf seinem Haupt strahlendes Licht aus; seine Augen sind länglich, weit geöffnet und von dunkelblauer Farbe; zwischen seinen Brauen ist das Merkmal des Haarwirbels so weiß wie der muschelförmige Mond; seine Zähne sind weiß, stehen gleichmäßig und dicht gereiht und sind allzeit von hellem Glanz. Die Farben seiner Lippen sind von solch lieblichem Rot wie die Bimba-Frucht.‘

Als König *Wundervoller Schmuck* diese unermesslich vielen Myriaden von Verdiensten des Buddha gepriesen hatte, sprach er außerdem in Gegenwart des Tathāgata, konzentriert und mit zusammengelegten Händen: ‚Oh Weltverehrter! Dies ist etwas, was es bisher noch nicht gegeben hat. Das Gesetz des Tathāgata ist vollkommen, vollendet, mit unvorstellbar feinen Verdiensten versehen. Denjenigen, die seine Lehre und seine Regeln ausführen, wird Friede und Wunderbares zuteil. Ab heute folge ich nicht mehr den Launen meines Herzens, bringe keine falschen Ansichten, keinen Hochmut, keinen Zorn und andere schlechten Lebenszustände hervor.‘

Nachdem er dies verkündet hatte, grüßte er den Buddha und entfernte sich.“

Der Buddha sagte zu der großen Versammlung: „Was meint Ihr dazu? Ist König *Wundervoller Schmuck* wohl ein Unbekannter? Der Bodhisattva *Lotos-Tugend* ist er jetzt; diese Gemahlin *Reine Tugend* ist jetzt in der Gegenwart des Buddha der Bodhisattva *Strahlender-Schmuck-Merkmal.* Aus mitfühlender Zuneigung mit König *Wundervoller Schmuck* und seinem Gefolge wurde sie unter jenen geboren. Die beiden Söhne sind jetzt der Bodhisattva *Medizinkönig* und der Bodhisattva *Über die Medizin hinausgehend.*

Diese Bodhisattvas *Medizinkönig* und *Über die Medizin hinausgehend* hatten bereits große Verdienste dieser Art erworben. Und in Gegenwart von unermesslich vielen Myriaden von Buddhas haben sie eine große Anzahl von Wurzeln der Tugend gepflanzt und nochmals unvorstellbare gute Verdienste verwirklicht. Wenn es da welche gibt, die den Namen dieser beiden Bodhisattvas kennen, so sollen diese von der ganzen Welt, von Göttern und Menschen ehrfürchtig gegrüßt werden.“

Als der Buddha diese Geschichte des Königs *Wundervoller Schmuck* darlegte, befreiten sich vierundachtzigtausend Menschen von Staub und Verunreinigungen und erlangten hinsichtlich der Daseinsfaktoren die Reinheit des Auges des Gesetzes.

Siebte Rolle

Achtundzwanzigstes Kapitel:
Die Ermutigung des Bodhisattva Weithin Beliebt

Da kam der Bodhisattva *Weithin Beliebt*, berühmt für seine Würde und Tugend, mittels seiner ihm eigenen übernatürlichen Kräfte aus dem Osten herbei. Er kam mit unermesslich, unendlich, unzählbar vielen großen Bodhisattvas. Die Länder, durch die er zog, erbebten weithin, es regnete Juwelen-Lotosblumen, und es ertönten unermesslich viele Myriaden von Musikinstrumenten; dazu war er von großen Versammlungen von unzähligen Göttern, Nāgas, Rakṣas, Gandharvas, Asuras, Garuḍas, Kiṃnaras, Mahoragas, Menschen und Nicht-Menschen umgeben, von denen jeder Würde zeigte und übernatürliche Kräfte.

Er gelangte in die Sabhā-Welt, auf den Geierberg, und grüßte mit seinem Haupt die Füße des Buddha Śākyamuni, ging sieben Mal von rechts um ihn herum und sagte zum Buddha: „Oh Weltverehrter! Ich habe im Lande des Buddha *König über die Würde von Juwelen Hinausgehend* von weither gehört, dass in dieser Sabhā-Welt das Sūtra vom Lotos des Gesetzes dargelegt wird, und bin zusammen mit einer unermesslich, unendlich großen Schar von Myriaden von Bodhisattvas gekommen, um es zu hören und anzunehmen. Ich bitte den Weltverehrten, es uns darzulegen. Denn wie könnten Söhne aus gutem Hause und Töchter aus gutem Hause sonst, nachdem der Tathāgata verlöscht sein wird, dieses Sūtra vom Lotos des Gesetzes erlangen."

Der Buddha sagte zu dem Bodhisattva *Weithin Beliebt*: „Wenn Söhne aus gutem Hause und Töchter aus gutem Hause die vier Gesetzmäßigkeiten verwirklichen, werden sie nach dem Verlöschen des Tathāgata dieses Sūtra vom Lotos des Gesetzes erlangen – erstens: Sie werden von den Buddhas in Erinnerung gehalten und beschützt; zweitens: Sie pflanzen viele Wurzeln der Tugend; drittens: Sie gehören zu denen, die bestimmt die Erleuchtung erlangen werden; viertens: Sie fassen den Entschluss, alle Lebewesen zu retten. Wenn sie diese vier Gesetzmäßigkeiten verwirklicht haben, werden sie nach dem Verlöschen des Tathāgata ganz bestimmt dieses Sūtra erlangen."

Da sagte der Bodhisattva *Weithin Beliebt* zum Buddha: „Oh Weltverehrter! Wenn es jemanden gibt, der in der letzten Periode, der fünfhundert Jahre währenden, von Üblem beschmutzten Periode dieses Sūtra annimmt und bewahrt, dann werde ich ihn beschützen, werde ihn vor Zerfall und Leiden bewahren, werde ihn Frieden finden lassen und sehe zu, dass niemand seine Schwächen aufspüren und ausnutzen kann – sei es Māra, seien es die Söhne Māras, seien es die Töchter Māras, seien es die Scharen Māras, seien es von Māra Befallene, seien es Rakṣas, seien es Kumbhāṇḍas, seien es Piśācas, seien es Kṛtyas, seien es Pūtanas, seien es Vetāḍas, niemand, der Menschen quält, wird eine Gelegenheit dazu bekommen.

Ob dieser Mensch nun gerade geht oder steht, wenn er dieses Sūtra rezitiert, dann werde ich meinen sechszähnigen weißen königlichen Elefanten besteigen und mich zusammen mit einer Menge großer Bodhisattvas zu ihm begeben, mich ihm leibhaftig zeigen, ihm Spenden darbringen, ihn beschützen und sein Herz trösten. Ich tue dies, weil auch ich dem Lotos-Sūtra Spenden darbringen will. Ich werde, auch wenn dieser Mensch im Sitzen über dieses Sūtra nachdenkt, sodann meinen weißen königlichen Elefanten besteigen und mich in Gegenwart dieses Menschen zeigen. Selbst wenn dieser Mensch aus dem Sūtra vom Lotos des Gesetzes einen Satz, einen Vers vergisst, so werde ich ihm diesen lehren und ihn mit ihm zusammen rezitieren und rufe ihn ihm wieder ins Gedächtnis. Dann wird der, der das Sūtra vom Lotos des Gesetzes annimmt, bewahrt und es rezitiert, große Freude empfinden, wenn er mich zu sehen bekommt, und noch mehr Energie aufbringen. Dadurch dass er mich gesehen hat, wird er sogleich die Arten der Versenkung und die Dhāraṇīs erlangen, die da heißen *Dhāraṇī der Wiederholung*, *Dhāraṇī der Myriaden von Wiederholungen*, *Dhāraṇī der Hilfreichen Mittel des Gesetzestons* – solche Dhāraṇīs wird er erlangen.

Oh Weltverehrter! In der Endzeit, in dem fünfhundert Jahre währenden, von Üblem beschmutzten Zeitalter – wenn da Mönche, Nonnen, Laienanhänger und Laienanhängerinnen, die dieses Sūtra vom Lotos des Gesetzes suchen, annehmen, bewahren, rezitieren und kopieren, es auch praktizieren wollen, dann sollen sie sich drei Mal sieben Tage lang konzentriert und sorgfältig darum bemühen. Wenn dann die drei Mal sieben Tage vorbei sind, werde ich meinen sechszähnigen weißen königlichen Elefanten besteigen, mich, begleitet von unermesslich vielen Bodhisattvas, zu ihnen begeben und in diesem Körper, den alle Lebewesen mit Freude sehen, vor diesen Menschen erscheinen und ihnen das Gesetz darlegen, ihnen Führung, Nutzen und Freude spenden und ihnen auch diese Dhāraṇī-Zaubersprüche geben. Weil sie diese Dhāraṇīs erlangen, gibt es keinen Nicht-Menschen, der sie zerstören könnte, und sie werden auch nicht von Frauen betört. Auch ich selbst werde diese Menschen allzeit beschützen. Möge der Weltverehrte mir gestatten, diese Dhāraṇī-Zaubersprüche auszusprechen!"

Dann sprach er in der Gegenwart des Buddha die Zaubersprüche:

> Adaṇḍe daṇḍapati daṇḍāvartani daṇḍakuśale daṇḍasudhāri sudhāri sudhārapati buddhapaśyane sarvadhāraṇi āvartani sarvabhāṣyāvartane svāvartani saṅghaparīkṣaṇi saṇghanirghātani asaṅghye saṅghāvaghāṭe tiryādhasaṃghātulya araḍe paraḍe sarvasaṅgha samādhigarandhi sarvadharmasuparīkṣite sarvasattvarutakauśalyānugate siṃhavikrīḍite.

„Oh Weltverehrter! Wenn ein Bodhisattva diese Dhāraṇis zu hören bekommt, so wird er die Kraft der übernatürlichen Fähigkeiten des *Weithin Beliebt* erkennen. Wenn das Sūtra vom Lotos des Gesetzes sich über Jambudvīpa verbreitet und es welche gibt, die es annehmen und bewahren, dann sollten sie diesen Gedanken hegen: ‚Dies alles geschieht durch die übernatürlichen Fähigkeiten des *Weithin Beliebt*.' Wenn welche es annehmen und bewahren, es rezitieren, es richtig im Gedächtnis behalten, an seinen tiefsten Sinngehalt denken, ihn begreifen und es so praktizieren wie dargelegt, dann sollen sie erkennen, dass das Handeln dieser Menschen das Handeln des *Weithin Beliebt* ist. Sie werden in Gegenwart von unermesslich, unendlich vielen Buddhas tief die Wurzeln des Guten einpflanzen und ihre Häupter werden von den Händen der Tathāgatas gestreichelt.

Wenn sie es auch nur kopieren, so werden diese Menschen am Ende ihres Lebens im Trayastriṃśa-Himmel geboren werden. Dann werden vierundachtzigtausend Göttermädchen auf vielen Instrumenten musizieren und sie empfangen, und diesen Menschen werden sogleich Kronen aus den sieben Kostbarkeiten aufgesetzt, und inmitten von Dienerinnen vergnügen und amüsieren sie sich. Und wie viel mehr ist es, wenn sie es annehmen und bewahren, es rezitieren, es richtig im Gedächtnis behalten, an seinen tiefsten Sinngehalt denken, ihn begreifen, es so praktizieren wie dargelegt! Wenn es Menschen gibt, die es annehmen und bewahren, es rezitieren und seinen tiefsten Sinngehalt erkennen, dann werden diese Menschen am Ende ihres Lebens durch die Hände der Buddhas aufgenommen, die alle Furcht von ihnen nehmen und sie davor bewahren, in schlechte Existenzformen hinabzufallen. Sie werden hingegen sofort hinauf in den Tuṣita-Himmel steigen, zu dem Bodhisattva Maitreya. Der Bodhisattva Maitreya hat zweiunddreißig Merkmale, und eine Schar von großen Bodhisattvas umgibt ihn; er hat ein Gefolge von Myriaden von himmlischen Mädchen, und diese Menschen werden in ihrer Mitte geboren. Solche Nutzen aus den Verdiensten werden sie haben.

Deshalb sollten Menschen von Weisheit nur eines im Sinn haben: es kopieren oder andere kopieren lassen, es annehmen und bewahren, es rezitieren, es richtig im Gedächtnis behalten und es so praktizieren wie dargelegt. Oh Weltverehrter! Ich werde nun durch die Kraft meiner übernatürlichen Fähigkeiten dieses Sūtra beschützen, und nachdem der Tathāgata verlöscht sein wird, werde ich es auf Jambudvīpa verbreiten und seine Überlieferung nicht abbrechen lassen."

Da pries ihn der Buddha Śākyamuni mit den Worten: „Sehr gut, sehr gut, oh *Weithin Beliebt*! Du vermagst dieses Sūtra zu beschützen und zu befördern und lässt viele Lebewesen zum Frieden kommen und Nutzen daraus ziehen. Du hast schon unvorstellbar viele Verdienste und tiefes, großes Mitgefühl verwirklicht, schon seit langer vergangener Zeit hast Du den Entschluss gefasst, die Anuttarasamyaksaṃbodhi zu erlangen, und Du hast das Gelübde abgelegt, mit deinen übernatürlichen Kräften dieses Sūtra zu beschützen. Ich werde durch meine übernatürlichen Kräfte diejenigen beschützen, die den Namen des *Weithin Beliebt* anzunehmen und hochzuhalten wissen.

Oh *Weithin Beliebt*! Wenn es welche gibt, die dieses Sūtra des Lotos des Gesetzes annehmen und bewahren, es rezitieren, es richtig im Gedächtnis behalten, es einüben, es kopieren, dann sollst Du wissen, dass diese Menschen den Buddha Śākyamuni gesehen haben. Es ist, als hätten sie dieses Sūtra aus dem Munde des Buddha gehört. Du sollst wissen, dass diese Menschen dem Buddha Śākyamuni Spenden dargebracht haben. Du sollst wissen, dass diese Menschen vom Buddha zustimmend gepriesen wurden. Du sollst wissen, dass die Hände des Buddha Śākyamuni ihre Häupter gestreichelt haben. Du sollst wissen, dass diese Menschen durch den Buddha Śākyamuni mit Kleidung bedeckt wurden.

Solche Menschen hängen nicht mehr den Freuden der Welt an, lieben nicht die Bücher und das Geschreibsel der Irrlehrer. Sie erfreuen sich auch nicht mehr daran, mit solchen Menschen auf vertrautem Fuß zu stehen und mit schlechten Menschen wie Schlächtern, oder Haltern von Schweinen, Ziegen, Hühnern oder Hunden, oder Jägern oder Zuhältern. Gesinnung und Absicht dieser Menschen sind aufrichtig, sie haben ein korrektes Gedächtnis und haben die Kraft verdienstvoller Tugenden. Diese Menschen werden nicht durch die drei Gifte gepeinigt, und auch nicht gepeinigt von Neid, Hochmut, falschem Stolz und Arroganz. Diesen Menschen gelüstet nach wenig, und sie wissen sich zu genügen, vermögen den Lebenswandel des *Weithin Beliebt* zu praktizieren.

Oh *Weithin Beliebt*! Wenn Du nach dem Verlöschen des Tathāgata, in den letzten fünfhundert Jahren, noch Menschen siehst, die das Sūtra vom Lotos des Gesetzes annehmen, bewahren, lesen und rezitieren, dann sollst Du Dir denken, dass diese Menschen nach nicht langer Zeit zum Ort der Erleuchtung kommen, die Scharen des Māra vernichten, die Anuttarasamyaksaṃbodhi erlangen, das Rad des Gesetzes in Drehung versetzen, die Trommel des Gesetzes schlagen, das Muschelhorn des Gesetzes blasen und den Regen des Gesetzes regnen lassen werden. Sie werden inmitten einer großen Versammlung von Göttern und Menschen auf dem Löwensitz des Gesetzes sitzen.

Oh *Weithin Beliebt*! Wenn es in späteren Perioden welche gibt, die dieses Sūtra annehmen, bewahren, lesen und rezitieren, dann werden diese Menschen nicht mehr nach Kleidung, Bettzeug, Essen und Trinken und anderen Lebensnotwendigkeiten gieren oder diesen Dingen anhängen. Ihre Wünsche werden nicht vergeblich sein. Und auch in ihrer gegenwärtigen Existenz werden sie für ihre Verdienste belohnt. Wenn jemand sie leichtfertig verspottet: ‚Ihr seid ja Verrückte! Eitel ist Euer Handeln, und zuguterletzt werdet Ihr nichts daraus gewinnen!', dann wird er als Strafe für dieses Vergehen Leben für Leben als Blinder wiedergeboren. Aber wenn ihnen jemand Spenden darbringt und sie lobpreist, dann wird er in der momentanen Existenz die Frucht seiner Taten erhalten.

Wenn jemand Menschen sieht, die dieses Sūtra annehmen und bewahren, und deren Vergehen, ob wahr oder nicht wahr, offenlegt, dann wird dieser Mensch in der gegenwärtigen Existenz von Aussatz befallen werden. Wenn jemand diese Menschen leichtfertig auslacht, dann wird er von Existenz zu Existenz mit mangelhaften Zähnen geboren, mit hässlichen Lippen, flacher Nase, verkrüppelten Händen und Füßen, mit schielenden Augen, mit faulig stinkendem Körper, mit üblen Schwären voll eitrigem Blut, mit von Wasser geschwollenem Bauch, mit Kurzatmigkeit und anderen schlimmen Krankheiten. Deshalb, oh *Weithin Beliebt*, wenn Du welche siehst, die dieses Sūtra annehmen und bewahren, dann sollst Du Dich erheben und sie von weitem schon begrüßen und ihnen Verehrung erweisen wie einem Buddha."

Als dieses Kapitel der Ermutigung von *Weithin Beliebt* dargelegt wurde, erlangten unermesslich, unendlich viele Bodhisattvas, zahlreich wie die Sandkörner im Flusse Gaṅgā, die Dhāraṇī der Myriaden von Wiederholungen, und Bodhisattvas, so viele wie feiner Staub in den drei Myriaden von Welten, vervollkomneten den Weg des *Weithin Beliebt*.

Als der Buddha dieses Sūtra darlegt hatte, waren *Weithin Beliebt* und die anderen Bodhisattvas, waren Śāriputra und die anderen Hörer und die Götter, Nāgas, Menschen und Nicht-Menschen – alle in der großen Versammlung – höchst erfreut, nahmen die Worte des Buddha an, bewahrten sie, grüßten ihn und entfernten sich.

(Siebte Rolle des Sūtra des Lotos des Wunderbaren Gesetzes)

Glossar:

Acht Befreiungen	Skt. Aṣṭa-vimokṣa (-vimukti), Chin. Ba-jietuo, Jap. Hachi-gedatsu 八解脱; Befreiung durch die Erkenntnis 1. der Unreinheit innerer Begierden durch die Betrachtung der äußeren Objekte dieser Begierden; 2. der Unreinheit der äußeren Objekte ohne innere Begierden; 3. des dauernden Zustand der Reinheit der äußeren Objekte; 4. der Unendlichkeit des Raumes; 5. der Unendlichkeit des Bewusstseins; 6. der Nichtexistenz der äußeren Objekte; 7. des Zustandes des Weder-Denkens-noch-Nichtdenkens; 8. der Sicherheit des Verlöschens der Empfindungen und des Bewusstseins.
Achtzehn ungeteilte Dharmas	Skt. Aṣṭādaśa Āveṇikabuddhadharmāḥ; Chin. Shiba-bugong-fa, Jap. Jūhachi-fugū-hō 十八不共法; die achtzehn Eigenschaften, die Buddhas und Bodhisattvas haben, nicht aber → Hörer und → Pratyekabuddhas.
Ajātaśatru	→ Vaidehī-Sohn Ajātaśatru.
Ajita	Chin. Ayiduo, Jap. Aitta 阿逸多; Beiname des Maitreya.
Ajñātakauṇḍinya	Chin. Aruojiaochenru, Jap. Anyakyōjinnyo 阿若憍陳如; einer der fünf Asketen, die den Buddha verließen, als er die strenge Askese auf der Suche nach der Erleuchtung aufgab, und die der Buddha als Erste nach seiner Erleuchtung in der Predigt von Benares unterwies. A. war der erste, der dadurch selbst die Erleuchtung erlangte und somit zum → Arhat wurde.
Akaniṣṭha	Wörtl.: „nicht jung", Chin. Ajianizha, Jap. Akanita 阿迦尼吒; Name eines Götterhimmels.
Akṣobhya	Wörtl.: „Unerschütterlich"; 1. Chin. Achu, Jap. Ashuku 阿閦, Name eines Buddha; 2. Chin. Achupo, Jap. Ashukuba 阿閦婆, eine unermesslich hohe Zahl.
Amitābha	Skt., Chin. Amituo, Jap. Amida 阿彌陀; der Buddha des „Unermesslichen Glanzes" im Westlichen Reinen Land.
Anāgāmin	Skt. „Nichtwiederkehrer", Chin. A'nahan, Jap. A'nagon 阿那含; die Heilsstufe, auf der man nur noch die gegen-

	wärtige Existenz durchlebt und dann ins Nirvāṇa eingeht.
Ānanda	Chin., Jap. A'nan 阿難; Cousin des Buddha und sein Diener während seiner Lebenszeit.
Anuttarasamyaksaṃbodhi	Skt.: die „unübertroffene, allerhöchste, vollständige Erleuchtung"; Chin. Aruoduoluosanmiaosanputi, Jap. Anokutarasanmyakusanbodai 阿耨多羅三藐三菩提. Im LS für die höchste Erleuchtung des Mahāyāna, so wie sie im LS gelehrt wird, gebraucht, die über den anderen Heilswegen steht.
Apasmāraka	Chin. Abamoluo, Jap. Abatsumara 阿跋摩羅; eine Klasse von Dämonen (des Vergessens).
Āraṇyaka-Mönch	Ein Mönch, der abgeschieden im Wald (Skt. Āraṇya, Chin. Alanruo, Jap. Arannya 阿蘭若) lebt und sich im Gegensatz zu den Dorfmönchen (Grāmikavāsin) einer härteren Form der Askese unterzieht.
Arhat	Chin. (A)luohan, Jap. (A)rakan (阿)羅漢; einer, der durch die Belehrung durch einen Buddha die Erleuchtung erlangt hat und bei seinem physischen Tod ins → Nirvāṇa eingehen wird. In den Mahāyāna-Sūtras der Archetyp des → Hörers (Śrāvaka).
Arjaka	Chin. Ali, Jap. Ari 阿梨; eine Baumart, die Blüte des Arjaka-Baum soll sieben Blätter haben.
Asaṃkhyeya	Skt.: „unzählbar", Chin. Asengzhi, Jap. Asōgi 阿僧祇; auch für extrem hohe Zahl(en) allgemein.
Asket	Skt. Brahmacārin, wörtl. „der reinen Lebenswandel pflegt", Chin. Fanxingzhe, Jap. Bongyō-sha 梵行者.
Asura	Skt., Chin. Axiuluo, Jap. Ashura 阿修羅; Dämonen, die in den brahmanischen Texten meist in Opposition zu und im Kampf mit den Göttern stehen.
Atimuktaka	Chin. Atimuduoqie, Jap. Adaimokutaka 阿提目多伽; eine Baumart (Dalbergia oujeinensis).
Avaivartika	Skt.: → „Nichtmehrwiederkehrer", Chin. Butui, Jap. Futai 不退, oder Chin. Abibazhi, Jap. Abibatchi 阿鞞跋致; die dritte der existentiellen Heilsstufen, in der man nicht wiedergeboren wird, sondern nach dem physischen Tod ins Nirvāṇa eingeht.
Avalokiteśvara	Während der Skt.-Name, wörtlich: „Herr, der herab-

	blickt“, in seiner Genese und Entstehung nicht einfach zu verstehen ist (alternativer Skt. Name: Avalokitasvara, „Herabblicken-Ton“), bedeutet Chin. Guanshiyin, Jap. Kanzeon 觀世音, wörtlich: „Auf-die-Welt-Blickend-Ton“.
Avīci-Hölle	Chin. Abi-diyu, Jap. Abi-jigoku 阿鼻地獄; eine der buddhistischen Höllen.
Beben, sechs Arten von	Skt. Ṣaḍvikāraṃ prakampitam, Chin. Liuzhong Zhendong, Jap. Rokushu Shindō 六種震動; Erdbeben, die bei außergewöhnlichen Ereignissen in der Heilsgeschichte, z. B. der Erleuchtung eines Buddha, auftreten.
Befleckungen	Skt. Kleśa, Chin. Fannao, Honnō 煩惱; die karmischen Verunreinigungen, die durch das triebhafte Hängen an der Welt und der Existenz entstehen und die Wesen im leidvollen Geburtenkreislauf halten.
Bharadvāja	Chin. Poluoduo, Jap. Harada 頗羅墮; Name eines alten vedischen Sehergeschlechts.
Bimba	Chin. Pinpo, Jap. Binba 頻婆; eine Frucht (der Momordica monadelpha Rox.).
Bindende Methode	Skt. Saṃgrahavastu, Chin. Shefa, Jap. Shūhō 攝法; Methoden, die ein Bodhisattva anwendet, um Menschen anzuleiten: 1. Gebefreudigkeit, Skt. Dāna, Chin. Bushi, Jap. Fuse 布施; 2. freundliche Rede, Skt. Priyavacana, Chin. Aiyu, Jap. Ego 愛語; 3. anderen zu Nutzen sein, Skt. Arthakṛtya, Chin. Lixing, Jap. Rigyō 利行; und 4. sich auf andere einstellen, Skt. Samānārthatā, Chin. Tongshi, Jap. Dōshi 同事.
Bodhi	Chin. Puti, Jap. Bodai 菩提; die Erleuchtung, eigentlich: „Erwachen“; in Kumārajīvas Übersetzung ist dieser indische Ausdruck meist mit dem Chin. Dao, Jap. Dō 道, „Weg“, wiedergegeben.
Bodhi-Baum	Chin. Puti-shu, Jap. Bodai-ju 菩提樹; der Baum, unter dem der Buddha die Erleuchtung erlangt hat; Ficus religiosa, mit seinen typischen, in einer langen Spitze auslaufenden Blättern und häufig dickem, wie aus einzelnen Wurzelsträngen bestehendem Stamm.
Bodhisattva	Chin. Pusa, Jap. Bosatsu 菩薩; einer, der die Fähigkeit und Möglichkeit zur Erleuchtung, und damit zur Erlö-

	sung, in sich trägt, aber sie hintanstellt, um anderen Lebewesen zu helfen.
Brahma	Chin. Fan, Jap. Bon 梵; einer der Götterkönige in buddhistischen Texten (s. a. → Śakra).
Brahmane	Chin. Poluomen, Jap. Baramon 婆羅門; Angehöriger der höchsten Kaste der (ursprünglich) vedischen (Opfer-)Priester.
Buddha	Chin. Fo, Jap. Butsu 佛; der „Erwachte"; von der Skt.-Wurzel budh-, „erwachen".
Campaka	Chin. Zhanbo, Senpuku Jap. 瞻蔔; eine Baumart (Michelia champaka).
Caṇḍāla	Skt., Chin. Zhantuoluo, Jap. Sendara 旃陀羅; die niedrige Berufe ausüben, Unberührbare.
Candana	Chin. Zhantan, Jap. Sentan 栴檀; Sandelholz.
Chattra	„Schirm", Chin. Cha, Jap. Setsu 刹; ein schirmartiges Gebilde auf der Spitze eines → Stūpa.
Dāna	Dāna-Pāramitā, → Pāramitā.
Dāna-Pāramitā	Chin. Tan-boluomi, Jap. Dan-haramitsu 檀波羅蜜: → Pāramitā des Gebens (Dāna).
Daseinsfaktoren	Skt. → Dharma im Sinne der kleinsten Bestandteile der phänomenalen Welt.
Daseinsgruppen, fünf	Skt. Skandha, Chin. Wuzhong, Jap. Goshū, 五衆, wörtlich: „Fünf Gruppen"; die fünf Skandhas, aus denen ein „Individuum" zusammengesetzt ist: 1. Form (Skt. Rūpa, Chin. Se, Jap. Shiki 色), 2. Empfindung (Skt. Vedanā, Chin. Shou, Jap. Ju 受), 3. Wahrnehmung (Skt. Saṃjñā, Chin. Xiang, Jap. Sō 想), 4. karmische Formkräfte (Skt. Saṃskāra, Chin. Xing, Jap. Gyō 行) und 5. Bewusstsein (Skt. Vijñāna, Chin. Shi, Jap. Shiki 識).
Devadatta	Chin. Tipodaduo, Jap. Daibadatta 提婆達多; ein Vetter des Buddha, der nach dessen Biographie versuchte, die Leitung des Saṅgha an sich zu reißen, anschließend mehrere Anschläge auf den Buddha verübte und aus diesem Grund in die Hölle hinabfährt. Das Kapitel mit dem entsprechenden Namen fehlt im Sanskrit-Text.
Dhāraṇī	Chin. Tuoluoni, Jap. Darani 陀羅尼; magische Formeln.
Dharma	Chin. Fa, Jap. Hō 法: → „Gesetz"; im Lotussūtra mit den beiden Hauptbedeutungen 1. Bezeichnung der buddhis-

	tischen Lehre, 2. (feststehende) → Daseinsfaktoren verwendet.
Dhūta (Dhuta)	Chin. Toutuo, Jap. Zuda 頭陀; im Vergleich mit der normalen buddhistischen Praxis besonders asketische Übungen.
Dhyāna	→ Dhyāna-Pāramitā, → Pāramitā.
Dhyāna-Pāramitā	Chin. Chan-boluomi, Jap. Zen-haramitsu 禪波羅蜜: → Pāramitā der Versenkung (Dhyāna).
Dreifaches Wissen	Chin. Sanming, Jap. Sanmyō 三明; Wissen um 1. die Vorgeburten, 2. die zukünftigen Geburten und 3. das Vergehen der Einströmungen und das Erlangen des Nirvāṇa.
Drei Fahrzeuge	Skt. Triyāna, Chin. Sansheng, Jap. Sanjō 三乘: → Hīnayāna bzw. → Śrāvakayāna, → Mahāyāna, → Pratyekayāna.
Drei Gifte	Skt. Triviṣa/Tridoṣa, Chin. Sandu, Jap. Sandoku 三毒; Gier (Skt. Rāga, Chin. Tan, Jap. Ton 貪), Zorn (Skt. Dveṣa, Chin. Chen, Jap. Shin 瞋) und Verblendung (Skt. Moha, Chin. Chi, Jap. Chi 痴).
Drei Juwelen	Skt.: Triratna, Chin. Sanbao, Jap. Sanbō 三寶; der Buddha (Chin. Fo, Jap. Butsu 佛), das Gesetz (Dharma, Chin. Fa, Jap. Hō 法), die Gemeinde (Saṅgha, Chin. Seng, Jap. Sō 僧).
Dreikorb	Skt. Tripiṭaka, Chin. Sanzang, Jap. Sanzō 三藏; bezeichnet den traditionellen buddhistischen Kanon in seinen drei Bestandteilen Sūtra (Chin. Jing, Jap. Kyō 經), Vinaya (Chin. Lü, Jap. Ritsu 律) und Abhidharma 阿毘曇 (Chin. Apitan, Jap. Abidon).
Drei üble Existenzformen	Chin. San-edao, Jap. San-akudō 三惡道 od. Chin. San-equ, Jap. San-akushu 三惡趣; die drei schlechtesten der → sechs Formen der Existenz: in der Hölle, als hungrige Geister und als Tiere.
Drei Welten	Skt. Trailokya, Chin. Sanjie, Jap. Sangai 三界; 1. Welt der Begierden, Skt. Kāmadhātu, Chin. Yujie, Jap. Yokukai 欲界; 2. Welt der Formhaftigkeit, Skt. Rūpadhātu, Chin. Sejie, Jap. Shikikai色界; und 3. Welt der Nichtformhaftigkeit, Skt. Arūpadhātu, Wusejie, Mushikikai 無色界.

Drei Zeiten	Chin. Sanshi, Jap. Sanse 三世; Vergangenheit, Gegenwart, Zukunft.
Duldsamkeit angesichts des Nichtentstehens der Daseinsfaktoren	Chin. Wushengfa-ren, Jap. Mujōhō-nin 無生法忍; Duldsamkeit trotz der Erkenntnis, dass die Daseinsfaktoren (Dharmas) nicht entstanden (und leer) sind. Die Übersetzung folgt dem Skt.-Text, der Anutpattikadharmakṣānti hat. Der chinesische Text könnte auch aufgefasst werden als: „… erlangten den Frieden des Gesetzes der Nichtgeburt.“
Ehrenwerter	Chin. Huiming, Jap. Emyō 慧命 bedeutet wörtlich: „dessen Leben Weisheit ist“; es ist eine Übertragung des Skt.-Ausdruckes Āyuṣmat, einem Ehrentitel für einzelne Mönche.
Einsamer Buddha	Chin. Yuanjue-fo, Jap. Engaku-butsu 緣覺佛: → Pratyekabuddha.
Endzeit des Gesetzes	Skt. Paścimadharma, Chin. Mofa, Jap. Mappō 末法, → übles Zeitalter; nach buddhistischer Weltsicht folgt auf die Zeit unmittelbar nach dem Parinirvāṇa des Buddha die Periode des Guten oder Wunderbaren Gesetzes, Skt. Saddharma, Chin. Zhengfa, Jap. Shōbō 正法, danach eine Periode, in der nur noch ein Abbild des Gesetzes, Skt. Prātirūpadharma, Chin. Xiangfa, Jap. Zōhō 象法, vorherrscht, und danach ein übles Zeitalter, in dem die Welt und die Wesen in einem Grade moralisch degeneriert sind, dass sie die Gesetze der vorangehenden beiden Zeitalter nicht verstehen können.
Entstehen in Abhängigkeit	Skt. Pratītyasamutpāda, „Entstehen in Abhängigkeit“, bzw. Skt. Nidāna; Chin. Yinyuan, Jap. Innen 因緣; der zwölfgliedrige Kausalnexus (Skt. Tvādasāṅgapratītyasamutpāda, Chin. Shier-yinyuan, Jap. Jūni-innen 因緣); der sich über drei Existenzen erstreckt und die Ursachen für Geburt, Altern und Tod erklärt: 1. Nichtwissen, Skt. Avidyā, Chin. Wuming, Jap. Mumyō 無明; 2. Handeln, Skt. Saṃskāra, Chin. Xing, Jap. Gyō 行; 3. Bewusstsein, Skt. Vijñāna, Chin. Shi, Jap. Shiki 識; 4. Name und Form, Skt. Nāma-rūpa, Chin. Ming-se, Jap. Myō-shiki 名色; 5. → Sechs Sinnesbereiche, Skt.

	Ṣaḍāyatana, Chin. Liuru, Rokunyū 六入; 6. Berührung, Skt. Sparśa, Chin. Soku 觸; 7. Empfindung (Ergreifen), Skt. Vedanā, Chin. Shou, Jap. Ju 受; 8. Triebhaftigkeit, Skt. Tṛṣṇā, Chin. Ai, Jap. Ai 愛; 9. Anhaften, Skt. Upādāna, Chin. Qu, Jap. Shu, 取; 10. Existenz, Skt. Bhava, Chin. You, Jap. U 有; 11. Geburt, Skt. Jāti, Chin. Sheng, Jap. Jō 生; 12. Altern und Tod, Skt. Jarāmaraṇa, Chin. Laosi, Jap. Rōshi 老死. Die Umkehrung dieses Nexus führt zur befreienden Erleuchtung.
Einströmungen	Skt. Āsrava, Chin. Lou, Jap. Ro 漏; die karmischen Substanzen, die man durch sein Handeln bindet.
Fahrzeug	Skt. Yāna, Chin. Sheng, Jap. Jō 乘 (→ Hīnayāna, → Śrāvakayāna, → Mahāyāna): im Sinne von Heilslehre. Das eine Fahrzeug: Skt. Ekayana.
Fünf Begierden	Chin. Wuyu, Jap. Goyoku 五欲; die Begierden, die durch den Kontakt der fünf Sinnesorgane mit der Außenwelt entstehen.
Gandharva	Chin. Gantapo, Jap. Kendatsuba 乾闥婆; himmlischer Musiker.
Gaṅgā	Chin. Heng, Jap. Gō 恆 = Ganges; größter und längster Fluß in der nordindischen Ebene, der im Himālaya entspringt und in den Indischen Ozean mündet.
Garuḍa	Chin. Jialouluo, Jap. Karura 迦樓羅; mythische Vogelwesen, natürliche Feinde der → Nāgas.
Gāthā	Chin Qietuo, Jap. Kada 伽陀: → Vers.
Gautamī	Chin. Jiaotanmi, Jap. Kyōdonmi 憍曇彌; G. Mahāprajāpati, Tante und Ziehmutter des Buddha, die nach buddhistischer Tradition den Buddha um die Institution des Nonnenordens gebeten hat.
Gayā	Chin. Qieye, Jap. Gaya 伽耶, oder: Bodh(i)gayā; der Ort, in dessen Nähe der Buddha am Ufer des Flusses Nairañjanā die Erleuchtung erlangt hat.
Geburtsgeschichte	Skt. Jātaka, Chin. Bensheng, Honjō 本生; Geschichten über frühere Existenzen des Buddha.
Gelübde	Skt. Praṇidhi, Praṇidhāna → Ursprüngliches Gelübde.
Geierberg	Chin. Lingjiu-shan, Jap. Ryōju-sen, 靈鷲山, wörtlich: „heiliger Geierberg“; Übertragung des Skt.-Namens → Gṛdhrakūṭa.

Gesetz	Skt. → Dharma; bezeichnet die Lehre des Buddha, dann in der Gesamtheit das in den Sūtras Dargelegte (→ Daseinsfaktoren).
Gesetz des Weges	Chin. Daofa, Jap. Dōhō 道法. Die buddhistische Lehre (→ Gesetz), deren Ziel die Erleuchtung (→ Weg) ist.
Gesetzesprinz	Chin. Fawangzi, Jap. Hōōji 法王子, Beiname des → Mañjuśrī: dies entspricht dem Skt.-Beinamen Kumārabhūta: „der zum Prinzen Gewordene".
Gesetzessitz	Skt. Dharmāsana, Chin. Fazuo, Jap. Hōza 法座; der Sitz, auf dem ein Bodhisattva oder Gesetzeslehrer das → Gesetz darlegt.
Geya	Chin. Zhiye, Jap. Giya 祇夜; Preislieder, metrisch gebundene Passagen in Sūtras – wie im LS selbst.
Götterkönig	Skt. Devarāja (Lokapāla), Chin. Tianwang, Jap. Tennō 天王; die Schutzgötter der vier Himmelsrichtungen: Vaiśravaṇa, Dhṛtarāṣṭra (→ *Feste Herrschaft*), Virūpākṣa, Virūḍhaka.
Gṛdhrakūṭa(-Berg)	Chin. Qisheju-shan, Jap. Gishakus-sen 耆闍崛山; der „Geiergipfel" in der Nähe von → Rājagṛha, dem modernen Rājgir, der ehemaligen Hauptstadt des Reiches Magadha, auf dem der Buddha die meisten seiner Predigten gehalten hat.
Großes Fahrzeug	→ Mahāyāna.
Güte	Skt. Maitrī, Chin. Ci, Jap. Ji 慈; liebevolle und gütige Hinwendung an die Lebewesen.
guter Freund	Skt. Kalyāṇamitra, Chin. Shanshi, Jap. Zenjiki 善識; eine spirituell fortgeschrittene Person, die eine andere auf deren Weg zur Erleuchtung unterstützt und begleitet.
Hausvater	Skt. Gṛhapati, Chin. Jushi, Jap. Koji 居士; Bezeichnung für einen männlichen Haushaltsvorstand.
heiliger Weltenherrscher	Skt. Cakravartin, Chin. Sheng-zhuanfa-wang, Jap. Shō-denpō-ō 聖轉法王; ein „Raddreher"-König, der gerecht – im Sinne des buddhistischen Dharma – über sein Reich bzw. die gesamte Welt herrschen wird.
Heilvolle Wurzeln	Skt. Kuśalamūla, Chin. Shangen, Jap. Zengon 善根; die positiven karmatischen Substanzen, die man durch entsprechende Handlungen erwirbt und die in der Zukunft Früchte tragen werden.

Hilfreiche Mittel	Skt. Upāyakauśalya, Chin. Fangbian, Jap. Hōben 方便; die verschiedenen, an die jeweils zu unterweisenden Wesen angepassten Lehrmethoden eines Buddha.
Himmelsrichtungen	Die vier Haupthimmelsrichtungen, die Zwischenrichtungen und Zenit und Nadir.
Hörer	Skt. Śrāvaka, Chin. Shengwen, Jap. Shōmon 聲聞; Bezeichnung für die Anhänger des Hīnayāna, insbesondere für die → Arhats als diejenigen, die den Buddha direkt zu Lebzeiten predigen hören.
Hungergeister	Skt. Preta, Chin. Egui, Jap. Gaki 餓鬼; Lebewesen, die nach ihrem Tod nicht in die nächste Existenz übergehen können und deshalb ewig hungrig in einem Zwischenzustand umherirren.
Īśvara	Chin. Zizai, Jap. Jizai 自在, eigentlich wörtl.: „Aus sich selbst existierend"; eine Übersetzung für Skt. Īśvara, das im hinduistischen Kontext eine hohe Gottheit bezeichnet. S. a. → Maheśvara.
Itivṛttaka	Skt., wörtl.: „So-Geschehenes", Chin. Benshi, Jap. Honji 本事; eine Klasse buddhistischer Erzählliteratur.
Jambudvīpa	Chin. Yanfu-ti, Jap. Enbu-dai 閻浮提, wörtl.: „Rosenapfelkontinent"; nach buddhistischer kosmologischer Vorstellung der zentrale Kontinent, in dem die Menschen leben.
Jāti(ka)	Chin. Sheti, Jap. Jadai 闍提; eine Blumenart (Jasminum grandiflorum).
Jenseitiges Ufer	→ Pāramitā.
Jīvakajīvaka	Chin. Mingming, Jap. Myōmyō 命命; mythische Vogelart; der Skt.-Ausdruck bedeutet wörtlich „Leben-Leben" und wird auch so interpretiert, während er ursprünglich sicher lautmalerisch auf die Stimme des Vogels – jīvajīva – bezogen ist.
Kalaviṅka	Chin. Jialingpinqie, Jap. Karyōbinga 迦陵頻伽; indische Kuckucksart.
Kalpa	Chin. Jie, Jap. Kō 劫; Zeitalter. In der zyklischen buddhistischen Zeitauffasssung geht man von einer unendlichen Abfolge von Zeitaltern aus, die unterschiedlich lang sein können.

Kaṅkara	Chin. Jianjialuo, Jap. Genkara 甄迦羅; eine unermesslich hohe Zahl.
Karmatische Substanz	Skt. → Āsrava.
Kausale Verbindungen	→ Entstehen in Abhängigkeit.
Kausalität	→ Entstehen in Abhängigkeit.
Kiṃnara	Chin. Jinnaluo, Jap. Kinnara 緊那羅; mythische Wesen.
Kiṃśuka	Chin. Jianshujia, Jap. Gensokka 甄叔迦; ursprünglich eine Baumart mit geruchlosen roten Blüten (Butea frondosa).
Kleines Fahrzeug	Skt. Hīnayāna, Chin. Xiasheng, Jap. Shōjō 小乘; eine pejorative Sammelbezeichnung für die Heilswege der → Hörer und der → Pratyekabuddhas.
König des Gesetzes	Beiname des Buddha; Chin. Fawang, Jap. Hōō 法王, Skt. *Dharmarāja, im Skt.-Text Jinendrarāja.
Kovidāra	Chin. Jubituoluo, Jap. Kuhidara 拘鞞陀羅; eine mythische Baumart.
Kṛtya	Chin. Jizhe, Jap. Kichisha 吉遮; eine Klasse unheilvoller Dämonen.
Kṣānti	→ Kṣānti-Pāramitā, → Pāramitā.
Kṣānti-Pāramitā	Chin. Chanti-poluomi, Jap. Sendai-haramitsu 羼提波羅蜜, Pāramitā der Duldsamkeit (Kṣānti).
Kṣatriya	Chin. Shali, Jap. Setsuri 刹利; Angehöriger der Kriegerkaste.
Kumbhāṇḍa(ka)-Geister	Chin. Jiupantu-gui, Jap. Kuhanda-ki 鳩槃荼鬼; eine Klasse von menschenfressenden Dämonen.
Kunduruka	Chin. Xunlu, Jap. Kunroku 薰陸; eine Art Weihrauch.
Laienanhänger und Laienanhängerinnen	Skt. Upāsaka, Upāsikā, Chin. Youposai, Youpoyi, Jap. Ubasoku, Ubai 優婆塞, 優婆夷; Nichtordinierte, die Zuflucht zu den → drei Juwelen genommen haben und die fünf Regeln (Skt. Pañcaśīla) einhalten.
Lokāyata	Skt., Chin. Luqieyetuo, Jap. Rokayada 路伽耶陀; ist die Bezeichnung für eine Gruppe von Materialisten, die zur Zeit des Buddha lehrten; mit ihren Gegnern sind hier wohl, nicht zuletzt im Lichte des Sanskrit-Textes, die anderen Materialisten (Carvāka) gemeint.
Löwensitz	Skt. Siṃhāsana, Chin. Shizi-zuo, Jap. Shishi-za 獅子座;

	Bezeichnung für einen meist erhöhten Ehrensitz eines Buddha oder einer anderen hervorragenden Person.
Mahāmāndārava	Chin. Mohemantuoluo, Jap. Makamandara 摩訶曼陀羅; mythisch-himmlische Pflanze.
Mahāmañjūṣa	Chin. Mohemanshusha, Jap. Makamanjusha 摩訶曼殊沙; mythisch-himmlische Pflanze.
Mahāprajāpatī	Chin. Moheboshеboti, Jap. Makahajahadai 摩訶波闍波提 → Gautamī.
Mahāsattva	Wörtl.: „Großes Wesen“, Chin. Mohesa, Jap. Makasatsu 摩訶薩; Bezeichung der Bodhisattvas.
Mahāyāna	„Großes Fahrzeug“, Chin. Dasheng, Jap. Daijō 大乘; historisch gesehen ist das M., als „Zweite Drehung des Rades des Gesetzes“ bezeichnet, die zweite große Entwicklungsperiode des Buddhismus.
Maheśvara	Großer → Īśvara.
Mahoraga	Chin. Mohouluoqie, Jap. Magoraga 摩睺羅伽; mythische Schlangenwesen.
Maitreya	Chin. Mile, Jap. Miroku 彌勒; der Buddha der Zukunft; zur Zeit der Predigt des Lotossūtra noch im Stande eines Bodhisattva. „Der liebevoll Zugewandte“.
Mallikā	Chin. Moli, Jap. Matsuri 末利; eine Blumenart (Jasminum sambac).
Māndārava	Chin. Mantuoluo, Jap. Mandara 曼陀羅; Erynthrina indica (?); mythisch-himmlische Pflanze.
Mañjūṣa	Chin. Manshusha, Jap. Manjusha 曼殊沙; mythisch-himmlische Pflanze.
Mañjuśrī	„Der Lieblich-Edle“, Chin. Wenshushili, Jap. Monjushiri 文殊師利; in späterer Mahāyāna-Tradition ist er der Bodhisattva der Weisheit (→ Prajñā).
Manuṣyakṛtya	Chin. Ren-jizhe, Jap. 人吉遮; dämonische Wesen.
Māra	Chin. Mo, Jap. Ma 魔; der buddhistische böse Verführer, der versucht, den Buddha und die Wesen vom rechten Weg abzubringen.
Merkmale	Die zweiunddreißig physischen Merkmale (Skt. Lakṣaṇa, Chin. Xiang, Jap. Sō 相) und die achtzig feinen oder → Nebenmerkmale (Skt. Upalakṣaṇa, Chin. Hao, Jap. Gō 好) eines Buddha.
Mönch	Skt. Bhikṣu, Chin. Biqiu, Jap. Hiku 比丘 oder Chin.

	Seng, Jap. Sō 僧; einer, der die vollen Mönchsweihen des Hīnayāna genommen hat.
Mucilinda-Berg	Chin. Muzhenlintuo-shan, Jap. Mokujinrinda-zen 目真隣陀山; Name eines mythischen Berges bzw. Gebirges.
Myriaden	Wird in der vorliegenden Übersetzung der besseren Lesbarkeit für Zahlen extrem hoher Dezimalpotenz benutzt (z.B.: [Chin.] hundert tausend zehntausend zehn Millionen).
Nāga	Chin. Long, Jap. Ryū 龍; schlangenähnliche Wesen, die sich v.a. im Bereich von Gewässern aufhalten.
Nārāyaṇa	Chin. Naluoyan, Jap. Nara'en 那羅延; ein hinduistischer Asket, als Inkarnation des Gottes Viṣṇu angesehen.
Navamālikā	Chin. Napomoli, Jap. Nabamari 那婆摩利; eine Blumenart (Jasminum sambac).
Nayuta	Chin. Nayouta, Jap. Nayuta 那由他; wörtl: „Ohne Beschränkung"; eine Zahl immens hohen Wertes.
Nebenmerkmale	→ Merkmale.
Nichtmehrwiederkehrer	→ Avaivartika
Nicht-Menschen	Skt. Amanuṣya, Chin. Feiren, Jap. Hinin 非人; dämonische Wesen im Gegensatz zu Menschen (Manuṣya, Chin. Ren, Jap. Nin 人).
Nirgranthaputra	Chin. Nijian-zi, Jap. Nigen-shi 尼揵子; Häretiker, Anhänger des Jainismus.
Nirvāṇa	Chin. Niepan, Jap. Nehan 涅般 oder Chin. Miedu, Jap. Metsudo 滅度; der Zustand der Erlösung nach völligem Erlöschen körperlich-karmatischer Substanz.
Noch nicht Dagewesenes	Skt. Adbhuta, wörtl. „Wunderbares", Chin. Weicengyou, Jap. Mizou 未曾有; Erzählungen über unerhörte Begebenheiten.
Nonne	Skt. Bhikṣuṇī, Chin. Biqiuni, Jap. Hikuni 比丘尼: → Mönch.
Novize	Skt. Srāmaṇera, Chin. Shami, Jap. Shami 沙彌; ein Ordinierter, der noch kein → vollordinierter Mönch ist.
Ochsenkopf-Sandelholz	Skt. Gośīrṣacandana, Chin. Niutou-zhantan, Jap. Gozu-sendan 牛頭栴檀; ein Duftholz, das als Räucherwerk verwendet wird.

Omāraka	Chin. Wumole, Jap. Umaroku 烏摩勒; eine Klasse dämonischer Wesen.
Ort der Erleuchtung	bei Kumārajīva als „Ort des Weges“ (Chin. Daochang, Dōjō Jap. 道場: → Weg) übersetzt = Skt. Bodhimaṇḍa(na), bezeichnet den Platz unter dem Bodhibaum am Fluss Nairañjanā, an dem der Buddha nach langer Übung die Erleuchtung erlangt hat.
Pāramitā	Skt.: „ans andere Ufer gehend, führend“, Chin. Boluomi, Jap. Haramitsu 波羅蜜; die transzendierenden Tugenden, Vollkommenheiten eines → Bodhisattva. Die sechs P. sind: 1. Geben, Skt. Dāna, Chin. Tan, Jap. Dan 檀; 2. moralische Zucht, Skt. Śīla, Chin. Shiluo, Jap. Shira 尸羅; 3. Duldsamkeit, Skt. Kṣamā, Kṣānti, Chin. Chanti, Jap. Sendai 羼提; 4. energische Entschlossenheit, Skt. Vairya, Chin. Piliye, Jap. Biriya 毘梨耶; 5. Versenkung, Skt. Dhyāna, Chin. Chan, Jap. Zen 禪; 6. Weisheit, Skt. Prajñā, Chin. Banruo, Jap. Hannya 般若.
Pārijāṭaka	Chin. Bolizhiduoluo, Jap. Harishitsutara 波利質多羅; eine Pflanzenart.
Pāṭala	Chin. Boluoluo, Jap. Harara 波羅羅; eine Blumenart (Bignonia suaveolens).
Piśāca-Geister	Chin. Pisheshe-gui, Jap. Bishaja-ki 毘舍闍鬼; eine Klasse von menschenfressenden Dämonen.
Prajñā	→ Prajñā-Pāramitā, → Pāramitā.
Prajñā-Pāramitā	Chin. Banruo-boluomi, Jap. Hannya-haramitsu 般若波羅蜜: → Pāramitā der Weisheit (Prajñā).
Pratyekabuddha	Chin. Pizhi-fo, Jap. Byakushi-butsu 辟支佛, oder Chin. Yuanjue, Jap. Engaku緣覺, eigentlich: „der in kausaler Abhängigkeit Erwachte“; ein Buddha, der von sich aus die Erleuchtung erlangt, aber ins Nirvāṇa eingeht, ohne sein Wissen zu lehren; ein „einsamer“ Buddha.
Pratyekabuddha-yāna	Das Fahrzeug der → Pratyekabuddhas.
Pṛkkā	Chin. Bilijia, Jap. Hitsurika 畢力迦; eine Art Weihrauch.
Pūtanā	Chin. Fudanna, Jap. Futanna 富單那; eine Klasse von Dämoninnen.
Raddreherkönig	→ Heiliger Raddreherkönig.
Rāhula	Chin. Luohouluo, Jap. Ragora 羅睺羅; der Sohn des

	Buddha, der ebenfalls als Mönch in den Orden eingetreten ist.
Rājagṛha	wörtl.: „Königshaus“, Chin. Wangshe, Jap. Ōsha 王舎; die alte Hauptstadt des zentralindischen Königreiches Magadha, in dem das Wanderleben des Buddha stattfand.
Rakṣa	Chin. Luocha, Jap. Rasetsu 羅刹; eine Klasse von Dämonen, gehören in eine ähnliche Kategorie wie die → Yakṣa, sind jedoch in der Regel furchterregender und grausamer als diese.
Rakṣa-Frauen	Skt. Rākṣasī, Chin. Nü-luocha, Jap. Nyo-rasetsu女羅刹; Dämonen, weibliche Gegenstücke zu den → Rakṣas.
Regel	Skt. Śīla, Chin. Jie, Jap. Kai 戒; die grundlegenden Verhaltensregeln für Mönche, Nonnen (zehn R.) und Laienanhänger (fünf R.).
Reiner Wandel	Skt. Brahmacaryā, Chin. Fanxing, Jap. 梵行: → Asket; dabei werden bestimmte Regeln wie Abstinenz eingehalten.
Reliquie	Skt. → Śarīra, eigentl.: „Körper“, Chin. Sheli, Jap. Shari 舎利; die Reliquien (Asche, Knochen, Zähne, Stirnknochen usw.), die nach der Einäscherung des Buddha nach seinem Eingang in das → Nirvāṇa übriggeblieben und zum Gegenstand der Verehrung geworden sind.
Restloses Nirvāṇa	Der Zustand, den ein Buddha nach dem physischen Tod erreicht; Skt. Parinirvāṇa, Chin. Banniepan, Jap. Hatsunehan 般涅槃.
Sabhā	Skt. auch Sahā, Chin. Suopo, Jap. Shaba 娑婆; in der Kosmologie des LS die Welt, in der die Menschen leben; alternativ auch Sahā genannt.
Śakra	vollständig: Śakra Devānām Indra, Chin. Shi Tihuanyin, Jap. Shaku Daikan'in 釋提桓因; der Götterherrscher des → Himmels der Dreiunddreißig Götter (Skt. Trayastriṃśa).
Sakṛdāgāmin	Skt. „Einmalwiederkehrer“, Chin. Situohan, Jap. Shidagon 斯陀含; die Heilsstufe, auf der man nur noch einmal wiedergeboren wird, bevor man die Erleuchtung erlangt und ins Nirvāṇa eingeht.

Śākya	Chin. Shi, Jap. Shaku 釋; der königlich-adlige Clan in Kapilavastu, aus dem der Buddha stammt.
Samādhi	Skt.: „Versenkung", Chin. Sanmei, Jap. Sanmai 三昧; Zustand meditativer Versenkung.
Samyaksaṃbuddha	Chin. Sanmiaosan-fotuo, Jap. Sanmyakusan-butsuda 三藐三佛陀; der „vollständig Erwachte" als Bezeichnung für einen Buddha, der bis zur höchsten Erkenntnis (→ Anuttarasamyaksaṃbodhi) gelangt ist.
Saṅgha	Chin. Seng, Jap. Sō 僧; die buddhistische Gemeinde; urspr. die monastische Gemeinschaft.
Śarīra	Skt.: „Körper"; buddhhistische → Reliquien, ursprünglich die körperlichen Überreste nach der Kremation des Buddha (Knochen, Asche). In Kumārajīvas LS-Übersetzung wird anstelle der chinesischen lautlichen Wiedergabe des Skt.-Wortes, Sheli, häufig der Begriff Shen 身 bzw. Qanshen 全身, „Körper, vollständiger Körper", gebraucht.
Sechs Arten der Lebewesen	→ Sechs Formen der Existenz.
Sechsfaches Beben	Chin. Liuzhong Zhendong, Jap. Rokushu Shindō 六種震動; im Mahāparinirvāṇasūtra wird schon erläutert, dass es beim Nirvāṇa eines Buddha zu sechs verschiedenen Arten von Erdbeben kommt.
Sechs Formen der Existenz	Skt. Ṣaṭgati, Chin. Liudao, Jap. Rokudō 六道, od. Chin. Liuqu, Jap. Rokushu 六趣; Höllenwesen, hungrige Geister (Preta), Tiere, Asuras, Menschen, Götter.
Sechs Sinnesbereiche	Skt. Ṣaṭāyatana, Chin. Liuru, Jap. Roku Nyū 六入; die Wahrnehmungsbereiche der fünf Sinnesorgane und des – nach indischer Vorstellung – Denkorgans.
Sechs übernatürliche Fähigkeiten	Chin. Liu-tong, Jap. Rokutsū 六通: → übernatürliche Kräfte.
Seher	Skt. Ṛṣi; Bezeichnung der Seher der Vorzeit, die den Veda erschaut haben; das chinesische Übersetzungswort Xian, Jap. Ken 賢, benennt im chinesischen Kontext ursprünglich in der Zurückgezogenheit der Berge lebende Weise.
siebenunddreißig	Skt. Saptatriṃśataḥ Bodhipakṣikā(ḥ) Dharmāḥ, Chin.

hilfreiche Methoden zur Erleuchtung	Sanshiqi-pin Zhudaofa, Jap. Sanjūshichi-hon Judō-hō 三十七品助道法; z. B. die vier übernatürlichen Fähigkeiten, der edle achtfache Pfad u. a.
Śīla	→ Śīla-Pāramitā, → Pāramitā.
Śīla-Pāramitā	Chin. Shiluo-boluomi, Jap. Shira-haramitsu 尸羅波羅蜜: → Pāramitā der moralischen Zucht (Śīla).
Skandha	Chin. Qiantuo, Jap. 犍馱; eine Klasse von Dämonen (eine der vier Arten der → Māras).
Sohn aus gutem Hause	Skt. Kulaputra, Chin. Shan-nanzi, Jap. Zen-nanshi 善男子; Anredeform der Bodhisattvas – im Sinne derjenigen, die dem Mahāyāna-Weg folgen – in Mahāyāna-Sūtras, → Tochter aus gutem Hause.
Sohn des Buddha	Skt. Buddhaputra, Chin. Fozi, Jap. Butsushi 佛子; eigentlich alle, die ihre Zuflucht zu den Drei Kleinodien genommen haben, v. a. aber → Bodhisattvas, d. h. solche, die den Weg des → Mahāyāna beschritten haben.
Śramaṇa	Chin. Shamen, Jap. Shamon 沙門; Bezeichnung für Bettelmönche allgemein und die buddhistischen Mönche insbesondere.
Śrāvakayāna	Chin. Shengwen-sheng, Jap. Shōmon-jō 聲聞乘 = → Hīnayāna; das Fahrzeug der → Hörer.
Srotāpanna	Skt. „in den Strom Eingetretener“, Chin. Xutuohuan, Jap. Shudaon 須陀洹; die erste der Heilsstufen, auf der man in den Strom zur Erlösung eingetreten ist; → Avaivartika.
Stilles Verlöschen	→ Nirvāṇa.
Stūpa	Chin. Ta, Jap. Ta 塔; ursprünglich tumulusartiger Grabhügel, in dem die → Reliquien des Buddha eingeschreint waren, die aber auch Orte von besonderer heilsgeschichtlicher Bedeutung kennzeichnen können.
Sumanā	Chin. Xumanna, Jap. Shumanna 須曼那; eine Blumenart.
Sumeru(-Berg)	Chin. Xumi-shan, Jap. Shumi-sen 須彌山; in der buddhistischen Kosmologie der zentrale Weltenberg.
Sūtra	Skt. „Faden“, Chin. Jing, Jap. Kyō 經; Bezeichnung von Lehrtexten, speziell der buddhistischen, die die Worte des Buddha (Skt. Buddhavacana) beinhalten.

Tagara	Chin. Duoqieluo, Jap. Tagara 多伽羅; eine Art Weihrauch.
Tāla	Chin. Duoluo, Jap. Tara 多羅; eine Baumart.
Tamālapattra	Chin. Duomoluoba, Jap. Tamarabatsu 多摩羅跋; Xanthochymus pictorius bzw. deren Blätter (Pattra).
Tathāgata	Skt. „der So Gekommene"; dies entspricht der chinesischen Übersetzung Rulai 如來, Jap. Nyorai; das Skt.-Wort könnte auch „der So Gegangene" bedeuten. Bezeichnung für einen Buddha, der die höchste Erleuchtung (→ Samyaksaṃbodhi) erlangt hat.
Teilungskörper	Chin. Fenshen, Jap. Bunjin 分身; ein Buddha besitzt die Fähigkeit, aus seinem Körper emanationsähnliche „Spiegelbilder" zu entlassen und wieder zurückzuholen.
Tochter aus gutem Hause	Skt. Kuladuhitṛ, Chin. Shan-nüzi, Jap. Zen-nyoshi 善女子: → Sohn aus gutem Hause.
Trayastriṃśa	Chin. Daoli-tian, Jap. Tōri-ten 忉利天; der Himmel der dreiunddreißig (Skt. Trayastriṃśa) Götter, denen → Śakra vorsteht.
Turuṣka	Chin. Douloupo, Jap. Totsuruba 兜樓婆; eine Art Weihrauch.
übernatürliche Kräfte	Skt. Ṛddhi, Abhijña, Chin. Shenli, Shentongli, Jap. Jinriki, Jintsūriki 神力, 神通力; z.B., die Zukunft zu sehen, sich an zwei Orten gleichzeitig aufhalten.
übernatürliche Fähigkeit	→ übernatürliche Kräfte.
(Der) Üble	Skt. Pāpīyān, Chin. Boxun, Jap. Hajun 波旬: → Māra.
üble Endzeit des Gesetzes	Chin. Eshi-famo, Jap. Akuse-hōmatsu 惡世法末; → übles Zeitalter.
üble Existenzformen	Chin. E'dao, Jap. Akudō 惡道: → Drei üble Existenzformen.
übles Zeitalter	Chin. E'shi, Jap. Akuse 惡世: → Endzeit des Gesetzes.
Udumbara	Chin. Youtanbo(luo), Jap. Udonbatsu(ra) 優曇鉢(羅); Ficus glomerata; eine Baumart, deren Blüten selten blühen.
Universelles Tor	Chin. Pumen, Jap. Fumon 普門; der universelle Zugang zur Transzendenz, zum Heil, das der Buddha lehrt.
Unsterblichkeit (-strank)	Chin. Ganlu, Jap. Kanro 甘露, wörtlich: „süßer Tau", ist die Übersetzung von Skt. Amṛta, wörtlich „Unsterblich-

	keit(strank)"; meint im buddhistischen Kontext die Befreiung aus dem Zyklus der Wiedergeburten.
Upadeśa	Chin. Youbotishe, Jap. Ubadaisha 優波提舍; Erläuterungen, Kommentare zu den kanonischen Texten.
Upāyapāramitā	Chin. Fangbian-boluomi, Jap. Hōben-haramitsu 方便波羅蜜: → Pāramitā der Heilvollen Mittel.
Ursprüngliches Gelübde	Skt. Praṇidhi, Praṇidhāna, Chin. Benyuan, Jap. Hongan 本願; das Gelübde, das ein Bodhisattva ablegt, wenn er sich entschließt, ein Buddha zu werden.
Vaidehī-Sohn Ajātaśatru	Chin. Weitixi-zi Asheshi-wang, Jap. Itaiki-shi Ajashe-ō 韋提希子阿闍世王; König des Reiches Magadha, der seinen Vater Bimbisāra entmachtet hatte und in den Kerker hatte werfen lassen.
Vaiśravaṇa	Chin. Pishamen, Jap. Bishamon 毘沙們; der Schutzherr der nördlichen Himmelsrichtung; einer der vier → Götterkönige.
Vajrapāṇi	wörtl.: „der den Vajra (Wurfkeil) in den Händen (hält)", Chin. Zhi-jin'gang, Jap. Shū-kongō 執金剛; in vielen buddhistischen Texten ist er der Begleiter und „Bodyguard" des Buddha.
Vārāṇasī	Skt.-Name für Benares, Chin. Boluonai, Jap. Harana 波羅奈.
Vārṣika	Chin. Polishijia, Jap. Barishika 婆利師迦; eine (in der Regenzeit blühende) Blumenart (Jasminum sambac).
Verlöschen	Chin. Mie oder Miedu, Jap. Metsu 滅 oder Metsudo 滅度 = → Nirvāṇa.
Verse	Skt. Gāthā, Chin. Jie, Jap. Ge 偈; eigentl.: das „Gesungene"; metrisch gebundene Doppelverse, im Chinesischen Kumārajīvas aus je fünf Silben bzw. Zeichen bestehend.
Vetāla	Chin. Pituoluo, Jap. Bitara 毘陀羅; eine Klasse von (vampirartigen) Dämonen.
Vier edle Wahrheiten	Skt. Catvāry Āryasatyāni, Chin. Sidi, Jap. Shitai 四諦; die von einem Buddha erkannten Wahrheiten, 1. des Leidens, Skt. Duḥkha, Chin. Ku 苦, 2. des Entstehens des Leidens, Skt. Duḥkhasamudaya, Chin. Kuji 苦集, 3. des Endes des Leidens, Skt. Duḥkhanirodha, Chin. Kumie 苦滅, und 4. des Weges zum Ende des Leidens,

	Skt. Duḥkhanirodhagāminipratipad, Chin. Kumie-dao 苦滅道.
Vier Gesetzmäßigkeiten	Skt. Catvāri Dharmāṇi, Chin. Sifa, Jap. Shihō 四法; vier Gesetzmäßigkeiten: 1. das Predigen des Buddha, 2. die Essenz des Gesetzes, 3. das Praktizieren des Gesetzes und 4. dessen Ergebnisse. Anders im → 28. Kapitel.
Vier hindernislose Weisheiten	Skt. Catvāri Pratisaṃvidaḥ, Chin. Si Wuai-zhi, Jap. Shi Muge-chi 四無礙智; die hindernislosen, d. h. alles durchdringenden Fähigkeiten eines Bodhisattva beim Darlegen des → Gesetzes und seines Sinnes.
Vier Wahrheiten	→ Vier edle Wahrheiten.
Vierfache Versammlung	Skt. Catvāri parṣadaḥ, Chin. Sizhong, Jap. Shishū 四衆; Mönche, Nonnen, männliche und weibliche Laienanhänger.
Vīrya	→ Vīrya-Pāramitā, → Pāramitā.
Vīrya-Pāramitā	Chin. Piliye-boluomi, Jap. Biriya-haramitsu 毘梨耶波羅蜜; Pāramitā der energischen Entschlossenheit (Vairya).
Vivara	Chin. Pinpoluo, Jap. Hibara 頻婆羅; eine astronomisch hohe Zahl.
Wahres Gesetz	Skt. Saddharma, Chin. Zhengfa, Jap. Shōbō 正法; die Lehre, die man nur direkt durch einen Buddha gelehrt bekommen kann; → Endzeit des Gesetzes.
Weg	Chin. → Dao.
Weg des Buddha	Chin. Fodao, Jap. Butsudō 佛道; häufig für die Erleuchtung (Bodhi) gebraucht.
Weißer Haarwirbel	Eines der äußeren → Merkmale eines Buddha; ursprünglich ein Haarwirbel zwischen den Augenbrauen (Skt. Ūrṇā, Chin. Baihao-xiang, Jap. Byakugō-sō 白毫相), dann bisweilen auch als „Auge der Weisheit" gedeutet.
Weltverehrter	Beiname des Buddha. Direkte Übersetzung des chinesischen Ausdrucks Shizun, Jap. Seson 世尊, der eine Übertragung von Skt. Bhagavat, „Verehrter", ist.
Wohlgegangener	Skt. Sugata, Chin. Shanshi, Jap. Zenzei 善逝; Beiname des Buddha.
Wurzeln des Guten	Skt. Kuśalamūla, Chin. Shangen, Jap. Zengon 善根: gutes „Karma", also gute Taten, die zu entsprechendem Verdienst und der sich daraus ergebenden Vergeltung führen.

Yakṣa	Chin. Yecha, Jap. Yasha 夜叉; eine Art Geister.
Yakṣakṛtya	Chin. Yechajizhe, Jap. Yashakissha 夜叉吉遮; eine Art Geister (→ Kṛtya, → Yakṣa).
Yaśodharā	Chin. Yeshutuoluo, Jap. Yashudara 耶輸陀羅; Gemahlin des Buddha.
Yojana	Chin. Youxun, Jap. Yujun 由旬; indische Meile; historisch unterschiedlicher Länge, aber um ein Mehrfaches länger als eine englische Meile.
Zeitalter	Chin. Jie, Jap. Kō 劫; urspr. eine Transliteration für Skt. → Kalpa.

Konkordanzen

Konkordanz der übersetzten Eigennamen und Termini und ihrer Entsprechungen im Sanskrit, Chinesischen und Japanischen

(Einige Namen und Termini sind bereits im Glossar aufgeführt und erklärt. In einigen Fällen entspricht der chinesische Name dem Sanskrit-Namen nicht oder nicht völlig.)

Alle Welt aus dem Leiden Errettend	Sarvalokadhātūpadravodvegapratyuttīrṇa, Chin. Du-yiqie-shijian-kunao, Jap. Do-issai-seken-kunō 度一切世間苦惱
Alle Welten manifestierend	Sarvarūpasaṃdarśanā, Chin. Xian-yiqie-shejian, Jap. Gen-issai-seken 現一切世間
Anhäufer von Weisheit	Jñānākāra, Chin. Zhiji, Jap. Chishaku 智積
Auf immer Verlöscht	Nityaparinirvṛta, Chin. Changmie, Jap. Jōmetsu 常滅
Ausgedehnter-Schmuck-Samādhi	Alaṃkāraśubha-samādhi, Chin. Chang-zhuangyan-sanmei, Jap. Chō shōgon-sanmai 長莊嚴三昧
Blumentugend	Padmaśrī, Chin. Huade, Jap. Ketoku 華德
Blumenzahnige	Puṣpadantī, Chin. Huachi, Jap. Keshi 華齒
Brahmazeichen	Brahmadhvaja, Chin. Fanxiang, Jap. Bonsō 梵相
Denkend an Buddha	Sugatacetanā, Chin. Sifo, Jap. Shibutsu 思佛
Dhāraṇī der Hilfreichen Mittel des Gesetzestons	Sarvarutakauśalyāvartā, Chin. Fayin-fang-bian, Jap. Hōon-hōben 法音方便
Dhāraṇī der Myriaden von Wiederholungen	Koṭīśatasahasrāvartā, Chin. Wanyixuan-zongchi, Jap. Manokusen-sōji 萬億旋總持
Dhāraṇī der Wiederholung	Dhāraṇyāvartā, Chin. Xuan-tuoluoni, Jap. Sen-darani 旋陀羅尼

Die Furcht der ganzen Welt zerstörend	Sarvalokabhayacchambhitatvavidhvaṃsanakara, Chin. Huai-yiqie-shijian-buwei, Jap. E-issai-seken-fui 壞一切世間怖畏
Edler Keim	Śrīgarbha, Chin. Dezang, Jap. Tokuzō 德藏
Ehrfurchtgebietender-Klang-König	Bhīṣmagarjitasvararāja, Chin. Weiyin-wang, Ion-nō 威音王
Entzünder der Leuchte	Skt. Dīpaṃkara, Chin. Randeng, Jap. Zentō 燃燈; der Vorzeitbuddha, zu dessen Lebzeiten der spätere Buddha Śākyamuni das Gelübde ablegte, ein Buddha zu werden.
Erdstützer	Dharaṇiṃdhara, Chin. Chidi, Jap. Jiji 持地
Erhabener König	Abhyudgatarāja, Chin. Dagao-wang, Jap. Daikō-ō 大高王
Ewig aufrechtes Siegesbanner	Anavanāmitavaijayantī, Chin. Changli-shengfan, Jap. Jōryū-shōhon 常立勝幡
Feste Herrschaft	Dhṛtarāṣṭra, Chin. Chiguo, Jap. Jikoku 持國
Freude	Manojña, Chin. Le, Jap. Raku 樂
Freudiger Anblick	Priyadarśana, Chin. Xijian, Jap. Kiken 憙見
Freudiger Anblick aller Lebewesen	Sarvasattvapriyadarśana, Chin. Yiqie-zhongsheng-xijian, Jap. Issai-shujō-kiken 一切衆生憙見
Gefestigt und Voll	Dhṛtiparipūrṇa, Chin. Jianman, Jap. Kenman 堅滿
Geist der Freude	Manobhirāma, Chin. Yile, Jap. Iraku 意樂
Geschmückt mit großen Kostbarkeiten	Mahāratnamaṇḍita, Chin. Dabao-zhuangyan, Jap. Daihō-shōgon 大寶莊嚴
Gesetz	Dharma, Chin. Fa, Jap. Hō 法
Gesetzesbewahrer	Dharmadhara, Chin. Chifa, Jap. Jihō 持法
Gesetzeslicht	Dharmaprabhāsa, Chin. Faming, Jap. Hōmyō 法明
Gesetzessinn	Dharmamati, Chin. Fayi, Jap. Hōi 法意
Gesteigerter Sinn	Viśeṣamati, Chin. Zengyi, Jap. Zōi 增意
Gestirn-König-Blume	Nakṣatrarājasaṃkusumitābhijña, Chin. Suwanghua, Jap. Shukuōke 宿王華
Gewährer von Furchtlosigkeit	Abhayaṃdada, Chin. Shi-wuwei-zhe, Jap. Se-fui-sha 施無畏者
Gewinner von großer Macht	Mahāsthāmaprāpta, Chin. Dedashi, Jap. Tokudaisei 得大勢

Glanzlicht	Jyotiṣprabha, Chin. Guangming, Jap. Kōmyō 光明
Glückvoll	Ratiprapūrṇa, Chin. Ximan, Jap. Kiman 喜滿
Götterkönig	Devarāja, Chin. Tianwang, Jap. Tennō 天王
Götterweg	Devasopānā, Chin. Tiandao, Jap. Tendō 天道
Grenzenloser Lebenswandel	Anantacāritra, Chin. Wubian-xing, Jap. Muhen-gyō 無邊行
Große Entstehung	Mahāsaṃbhāva, Chin. Dacheng, Jap. Daijō 大成
Große Form	Mahārūpa, Chin. Daxiang, Jap. Daisō 大相
Große Freude an der Darlegung	Mahāpratibhāṇa, Chin. Daleshuo, Jap. Dairakusetsu 大樂說
Große Kraft	Mahāvikrāmin, Chin. Dali, Jap. Dairiki 大力
Großer Glanz	Vistīrṇavatī, Chin. Daguang, Jap. Daikō 大光
Großer Körper	Mahākāya, Chin. Dashen, Jap. Daijin 大身
Großer Lehrmeister	Mahāpratibhāna, Dayueshuo, Jap. Dairakusetsu 大樂說
Großer Schmuck	Mahāvyūha, Chin. Da-zhuangyan, Jap. Daishōgon 大莊嚴
Großer Vorzug	Mahātejas, Chin. Da-weiyi, Jap. Dai-itoku 大威德
Großes Gesetz	Mahādharma, Chin. Dafa, Jap. Daihō 大法
Großes Mitgefühl	Adhimātrakāruṇika, Chin. Dabei, Jap. Daihi 大悲
Große-Würde-Schoß-Samādhi	Mahātejogarbha-samādhi, Chin. Da-weide-zang-sanmei, Jap. Dai-itokuzō-sanmai 大威德藏三昧
Guter Sinn	Sumati, Chin. Shan'i, Jap. Zen'i 善意
Haarig	Keśinī, Chin. Duofa, Jap. Tahatsu 多髮
Häufung von Juwelen	Ratnākāra, Chin. Baoji, Jap. Hōshaku 寶積
Häufung von Weisheit	Prajñākūṭa, Chin. Zhiji, Jap. Chishaku 智積
Halsbandträgerin	Mālādhārī, Chin. Chi-yingluo, Jap. Ji-yōraku 持瓔珞

Haupt des Sumeru	Merukūṭa, Chin. Xumi-ding, Jap. Shumichō 須彌頂
Heldenhaft Gebend	Pradānaśūra, Chin. Yongshi, Jap. Yuze 勇施
Herrscherzeichen	Indradhvaja, Chin. Dixiang, Jap. Taisō 帝相
Hervorragender Lebenswandel	Viśiṣṭacāritra, Chin. Shangxing, Jap. Jōgyō 上行
Im Luftraum weilend	Ākāśapratiṣṭhita, Chin. Xukong-zhu, Jap. Kokū-jū 虛空住
Jāmbūnada-Goldglanz	Jāmbūnada-prabhāsa, Chin. Yanfunati-jinguang, Jap. Enbunadai-konkō 閻浮那提金光
Juwelenbanner	Ratnaketu(rāja), Baoxiang, Jap. Hōsō 寶相
Juwelengeboren	Ratnasaṃbhava, Chin. Baosheng, Jap. Hōjō 寶生
Juwelengeschmückt	Ratnāvabhāsa, Chin. Youbao, Jap. Uhō 有寶
Juwelenglanz	Ratnaprabha, Chin. Baoguang, Jap. Hōkō 寶光
Juwelenhand	Ratnapāṇi, Chin. Baozhang, Jap. Hōshō 寶掌
Juwelenlicht	Ratnaprabhāsa, Chin. Baoming, Jap. Hōmyō 寶明
Juwelenmond	Ratnacandra, Chin. Baoyue, Jap. Hōgetsu 寶月
Juwelenreich	Prabhūtaratna, Chin. Duobao, Jap. Tahō 多寶
Juwelenrein	Ratnaviśuddhi, Chin. Baojing, Jap. Hōjō 寶淨
Juwelensinn	Ratnamati, Chin. Baoyi, Jap. Hōi 寶意
Klang der Freude	Manojñasvara, Chin. Leyin, Jap. Rakuon 樂音
Klangsinn	Ghoṣamati, Chin. Xiangyi, Jap. Kōi 響意
König, der die Weisheit von Berg und Ozean und die Zauberkraft der Eigenständigkeit hat	Sāgaravaradharabuddhivikrīḍitābhijña, Chin. Shanhaihui-zizaitong-wang, Jap. Senkaie-jizaitsū-ō山海慧自在通王
König der Leere	Dharmagaganābhyudgatarāja, Chin. Kongwang, Jap. Kūō 空王

König über die Würde von Juwelen Hinausgehend	Ratnatejobhyudgatarāja, Chin. Baowei-deshang wang, Jap. Hōi-tokujō-ō 寶威德上王
Kraft der Bemühung und Energie Erlangend	Vīryabalavegaprāpta, Chin. De-qinjingjin-li, Jap. Toku-gonshōjin-riki 得勤精進利
Leuchtende Sonne und Mond	Candrasvararāja, Chin. Riyue-dengming, Jap. Nichigatsu-tōmyō 日月燈明
Leuchtender Schmuck	Vairocanaraśmipratimaṇḍitā, Chin. Guangming-zhuangyan, Jap. Kōmyō-shōgon 光明莊嚴
Löwenmond	Siṃhacandrā, Chin. Shiziyue, Jap. Shishigatsu 師子月
Löwenstimme	Siṃhaghoṣa, Chin. Shiziyin, Jap. Shishi 師子音
Löwenzeichen	Siṃhadhvaja, Chin. Shizi-xiang, Jap. Shishisō 師子相
Lotosglanz	Padmaprabha, Chin. Huaguang, Jap. Kekō 華光
Lotos-Tugend	Padmaśrī, Chin. Huade, Jap. Ketoku 華德
Medizinkönig	Bhaiṣajyarāja, Chin. Yaowang, Jap. Yakuō 藥王
Mit reinem Licht geschmückt	Vairocanaraśmipratimaṇḍitā, Chin. Jingguang-zhuangyan, Jap. Jōkō 淨光莊嚴
Mond	Candra, Chin. Yue, Jap. Gatsu 月
Mondglanz	Candraprabha, Chin. Yueguang, Jap. Gakkō 月光
Mutter der Dämonenkinder	Harīti, Chin. Guizi-mu, Jap. Kishi-bo 鬼子母
Niemals Verachtend	Sadāparibhūta, Chin. Changbuqing, Jap. Jōfukyō 常不輕
Ohne Zerfall	Vinirbhoga/Vinirbhāga, Chin. Lishuai, Jap. Risui 離衰
Räuberin der Lebenskraft aller Lebewesen	Sarvasattvojohārī, Chin. Duo-yiqie-zhongsheng-jingqi, Jap. Datsu-issai-shujō-shōke 奪一切眾生精氣
Reine-Blume-Gestirn-König-Weisheit	Kamaldalaviimalanakṣatrarājasaṃkusumitābhijña, Chin. Jinghua-suwang-zhi, Jap. Jōke-shukuō-chi 淨華宿王智

Reine-Farbe-Samādhi	Vimalarūpa-samādhi, Chin. Jingse-sanmei, Jap. Jōshiki-sanmai 淨色三昧
Reine-Glanz-Samādhi	Vimalanirbhāsa-samādhi, Chin. Jingguang-sanmei, Jap. Jōkō-sanmai 淨光三昧
Reine-Leuchten-Samādhi	Vimalabhāsa-samādhi, Chin. Jingzhaoming-sanmei, Jap. Jōshōmyō-sanmai 淨照明三昧
Reiner Körper	Vimalanetra, Chin. Jingshen, Jap. Jōjin 淨身
Reiner Lebenswandel	Viśuddhacāritra, Chin. Jingxing, Jap. Jōgyō 淨行
Reiner Schoß	Vimalagarbha, Chin. Jingzang, Jap. Jōzō 淨藏
Reines Auge	Vimalanetra, Chin. Jingyan, Jap. Jōgen 淨眼
Reine Tugend	Vimaladatta/Vimaladattā, Chin. Jingde, Jap. Jōtoku 淨德
Retter von Allen	Sarvasattvatrātṛ; Chin. Jiu-yiqie, Jap. Ku-issai 救一切
Ruhm Erstrebend	Yaśaskāma, Chin. Qiuming, Jap. Gumyō 求名
Ruhmvolles Banner	Śaśiketu/Yaśasketu, Chin. Mingxiang, Jap. Myōsō 名相
Śālabaum-König	Śālendrarāja, Chin. Suoluo-shuwang, Jap. Shara-juō 娑羅樹王
Samādhi der Versammlung der Buddhas	Chin. Foji-sanmei, Jap. Busshū-sanmai 佛集三昧
Samādhi des Aufgebens der schlechten Existenzformen	Chin. Li-zhuequ-sanmei, Jap. Ri-shoaku-shu-san-mai 離諸惡趣三昧
Samādhi des Schmucks aller reinen Verdienste	Chin. Yiqie-jinggongde-zhuangyan-sanmei, Jap. Issai-jōkudoku-shōgon-sanmai 一切淨功德莊嚴三昧
Samādhi des unermesslichen Sinns	Anantanirdeśa-pratiṣṭhāna-samādhi, Chin. Wu-liang-yichu-sanmei, Muryō-gisho-sanmai 無量義處三昧
Schiefzahnig	Kūṭadantī, Chin. Quchi, Jap. Kokushi 曲齒
Schmuck-König	Vyūharāja, Chin. Zhuangyan-wang, Shō-gon-nō 莊嚴王
Schmutzlos	Viraja, Chin. Ligou, Jap. Riku 離垢
Schön	Madhura, Chin. Mei, Jap. Bi 美

Schöner Klang	Madhurasvara, Chin. Meiyin, Jap. Bion 美音
Schreitend auf den Blumen der sieben Juwelen	Saptaratnapadmavikrāntagāmin, Chin. Dao-qibao-hua, Jap. Dō-shichihō-ke 蹈七寶華
Schwarzzahnig	Makuṭadantī, Chin. Heichi, Jap. Kokushi 黑齒
Sicher auf Lotosfüßen Gehend	Padmavṛṣabhavikrāmin („der wie ein Bulle auf dem Lotos ausschreitet"), Chin. Huazu-anxing, Jap. Kesoku-angyō 華足安行 (*Padmapadavikrāmin?)
Siegreich mit großer durchdringender Weisheit	Mahābhijñābhijñābhibhū, Chin. Da-tong-zhi-sheng, Jap. Dai-tsūchi-shō 大通智勝
Sinn	Mati, Chin. Youyi, Jap. Ui 有意
Sinn nach hervorragendem Lebenswandel	Viśiṣṭacāritra, Chin. Shangxing-yi, Jap. Jōgyōi 上行 意
Sonne-Mond-Leuchte	Candrasūryapradīpa, Chin. Riyue-deng-ming, Jap. Nichigatsu-tōmyō 日月燈明
Sonne-Mond-Reines-Licht-Tugend	Candrasūryavimalaprabhāsaśrī, Chin. Riyue-jing-ming-de, Jap. Nichigatsu-jōmyō-toku 日月淨明德
Sonne-Stern-Mondhäuser-Samādhi	Nakṣatra-tārā-āditya-samādhi, Chin. Rixingsu-sanmei, Nisseishuku-sanmai 日星宿三昧
Standhafter Lebenswandel	Supratiṣṭhitacāritra, Chin. Anli-xing, Jap. Anryū-gyō 安立行
Ständige Bemühung	Satatasamitābhiyukta, Chin. Chang-jingjin, Jap. Jō-shōjin 常精進
Strahlender Glanz	Jyotiṣprabha, Chin. Guangming, Jap. Kōmyō 光明
Strahlender-Schmuck-Merkmal	Vairocanaraśmipratimaṇḍitadhaja-rāja, Chin. Guangzhao-zhuangyan-xiang, Jap. Kōshō-shōgon-sō 光照莊嚴相
Strahlendes Licht	Raśmiprabhāsa, Chin. Guangming, Jap. Kōmyō 光明
Strahlende Tugend	Avabhāsaprāpta, Chin. Guangde, Jap. Kōtoku 光德

Strahlend-tönend	Skt. Ābhāsvara, Chin. Guangyin, Jap. Kōon 光音
Stufe des unermesslichen Sinns	Anantanirdeśapratiṣṭhāna, Chin. Wuliang-yichu, Jap. Muryō-gisho 無量義處
Sumeru-Zeichen	Merukalpa, Chin. Xumi-xiang, Jap. Shumi-sō 須彌相
Tamālapattracandana-Duft	Chin. Duomoluobazhantan-xiang, Jap. Tamarabatsu-sendan-kō 多摩羅跋栴檀香
Tamālapattracandana-Duft-Magie	Tamālapattracandanagandhābhijña, Chin. Duomo-luoba-zhantang-xiang-shentong, Jap. Tamara-batsu-sendan-kō-jintsū 多摩羅跋栴檀香神通
über dessen Anblick sich alle Wesen freuen	Sarvasattvapriyadarśana, Chin. Yiqie-shongsheng-xijian, Jap. Issai-shujō-kiken 一切衆生喜見
über die Drei Welten hinausschreitend	Trailokyavikrāmin, Chin. Yue-sanjie, Jap. Etsu-sangai 越三界
über die Medizin hinausgehend	Bhaiṣajyasamudgata, Chin. Yaoshang, Jap. Yakujō 藥上
Unendliche Kraft	Anantavikrāmin, Chin. Wuliangli, Jap. Muryōriki 無量力
Unermesslicher Sinn	Anantamati/Anantanirdeśa, Chin. Wuliangyi, Jap. Muryōi 無量意
Unermesslich Lehrend	Mahānirdeśa, Chin. Wuliang-yijiao, Jap. Muryōgikyō 無量義教
Unermüdlich	Anikṣiptadhura, Chin. Buxiuxi, Jap. Fukusoku 不休息
Unersättlich	Acalā, Chin. Wuyanzu, Jap. Muensoku 無厭足
Unerschöpfliche Absicht	Akṣayamati, Chin. Wujinyi, Jap. Mujinni 無盡意
Universaler Duft	Samantagandha, Chin. Puxiang, Jap. Fukō 普香
Universales Licht	Samantaprabhāsa, Chin. Puming, Jap. Fumyō 普明
Vergnügen	Abhirati, Chin. Huanxi, Jap. Kangi 歡喜

Vollendet mit tausend mal zehntausend leuchtenden Kennzeichen	Raśmiśatasahasraparipūrṇadhvaja, Juzu-qianwan-guangxiang, Jap. 具足千萬光相
Vollmond	Pūrṇacandra, Chin. Manyue, Mangatsu 滿月
Vollständig angefüllt von wunderbarem Klang	Manojñaśabdābhigarjita, Miaoyin-bianman, Jap. Myōon-henman 妙音遍滿
Weithin Beliebt	Samantabhadra, Chin. Puxian, Jap. Fugen 普賢
Weithin-rein	Skt. Śubhakṛtsna, Chin. Bianjing, Jap. Henjō 遍淨
Wohl-Entstanden	Saṃbhavā, Chin. Haocheng, Jap. Kōjō 好成
Wohlgefüllt	Mahāpūrṇa, Chin. Daman, Jap. Daiman 大滿
Wohlrein	Suviśuddha, Chin. Shanjing, Jap. Zenkyō 善淨
Wolken-Donner-Klang-König	Meghadundubhisvararāja, Chin. Zunleiyin-wang, Jap. Unraion-nō 雲雷音王
Wolkendonnerklang-Gestirnkönig-Blumen-weisheit	Jaladharagarjitaghoṣasusvaranakṣatrarāja-saṃkusumitābhijña, Chin. Yunleiyin-suwang-huazhi, Jap. Unraion-shukuō-kechi 雲雷音宿王華智
Wolkenfreiheit-Leuchte-König	Dundubhisvararāja, Chin. Yunzizai-deng, Jap. Unjizai-tō 雲自在燈
Wolken-Selbstherrschend	Meghasvaradīpa, Chin. Yunzizai, Jap. Unji-zai 雲自在
Wolken-Selbstherrschend-König	Meghasvararājā, Chin. Yunzizai-wang, Jap. Unjizai-ō 雲自在王
Wunderbarer Klang	Gadgarasvara, Chin. Miaoyin, Jap. Myōon 妙音
Wunderbarer Lichtstrahl	Varaprabha, Chin. Miaoguang, Jap. Myōkō 妙光
Wunderbares Gesetz	Saddharma/Sudharma, Chin. Miaofa, Jap. Myōhō 妙法
Wundervoller Schmuck	Śubhavyūha, Chin. Miaozhuangyan, Jap. Myōshōgon 妙莊嚴
Wunschdenken	Mahārddhiprāpta, Chin. Ruyi, Jap. Nyoi 如意

Zerstreute Zweifel	Vimatisamudghāṭin, Chin. Chuyiyi, Jap. Jugii 除疑意

Konkordanz der restlichen transliterierten Eigennamen und Termini

Anavatapta	Chin. A’napodaduo, Jap. Anokudatsu 阿那婆達多
Anuruddha	Chin. Anouloutuo, Jap. Anuruda 阿[㝹/(馱)]樓馱
Bakkula	Chin. Baojuluo, Jap. Bakura 薄拘羅
Balin	Chin. Pozhi, Jap. Bachi 婆稚 (*Poli 婆離)
Bhadrapāla	Chin. Batuopoluo, Jap. Baddabara 跋陀婆羅
Brahmaka	Chin. Fanmo, Jap. Bonma 梵魔
Gayā-Kāśyapa	Chin. Jiaye-Jiaye, Jap. Gaya-Kashō 迦耶迦葉
Gavāṃpati	Chin. Jiaofanboti, Jap. Kyōbonhadai 憍梵波提
Kapphina	Chin. Jiebinna, Jap. Kōhinna 劫賓那
Kharaskandha	Chin. Quluoqiantuo, Jap. Kyarakenda 佉羅騫馱
Kuntī	Chin. Gaodi, Jap. Kōtai 皐帝
Lambā	Chin. Lanpo, Jap. Ranba 藍婆
Mahākāśyapa	Chin. Mohe-Jiaye, Jap. Maka-Kashō 摩訶迦葉
Mahākātyāyana	Chin. Mohe-Jiazhanyan, Jap. Makakasennen 摩訶迦旃延
Mahākauṣṭhila	Chin. Mohe-Juchiluo, Jap. Maka-Kuchira 摩訶拘絺羅
Mahāmaudgalyāyana	Chin. Damujianlian, Jap. Daimokkenren 大目揵連
Manasvin	Chin. Monasi, Jap. Manashi 摩那斯
Nadī-Kāśyapa	Chin. Nati-Jiaye, Jap. Nadai-Kashō 那提迦葉
Nanda	Chin. Nantuo, Jap. Nanda 難陀
Pilindavatsa	Chin. Bilingqiepocuo, Jap. Hitsuryōgabasha 畢陵伽婆蹉

Pūrṇamaitrāyaṇīputra	Chin. Fulounamiduoluoni-zi, Jap. Furunamitarani-shi 富樓那彌多羅尼子
Rāhu	Chin. Luohou, Jap. Rago 羅睺
Revata	Chin. Lipoduo, Jap. Ribata 離婆多
Sāgara	Chin. Suoqieluo, Jap. Shakara 娑伽羅
Śāriputra	Chin. Shelifu, Jap. Sharihotsu 舍利弗
Sundarananda	Chin. Suntuoluonantuo, Jap. Sondarananda 孫陀羅難陀
Śikhin	Chin. Shiqi, Jap. Shiki 尸棄
Subhūti	Chin. Xuputi, Jap. Shubodai 須菩提
Sūtra	Chin. Xiuduoluo, Jap. Shudara 修多羅
Takṣaka	Chin. Dechajia, Tokushaka 德叉迦
Tathāgata-Arhat-Samyaksaṃbuddha	Chin. Duotuoaqiedu-aluohe-sanmiaosan-fuotuo, Jap. Tadaagado-araka-sanmyaku-sanbutsuda 多陀阿伽度阿羅訶三藐三佛陀
Upananda	Chin. Banantuo, Jap. Batsunanda 跋難陀
Uruvilvā-Kāśyapa	Youloupinluo-Jiaye, Jap. Urubinra-Kashō 優樓頻螺迦葉
Utpalaka	Chin. Youboluo, Jap. Uhara 優鉢羅
Vāsuki	Chin. Huoxiuji, Jap. Washukitsu 和脩吉
Vemacitri	Chin. Pimozhiduoluo, Jap. Bimashitsutara 毘摩質多羅
Vilambā	Chin. Pilanpo, Jap. Biranba 毘藍婆

Konkordanz der chinesischen und indischen Kapitelüberschriften

Chin., Jap.	Skt.
1. Yu-pin, Johon 序品	1. Nidānaparivartaḥ
2. Fanbian-pin, Hōben-bon 方便品	2. Upāyakauśalyaparivartaḥ
3. Piyu-pin, Hiyu-hon 譬喻品	3. Aupamyaparivartaḥ
4. Xinjie-pin, Shinge-hon 信解品	4. Adhimuktiparivartaḥ
5. Yaocao-yu-pin, Yakusō-yu-hon 藥草喻品	5. Auṣadhīparivartaḥ
6. Shouji-pin, Juki-hon 授記品	6. Vyākaraṇaparivartaḥ
7. Huacheng-yu-pin, Kejō-yu-hon 化城喻品	7. Pūrvayogaparivartaḥ
8. Wubai-dizi-shouji-pin, Gohyaku-deshi-juki-hon 五百弟子受記品	8. Pañcabhikṣu śatavyākaraṇaparivartaḥ
9. Shouxue-wuxue-ren-ji-pin, Jugaku-mugaku-nin-ki-hon 授學無學人記品	9. Ānandādivyākaraṇaparivartaḥ
10. Fashi-pin, Hosshi-hon 法師品	10. Dharmabhāṇakaparivartaḥ
11. Jian-baota-pin, Ken-hōtō-hon 見寶塔品	11. Stūpasaṃdarśanaparivartaḥ
12. Tipodaduo-pin, Daibadatta-hon 提婆達多品	(*Devadattaparivartaḥ)
13. Quanchi-pin, Kanji-hon 勸持品	12. Utsāhaparivartaḥ
14. Anle-xing-pin, Anraku-gyō-hon 安樂行品	13. Sukhavihāraparivartaḥ
15. Cong-di-yongchu-pin, Jū-ji-yujuppon 從地踊出品	14. Bodhisattvapṛthivīvivarasamudgamaparivartaḥ
16. Rulai-shouliang-pin, Nyorai-juryō-hon 如來壽量品	15. Tathāgatāyuṣpramāṇaparivartaḥ
17. Fenbie-gongde-pin, Funbetsu-kudoku-hon 分別功德品	16. Puṇyaparyāyaparivartaḥ
18. Suixi-gongde-pin, Zuiki-kudoku-hon 隨喜功德品	17. Anumodanāpuṇyanirdeśaparivartaḥ
19. Fashi-gongde-pin, Hosshi-kudoku-hon 法師功德品	18. Dharmabhāṇakānuśaṃsāparivartaḥ
20. Changbuqing-pusa-pin, Jōfukyō-bosatsu-hon 常不輕菩薩品	19. Sadāparibhūtaparivartaḥ
21. Rulai-shenli-pin, Nyorai-jinriki-hon 如來神力品	20. Tathāgatarddhyabhisaṃskāraparivartaḥ
22. Zhulei-pin 囑累品	27. Anuparīndanāparivartaḥ

23. Yaowang-pusa-benshi-pin, Yakuō-bosatsu-honji-hon 藥王菩薩本事品	22. Bhaiṣajyarājapūrvayogaparivartaḥ
24. Miaoyin-pusa-pin, Myōon-bosatsu-hon 妙音菩薩品	23. Gadgadasvaraparivartaḥ
25. Guanshiyin-pusa-pumen-pin, Kanzeon-bosatsu-fumon-bon 觀世音菩薩普門品	24. Samantamukhaparivartaḥ
26. Tuoluoni-pin, Darani-hon 陀羅尼品	21. Dhāraṇīparivartaḥ
27. Miaozhuangyan-wang-benshi-pin, Myōshōgon-nō-honji-hon 妙莊嚴王本事品	25. Śubhavyūharājapūrvayogaparivartaḥ
28. Puxian-pusa-quanfa-pin, Fugen-bosatsu-kanbotsu-hon 普賢菩薩勸發品	26. Samantabhadrotsāhanaparivartaḥ